창세기 해설

창세기 해설

COMMENTARY ON GENESIS

| 정일오 지음 |

솔로몬

차 례

저자 서문

이 책은 제가 신학교에서 십여 년 간 구약학을 가르치던 내용을 정리하고, 남양주에 있는 미금 중앙교회에서 장년부를 대상으로 창세기 성경공부를 하던 것을 정리하여 펴낸 것입니다.

창세기는 가장 중요한 창조를 시작으로 하여 에덴 동산, 인간의 타락, 노아 홍수, 바벨탑, 아브라함, 이삭, 야곱의 부르심 그리고 요셉의 삶을 그리면서 이스라엘 12지파가 어떻게 애굽으로 내려갔는가에 대한 내용을 기록하고 있습니다. 그리고 이러한 내용을 기록하는 가운데 창세기 저자는 창조 시에 주어진 언약의 말씀, 노아 언약, 아브라함 언약 등에 대해서도 기록하고 있습니다.

이러한 내용들은 신약성경 이해에 결정적인 역할을 합니다. 창세기는 인간 자아에 대한 이해에도 필수적입니다. 창세기가 없다면 모든 인간의 문제, 우주의 문제 등이 어두움 속으로 사라질 것입니다. 창세기는 실로 엄청나게 중요한 책입니다. 인간과 세상의 모든 것이 창세기로부터 출발합니다. 그래서 이러한 중요한 책을 심도 있게 연구한다는 것도 대단히 중요하다고 말할 수 있습니다. 따라서 필자는 불학의 인물임에도 불구하고 감히 이 졸저를 인쇄하여 내어놓는 것입니다.

필자는 문서설을 단호히 배격하고, 모세가 창세기를 기록했다는 확신을 가지고 본문을 최대한 밝히 드러내려고 노력했습니다. 우리에게 필요한 것은 하나님의 말씀인 창세기 본문이 우리에게 무엇을 말씀하고 있느냐는 것이지, 그것이 어떻게 형성되었고, 누가 기록했느냐는 것은 지엽적인 문제입니다. 모세가 창세기를 기록했다는 신약성경의 증거대로 믿고 그 본문을 따라 이해해 나가는 것이 본문을 이해하는 데 필수적이라고 생각합니다.

이 책을 통하여 하나님께 영광 돌리기를 바랍니다. 이 책을 출판하도록 허락해 주신 도서출판 솔로몬 대표이신 박영호 사장님께 심심한 감사를 드리며, 성광기획 사장님과 직원 여러분, 교정을 보아 주신 유근주 전도사님 그리고 사랑하는 아내와 두 아들의 격려에 고마움을 표하는 바입니다.

정일오 목사

서 론

창세기는 하나님께서 자기의 영광을 드러내기 위하여 이 세상을 창조하신 사건으로부터 시작하여 인간의 타락과 그 타락의 모습을 기술해 나아가고 있다. 그렇게 타락한 인간의 역사가 진행되어 가는 가운데 하나님께서는 타락한 세상에서 아브라함이라는 한 인물을 선택하여 그 한 사람을 통하여 온 인류가 구원의 축복을 누리도록 할 것을 약속하신다. 그러한 아브라함에게 하신 약속은 장차 오실 메시아를 통하여 이루어지지만, 그분이 오시기까지 아브라함의 후손을 보호하시고 인도하시는 역사가 계속 이어진다.

아브라함의 후손들은 자기들 당시의 이방 세계에 하나님이 어떤 분이신지를 보여 주면서 살아간다. 그들은 당시의 이방인들에게 하나의 이방을 비추는 빛이었다. 저들을 통하여 이방인들은 참되신 하나님을 알아 가게 된다. 특히 요셉은 애굽에 종으로 팔려 간 지 13년 만에 총리 자리에 올라 애굽을 기근으로부터 구원하고 동시에 당시 지중해 연안의 국가를 기근으로부터 구출해 내면서 애굽 땅에 여호와 하나님의 살아 계심을 나타내 준다.

이렇게 계속되는 역사 가운데서 아브라함의 후손들은 하나님이 역사를 주관하신다는 사실을 보여 줄 뿐만 아니라, 족장들은 자기들의 신앙의 행동을 통하여 이웃에게 신앙인의 모습을 보여 주면서 살아간다. 이러한 역사를 모세를 통하여 기록하게 하신 것은 오고 오는 시대를 통하여 그러한 과거의 하나님의 자기 백성을 향한 구원 계획과 자기 백성을 통하여 역사하신 모습을 바라보도록 하기 위한 것이었다. 이러한 기록을 주의 깊게 살펴보노라면 역사 가운데서 역사하시는 하나님의 역사를 경험하게 될 것이다.

1. 성경을 읽어야 할 대상

성경은 누구를 대상으로 기록된 것일까? 구약성경은 구약 이스라엘 백성들의 언어인 히브리어로 기록되어 있다. 그렇다면 히브리어로 기록된 구약성경, 특히 창세기는 이스라엘 백성과 그 후손들만 읽고 그분의 살아 계심을 체험하도록 하기 위하여 기록된 것인가? 구약성경은 히브리어로 기록되어 있을지라도 이스라엘이라는 하나의 국가만을 위하여 기록된 것이 아니다. 이 지상에 살아가는 인류는 하나님의 최대의 관심의 대상이다. 따라서 성경은 전 인류를 대상으로 하고 있다.

피상적으로 볼 때 구약성경은 이스라엘을 대상으로 하는 것처럼 보인다. 그러나 성경은 이스라엘 백성들만을 향하여 말씀을 발하고 있지 않다. 모세는 궁극적으로 열방들이 주의 복음을 듣고 여호와의 복된 백성들에게 속할 것을 미리 바라보았다(신 32장을 보라). 이사야, 예레미야, 에스겔, 다니엘 등의 선지자들은 모두가 이방인들을 향하여 하나님의 메시지를 선포했다.

하나님께서 이스라엘을 택하시고 저들을 하나님의 백성으로 삼으신 이유는 저들로 하여금 하나님과 이방 나라 사이에 제사장 나라가 되도록 하기 위해서였다. "땅의 모든 족속이 너를 인하여 복을 얻을 것이니라"(창 12:3)가 아브라함을 택하신 목적이었다. 이스라엘을 택하시고 시내산에서 이스라엘 백성과 언약을 맺으실 때, 하나님께서는 자신이 이스라엘을 택하신 목적을 분명하게 밝히셨다. "세계가 다 내게 속하였나니 너희가 내 말을 잘 듣고 내 언약을 지키면 너희는 열국 중에서 내 소유가 되겠고 너희가 내게 대하여 제사장 나라가 되며 거룩한 백성이 되리라"(출 19:5, 6). 그러므로 성경 말씀은 모든 인류가 들어야 하되, 먼저 믿는 우리 참 언약 백성들을 통하여 저들에게 들려지도록 하기 위하여 기록된 것이다.

구약의 이스라엘 백성들은 하나님과 언약을 맺은 백성들을 가리킨다. 그 언약 백성들은 장차 육신을 입고 오실 메시아와 언약을 맺어 그 뜻을 따라 구원받을 백성들을 예표한다. 그러나 저들 중에는 믿지 않는 백성들도 있어서, 참 언약 백성으로서 구원받지 못하고 물리적인 선민으로서만 살다가 멸망을 당한 사람들도 있었다. 새 이스라엘인인 그리스도를 믿고 따르는 그리스도인들은 구약 시대에 살았던 참 이스라엘 백성과 같은 실체다. 신약의 성도들은 구약성경의 정통성을 이어받은 사람들이다.

그러므로 구약성경은 유대인의 경전이기 이전에 기독교인들의 경전이다. 구약성경은 오늘날의 그리스도인들을 향한 말씀이다. 구약은 오실 메시아를 집중적으로 보여 주는 책이며, 오실 그분을 믿어 구원을 받으라는 메시지다. 그래서 예수께서는 엠마오로 가는 제자들에게 구약성경을 풀어 자기에 관한 것을 설명하여 주셨던 것이다(눅 24:13-35). 또한 동시에 구약성경은 온 인류를 향한 말씀이므로 기회가 있는 대로 이 구약의 사건들을 믿지 않는 사람들에게 말해 주어서, 오늘날의 모든 사람들이 하나님의 역사를 알도록 해주어야 할 것이다.

2. 모세의 오경 저술 근거

창세기는 모세에 의하여 기록되었다. 이러한 사실은 예수님 자신에 의하여 확증되었다(요 5:47; 눅 16:29, 31; 막 7:10). 예수님의 모세 언급은 창세기를 포함하여 하신 말씀이다. 그러나 창세기는 모세가 태어나기 훨씬 이전에 일어난 사건을 기록한 것이다. 그렇다면 모세는 무엇을 근거로 하여 자기가 경험하지도 않고 보지도 못한 창세기 기사를 기록했을까?

1) 무엇보다도 모세는 하나님의 성령의 감동을 통하여 기록하였다. 디모데후서 3:16에는 "모든 성경은 하나님의 감동으로 된 것으로…"라고 되어 있다. 여기서 '모든 성경'은 구약의 각 성경을 의미한다.[1] 이 '모든 성경'에는 모세의 창세기부터 신명기는 물론 말라기까지의 모든 구약성경이 포함되어 있다. 이 '모든 성경'은 하나님의 감동으로 기록되었다. 예수께서는 모세가 자기(예수 그리스도)에 대하여 기록했다고 말씀하셨다(요 5:45-47). 모세가 장차 오실 그리스도(메시아)를 성령의 감동을 받아 기록했다는 것이다.

2) 모세는 자기에게 전승된 고대의 자료들을 이용했음에 틀림없다. 창세기에는 톨도트(תּוֹלְדוֹת, generation, 대략, 후예)란 단어가 간헐적으로 사용되고 있다. 이 단어는 창세기의 내용을 나누는 역할을 한다. 톨도트란 단어가 등장하는 곳은 다음과 같다: 2:4; 5:1; 6:9; 10:1; 11:10; 11:27; 25:12; 25:19; 36:1; 36:9; 37:2. 톨도트란 단

1) 거뜨리, 디모데전서(틴델), 기독교문서선교회, 1982, 241쪽 이하.

어는 고대 이스라엘 전역사 당시에 누군가가 간직하고 있었다가 결국 모세에 의하여 입수된 토판들을 의미할 것이다. 그러므로 모세는 고대로부터 내려오던 토판들을 편집하여 하나님의 감동 아래 그것들을 기록했을 것이다.

그렇다면 모세는 11개의 초판을 근거로 창세기의 앞부분을 기록하고, 요셉의 기사는 자신의 조상들로부터 내려온 전승을 참고로 하여 그리고 성령의 지도를 받아 기록하였으리라 생각된다. 다음은 톨도트에 대한 해리슨의 설명이다.

> 창세기의 많은 부분은 고대의 다른 문서들이 자주 그러하듯 족보로 시작되고 있다. 이러한 현상 때문에 학자들은 "…의 계보가 이러하니라"는 문구를 그러한 종류의 인물 목록이 나오는 족보들과 연관시켰다. 그러나 그들은 이 문구가 서문 내지는 서론으로 사용되고 있다고 가정했는데, 이러한 가정은 아무런 근거가 없다.
>
> 여하튼 그 결과 드라이버(S. R. Driver)는 이 문구가 족보 양식에 속하는 것이며, '…의 계보'라고 할 때 그 '…'의 자리에 언급된 사람은 계보의 흐름 속에서 새로운 계보를 만들어 낼 정도로 중요한 사람이라는 의미를 갖고 있다고 생각했다. 또한 드라이버는 후손들과 함께 그 계보의 시조로 언급된 사람은 그 이하 부분에서 다루어지며, 그에 대한 이야기는 새로운 계보를 시작할 정도로 중요한 다른 사람의 이름이 언급될 때까지 계속된다고 생각했다.
>
> 그러나 이러한 주장은 사실과는 완전히 반대된다. 왜냐하면 그의 두 번째 주장에 따르면 창세기에서 가장 두드러진 인물인 아브라함은 반드시 이 문구와 함께 언급되어야 하기 때문이다. 그런데 흥미롭게도 그보다 못한 다른 인물들은 이 문구와 함께 나오는 경우가 여러 번 있지만, "아브라함의 계보는 이러하니라"는 문구는 히브리어 본문에서 전혀 나오지 않는다. 또한 이 문구는 반드시 족보 목록의 경우에만 사용되는 것이 아니다. 왜냐하면 어떤 경우에는 이 문구 다음에 그러한 족보 목록이 따라 나오지

않기 때문이다.

분명한 사실은 이 문구와 함께 언급된 사람에 대한 중요한 이야기가 이 문제의 문구가 나온 이후에 기록되어 있는 것이 아니라, 이 문구가 등장하기 이전에 기록되어 있다는 사실이다…그러므로 이 단어는 역사를 가리키는 말이며, 보다 구체적으로 창세기에서 이 단어는 가족의 기원사를 가리키는 말임을 알 수 있다. 따라서 "…의 계보가 이러하니라"란 문구는 가문의 시조에 대한 이야기가 끝났음을 말해 주는 문구임이 매우 분명하다. 단 '노아의 사적'은 "이것이 노아에 의하여 쓰여진(혹은 노아가 소유하고 있던) 역사 기록이다"라는 의미로 볼 수도 있다….

이 단어는 '낳다', '출산하다' 등의 의미를 가진 ילד라는 히브리어 어근으로부터 파생되었으며, 이 점은 generation이라는 영어 번역이 나오게 된 이유를 설명해 준다. 그러나 이 단어가 구약에서 '역사', '서술' 혹은 한 가문이나 그와 비슷한 사회적 단위 집단의 '족(계)보 기록' 등을 의미한다는 사실은 히브리 사전학자 게세니우스의 시대부터 분명하게 알려져 있었다…. 그러므로 이 단어는 역사를 가리키는 말이며, 보다 구체적으로 창세기에서 이 단어는 가족의 기원사를 가리키는 말임을 알 수 있다. 따라서 "…의 계보가 이러하니라"란 문구는 가문의 시조에 대한 이야기가 끝났음을 말해 주는 문구임이 매우 분명하다. 이 문구는 결코 그 시조의 후손들의 이야기를 시작하기 위해서 쓰는 문구가 아니다.

이런 맥락에서 볼 때 창세기 2:4에서 이 문구가 그 앞 장에 나오는 우주 창조의 기록을 언급하고 있음이 분명하다는 사실은 주목할 만하다. 이 경우에 이 문구는 뒤에 나오는 내용을 언급하는 것일 수가 없다. 왜냐하면 이 문구의 뒷부분에는 하늘의 창조에 대한 이야기가 나오지 않기 때문이다. 와이즈맨이 지적한 대로 여기에서 이 문구는 오직 결론을 이야기하는 것으로밖에 볼 수 없다.[2)]

이러한 해리슨의 말은 창세기의 근원을 거의 확실하게 밝혀 주는 역할을 한다. 즉 누군가에 의하여 기록된 혹은 누군가가 보존했던 토

2) 롤랑드 해리슨, 구약 서론(중), 박철현 역, 크리스챤 다이제스트, 72쪽 이하.

판들 – 그것들은 "…의 톨도트는 이러하니라"란 구절로 마감하고 있다 – 을 모세가 수집하고, 그 수집된 것을 바탕으로 모세 자신이 기록했다는 것이다.

또한 창세기는 일반적으로 오랜 구전을 통하여 내려오던 구두 전승이 누군가에 의하여 기록되었다는 주장이 일반화되어 있다. 그러나 로버트 훼이드의 주장에 의하면, 창세기의 창조 기사나 노아의 기사들은 구두 전승을 통하여 내려오던 것을 후대의 누군가가 기록한 것이 아니라, 아담 자신에 의하여 문자가 생겨났고 창조의 기사는 하나님의 계시에 의하여 아담이 친히 기록했으며 또 노아의 기사는 노아 자신에 의하여 기록된 것이 분명한데, 이는 아담이 문자를 발명했을 것이라고 믿기 때문이다.[3]

이러한 훼이드의 설명이 불가능한 것이라고 할 수는 없는데, 그 이유는 문자가 결코 언어에 뒤떨어지지 않는다는 사실 때문이다. 사람이 살아가는 데 있어서 언어는 귀중한 의사소통의 수단이지만, 사람이 살아가면서 이웃과 거래를 함에 있어서 인간 기억의 제한성으로 말미암아 반드시 필요한 것이 문자이기 때문이다. 인류는 결코 오랫동안 문자를 가지지 못한 채 살아오지는 않았을 것이다. 따라서 가장 명석한 두뇌를 가졌을 아담 시대에 이미 문자가 생겨났을 것이라고 가정하는 것은 결코 근거 없는 가설이 아니다.

---

3) 로버트 훼이드, 성경 신비에 대한 고고학적인 이해, 서휘웅 역, 성광문화사, 1993, 18쪽 이하.

3. 창세기와 계시록의 공통점과 대조점

우리는 창세기를 연구해 들어가기에 앞서서 성경의 첫 번째 책인 창세기와 신약성경의 마지막 책인 요한계시록을 비교해 볼 필요가 있다. 그 이유는 창세기는 우주의 시작을 기록하고 있고 계시록은 우주의 종말 혹은 갱신을 기록하고 있기 때문이다. 이 두 책은 알파와 오메가이며 출발점과 종착점이다. 시들로 백스터(Sidlow Baxter)는 세상의 역사가 창세기부터 계시록까지 진행해 나간다고 말하면서 창세기와 계시록의 공통점 및 대조점을 다음과 같이 기록했다.[4]

1) 창세기와 계시록의 공통점

창세기는 역사의 출발점으로부터 시작하고 있고, 계시록은 역사의 종착점을 기록하고 있으므로 창세기와 계시록은 공통점이 있다.

(1) 창세기와 계시록에는 모두 질서의 시작이 나타나 있다. 창세기는 천지 창조를 기록하고 있고, 계시록은 새 하늘과 새 땅 창조를 기록하고 있다. (2) 창세기와 계시록에는 모두 낙원이 나타나 있다. (3) 두 책에는 생명나무도 함께 나타나 있다(창 2:9; 계 2:7; 22:2, 14). (4) 또한 생명수 강이 있다(창 2:10-14; 계 22:1-2). (5) 창세기와 계시록에는 모두 신랑, 신부, 결혼식이 기록되어 있다. 창세기에서 신랑은 아담이고, 신부는 하와였다. 그러나 계시록에서 신랑은 예수 그리스도이며, 신부는 그분으로 말미암아 구속받은 성도들이다. (6) 창세기와 계시록에는 모두 하나님과 인간 사이에 아름다운 교제가 나타나 있다. 그리고 (7) 창세기와 계시록에는 모두 도덕적 순수성과 이

4) J. Sidlow Baxter, *Explore the Book*, Zondervan, 1977, 25ff.

상향이 나타나 있다.

2) 창세기와 계시록의 대조점

창세기와 계시록 사이에는 공통점도 있으나, 동시에 대조점도 있다.

(1) 창세기에서는 낙원이 닫힌다(창 3:23). 그러나 계시록에서는 닫혔던 낙원이 그리스도로 말미암아 열린다(계 21:25).

(2) 창세기에서는 죄로 말미암아 모든 것을 잃어버린다(창 3:24). 그러나 계시록에서는 주님의 은혜로 모든 것을 얻는다(계 21:24).

(3) 창세기에서는 인간의 타락으로 인류에게 저주가 임한다(창 3:17). 그러나 계시록에서는 그 저주가 물러간다(계 22:3).

(4) 창세기에서는 타락한 인간이 낙원으로부터 쫓겨나고 생명나무로의 접근이 금지된다(창 3:24). 그러나 계시록에서는 세상에서 구원받은 자들에게 낙원으로 들어오도록 허락되고 생명나무로의 접근이 허락된다(계 22:14).

(5) 창세기에서는 슬픔과 죽음이 시작된다(창 3:16-19). 그러나 계시록에서는 슬픔과 죽음이 사라진다(계 21:4).

(6) 창세기에서 에덴은 더러운 것이 침입할 수 있는 동산이었다(창 3:6, 7). 그러나 계시록에서 새 하늘과 새 땅의 도성은 더러운 것이 침입할 수 없는 도성이다(계 21:27).

(7) 창세기에서 인간은 피조물을 통치하는 데 실패한다(창 3:19). 그러나 계시록에서는 그리스도 안에서 그 통치가 회복된다(계 22:5).

(8) 창세기에서는 뱀이 승리하는 것처럼 보인다(창 3:13). 그러나 계시록에는 어린양의 최후 승리가 나타나 있다(계 20:10; 22:3).

(9) 창세기에는 육체적 죽음이 나타나 있다. 그러나 계시록에는 영원한 죽음이 나타나 있다.

(10) 창세기에는 약속이 나타나 있으나, 계시록에는 성취가 나타나 있다.

이와 같이, 창세기와 계시록은 서로 마주 바라보면서 서로 반향하고 있다. 마치 창세기에서 소리치면 계시록에서 이에 응답하는 것과 같이, 서로 마주 대하고 있는 것이다. 우리 모든 인류는 창세기에서 계시록으로 흐르고 있는 역사 가운데 어느 시점에서 살아가고 있다.

제 1 부

초기 인류의 역사[1)]

창 1~11장

제1장 창조(1~2장)
제2장 타락(3~5장)
제3장 홍수(6~10장)
제4장 바벨탑(11장)

1-11장은 창세기뿐만 아니라 모세오경 전체의 서론이다. 저자는 본문에서 창조의 목적을 설명하고 본문을 모세 언약과 연결시키려는 의도를 가지고 있다. 창세기 1-11장은 [죄-심판-은혜]라는 다음과 같은 형식을 따르고 있다:[2)]

1) 세일해머는 본 부분을 '족장과 시내산 언약에 대한 서론'으로 본다.
2) 마크 스트롬, 성경 교향곡, IVP, 25쪽. 문학적 스타일에 대한 Walter Brueggmann의 분석에 대해서는 그의 책 *Genesis* (Interpretation: A Bible Commentary for Teaching and Preaching), p. 23을 보라.

서론적 언급: 내용 구분(구조)에 대하여

로버트슨(A. T. Robertson)은 언젠가 이렇게 말했다. "해석에 있어서 첫 단계는 (비교적) 최근에 만들어진 장과 절을 무시하는 것이다. 왜냐하면 이러한 장 절 구분은 성경이 기록될 당시에는 없었던 것이기 때문이다." 현재의 장 절 구분은 1205년에 와서야 생기기 시작했다. 당시 파리 대학교 교수였다가 후에 캔터베리의 추기경이 되었던 스테픈 랭톤(Stephen Langton)이 성경의 라틴어 판을 편집하던 중 사람들이 구절을 더 쉽게 찾을 수 있도록 장 절 구분을 처음으로 제안했다.

일반적으로 장 구분이 생긴 해는 1227년으로 본다. 1330년에는 그의 체제에 따라 새롭게 손으로 직접 복사한 히브리어 구약의 사본이 유대인들에 의해서 채택되었고, 1516년에는 이 동일한 장 단락이 인쇄된 첫 히브리어 성경에도 사용되었다. 구약의 절 나눔은 훨씬 더 이전에 삽입되었는데(주후 약 200년경), 그것은 회당에서 히브리어 본문을 낭독하는 학자가 읽는 문장을 유대인들이 6세기 전 바벨론으로 끌려갔다가 돌아온 후부터 그들이 사용하던 언어인 아람어로 번역하는 데 있어서 어디서 끊어야 할지를 알 수 있게 하기 위해서였다.

신약에서 처음으로 절 구분을 사용한 사람은 1551년 파리의 인쇄업자 로버트 스테파누(Robert Stephanus)였다. 그는 인쇄 마감일로 인하여 비오는 날 파리에서 리용으로 말을 타고 가면서 랭톤의 장 구분을 사용하여 신약을 절 별로 나누었다.

성경이 본래 장 절 구분 없이 기록되었던 것인 만큼 우리는 가능한 한 장 절의 구분을 의식하지 말고 성경을 읽어 내려가야 한다. 그러나 내용을 이해하기 쉽도록 하기 위하여 우리는 장 절을 구분하여 창세기를 다음과 같이 분석할 수 있다.

초기 인류의 역사(1 - 11장)				족장들의 역사(12 - 50장)			
창조 (1-2장)	타락 (3-5장)	홍수 (6-10장)	바벨탑 (11장)	아브라함 (12-24장)	이삭 (25-27장)	야곱 (28-36장)	요셉 (37-50장)

가. 창조(1-2장)

나. 죄 　아담과 하와의 죄(3:1-7)
　심판 　저주와 에덴에서의 추방(3:8-19)
　은혜 　가죽 옷과 살아갈 수 있도록 배려해 주심(3:20-24)

다. 죄 　가인의 아벨 살해(4:1-12)
　심판 　가인의 추방(4:13-15)
　은혜 　셋과 많은 후손을 낳게 됨(4:16-5:32)

라. 죄　인류 전체의 타락(6:1-4)
심판　홍수(6:5-7:24)
은혜　노아 언약(8:1-9:19)
바. 죄　함이 아비의 수치를 드러냄(9:20-22)
심판　저주(9:23-29)
은혜　후손의 번성(10:1-32)
사. 죄　바벨탑(11:1-4)
심판　인류를 흩으심(11:5-9)
은혜　인류의 번성과 온 인류에게 복을 주려고 아브라함을 택하심 (11:10-32)

이상과 같은 형식에 따라 우리는 세계 역사 가운데 나타난 하나님의 은혜로운 섭리를 바라보면서 다음과 같이 성경 본문으로 들어가 보고자 한다.

1장

창조 | 1-2장

창세기 1:1은 다음과 같이 선언하고 있다. "태초에 하나님이 천지를 창조하시니라." 이 한 구절의 내용은 모든 역사를 포함하며, 모든 만물을 포함하고 있다. 이 말씀은 하나님의 실질적인 창조 행위를 가리키면서 동시에 하나의 선언이다.

1. 이 선언은 다음의 몇 가지 학설을 깨뜨린다.

1) 창세기 1:1은 무엇보다도 무신론을 깨뜨린다.

성경은 하나님이 존재하신다는 논리적 증거를 제시하지 않고 있다. 다만 창세기 1:1은 "태초에 하나님이 천지를 창조하시니라"고 선포할 뿐이다. 성경은 신의 존재를 인간이 인정하느냐 인정하지 않느냐에는 아무런 관심이 없다. 그분은 분명히 존재하시며 너무나 확실하게 세상의 만사를 다스리며 운영해 나가시기 때문이다. 인간이 하나님이 존재하신다고 인정한다고 해서 그분이 존재하시는 것이 아니요, 인간이 그분이 존재하시지 않는다고 부정한다고 해서 하나님이 존재하시지 않는 것도 아니다.

인간이 하나님의 존재를 인정하든 인정하지 않든 하나님은 영원 전부터 이미 존재해 오셨고, 이 세상을 창조하셨다. 이 세상을 창조하신 하나님은 지금도 여전히 자기의 만드신 세상사에 적극적으로 개입하셔서 세상의 크고 작은 일들을 이루어 가신다. 따라서 인간의 논리를 가지고 하나님의 존재를 증명하려는 노력들은 무의미하고 호소력이 거의 없다.[1)]

2) 창세기 1:1은 다신론을 깨뜨린다.

성경은 많은 신들이 있음을 부정한다. 다만 인간이 유일하신 하나님을 모르고 자기 나름대로 신을 만들어 섬기고 있기 때문에 다른 신이란 단어를 붙일 뿐이다. 본문에는 우상 숭배에 대한 간접적 논박이 나타나 있다. 그분은 창조자이시다. 그분만이 천지를 창조하셨다. 그러므로 그분만이 참 신이시고 다른 신들은 참 신이 아니며, 그것들은 인간의 상상에 의한 고안물이거나 헛것 혹은 사탄적 요소다.

> 렘 10:11, "너희는 이같이 그들에게 이르기를 천지를 짓지 아니한 신들은 땅 위에서 이 하늘 아래서 망하리라 하라."
> 시 96:5, "만방의 모든 신은 헛것이요 여호와께서는 하늘을 지으셨음이로다."

그러므로 천지를 창조하지 않은 신은 진정한 신이 될 수 없다. 따라서 그 신들과 그 신을 따르는 자들은 망할 것이다. 천지를 창조하신 신 이외에 다른 신은 없다. 다만 사탄과 그의 종자들인 귀신들만이 공중의 권세를 잡고 다른 신이 있는 것처럼 속이고 있을 뿐이다.

---

1) 하나님의 존재를 증명하려는 이론들 중에는 존재론적 증명, 목적론적 증명, 우주론적 증명, 도덕적 논증, 역사신학적 논증 등이 있다. 이것들의 약점에 대해서는 헤르만 바빙크, 신론, 이승구 역, 기독교문서선교회, 1988, 95쪽 이하를 보라.

3) 창세기 1:1은 진화론을 깨뜨린다.

성경은 진화론을 말하고 있지 않다. 하나님께서 각기 '그 종류대로' 만물을 창조하셨다고 기록하고 있을 뿐이다. 그것들은 우연히 존재한 것들이 아니요, 아메바가 진화에 의해서 고등동물이 된 것이 아니다. 하나님의 명령에 의하여 창조 사역으로 창조되고 존재하게 된 것이다. 그러므로 '자연'이란 단어가 구약성경에는 나타나지 않는 것이다.[2)]

4) 창세기 1:1은 숙명론을 깨뜨린다.

성경은 또한 세상 일이 제멋대로 되어 가고 있다고 말하지 않는다. 이 세상은 우연히 생긴 것도 아니고 우연한 일들이 생겨났다가 사라지는 것도 아니다. 세상 만사는 하나님의 계획에 의하여 하나님의 다스리시는 역사에 따라 진행될 뿐이다. 따라서 세상에는 우연이란 없다. 또한 하나님께서는 하나의 세상의 운행 원리에 모든 것을 맡기고 그 원리에 따라 세상이 진행되도록 한 뒤 뒤로 물러나 계시지도 않는다. 하나님은 세상의 역사에 적극적으로 개입하시고 자신의 뜻을 이루어 가신다. 그러므로 이 세상에서 일어나는 모든 일에는 의미가 있고 하나님의 뜻이 들어 있다.

5) 창세기 1:1은 범신론을 깨뜨린다.

성경은 세상의 만물 속에 정신이나 신이 존재한다고 가르치지 않는다. 하나님은 자연의 법칙을 따라 자연이 진행되고, 파괴되었을 때 스스로 회복되는 힘을 소유한 것으로 만드셨을 뿐이다. 하나님은 만물

2) 리처드 라이트, 신앙인의 눈으로 본 생물학, 권오식 옮김, IVP, 1995, 27쪽.

가운데 임재해 계시지만 만물들 모두가 신이 되지는 않는다. 소위 자연의 움직임은 하나님의 적극적인 개입과 역사하심에 의하여 움직이는 것이며, 자연이 소유한 힘이나 원리 등은 하나님께서 그것들에게 부여하신 힘(에너지)이나 능력일 뿐이다.

6) 창세기 1:1은 유물론을 깨뜨린다.

성경은 물질이 영원하다고 말하지 않으며, 또한 오직 물질만이 전부가 아니라고 말씀한다. 성경은 오직 하나님만이 영원 전부터 존재해 오셨으며, 만물들을 창조하시고 그것들을 운행하시며, 인간은 하나님과 교제할 수 있는 영혼을 가지고 존재하며 살아가고 있다고 말한다. 세상에 존재하는 모든 물질들은 시작이 있었고, 따라서 그 끝이 있을 것이다.

2. 창조의 의의

하나님이 태초에 천지(하늘과 땅)를 창조하신 사건은 우리에게 어떤 의미를 지니는가? 하나님은 세상 창조를 통하여 자신의 영원하신 능력과 신성을 나타내려 하셨다. 그리하여 하나님께서는 이 세상을 만드심으로써 이 땅 위에 하나님이 친히 다스리시는 하나님의 나라(kingdom of God)를 창조하려 하셨다.

그러나 인간의 반역과 타락으로 말미암아 세상은 더렵혀지고 하나님에게 반역하게 되었다. 하지만 그러한 세상을 구속하시고 새로운 하나님의 나라를 건설하시려는 구속의 역사는 타락한 그 순간부터 발전해 나아간다. 바울의 말을 빌리자면, 그리스도 안에서 타락한 세상을 구속하시고 인간들을 구원하시려는 예정은 이미 창세 전에 있었다. 세상은 타락하고 하나님에게 반역했으나, 하나님은 기어코 세상을 구속하시고 스스로 세상의 최고 최후의 통치자가 되실 것이다. 물론 지금도 이 우주를 다스리고 계시지만 말이다.

그리고 하나님은 자기의 독생자를 통하여 이 일을 실현시키실 것이다. 타락 직후에 창세기 3:15에서 하나님은 장차 사탄의 세력을 꺾고 인류를 구원할 그 구원자를 예고하신다. 또한 창세기 15:1 이하를 보면 하나님 나라의 지상 왕을 미리 예고하고 있는데, 그는 아브라함의 후손 가운데서 나올 것이라고 언급되어 있다. 그리스도의 사역을 통하여 하나님께서는 온 우주의 창조의 목적을 이루실 것이다.

또한 창조는 우리의 모든 존재의 근거가 된다. 창조가 없이는 우리의 존재도 없다. 모든 세상사와 세상의 과학, 문학, 철학, 예술 등이 창조로부터 나타났다. 요컨대 창조는 인간들의 존재의 장(場)이면서 동시에 활동의 장이다. 하나님께서 이 세상 만물을 창조하셨으므로 이 우주의 주인은 하나님이시고, 심지어 인간들까지도 하나님에게 속한 하나님의 것이다.

하나님께서 우주의 주인임에도 불구하고 하나님은 그 모든 것을 인간에게 맡기고 그들로 하여금 다스리게 하신 뒤 자신은 보이지 않는 가운데서 우주를 다스려 나가고 계신다. 인간은 보이지 않는 하나님 대신 우주를 다스리는 대리자이지만 스스로 우주의 주인인 것처럼 살아간다. 그러나 인간의 어떤 행동도 하나님의 뜻과 섭리에 따라 이루어진다.

3. 창조주는 누구인가?

창조주는 1장에서 단순히 엘로힘(אֱלֹהִים)이라고 불린다. 그러나 창세기 2:4에서 그분은 여호와 하나님(יהוה אֱלֹהִים)으로 불린다. 그분의 이름이 이렇게 불린다고 해서, 어떤 사람들이 주장하는 것처럼 그분의 이름이 엘로힘으로 나타나는 부분을 E(Elohim)문서로, 여호와로 나타나는 부분을 J(Jehova)문서로 분류할 필요는 없다. 이렇게 주장하는 것을 문서설이라고 부른다. 문서설이란 모세란 가명을 사용한 저자가 창세기를 기록할 때 익명의 저자가 기록한 J, E, D, P문서 등을 사용하여 그것들을 편집했다고 주장하는 학설이다. 그러므로 창세기에서 신명기에 이르는 오경의 저자는 모세가 아니고 그보다 훨씬 나중의 이름을 알 수 없는 어떤 인물이라는 것이다.

이런 주장을 우리가 받아들일 경우, 우리의 신앙은 심각한 도전을 받게 된다. 왜냐하면 우리 믿음의 주님이신 예수님께서 오경의 저자를 모세로 말씀하고 계시며, 신약의 저자들이 모두 오경을 모세의 저작으로 기록하고 있기 때문이다.

창세기 저자(모세)는 천지의 모든 것을 창조하신 그분이 하나님이시고 그분이 곧 이스라엘을 애굽에서 이끌어 내시고 그들과 언약을 맺으신 여호와이심을 밝히고자 '엘로힘'(하나님)과 '여호와'를 동시에 사용하고 있는 것이다. 만일 문서설을 주장하는 자들의 의견을 따른다면 2:4과 7절 같은 구절은 어느 문서에 속한 것으로 분류해야 하는가?

창세기 1:1의 엘로힘(אֱלֹהִים)은 어형이 복수형 어미를 가지고 있다. 그렇다고 '여러 신' 혹은 '하나님들'로 번역할 수는 없다. 두 번째로 등장하는 동사 바라(בָּרָא, 창조하다)가 단수형이기 때문이다. 코헨(A. Cohen)은 장엄 복수형이라고 하지만,[3] 우리는 이 하나님의 칭호에 삼위일체의 개념도 희미하게 들어 있다고 본다.[4]

4. 창조의 원리

1) 하나님께서는 기본적인 것에서 부수적인 것으로 창조해 나가셨다.

1-3일에는 기본적인 터전을 준비하신다. 그 다음 4-6일에는 그 기본적인 상태에 부수적으로 딸린 내용들을 창조하신다. 첫째 날은 빛을 창조하시고, 넷째 날에는 밝은 빛이 있는 낮에는 태양이, 밤에는 달과 별들이 있도록 하신다. 둘째 날에는 윗물과 아래 물을 나누어 두신다. 그리고 다섯째 날에는 하늘에 새들이 날도록, 아래 물에는 물고기가 살도록 만드셨다. 셋째 날에는 뭍이 드러나서 땅과 바다가 나누어지도록 하시고, 여섯째 날에는 땅에 짐승들과 인간을 창조하셨다.

2) 하나님께서는 나누는 작업에서 부여하는 작업으로 창조해 나가셨다.

1-3일에는 나누는 작업을 하신다. 그리고 4-6일에는 부여하는 작업을 하신다. 첫째 날에는 밝은 빛과 어두움을 나누시고, 넷째 날에는 해, 달, 별들을 부여하신다. 둘째 날에는 윗물과 아래 물을 나누시고, 다섯째 날에는 새들과 물고기들을 살도록 부여하신다. 셋째 날에는 땅과 바다를 나누시고, 여섯째 날에는 땅에 짐승과 인간을 부여하신

3) A. Cohen, *The Soncino Chumash, The Soncino Press* (London), 1971, p. 1.
4) 잭 스코트, 하나님의 구원 사역, 한재석 역, 크리스챤 서적, p. 26.

다.[5)]

3) 하나님께서는 인간을 중심으로 창조하셨다.

하나님은 인간을 가장 나중에 창조하심으로써 앞의 모든 창조물들을 만드신 것은 인간이 살기 좋은 곳으로 만들기 위한 준비 과정임을 암시해 주고 있다. 하나님을 찬미할 수 있고, 그분과 교제할 수 있는 인간이 없는 세상은 무의미하다. 거기에 인간이 살고 있기에 창조물은 창조물로서의 가치를 지니는 것이다. 그러므로 세상이 아름답고 아름답지 못하고는 인간의 행동에 따라 달라진다. 요컨대 이 세상의 상태는 그 주인인 인간이 어떠하냐에 달려 있는 것이다. 그러므로 사탄은 인간을 점령하기 위하여 힘을 쓰고 있는 것이다.

5. 창조의 순서

1) 첫째 날에 하나님은 하늘과 땅을 창조하시고(בָּרָא), 또한 빛(1:1-5)을 창조하셨다.

천지의 무(無)와 무질서 중에서 천지의 천체와 질서와 빛(에네르기, 열역학 법칙)을 창조하셨다. 이때 만유인력의 법칙이 창조되었다고 본다.

---

5) 기본적인 것에서 부수적인 것으로, 그리고 나누는 작업에서 부여하는 작업으로 창조해 나가는 원리는 1일과 4일, 2일과 5일, 3일과 6일이 서로 정확하게 일치하지 않는다. 따라서 E. J. Young은 이러한 도식이 옳지 않은 것임을 강력하게 피력한다. 사실이 그러하다. 그러나 정확하게 일치하지는 않는다고 할지라도 어느 정도는 일치한다는 사실을 유념하시기 바란다. 참고. E. J. Young, 창세기 연구, 이정남 옮김, 성광문화사, 1990, 69쪽 이하를 보라.

2) 둘째 날에는 궁창의 윗물과 땅의 아래 물(1:6-8)을 만드셨다.

3) 셋째 날에는 육지와 바다를 나누셨다(1:9-13).

땅으로 하여금 풀과 씨 가진 열매를 내도록 하셨다. 이로 인하여 광합성 법칙, 자연의 자정(自淨) 능력이 존재하게 되었으리라 생각된다.

4) 넷째 날에는 광명(일월성신)을 만드셨다(עָשָׂה)(1:14-19).

일월성신은 하늘의 천체를 가리키는데, 이것은 이미 첫째 날에 창조되었다. 1:1에서 "태초에 하나님이 천지를 창조하시니라"고 기록하고 있기 때문이다. 광명은 히브리어로 마오르(מָאוֹר)로서 빛을 가진 물질이란 뜻이다. 그러므로 하나님께서는 일반 천체였던 태양에게 모든 빛을 모아 줌으로써 빛을 주관하는 존재가 되게 하셨다. 그래서 낮과 밤의 구별, 사시사철(중력, 계절의 순환 작용)이 생겨나게 되었다.

5) 다섯째 날에는 물고기와 공중의 새를 만드셨다(1:20-23).

6) 여섯째 날에는 땅의 육축과 짐승, 그리고 사람(1:24-31)을 창조하셨다.

마지막으로 사람을 창조하시고 나서 하나님은 "보기에 심히 좋다"고 하셨다.

6. 시간과 공간의 피조성과 유한성

세상은 창조주 하나님의 피조물이다. 따라서 이 세상 모든 것들은 하나님께 의존하여 존재하고 있다. 그리고 무한하신 창조주 하나님에 비하여 이 세상의 피조물들은 다 유한하다. 즉 끝을 가지고 있다는 것이다.

시간도 끝을 가지고 있다. 왜냐하면 공간이 시작되면서 시간도 창조되었기 때문이다. 시간 선(線)의 양쪽 끝에는 영원(초시간)이 존재하고 있다. '태초에'라는 단어 베레쉬트(בְּרֵאשִׁית, in the beginning)는 '처음', '머리'를 의미하는 로쉬(רֹאשׁ)와 '안에', '…에'를 의미하는 베(בְּ)의 합성어다. 그렇다면 베레쉬트(בְּרֵאשִׁית)는 '첫 머리에', '맨 처음에'라는 뜻이다. 베레쉬트(맨처음)의 반대편에는 맨 끝이 자리잡고 있는 것이다. 그러므로 이 세상 종말은 태초부터 이미 결정된 것이다. 그리고 그 종말의 때에 재창조가 있을 것이다.

이사야 65:17은 다음과 같이 말하고 있다. "보라 내가 새 하늘과 새 땅을 창조하나니 이전 것은 기억되거나 마음에 생각나지 않을 것이라." 이 구절은 그리스도의 초림 때를 나타내기도 하지만, 그와 동시에 재림 때를 나타내기도 한다. 그리고 요한계시록에서는 보다 분명하게 주께서 재림하실 때 새로운 창조가 있을 것을 말하고 있다. "내가 새 하늘과 새 땅을 보니 처음 하늘과 처음 땅이 없어졌고 바다도 다시 있지 않더라"(계 21:1).

공간의 시작과 더불어 시간도 시작되었으므로 하나님은 공간의 창조주이실 뿐만 아니라 시간의 창조주도 되신다. 그러므로 모든 공간에 있는 것이 그분의 것이요, 개개인이 쓰고 있는 모든 시간도 그분의 것이다. 따라서 우리는 지금 하나님이 창조하신 공간 안에 있는 것들과 시간을 하나님으로부터 받아 쓰고 있는 것이다. 그리고 우리가 이 세상에서 하나님이 주신 공간의 것들과 시간을 다 쓰고 나면 하나님은 우리가 그 공간과 시간을 어떻게 사용했는지를 계산하실 것이다. 그러므로 우리의 시간은 우리 자신에게 대단히 중요하다. 따라서 물질과 시간을 아끼고 그것들을 하나님의 영광과 그 나라의 확장, 또 그분의 목적을 위하여 사용해야 한다.

7. 창세기 1:1, 2은 서술적 문장인가? 아니면 형용적 문장인가?

창세기 1:1의 히브리 맛소라 본문은 다음과 같다: בְּרֵאשִׁית בָּרָא אֱלֹהִים אֵת הַשָּׁמַיִם וְאֵת הָאָרֶץ׃(베레쉬트 바라 엘로힘 에트 하샤마임 웨에트 하아레츠). 이를 직역하면 "맨 처음에 하나님이 하늘들과 땅들을 창조하셨다"이다.

그리고 2절 상반절은 וְהָאָרֶץ הָיְתָה תֹהוּ וָבֹהוּ וְחֹשֶׁךְ עַל־פְּנֵי תְהוֹם(웨하아레츠 하예타 토후 와보후 웨호쉐크 알-프네 테홈)이며, 이를 직역하면 "그리고 땅은 형체도 없었고 공허했으며 깊음의 표면 위에 어두움이 있었다"이다. 또 2절 하반절은 וְרוּחַ אֱלֹהִים מְרַחֶפֶת עַל־פְּנֵי הַמָּיִם(웨루아흐 엘로힘 메라헤페트 알-프네 하마임)이며, 이를 직역하면 "그리고 하나님의 신은 수면 위에 운행하고 있었다"이다. 이 문장은 서술적으로 번역할 수 있고 형용적으로 번역할 수도 있다.

1) 서술적 번역

서술적 번역은 이 창세기 1:1을 독립절로 간주하고 번역하는 것이다. 즉 "태초에 하나님이 천지를 창조하시니라. 땅이 혼돈하고 공허하며 흑암이 깊음 위에 있고 하나님의 신은 수면에 운행하시니라"로 번역하는 것이다.[6] 이렇게 번역할 경우, 이 세상 만물이 존재하기 이전에 하나님이 하늘들과 땅들을 창조하셨다는 의미가 된다.

2) 형용적 번역

형용적 번역은 "하나님이 천지를 창조하신 때에 땅은 혼돈하고 공허했었다…"(NEB, NRSV)라고 번역하는 것이다. 이렇게 번역할 경우, 영원 전부터 물질이 존재해 오던 중에 하나님이 빛을 만드심으로써 비로소 지금의 상태가 되었다는 의미가 된다.[7]

이 히브리 문장은 형용적 문장으로 번역할 수도 있지만 서술적 문장으로 번역해야 성경 전체의 사상과 본문의 문맥에 가장 잘 어울린다. '창조하다'(בָּרָא, 빠라)란 단어는 무로부터의 창조를 의미하는 독특한 단어이며, 이 창조의 행위는 하나님에게만 해당되는 창조 행위다. 이미 존재하고 있는 것을 가지고 무엇인가를 만든다고 할 때 사용되는 단어는 '만들다'(עָשָׂה, 아사)이다. 그러므로 본 창세기 1:1은 하나님께서 아무것도 없는 무의 상태에서 하늘들과 땅을 창조하셨음을 보여 주는 구절이므로 "태초에 하나님이 천지를 창조하시니라"고 서술적으로 번역해야 옳다.

만일 "하나님이 천지를 창조하신 때에 땅은 혼돈하고 공허했었

---

6) 이러한 번역을 채택하고 있는 역본들은 KJV, NKJV, NIV, JB, NJB, NASB, 한글 개역 성경 등이다.

7) 이러한 주장에 대해서는 E. J. Young, 창세기 1장 연구, 이정남 역, 성광문화사, 1982, 12쪽 이하를 참고하라.

다…"(NEB, NRSV)로 번역한다면 논리적으로 맞지 않게 된다. 그리고 물질의 영원성을 암시하는 구절의 근거가 될 것이다. 그러나 이것은 신구약성경 전체의 사상과 맞지 않는다. 빛까지도 하나님의 창조에 속한 것인데 물질이 영원하겠는가?

영(E. J. Young) 박사는 다음과 같이 말한다. "만약 창세기 1:1에서 모세가 절대적인 창조의 사상을 표현하기를 원했다면 히브리어에서 '창조하다'(בָּרָא)보다 더 적절한 단어를 찾을 수 없었던 것이다. 그러므로 '창조하다'(בָּרָא)와 '태초에'(בְּרֵאשִׁית)를 연결시켜 해석하면 창조 행위는 바로 그 시작이었다고 말할 수 있다."[8)]

8. 창세기 1:2은 어떤 오랜 시간적 간격을 가지고 있는가? 그리고 이 기간에 천사가 타락한 사건이 있었는가?

1) 몇몇 사람들은 창세기 1:1에서 하나님이 1차적으로 천지를 창조하시고 그 후 수많은 시간이 지나갔다고 생각한다.

그러한 오랜 혼돈의 상태가 지속되다가 드디어 하나님이 빛을 창조하셨다고 생각한다. 이들 중에는 보수적 입장에 속한 사람들도 많이 포함되어 있다. 이러한 입장은 지구의 나이가 1억 년 혹은 그 이상이 되었다는 고고학자들의 의견과 화합할 수 있는 여지를 만들어 준다. 그러나 이러한 입장은 성경의 근거를 가지고 있지 않다.

2) 그리고 또 다른 사람들은 하나님께서 1차적으로 세상을 창조하셨는데, 그 후에 악한 천사의 타락이 있었고, 그래서 만물을 다시 만드셨다고

8) 상게서, 20쪽.

주장한다.

이것은 세대주의자들의 입장이다. 이들의 주장에 따르면, 이 세상은 오래 전에 창조되어 존재해 오다가 그 기간 중 어느 때에 천사의 타락이 있었고, 그로 인하여 세상이 혼돈에 빠지게 되었으며, 그리하여 하나님께서 세상을 재창조하셔서 지금의 세상이 되었다는 것이다. 그러나 이러한 주장 역시 성경적 근거가 없는 인간의 상상일 뿐이다.

히브리 성경의 본문은 그러한 어떤 기미를 주지 않고 단순하게 하나님이 천지를 창조하시고 그 땅이 혼돈과 공허 가운데 있었다고 말하고 있다. 다시 말해서 하나님께서 맨 처음 천지를 창조하신 후에 땅은 인간이 거주할 수 없는 상태, 즉 혼돈과 공허 가운데 있었다는 것이다.

3) 또 하나의 다른 의견은 창조의 첫째 날에 천지, 즉 하늘들과 땅들(천체)을 만드셨고, 하나님이 만드신 땅이 혼돈하고 공허한 상태로 있었는데, 다시 하나님께서 빛을 창조하심으로써 땅이 질서를 가지기 시작했다는 의견이다.

이 의견은 넷째 날의 일월성신의 창조와 관련하여 야기된 문제를 해결해 주며, '혼돈하고 공허하였다'는 말과도 일치하는 의견이다.

"땅이 혼돈하고 공허하였다"는 표현은 오늘날 우리가 살고 있는 땅이 하나님이 하늘과 땅을 창조해 놓은 그 순간에는 혼돈 상태와 공허한 상태에 있었다는 의미다. '혼돈'이란 무질서를 암시하며 '공허'란 인간이 거주할 수 있을 만한 환경이 되지 못하는 상태였다는 것을 의미한다. 하나님께서 천지를 창조하셨다. 그러나 그것은 혼돈과 무질서 가운데 있었으므로 인간이 그러한 환경에서는 살아갈 수가 없었다. 그러므로 하나님은 그 창조의 행위 다음에 빛이 있으라고 명령하심으로써 질서 있는 세상으로 만들어 가셨다.

9. 창조의 하루는 24시간 하루인가? 아니면 하나의 긴 시대를 가리키는가?

날에 대한 의견은 주로 두 가지 입장으로 나누어진다. 첫째는 "주께는 하루가 천 년 같고…"(벧후 3:8)라는 성경 말씀에 근거하여 창세기 1장의 하루는 적어도 천 년 이상 되는 긴 기간이라는 의견(Day-Age Theory)이다. 둘째는 창세기의 하루는 글자 그대로 24시간 하루라는 의견이다. 우리는 이러한 의견들 가운데 어느 하나를 선택하기가 어렵다. 그러나 우리가 히브리인들의 날 개념을 이해한다면 그것을 어느 정도 결정할 수 있을 것이다.

서구나 현대인들의 생각과 달리, 히브리인들은 시간이나 날을 양적 개념으로 보기보다는 질적 개념(내용 개념)으로 생각한다. 오늘날 현대인들은 시간이나 날을 양 혹은 길이로 생각하고 측정한다. 그러나 히브리인들은 시간/날을 하나의 내용으로 본다. 다시 말해서 히브리인들은 하루를 24시간이라는 시간 길이가 지나갔으므로 하루로 간주하지 않는다. 낮이라는 내용이 한 번 지나고 밤이라는 내용이 한 번 지나갔으므로 하루가 지나간 것으로 간주하는 것이다. 일주일은 6일과 한 안식일의 주기로 계산한다. 월 주기는 달의 모양에 따라 계산하여 한 달을 계산한다. 다시 말해서 한 달은 달이 사라졌다가 다시 나타난 때를 기준으로 하여 그 달이 점점 커졌다가 다시 작아져서 사라지는 그 때까지를 한 달로 계산하는 것이다.

이처럼 히브리인들의 시간 계산은 내용을 따라 하는 계산법이다. 따라서 "저녁이 되고 아침이 되니"(1:8 등)란 표현은 저녁과 아침이라는 내용에 따라 하루가 되었다는 것이다. 그러므로 창세기 1장의 하루는 오늘날의 24시간과 정확하게 일치하는 것은 아니지만 24시간에 해당하는 하루를 가리키는 것이다.9)

10. 질서가 있기 전 땅의 상태

1) "땅이 혼돈하고 공허하며 흑암이 깊음 위에 있고"

이 표현 가운데 천사의 타락을 암시하는 내용은 전혀 찾아볼 수 없다. 그리고 이것은 창조 이전의 세상의 상태를 가리키지도 않는다. 이 "땅이 혼돈하고 공허하며 흑암이 깊음 위에 있는" 상태는 천지가 창조된 후의 땅의 상태를 가리킨다. 흑암이 땅 위에 있고, 땅은 물로 덮여 있기 때문에 "땅이 혼돈하고 공허하며…"로 묘사되어 있다.10)

창세기 저자는 2절에서 우주의 주인공으로 창조될 인간이 살아갈 땅의 상태를 묘사하고 있는 것이다. 1절에서 땅이 창조되었으나 거기에는 아무것도 존재할 수 없었고, 어두움만 존재했으므로 아무것도

---

9) 날에 관한 간략한 논의에 대해서는 리처드 라이트, 생물학, IVP, 1995, 77쪽 이하를 보고 자세한 논의에 대해서는 토를라이프 보만, 히브리적 사유와 그리스적 사유의 비교, 분도출판사, 1975, 153쪽 이하를 보라. 히브리인의 날 개념은 [저녁+아침=하루]라는 내용으로 이루어진 시간 개념으로서 오늘날의 24시간과는 약간 차이가 있다. 히브리인들에게 날(하루)은 길이가 아니라 밤과 낮의 일주기일 뿐이다. 다시 말해서 히브리인들은 24시간이 지났으므로 하루가 지난 것이 아니라 '밝은 빛 – 약한 빛'의 주기가 한 번 지나갔으므로 하루가 지난 것으로 간주한다.

10) '땅이 혼돈하고 공허하며'란 표현이 이방 신화와 관련되어 있다는 비평적 해석에 대해서는 Young의 전게서 31쪽 이하를 보라.

분간할 수도 없었다. 또 질서도 없었다. 그러므로 이 구절은 하나님의 질서를 세우시는 창조의 행위가 필요함을 암시하고 있다.

2) "하나님의 신은 수면에 운행하시니라"

이 문구는 **성령**께서도 이 창조에 참여하셨음을 보여 준다. 하나님의 창조는 그분의 영으로 말미암은 창조다. 하나님의 기운(영)이 세상에 운행했다. 이제 바야흐로 창조의 역사가 본격적으로 시작될 것이다. 성령은 모든 피조물에게 기운을 불어넣고 생명을 줄 것이다. 그러므로 구약성경의 몇몇 구절들은 다음과 같이 말씀하고 있다.

> 욥 26:13, "그 신으로 하늘을 단장하시고…."
>
> 시 104:29, 30, "주께서 낯을 숨기신즉 저희가 떨고 주께서 저희 호흡을 취하신즉 저희가 죽어 본 흙으로 돌아가나이다 주의 영을 보내어 저희를 창조하사 지면을 새롭게 하시나이다."
>
> 욥 33:4, "하나님의 신이 나를 지으셨고 전능자의 기운이 나를 살리시느니라."
>
> 욥 32:8, "사람의 속에는 심령이 있고 전능자의 기운이 사람에게 총명을 주시나니."

11. 하나님의 말씀의 역할

이제 천지가 창조되었으나 흑암에 휩싸여 있고, 수면 외에는 아무것도 보이지 않는 상태에서 하나님은 이렇게 말씀하신다. "빛이 있으라." 하나님의 현존 앞에서 하나님의 빛이 있으라는 말씀과 함께 어두움은 물러갔다.

물리적인 빛은 신령한 하나님의 얼굴빛을 상징한다. "어두운 데서 빛이 비취리라 하시던 그 하나님께서 예수 그리스도의 얼굴에 있는 하나님의 영광을 아는 빛을 우리 마음에 비취셨느니라"(고후 4:6, 참고. 시 31:16; 44:3). 거주할 수 없이 혼돈하고 공허한 세상을 향하여 "빛이 있으라"고 말씀하셨던 것처럼, 하나님께서는 죄로 어두워진 혼돈하고 공허한 인간의 마음속을 향해서 역시 말씀을 하실 것이다. "빛이 있으라."

땅이 생기고 가장 먼저 빛이 창조되었다. 이 빛은 하나님의 영광의 현시이기도 하다. 이 세상에서 가장 찬란하고 아름다운 것은 빛이다. 빛은 이 세상의 모든 색깔을 보유하고 있다. 빛이 어떻게 굴절되느냐에 따라서 빛의 색깔도 달라진다. 이러한 빛의 굴절을 따라 나타난 색깔들을 보고 인간이 만들어 낸 것이 색이다. 그러나 인간이 만들어 낸 색은 어두움이다. 그러므로 모든 인간이 만들어 낸 색들을 합칠 때 그것은 검은 색이 된다. 검은 색들이 각각 나누어지고 그것들이 빛의 조명을 받을 때에야 그 인간이 만들어 낸 색이나 혹은 세상 물질이 소유한 색은 아름다운 색깔로 드러나는 것이다.[11)]

이와 같이 이 세상 창조에 **말씀**이 창조에 동참하셨다!

"여호와의 말씀으로 하늘이 지음이 되었으며 그 만상이 그 입 기운으로 이루었도다"(시 33:6). 이 구절은 동의 대구법적 표현이다. 즉 "여호와의 말씀"과 "그 입 기운"[וּבְרוּחַ פִּיו; "그리고 그 입의 영(기운)"]이 같은 뜻으로 기록되었다는 것이다. "기운"으로 번역된 히브리어가 구약성경에서 일반적으로 "성령"으로 이해된 루아흐(רוּחַ)란 단어라는 것 때문에 사람들마다 당연히 "성령"으로 생각하고, 이 구절을 성령께서 창조에 동참하신 증거 구절로 이해한다.

그러나 칼빈은 이를 바르게 해석했다. "'여호와의 말씀'과 '그 입 기

11) 반상순, 물구나무 예수, 비스바, 2002, 40쪽 이하.

운'이라는 말씀을… 우리는 참으로 분명히 이 구절에서 세상은 하나님의 독생자의 영원하신 말씀에 의하여 창조되었다는 것을 추론한다. 그러나 다른 곳들, 특별히 이사야 11:4절의 '입술의 기운'이라는 말은 '말' 이외의 다른 것을 의미하지 않는다. 왜냐하면 거기에서 그리스도에 관하여 '그 입의 막대기로 세상을 치며 입술의 기운으로 악인을 죽일 것이며'라고 말씀하기 때문이다."[12]

"저가 말씀하시매 이루었으며 명하시매 견고히 섰도다"(시 33:9). 이 말씀은 단순히 들려지는 말씀만이 아니다. 이 말씀 안에는 능력이 있고 인격이 있다. 이 말씀은 곧 하나님이시다(요 1:1-3). 또한 말은 의사소통의 수단으로서 창조 이전부터 성삼위간에 교통해 오신 하나님의 속성을 보여 주는 도구다. 언어의 기원은 하나님이실 뿐만 아니라, 양자간의 의사소통의 수단으로서 하나님은 영원 전부터 말씀과 함께 존재해 오셨다. 그리고 하나님은 말씀을 통하여 창조를 해 나가신다. 언어는 만물을 움직이고 활동하게 하는 수단이다. 특히 하나님의 말씀은 만물을 붙드는 힘이다(히 1:3).

인간에게 주어진 언어는 하나님의 또 하나의 고귀한 선물이다. 대화가 없어질 때 거기에는 소원(疎遠)만이 있을 뿐이다. 그러므로 인간은 눈짓으로든, 몸짓으로든, 손으로든 혹은 말로든 자기의 의사소통을 해야 소원을 느끼지 않고 안정을 얻는다.

후에 그 말씀이 온 인류를 죄에서, 지옥에서 건지고 재창조를 하기 위하여 육신을 입고 세상에 나타나신다. "말씀이 육신이 되어 우리 가운데 거하시매"(요 1:14). 하나님과 피조물인 인간 사이의 유일한 통신 수단은 말씀(예수 그리스도)이다. 하나님은 말씀으로 우리에게 자

12) 존 칼빈, 시편(I), 성서원, 117쪽.

기의 뜻을 나타내시고, 인간들은 언어(예수 그리스도)를 통하여 하나님에게 말씀하고 서로 교제한다. 또한 그리스도를 통하여 만물은 서로 통하고 통일된다(엡 1:10). 새 창조 역시 하나님의 말씀을 통하여 이루어질 것이다.

12. 빛 그 이후의 창조

"물 가운데 궁창이 있어 물과 물로 나뉘게 하리라 하시고 하나님이 궁창을 만드사 궁창 아래의 물과 궁창 위의 물로 나뉘게 하시매"(6절).

또다시 둘째 날에도 질서를 만드시는 하나님의 행위를 보게 된다. 하나님은 물 위에 또 다른 물이 있게 하셨다. 궁창(רָקִיעַ, 라키아)은 창공을 가리킨다. 하나님께서는 창공을 아래 물과 윗물 사이에 두셔서 윗물이 아래 물에 떨어지지 않고 공중에 머물게 하셨다. 이 구절 가운데서 하나님께서 비로소 창공을 창조하신 것으로 이해해서는 안 될 것이다. 하나님께서 온갖 물이 뒤엉켜 있었는데 가운데 창공이 있게 하시고 물을 윗물과 아래 물로 나누셨다는 것이다. '궁창을 만드사'라는 표현은 창조의 의미가 아니라, 하나님께서 그렇게 되도록 지정하셨다는 의미다.

창세기 1:1에서는 하늘과 땅, 곧 우주가 창세기 저자의 관심의 대상이었으나, 2절에서는 땅이 저자의 관심의 초점으로 떠올라 있다. 그러므로 우주의 행성들은 기록에서 제외되었다. 그리고 9, 10절에서 물이 떠오름으로써 드디어 저자의 주 관심이 되는 땅이 그 모습을 드러내었다. 이 땅은 하나님의 창조의 면류관인 인간이 거주할 땅이거니와, 그 중심은 제사장 나라인 이스라엘이 거할 땅으로서, 후에 창세기 12장에서 가나안 땅으로 좁혀진다.

땅은 그 창조 당시부터 각종 채소와 씨 가진 열매를 맺는 나무들이 자라도록 의도되었다. 하나님께서는 물이 드러나면서부터 그 땅이 모든 산물들을 내도록 명령하셨다. 그리하여 그 땅 위에 존재하는 모든 동물과 인간이 땅에서 나오는 식물을 통하여 생명을 연명해 나가도록 하셨다.

넷째 날(14-19절)에 태양을 만드셨다고 생각하면 곤란한 문제가 야기된다. 1:1에서 이미 천지(天地)가 창조되었다고 선언하고 있기 때문이다. 그 동안 질서 없이 떠돌아다니던 행성들을 넷째 날에 정해진 위치에 놓으시고, 태양에게 빛을 모아 주셔서 그 태양으로 하여금 낮을 주관케 하시고 달로 하여금 밤을 주관케 하셔서 사시사철이 생겨나게 하셨다. 그러므로 태양은 하나의 행성(물체)으로 존재해 오다가 넷째 날에 빛을 입은 발광체가 된 것이다. 그러므로 16절에서 "하나님이 두 큰 광명을 만드사"라는 말을 기록하면서 저자는 빠라(בָּרָא, 창조하다)란 단어를 사용하지 않고 기존 물질을 이용하여 무엇인가를 만들어 내는 행위를 나타내는 아사(עָשָׂה, 창조하다, 만들다)란 단어를 사용하고 있다.

하나님께서는 만물을 '그 종류대로'(11, 12, 21, 24, 25절) 만드셨다. 이 구절을 통하여 진화론은 그 근거를 잃어버린다. 하나님께서는 각 종류대로 만드셨을 뿐만 아니라, 그것들이 살아가는 방식도 다르게 하셨다. 여기에는 정하고 부정한 짐승들이 모두 포함된다. 물에서 살아가도록 창조된 것은 물에서 살아가도록 해야 한다. 그것들을 지상에서 살아가도록 한다면 죽어 버릴 것이다. 창세기 1장부터 질서는 세상의 가장 중요한 주제로 떠오르고 있다. 질서는 세상의 기본 원리다. 인간 역시 이 질서 가운데서 살아가도록 의도되었다. 모든 피조물은 질서를 거스르면서 살 수 없다.

창조 행위 다음의 하나님의 감정에 대한 창세기 저자의 설명이 창세기 1장에 반복되어 나타난다. "하나님이 보시기에 좋았더라"(창 1:4, 12, 18, 21, 25, 31). 여기서 저자의 의도는 하나님의 행동과 안목에 초점을 맞추고자 한 것을 알 수 있다. "하나님이 보시기에 좋았더라"는 표현은 하나님께서 세상을 지으신 목적대로 다 이루어졌기 때문에 기록된 표현이다. 이 세상은 하나님이 의도하신 목적대로 잘 진행되었으므로 만족하신 것이다. 거기에는 아름다움이 있었다. 빛의 아름다움을 보라! 이 세상의 모든 피조물들은 하나님 보시기에 옳아야 하고 하나님 보시기에 좋아야 한다.

하나님이 세상을 창조하신 목적은 무엇이었는가? 하나님은 자신의 자비와 사랑의 표현을 위해 이 세상을 창조하셨다.[13] 그리하여 자기의 영광을 드러내시고 영광을 받으려 하셨다. 다시 말해서 하나님께서는 이 세상에 하나님의 나라를 건설하려 하셨다. 우리는 가장 먼저 빛 가운데서 이 하나님의 영광을 발견한다.

본문에 '보시는 하나님 개념'이 나타나 있다. 죄가 없는 상태에 있는 세상, 그것은 아름다움이었다. 그러나 후에 창세기 6장에서 하나님은 좋은 것을 보지 못하고 악한 것만 가득한 세상을 보시게 된다(창 6:5).

---

13) 다니엘 풀러, 성경의 일관성, 은성, 151쪽.

13. 인간 창조

26-30절에 인간 창조에 대한 기록이 나타나 있다. 그리고 또다시 2:5-8에 인간 창조가 기록되어 있다. 이러한 인간 창조에 대한 이중적 기록은 결코 창세기 기록의 참고 자료가 다르기 때문에 나타난 현상이 아니라, 저자의 관심의 대상이 다르기 때문에 나타난 현상이다. 하나님이 이 세상을 창조하심에 있어서 창세기 1:1에서 저자는 천지(하늘과 땅, 곧 우주) 전체를 관심의 대상으로 보고, 1:2-31에서는 인간이 거주할 땅을 관심의 대상으로 보며, 다시 2:5-8에서는 만물 가운데 특히 인간이 구체적으로 어떻게 창조되었는가에 관심을 기울이고 있다. 그래서 독자들에게는 이중적인 기록인 것처럼 보이는 것이다.

하나님이 인간을 창조하시기에 앞서서 "다스리게 하자"(26절)고 의논하신다. 하나님이 창조하신 만물 가운데서 가장 큰 관심의 대상은 인간이다. 그러므로 하나님은 인간을 창조하기 위한 특별한 계획을 세우신 것이다. 다스린다는 것은 주재권(lordship)을 의미한다. 이 주재권은 위로는 하나님과 관계되어 있으며 아래로는 다른 피조물들과 관계되어 있다. 하나님의 주재권을 인정하고 그분의 뜻을 따를 때, 인간은 다른 피조물들에 대한 주재권을 바르게 행사할 수 있다. 반대로 인간이 하나님의 주재권을 거절하고 인간과 하나님의 사이가 끊어질 때, 하나님에 대한 주재권이 사라지고 아울러 동물과 식물에 대한 주재권도 사라진다.

인도에서는 범신론 사상으로 동물을 신으로 받들어 섬기고 있으며 식물을 신으로 섬기고도 있다. 불교는 돌을 신으로 섬기고 그 앞에서 경배하며 섬긴다. 타락한 인간은 스스로 피조물 아래로 들어가서 피조물을 섬기거나 혹은 피조물을 인간과 동등한 위치에 둔다. 이러한 상황이 될 때 하나님은 인간들을 향하여 징계를 가하시는데, 곧 그들을 내버려두어 영원히 멸망당하게 하신다(참고. 롬 1:18-32).

1) 인간의 정체

(1) 그는 하나님의 창조의 면류관이요 하나님의 지상 대리자다. 인간은 피조물 중에서 대표자요 하나님의 대리자다. 그러므로 마귀의 점령의 대상이 되었다. 왜냐하면 인간을 점령하면 세상의 만물을 점령한 것이 되기 때문이다.

(2) 하나님께서는 아담을 흙으로 만드시고 코에 생기를 불어넣으심으로써 살아 숨쉬는 존재(생령)가 되게 하셨다. 생령을 '신령한 존재'로 이해하면 안 된다. 왜냐하면 히브리어 '네페쉬 하야'는 살아 숨쉬면서 세상에서 활동하는 존재를 가리키기 때문이다.

(3) 하나님은 자기의 형상대로(창 1:26, 27) 인간을 만드셨다. 하나님의 형상이란 인간 전체를 가리켜 말한 것이다. '지으시고'(formed)로 번역된 와이체르(וַיִּיצֶר, and he formed)는 그 원형이 야차르(יצר)인데, 코헨(A. Cohen)은 요드(י)란 글자가 이중적으로 기록된 것이 이중적인 지음을 의미한다고 한다. 즉 이 세상에서의 삶과 부활을 위해서 만들어졌다는 것이다. 그러므로 인간에게는 부활이 있다는 것이다.[14] 그러나 이러한 주장의 근거는 희박하다.

인간은 하나님의 형상대로 창조되었다(창 1:26-30). 하나님의 형상은 지, 정, 의와 함께 전인을 가리킨다. 인간의 외모도 하나님의 형

14) A. Cohen, *Soncino Chumash*, The Soncino Press, 1971, p. 9.

상을 지녔다고 말할 수 있다. 그렇다고 하나님께서 눈과 귀를 가지셨다는 뜻은 아니다. 하나님은 형체가 없는 영이시다. 그럼에도 불구하고 그분은 보고 듣고 느끼고 아신다. 이러한 점에서 인간의 눈과 귀 그리고 입 등이 하나님의 형상이라는 것이다.

어쨌든 그 중에서도 특별히 인간의 다스림이 가장 독특한 하나님의 형상이다(시 8편). 이 다스림은 남자에게만 주어진 것이 아니다. 남자 혼자서 이 세상을 다스리려고 할 때 수많은 모순된 사실들이 생겨날 것이며, 그 결과 파괴와 자멸을 초래하게 될 것이다. 왜냐하면 남자의 본성은 철저히 이성 중심이기 때문이다. 순전히 이성적인 연구의 결과가 과학의 발전을 가져왔으나 그것이 인류에게 위기를 몰고 오지 않았는가? 이 세상은 IQ가 강한 남자와 EQ가 강한 여자가 함께 다스려 나가야 한다.

(4) 하나님이 인간을 만드셨으므로 인간은 하나님의 피조물이요 동시에 자유자다. 인간은 자신의 이러한 속성을 밝히 알 때에만 바른 인간이 될 것이다.

하나님께서 자기 형상대로 인간을 만드셨으므로 모든 인간은 하나님의 형상을 가지고 있다. 악인에게서도 하나님의 형상 곧 그리스도의 형상이 발견되는데, 악인 가운데서는 예수 그리스도의 형상이 너무나 일그러져 버렸음으로 악인들을 뒤집어 놓고 바라보면 하나님의 형상이 보인다. 가인은 혼자서 하나님과 주변 사람들로부터 인정과 사랑을 받으려고 형제 아벨을 죽였으나 예수께서는 영적으로 죽은 인간을 살리고 사랑받는 주의 형제로 삼으시려고 오히려 자기를 희생시키셨다. 압살롬은 왕권을 유지하려고 부친 다윗을 죽이려 했으나 예수님은 왕권을 버리고 자기를 희생시켜 우리를 왕 같은 제사장으로 만드셨다.

2) 인간의 사명

"생육하고 번성하여 땅에 충만하라 땅을 정복하라 바다의 고기와…을 다스리라"(창 1:28)는 말씀은 인간에게 주신 최초의 축복의 말씀이자 명령이다. 여기에 인간의 기본적인 행위와 해야 할 일이 나타나 있다.

(1) 인간의 기본적인 일은 먹고 성장하고 결혼하여 번식하는 것이다. 이것은 물리적 생육 번성을 가리킨다. 그러나 더 나아가서 이 구절에는 그리스도를 믿는 자가 선행에 있어서, 그리고 믿음 생활에 있어서 열매를 맺는 삶을 살아야 할 것에 대한 암시가 들어 있다.

생육하고 번성하라는 말씀은 후에 아브라함과 그의 후손에게만 주어지는 것을 보게 된다. 하나님께서는 자기의 언약 백성이 생육하고 번성하여 바닷가의 모래처럼, 하늘의 별처럼 많아지기를 바라셨다(창 12:2; 13:16; 15:5 등). 출애굽 시대에는 하나님께서 자신의 언약을 이루기 위하여 생육이 중다하고 번성하게 하셨다(출 1:7). 그리하여 저들은 하나의 국가로 탄생되었다. 그 이후로 생육하고 번성하라는 축복의 말씀은 거의 나타나지 않는다.

신약성경에서 이 명령은 주님의 제자들에게 주어진다. "너희는 가서 제자를 삼아…"(마 28:18-20)가 바로 "생육하고 번성하라"는 명령과 맥락을 같이하는 명령이다. 주님을 따르는 제자들은 번성해 나가야 하고 또 그렇게 될 것이다. 요한계시록에는 셀 수 없이 많은 구원받은 무리들이 나타난다(계 7:4, 9; 14:1).

(2) 인간이 다른 피조물에 대해 할 일은 땅을 정복하고 피조물을

다스리는 것이다. 이것은 고대 군주의 다스림을 의미하는 것이다. 고대의 군주들은 군주로 즉위할 때 가난한 자와 약한 자들을 돌보아주겠다고 서약하고 군주의 자리에 올랐다. 그리고 그가 군주로서 하는 주된 일은 억울한 일을 해결해 주고 약한 자들을 돌보는 일이었다. 그러므로 피조물에 대한 정복과 다스림은 그것들을 가꾸고 보존하고 개발하는 다스림이다. 이기적인 난개발, 꽃을 꺾는 행위, 나무를 죽이는 일, 환경을 오염시키는 일 등은 하나님이 금하신 일이다. 우리는 우리에게 주어진 만물을 자비로운 군주와 같이 잘 돌보고 개발해 나가야 한다. 이것이 하나님께서 인간들에게 주신 명령이다.

"내가 온 지면의 …를 주노니 너희 식물이 되리라 또 땅의 모든 짐승과 …에게는 내가 모든 풀을 식물로 주노라"-인간(29절)에게는 씨 맺는 채소와 씨 맺는 나무를 식물로, 그리고 생물들(30절)에게는 모든 푸른 풀을 식물로 주셨다. 인간은 식물로 살아가게 되어 있으며, 혹 질병이 생길지라도 식물을 통하여 고칠 수 있도록 해주셨다. 어느 누군가는 "식물로 고치지 못하는 병은 그 어느 의약으로도 고칠 수 없다"고 말했다.

3) 인간의 구조

> 2:7, "여호와 하나님이 흙으로 사람을 지으시고 생기를 그 코에 불어넣으시니 사람이 생령이 된지라."

(1) 흙(עָפָר)

아파르(עָפָר)는 티끌(dust)을 의미한다. 욥은 인간의 비천함을 묘사하기 위해 25회나 이 단어를 사용했다.[15] 흙은 땅으로부터 취한 것이며, 생기는 하나님으로부터 그 코에 불어넣어진 것이다. 티끌(흙)은 하나님께서 그를 만지시고 생명을 주시고 그의 성령을 주시기까지는 한낱 흙덩어리에 불과하다.[16] "너희는 인생을 의지하지 말라 그의 호흡은 코에 있나니 수에 칠 가치가 어디 있느뇨?"(사 2:22). 만일 그가 호흡이 끊어진다면 그는 한낱 흙덩어리에 지나지 않는 존재가 된다.

하나님은 지금도 인간을 조성하시는 분이심을 잊지 말아야 할 것이다. 그리고 인간은 살아가는 동안 미숙에서 성숙으로 성장해 나간다. 그 과정에서 인간을 참으로 인간답게 만들어 가시는 분은 하나님이시다. 특히 예수 그리스도를 믿는 성도들을 그분을 닮은 존재로 만들어 가시는 분은 하나님이시다. 그래서 성경은 하나님을 토기장이라고 묘사하고 있다(사 29:16; 30:14; 41:25; 45:9; 64:8; 롬 9:21).

(2) 생기(נשם, breath, life, mind, spirit)

이것은 하나님의 호흡이다. 이렇게 하나님의 호흡이 인간의 코에 불어넣어진 결과 인간은 생령(נֶפֶשׁ חַיָּה, 네페쉬 하야, a living soul, 생혼), 즉 살아 있는 피조물이 되었다. 그러므로 생령이란 '살아 숨쉬고 움직이는 존재'일 뿐 '신령한 존재'라는 뜻은 없다. 구약성경에서 네페쉬 하야는 동물들에게도 적용되는 문구다.

하나님께서 아담을 만드시고 그 코에 생기를 주셔서 살아 있는 존재가 되게 하셨고 하나님과 자유롭게 교제하는 존재가 되게 하셨으나, 그는 후에 타락함으로써 죽은 존재가 되었다. 그리하여 사람은 날

---

15) Barnhouse, *Genesis(I)*, p. 14.
16) Ibid., p. 15.

때부터 영적으로 죽은, 즉 하나님으로부터 끊어진 존재로 태어났다. 그렇다고 마귀의 자녀로 태어나지는 않고 죄의 종으로 태어났다. 날 때부터 이미 하나님의 자녀와 마귀의 자녀가 정해져 있으나, 자신이 의식 가운데서 성령으로 거듭나기까지 그는 마귀가 이끄는 대로 죄의 종으로 살아간다(엡 2:1, 2).

예수 그리스도께서는 십자가에 죽으시고 다시 살아나심으로써 영적으로 죽은 우리를 살리는 분이 되셨다. "기록된 바 첫 사람 아담은 산 영(living soul)이 되었다 함과 같이 마지막 아담은 살려 주는 영이 되었나니"(고전 15:45).

우리 인간은 숨을 들이마심으로써 산 영이 되고, 주님은 숨을 내 쉬심으로써 영원한 생명을 주신다. 주님은 부활 후에 제자들을 향하여 숨을 내쉬면서 말씀하셨다. "이 말씀을 하시고 저희를 향하사 숨을 내쉬며 가라사대 성령을 받으라"(요 20:22). 이와 같이 인간은 성령을 받음으로써 죽었던 영혼이 살아난다.

성령으로 소생함을 받은 자라고 할지라도 인간은 흙과 하나님의 생기로 만들어졌으므로, 한편으로 인간은 초자연의 한 부분으로서 초자연의 지배를 받으며 살아간다. 또 한편으로 인간은 자연의 주요 부분의 하나로서 자연의 지배를 받으며 살아간다.

> "인간이 자연의 일부로 남아 있는 한 자연의 세력과 법칙의 지배를 받게 된다." -폴 투니어(1898-, 스위스)
>
> "인간은 자연에게서 듣고 따를 때에만 자연을 지배한다." -베이컨(1561-1626, 영국)
>
> "은총은 자연을 제거하지 않는다." -토마스 아퀴나스(1225-1274, 이탈리아)

그러므로 인간을 완전히 자연적 생물로만 보아서도 안 되고, 인간을 완전히 정신적, 영적 존재로만 보아서도 안 된다. 양극단은 언제나 위험하다. 따라서 우리 인간을 치유함에 있어서 육체만을 치유해서는 안 되며 동시에 정신만을 치유해서도 안 된다. 의사는 물리적 의사와 함께 정신과 의사가 되어야 한다. 따라서 인간을 고치는 사역에 있어서도 진정한 의사는 하나님(예수 그리스도)이시다!

14. 안식(2:1-3)

1) 안식은 창조의 완성과 만족을 의미한다.

하나님이 창조로부터 쉬셨다는 것은 모든 창조가 완성되었으며 그 창조가 하나님의 뜻에 따라서 완성되었음을 의미한다. 그 결과로 하나님은 만족하셨으며, 그래서 하나님은 안식하실 수가 있었다.

2) 이 안식은 창조 이전에 하나님이 가지셨던 진정한 안식과 같은 것이다.

이 안식은 세상과 인간을 창조하신 후 이 세상에 어떤 악이 들어오기 전에 하나님이 그의 피조물들과 함께 누리셨던 안식이기도 하다.

3) 이 안식은 소극적인 의미를 지니지 않고 적극적인 의미를 지닌다(히브리어 '샬롬'의 의미와 비교할 것).

이 안식은 단순한 쉼의 차원을 넘어선 것이다. 거기에는 평화, 안식, 기쁨, 만족, 즐거움, 감격 등이 있었다.

4) 장차 피조물이 얼마나 이 세상에서 쉼없이 일할 것인가를 생각하시고 하나님이 미리 쉬심으로 인간에게 안식을 예비해 주셨다.

그러므로 거기에는 미리 쉼으로써 피조물에게 안식을 주고자 하신 은혜로운 뜻이 있다. 이 안식일 주기는 창조 질서와 잘 맞추어진 안식일이다. 모든 만물은 7일 주기로 돌아가며, 따라서 7일마다 쉬어야 한다. 안식일마다 쉼으로써 피조물들은 자기들의 역할을 극대화할 수 있다.

5) 그럼에도 이 안식은 하나님만이 가지시는 안식이다.

그 안에서 피조물이 하나님과 바른 관계를 가짐으로 안식을 누릴 수 있는 것이다. 아담은 피조된 다음날 하나님과 함께 이 안식을 누렸다. 따라서 인간은 하나님 안에서 먼저 쉬고 일터로 나가야 한다.

6) 안식은 종말론적인 의미(회복)를 지니고 있다.

안식일 이후의 인간의 타락은 참 안식을 왜곡시켰다. 그리하여 이 왜곡된 만물을 회복시키려고 하나님은 일해 오셨다. 그 타락한 인간과 세상을 회복시키는 일은 창조 직후의 안식의 상태로 회복시키는 것이다.

주님으로부터 오는 안식을 누리고자 하는 사람, 즉 구원을 받고자 하는 사람은 하나님께서 자기의 일을 쉬심같이 자기의 일을 쉰다("그친다, 안식한다", 히 4:10). 동시에 그 안식에 들어가기를 힘쓴다. 즉 그분을 믿고 견딘다. 그리하여 그분의 안식에 들어가기를 힘쓰는 사람은 지각에 뛰어난 하나님의 평강을 찾게 될 것이다.[17] 그러나 참된

17) Donald Grey Barnhouse, *Genesis(I)*, p. 14.

안식(구원)을 위하여 무엇인가를 조금이라도 하는 사람은 전혀 평화를 가질 수가 없다.

15. 에덴 동산(2:8-17)

에덴 동산은 '동편 땅 에덴 안에 있는 한 동산'(직역)으로 표현되어 있다. 이러한 표현은 암시적인 의미가 있다. 이는 창세기에서 동편이 주로 하나님으로부터의 분리의 의미로 사용되었기 때문이다.

에덴이란 대초원을 의미하는 수메르-아카디아어에서 빌려 온 단어일 수 있으나 여기서는 '기쁨'(delight)을 의미한다. 하나님의 동산(참고. 사 51:3; 겔 28:13; 31:9)으로서 에덴은 거룩한 장소였으며, 거기서 인간은 제사장적인 사명을 가진 위치에 있었다.[18] 따라서 이 곳은 하나님의 임재의 장소였다. 하나님께서는 자신의 임재의 장소에 인간으로 하여금 자신과 교제하며 살도록 허락하셨다!

1) 생명나무

생명을 얻게 하는 나무, 이것은 하나님과 깊은 교제를 가짐으로 얻을 수 있는 것이다. 그러나 인간이 선악과를 먹고 스스로 하나님을 의뢰하지 않고 하나님 없이 하나님과 같이 되려고 하여 타락했으므로 이것에 접근함이 금지되었다. 만일 하나님과 단절된 위치에 있는 인간이 생명나무의 열매를 따먹고 영생한다면, 그것은 인간들에게 영원한 저주를 가져다 줄 것이다. 하나님은 인간을 에덴에서 쫓아냄으로써 그러한 저주를 피하게 하셨다.

---

18) Meredith G. Kline, *Genesis* (NBC), p. 83.

그리고 그 접근은 다른 방법으로 가능하게 하셨으니, 4장에서 나타나는 바 제사를 통해서이다. 이것이 하나님께서 인간에게 특별히 부여하신 최대의 선물로서, 하나님은 인간들에게 선물을 주기를 그치지 않으신다. 잠언서에 나타난 생명나무, 고린도전서 2장의 지혜 그리고 계시록 2:7; 22:2을 비교 연구해 보라. 이 지혜는 머리로만 아는 단순한 지혜가 아니고 하나님을 맛보아 아는 지혜다.

갈보리 언덕 위에 또 다른 하나의 나무가 있다! "친히 나무에 달려 그 몸으로 우리 죄를 담당하셨으니 이는 우리로 죄에 대하여 죽고 의에 대하여 살게 하려 하심이라 저가 채찍에 맞음으로 너희는 나음을 얻었나니"(벧전 2:24).

이는 십자가 사건이 생명나무의 의미를 가지고 있음을 보여 준다. 아담과 하와가 하나님의 말씀에 불순종하여 그 안에서 온 인류는 불순종했고 영원한 멸망을 당하게 되었으나, 그리스도의 십자가를 믿음으로 생명을 소유하게 되었다. 십자가를 바라보고 믿는 자는 그 나무에서 이루어진 구속 사건으로부터 영생을 얻는다. 예수를 믿으면 그는 이미 영생을 얻었다!

2) 선악을 알게 하는 나무

많은 사람들은 하나님이 에덴 동산에 선악과를 두신 것은 하나님께서 인간으로 하여금 타락하도록 미리 의도하셨으므로 인간의 타락은 하나님의 책임이라고 주장한다. 이러한 주장은 어리석은 주장일뿐만 아니라 피조물임을 잊은 인간이 신에게 도전하는 위험한 도전이다.

피조물인 인간에게는 규범이 필요하다. 그 이유는 그가 절대 자유자인 신이 아니기 때문이다. 신(God)만이 절대 자유를 가진다. 인간은 피조물이므로 하나의 한계와 규칙이 주어져야 한다. 그 규칙이 선악을 알게 하는 나무의 실과는 먹지 말라는 명령이다. 인간은 피조물이므로 넘어가지 않아야 할 선(線)이 있다. 하나님은 절대 자유자이시지만 인간은 절대 자유자가 아니라 피조물이다. 인간이 선악과를 먹는다는 것은 스스로 절대 자유자가 되려는 시도이다. 즉 인간이 하나님이 되려는 시도인 것이다. 그러므로 하나님은 인간에게 피조물로서의 위치를 지키라는 의도에서 선악과를 두시고 그것을 먹지 말라고 명령하셨다. 만일 선악과를 먹는다면 스스로 하나님이 되려는 것이므로 그것은 자신을 창조하신 하나님을 반역하고, 스스로 피조물의 한계를 넘어서서 스스로 하나님이 되려고 하는 것이므로, 피조물인 인간에게는 금기가 된다. 나중에 마귀가 "네가 하나님과 같이 되리라"고 하면서 하와를 유혹한 것은 하나님이 금하신 한계선을 넘어가서 즉 피조물의 위치를 넘어가서 네 스스로 신이 되라는 유혹이었다. 후에 하나님께서 자기의 뜻의 계시로써 모세를 통하여 율법을 주신 것도 이러한 인간이 지켜야할 한계를 정하신 사실과 같은 맥락에서 이해되어야 한다. 인간은 하나님이 정하신 한계 내에서 충분히 자유로워질 수 있다. 그리고 그는 그 한계 내에서 삶으로써 참된 행복을 누리게 된다. 선악을 알게 하는 나무가 실제로 효력을 가지고 있었는지는 의문의 여지가 있다. 어쨌든 하나님은 그것을 금지하셨는데 금지명령 자체가 보다 중요한 의미를 지니고 있다고 하겠다.

하나님께서는 "동산 각종 나무의 실과는 네가 임의로 먹되 선악을 알게하는 나무의 실과는 먹지 말라 네가 먹는 날에는 정녕 죽으리라"(창 2:16)고 명령하신다. '그 열매를 먹은 결과로 죽게된다'는 의미라기 보다는 '먹는 그 자체가 죽음이다'는 뜻이다. 다시 말해서 일명(一

名) '선악과'를 따먹는다 함은 하나님을 떠나서 스스로 선과 악을 알고 구분한다 함이니 그것은 하나님으로부터의 독립 혹은 떠남을 의미한다. 먹지 말라는 열매를 먹는 그 자체가 인간을 하나님으로부터 갈라지게, 즉 죽게 만든다는 것이다.

3) 에덴동산

동산의 네 강은 물의 풍성함을 가리킨다(2:10-14). 물이 많다 함은 그만큼 풍요롭다는 뜻이다. 이 물은 후에 예수 그리스도께서 주시는 신령한 물을 상징하게 된다.

정금과 베델리엄과 호마노가 특별히 언급되어 있다. 이것은 단순히 아름다움을 묘사하기 위하여 언급된 것만은 아닐 것이다. 정금은 성소의 기구들을 만들 때 사용된 금속이다. 베델리엄은 주변을 향기롭게 하는 향료 이름이다. 호마노는 녹색을 띤 보석으로 녹주석이라고도 한다.

출애굽기 25:7에서 대제사장의 에봇과 관련하여 호마노가 등장한다. 출애굽기 28:9-14을 보면 호마노가 대제사장의 에봇의 두 견대에 붙어 있고 열두 지파의 이름이 거기에 새겨진다. 출애굽기 28:20과 39:13을 보면 "녹보석 호마노 벽옥"과 함께 나타나 있다. 역시 성소를 만들 때 향을 만들어 향단에서 사르도록 명령하고 있음을 보게 된다. 그리고 성소의 모든 기구들을 금으로 만들도록 명령했다.

이사야 54:11-12에서는 새 시대의 예루살렘은 보석으로 꾸밀 것이라고 언급되어 있다. "너 곤고하며 광풍에 요동하여 안위를 받지 못한 자여 보라 내가 화려한 채색으로 네 돌 사이에 더하며 청옥으로 네 기초를 쌓으며 홍보석으로 네 성첩을 지으며 석류석으로 네 성문을 만들고 네 지경을 다 보석으로 꾸밀 것이며." 그리고 요한계시록 4:3을 보면 하나님의 모습이 벽옥과 홍보석과 같다고 했다.

계시록 21장에서 하늘로부터 내려오는 새 예루살렘 성을 보니 이 벽옥으로 되어 있다고 기록되어 있다. 하나님의 임재가 이루어지고 가장 복된 상태가 이루어진 상태를 묘사할 때마다 값진 보석들이 등장하는 것과 비교해 보라. 이는 하나님의 임재와 더불어 나타나는 가장 영광스러운 상태를 나타낸다.

에덴 동산은 아담과 하와에게 성소였다.[19] 후에 에덴을 표상하는 성소에 들어가는 대제사장의 에봇에 두 보석이 달리게 된다. 그리고 이 보석들 위에 열두 지파의 이름들이 새겨진다. 또한 대제사장은 하나님의 존전으로 들어갈 때마다 이 보석을 달고 들어간다. 그러므로 이 보석들은 열두 지파를 가리키지만 보다 구체적으로 하나님의 구속받은 성도들을 가리킨다.

계시록에서 또다시 여러 종류의 보석으로 이루어진 새 예루살렘을 보게 되는데, 이것은 새 예루살렘 성이 보석이 되는 성도들 개개인으로 구성되어 있음을 보여 주는 것이다. 성도들은 하나님 앞에서 그리고 세상에서 보석들이다!

16. 아담의 아내 하와를 지으심(창 2:18-25)

> 2:21-23, "여호와 하나님이 아담을 깊이 잠들게 하시니 잠들매 그가 그 갈빗대 하나를 취하고 살로 대신 채우시고 여호와 하나님이 아담에게서 취하신 그 갈빗대로 여자를 만드시고 그를 아담에게로 이끌어 오시니 아담이 가로되 이는

---

19) 마크 스트롬, 성경 교향곡, IVP, 29쪽.

뼈 중의 뼈요 살 중의 살이라 이것을 남자에게서 취하였은즉 여자라 칭하리라 하니라."

여기에 남녀간의 사랑의 아름다움이 있다. 아가서는 이러한 순수한 사랑을 예찬하고 있다. 남녀간의 순수한 사랑은 하나님이 인간들에게 주신 선물이다. 이성간에 사랑을 할 때는 아가서에 있는 것과 같이 순수한 사랑을 해야 하고, 그 사랑이 깊어지면 결혼을 하고 자녀를 낳으면서 살아가야 한다.

그러나 부패한 사랑(타락한 사랑)도 있다. 이것은 순수하게 상대방의 행복을 바라지 않고 자신의 행복(기쁨 혹은 쾌락)만을 추구하기 위하여 하는 사랑이다. 이것은 차라리 사랑이라기보다는 열정에 해당하는 것이다. 이러한 부패한 사랑을 하는 자들은 자기가 바라는 것을 상대방이 해주지 않을 경우에 질투, 미움, 살인 등을 하게 된다.

남녀가 서로 사랑하고 결혼하게 되는 과정에서 우리는 다음의 몇 가지를 살펴볼 수 있다.

1) 남자가 부모를 떠남

여자는 남자의 일부분이므로 때가 되면 남자는 부모를 떠나 그 몸의 일부분인 여자를 아내로 삼아 결합하여 온전한 한 인간이 되는 것이다. 결혼한 부부의 비극은 남자가 부모를 떠나지 못할 때 일어날 수 있다. 남자와 여자가 함께 부모를 공경하되, 남자는 부모의 모든 명령으로부터 벗어나서 한 가정의 가장이 되어 가족의 결정권을 가지고 행동해야 한다. 그러므로 남자가 부모를 떠나는 이 원리는 결코 "부모를 버려도 된다"는 의미가 아니다.

2) 둘이 한 몸을 이룸(마 19:4-6; 막 10:6-8; 엡 5:31)

이것은 신비적 연합으로서 부부는 다음 세 가지의 결합을 하게 된다. 그 첫째가 정신적 결합이다. 그 다음으로 영적 결합을 하게 된다. 그리고 성적인 결합을 함으로써 온전한 하나가 된다. 영적, 정신적 결합이 바른 성적 결합을 이루게 한다. 이러한 결합들은 하나님에게 아름다운 것이다. 아가서를 보라.

3) 돕는 배필이 됨(창 2:18; 고전 11:9).

여자의 남편 주장이 거부되고 있다. 반대로 남편의 아내 주장도 거부된다. 남편과 아내는 동등한 위치에서 서로 돕는 관계다. 그리고 남편과 아내 사이는 이 세상에서 가장 친밀한 사이이다. 그러나 이러한 관계는 피조 세계(현 세상)에만 해당되는 관계다. "부활 때에는 장가도 아니 가고 시집도 아니 가고 하늘에 있는 천사들과 같으니라"(마 22:30; 참고. 막 12:25; 눅 20:35).

4) 한 남자 대 한 여자임

하나님께서는 아담을 깊이 잠들게 하시고 하와를 창조하셨다. 이 사실은 다음 몇 가지 잘못된 사상이나 행습들을 거부한다.

(1) 일부다처제(一夫多妻制)를 거부함(말 2:15). 만일 하나님께서 일부다처제를 원하셨다면 아담의 갈빗대 하나로 여러 명의 하와를 탄생시키셨을 것이다. 구약성경은 마치 일부다처제를 허용하는 것처럼 보이는 경우가 있다.

예를 들면, 야곱, 다윗, 솔로몬 등의 경우가 그러하다. 그러나 이 경우는 결코 일부다처제를 허락하는 것이 아니고, 부패한 인간의 모습을 보여 주는 것이다. "여러 첩들을 거느린 그들이 구약에서 의인으로 기록되어 있지 않은가?"라고 반문할 수도 있을 것이다. 그러나 저들이 의로운 것은 그러한 행위들이 의로운 행위들이어서가 아니라, 그러한 죄악된 인물들임에도 불구하고 하나님의 죄를 덮으시는 은혜로 말미암아 저들이 의로운 인물로 간주되는 것이다.

그러면 "우리도 여러 첩들을 거느려도 된다"는 암시가 구약에 들어 있는가? 그러한 암시는 구약 어디에서도 찾아볼 수 없다. 더욱 분명하게 구약은 한 남자와 한 아내의 정상적인 결혼을 강조하고 있다.

말라기 2:15은 다음과 같이 기록하고 있다. "여호와는 영이 유여하실지라도 오직 하나를 짓지 아니하셨느냐 어찌하여 하나만 지으셨느냐 이는 경건한 자손을 얻고자 하심이니라 그러므로 네 심령을 삼가 지켜 어려서 취한 아내에게 궤사를 행치 말지니라."

(2) 수음(獸淫)을 거부함(레 18:22; 20:13). 하나님께서는 남자의 성생활의 대상으로 여자를 만드셨다. 타락한 인간이 동물의 수준에까지 내려가는 것은 하나님께서 심히 혐오하시는 일이다. 이는 하나님이 그러한 인간을 친히 멸절시키기를 원하실 정도로 가증히 여기시는 행위다. 인간은 수음을 통하여 스스로 동물이 된다. 이는 타락한 인간이 어디까지 타락할 수 있는가를 보여 주는 행위다.

(3) 동성연애(同性戀愛)를 거부함(출 22:19; 레 18:23; 20:15; 신 27:21). 이러한 행위 역시 위와 같은 극악한 행위에 해당한다. 에이즈는 이러한 행위에 대한 하나님의 징벌이다.

(4) 이혼(離婚)을 거부함(마 5:31, 32; 19:3-8; 비교. 막 10:4). 사랑한다고 고백하고 평생을 같이 하겠다고 하나님 앞과 사람 앞에서 서약한 후에는 이 약속을 지켜야 할 책임을 가지게 된다. 이혼 행위는

최대의 거짓말(행위)이다(참고. 계 21:27).

초대 교회 교부들은 하와와 마리아를 비교하기를 좋아했다. 하와가 인간의 타락을 하도록 인도한 사람이라면, 마리아는 하나님에 의하여 하나님이 그리스도 안에서 인류를 구속하시는 도구로 사용되었다.[20]

하나님께서는 아담으로 하여금 깊은 잠에 빠지게 하셨고, 그의 옆구리를 상하게 하여 갈빗대를 취하심으로 그의 아내 하와를 창조하셨다. 예수 그리스도는 이보다 더 깊은 잠에 떨어지셨다.[21] 결혼은 예수와 교회의 관계를 조명하고 있다. 주께서는 마리아를 통해 아담의 후손으로서 한 몸을 취하시고 이 땅에 오셨다. 주님은 자기의 신부를 취하려고 오셨던 것이다.[22]

그분께서 그 신부를 취하실 수 있는 것은 오직 깊은 잠(십자가의 죽으심)을 통해서이다. 아버지께서는 그분의 깊은 잠 가운데서 그분의 영혼을 받으셨다. 그때 한 군인이 그분의 죽은 옆구리를 찔렀다! 그리고 그분의 죽음을 확인하는 그 옆구리의 상처로부터 교회가 탄생되었으니 이는 그분의 피로 값 주고 사신 것이다(행 20:28). 그분의 죽음으로 인하여 우리 신자는 그분의 뼈 중의 뼈요 살 중의 살이 된 것이다.[23] 남편과 아내의 관계의 실상을 알기를 원하는가? 그리스도와 교회의 관계를 보라!

---

20) E. L. H. Taylor, *The Reformational Understanding of Family and Marriage*, p. 1975.

21) Barnhouse, p. 17.

22) Ibid.

23) Ibid.

2장

타락 | 3-5장

1. 유혹과 타락(3:1-13)

유혹은 하와가 혼자 있을 때 왔다. 왜 사탄의 감화를 받은 뱀이 여자에게 접근했을까? 여자가 더 약하게 창조되었기 때문이다. 유혹자는 아름다운 것을 가지고(실상은 감추어짐) 다가왔다. 사탄은 여자가 아름다움에 약하다는 사실을 잘 알고 있었던 것이다. 유혹자는 하나님처럼 될 것이라고 말했다. 또한 뱀은 남자가 여자에게 가장 약하다는 사실도 잘 알고 있었다. 남자에게도 여자 못지 않은 책임이 있는데, 이는 여자는 속았지만 남자는 그것을 알고서도 그녀와 같이 따먹었기 때문이다.

유혹자는 뱀이다. 그는 타락 이전에는 아마도 배로 기어다니기보다는 발로 기어다녔을 것이다. 그리고 타락 이전에 인간과 동물들 사이에는 교감을 함으로써 서로 의사소통을 할 수 있었을 것이다. 그것이 인간의 언어였는지는 확실하지 않다. 그러나 에덴에서의 모든 존재는 서로간에 조화를 이루면서 살아갔으므로 피조물들간의 의사소통이 가능했을 것으로 생각된다. 마귀는 이 뱀의 속에 들어갔다! 그리고 어느 날 뱀이 질문을 하면서 하와에게 접근한다. 이 유혹자의 말들을 살펴보는 것은 흥미로운 일이다.

1) 유혹자는 먼저 단순하게 질문했다.

"하나님이 참으로 너희더러 동산 모든 나무의 실과를 먹지 말라 하시더냐?"(3:1) 긍정문으로 물어 보지 않고 부정문으로 물어 보는 뱀(사탄)의 지혜(간사함)를 보라! 그는 하와가 모든 실과를 먹을 수 있다는 생각을 심어 주기 위하여, 그리고 자유롭게 먹고 싶은 생각이 들도록 부정문으로 물어서 긍정적인 대답을 이끌어 내고 있는 것이다.

2) 유혹자는 그 다음으로 하나님의 말씀을 단호하게 부정했다.

"너희가 결코 죽지 아니하리라"(3:4). 사탄은 하나님의 말씀을 정면으로 부인한다. 하나님의 말씀이 참이지만 사탄은 거짓말쟁이이므로 하나님의 말씀을 부정하는 것이다. 그러므로 그는 거짓말쟁이의 아버지다.

3) 그러고 나서 그는 하나님의 명령의 배후에 있는 동기를 헐뜯었다.

"너희가 그것을 먹는 날에는 너희 눈이 밝아 하나님과 같이 되어 선악을 알 줄을 하나님이 아심이니라"(3:5). 사탄은 하나님의 선한 동기를 나쁘게 말함으로써 인간으로 하여금 하나님을 불신하게 만든다. 사탄은 언제나 언어의 배후에 있는 동기를 나쁜 쪽으로 해석한다. 그러므로 사탄은 악한 존재다.

본래 하나님은 선한 의도로 말씀하셨다. 인간은 피조물이고 조물주가 아니므로 반드시 피조물로서의 자기의 위치를 지켜야 한다. 인간은 피조물의 위치를 지킬 때 자기 본래의 지위를 누리며 복된 상태에서 살아갈 수 있다. 그래서 하나님은 인간이 피조물로서 하나님을 의존하고 그 상태에서 복되게 살아가도록 명령하신 것이다. 선악을 아는 나무의 열매를 먹는다는 것은 하나님과는 상관없이(이것이 죽음이다!) 자기 스스로의 지혜로 선과 악을 판단한다는 것을 의미하므로 선악을 아는 나무의 실과는 먹지 말아야 한다. 그것을 먹는 그 자체가 주님으로부터의 떠남이요, 그것이 곧 죽음이다. 그래서 하나님은 인간이 자신을 떠나지 않기를 바라셨고, 또한 그 나무의 실과를 먹지 말도록 명령하신 것이다.

그러나 사탄(뱀)은 하나님의 선하신 말씀의 배후에 다른 나쁜 뜻이 들어 있다고 말한 것이다. 사탄은 인간들이 하나님을 신뢰하지 못하도록 말한 것이다. 하나님은 선하신 분이시다. 그러나 사탄은 하나님이 '선하지 않은 하나님'이라고 말한다. 혹은 '두려운 하나님'이라고 말한다. '자기의 권위만을 내세우시는 분'이라고 말한다. 하지만 이러한 말들은 모두 하나님을 오해한 것이요, 그러므로 마귀의 말은 거짓된 것이다. 이러한 말을 함으로써 사탄은 최초의 거짓말쟁이가 된다(요 8:44). 그리고 인간을 하나님으로부터 갈라져서 영적으로 죽게 함으로써 최초의 살인자가 된다(요 8:44).

마귀는 뱀을 감동시켜 하와에게 이렇게 말함으로써 ① 하와의 귀를 사로잡고 ② 눈을 사로잡고 ③ 마음의 욕망을 사로잡고 ④ 의지를 사로잡아 그 나무의 실과를 먹게 했다. 결국 하와는 하나님의 명령에 불순종하고 스스로 하나님과 같이 되려고 그분이 금지하신 선악을 알게 하는 나무의 실과를 먹었다. 우리가 마귀의 궤계를 꺾으려면 무엇보다도 듣는 것을 조심해야 한다. 나쁜 말을 듣는 것이 우리를 나쁜 쪽으로 이끌고 가게 한다. 그 다음으로 우리는 보는 것을 조심해야 한다. 그러고 나서 우리의 마음의 욕망을 스스로 다스려야 한다.

우리는 뱀과 하와의 대화 가운데서 세 존재의 말의 차이점을 보게 된다.

(1) 하나님은 "정녕 죽으리라"고 말씀하셨다.

선악을 아는 열매를 먹는 그 순간에 이미 죽는다는 것이었다.

(2) 그런데 하와는 "죽을까 하노라"고 말한다.

하와는 "하나님의 명령을 선악을 아는 나무의 실과를 먹는 그 결과로 죽는 벌을 받는다"는 것으로 오해했다. 하나님의 명령과 하와의 대답은 상당히 큰 차이가 있다.

(3) 그러나 뱀은 "결코 죽지 아니하리라"고 말했다.

하나님의 말씀을 액면 그대로 받아들이고 믿는 자가 얼마나 복된가! 그러나 사탄은 하나님의 말씀을 정면으로 부정한다. 그것이 사탄의 방식이다! 그리하여 인간으로 하여금 하나님으로부터 떠나가도록 유혹한다. 이러한 사탄의 유혹은 예수님에게도 왔고(마 4:1-11), 오늘날 우리 신자들에게도 매순간마다 찾아온다(요일 2:16). 오늘날도 하나님은 불순종하고 범죄하면 죽는다고 말씀하시지만, 사탄은 '범죄하는 것은 신이 되는 것' 혹은 '신처럼 사는 것', '절대적 자유인으로 사는 것'이라고 인간을 유혹한다. 그러나 인간 스스로 절대적 자유자로 살아가려는 것 자체가 잘못된 것이요, 자기를 신으로 생각하는 교만이다.

마귀의 유혹의 목적은 궁극적으로 하나님과 인간 사이를 갈라놓는 것이었다. 그래서 아담과 하와는 선악을 알게 하는 나무의 실과를 따먹었다. 마귀의 궤계가 성공한 것 같았다. 그러나 하나님의 지혜로운 구속의 역사는 마귀의 궤계를 여지없이 파했으니, 그 이유는 타락에 곧 이어 하나님께서는 사탄의 결정적인 파멸을 예고하셨고, 뱀(사탄)의 파멸과 함께 인류가 마귀를 이기고 구원을 얻어 영생을 소유하게 될 것을 말씀하셨기 때문이다(창 3:15).

"선악과를 따먹었다"는 사실은 인간 자력으로 완전하게 선한 것과 악한 것을 알고 그것을 결정하려고 한 행위다. 선은 하나님의 속성이다. 하나님만이 선하시다. 그리고 오직 그분만이 선과 악을 판단하신다. 그것은 하나님의 고유 권한이다.

그런데 인간은 그 고유의 권한을 자기가 소유하여 자신이 하나님의 위치에 서려고 했다. 즉 그는 "너희가 그것을 먹는 날에는 너희 눈이 밝아 하나님과 같이 되어 선악을 알 줄을 하나님이 아심이니라"(창 3:5)는 뱀(사탄)의 유혹에 미혹되었으니, 이는 그가 비록 뱀의 유혹을 받기는 했어도 그렇게 하기로 스스로 결정한 것이다.

피조물인 아담과 하와는 인간과 하나님 사이에 놓여 있는 절대 구분선을 넘어가서 스스로 하나님처럼 되려고 했던 것이다. 즉 하나님의 결정 대신 자기가 선과 악을 결정하고자 한 것이다.

그러므로 가장 극악한 죄는 교만이다. 또한 인간이 죄인인 가장 분명한 증거는 자기의 선악에 대한 의식으로 자기와 이웃을 판단하는 것이다. 즉 인간의 도덕이 인간의 죄인됨의 증거다. 인간이 세운 도덕은 하나님의 뜻과는 전혀 다른 선이기 때문에 인간이 도덕을 만들 때, 그는 스스로 악인으로 나타난다. 인간적 선(도덕)은 악이다(참고. 사 64:6을 보라).[1] 왜냐하면 인간은 자기 자신의 도덕적 표준으로 다른

---

1) 쟈크 엘룰, 뒤틀려진 기독교, 대장간, 119쪽.

사람들을 판단하고 자기는 변호하며 옹호하기 때문이다. 인간의 죄악됨의 가장 극명한 사실은 곧 인간이 자기 생각이나 표준으로 남을 판단하는 거기에 있다.

요컨대 타락한 인간은 모두가 자기를 신처럼 생각하고 있다. 타락한 인간은 자기를 가장 완전한 판단자로 생각한다. 그러나 주께서는 판단자는 여호와시라고 말씀하시고(신 1:17), 예수께서는 비판을 받지 않으려거든 비판하지 말라고 말씀하셨다(마 7:1).

인간은 하나님의 형상으로 창조되었으므로 피조물 가운데서 가장 하나님의 모습을 닮은 존재다. 그러나 마귀는 하와에게 하나님처럼 된다고 말한다. 이것은 하나님의 지위에까지 올라갈 수 있다는 것을 암시한다.

인간은 하나님의 형상을 지니고 있으나 하나님과 절대적 분리의 선(피조물과 창조주로서의 선)이 있었다. 그러나 마귀는 이것을 뛰어넘도록 하와를 부추긴다. 하나님같이 된다는 마귀의 말은 거짓되게 실현되었으니, 곧 그들은 열매를 먹은 결과 스스로 하나님과 같은 위치에 서서 자기가 신인 것처럼 생각하며 살게 되었다.

티끌에 지나지 않는 육체를 가지고 자기가 하나님인 것처럼 생각하고 살아가는 교만한 인간이 타락한 인간의 모습이다. 인간은 자신의 한계가 있음을 인정해야 한다. 그것이 피조물로서 가져야 할 태도다. 자신의 한계를 인정하지 않는 인간은 스스로 하나님의 위치에까지 올라가려 하다가 결국 하나님에게 버림을 당하고야 말 것이다.

다른 한편에서 볼 때, 뱀(마귀)은 인간이 하나님과 같이 무한한 지식을 소유할 수 있을 것이라고 유혹한 것이 아니라, 인간에게 인간 자율과 자유를 영원히 추구하고 체험하라고 유혹한 것이다. 자율, 특히 도덕적 자율을 획득함으로써 하나님처럼 될 수 있으리라 기대하고 열매를 먹었으나, 그것은 정반대의 결과를 초래했다. 의존적 존재가 되기를 거부한 인간은 자율을 얻기보다는 하나님으로부터 소외감(alienation)을 갖게 되었다. 그 증거가 나무 잎으로 치마를 한 것, 하나님의 음성을 듣고 하나님을 피하여 나무 사이에 숨은 것에서 나타났다(3:7-10).

"그들이 날이 서늘할 때에 동산에 거니시는 여호와 하나님의 음성을 듣고…."

하나님은 인간을 만나 교제하기 위하여 찾아오신다. 여기서 우리는 찾아오시는 하나님의 모습을 보게 되는데, 앞으로 계속하여 하나님은 인간을 만나기 위하여 찾아오실 것이다. 여기에 하나님에게 발견되는 자의 기쁨과 행복이 암시되어 있다(특히 눅 15장을 보라).

하나님은 인간들을 찾아오시기 전에 이미 그들이 선악과를 먹은 사실을 알고 계셨다. 그럼에도 불구하고 주님은 인간들을 만나고 교제하려고 찾아오셨다. 그러나 범죄한 인간은 그분을 두려워하여 하나님으로부터 도피하려고 했다. 하나님으로부터의 도피가 오히려 인간 자신에게 더 큰 불행을 가져다 주겠지만, 하나님을 만나기를 두려워한 인간은 앞으로도 줄곧 그분을 피할 것이다. 요한계시록은 불과 유황으로 타는 못에 들어갈 자의 목록에 제1차로 '두려워하는 자들'을 올려 놓고 있다. 그러나 두려워도 그분에게 달려오는 자는 얼마나 아름다운가! 하나님은 자기에게 달려오는 자를 기뻐하시고 기꺼이 만나주신다!

본문의 아담과 하와는 나오려고 하지 않았다. 그래서 하나님은 아담을 부르시며 "네가 어디 있느냐?"고 물으신다. 인간은 하나님으로부터 도피하지만, 하나님은 도피하는 인간을 만나려고 하신다. 그분 자신에게 생명이 있다. 그분의 부르심에 응답하는 자는 생명을 얻을 것인데, 아담과 하와는 응답한다. 그들은 벗었으므로 두려워하여 숨었다고 말한다. 이는 솔직한 응답이다. 하나님께서는 어찌하여 선악과를 먹었느냐고 질문하신다. 그리고 인간은 서로 책임전가를 한다. 선악과를 먹은 결과로 인간과 하나님 사이의 관계가 깨어졌고(죽음), 가장 사랑하는 사이인 남편과 아내 사이도 그 관계가 깨어졌다(죽음). 그러므로 구원은 무엇보다도 하나님과의 관계 회복이요, 사람과 사람 사이의 관계 회복이다.

2. 하나님의 저주(창 3:14-19)

1) 뱀(사탄)에 대한 저주

> 창 3:14, "네가 이렇게 하였으니 네가 모든 육축과 들의 모든 짐승보다 더욱 저주를 받아 배로 다니고 종신토록 흙을 먹을지니라."

이 구절은 물리적 뱀에 대한 저주다. 그는 이제 배로 다닐 것이며, 흙을 먹을 것이다. 뱀은 실제로 흙을 먹지는 않는다. 흙은 가장 천한 위치에 대한 상징이다. 사람이 흙에서 취하여진 존재임을 상기할 필요가 있다. 어쨌든 이 저주와 같이 뱀은 그렇게 살아가게 되었다. 레위기 11:42에서 배로 기어다니는 것은 가증한 것이라고 규정하고 있다.

> 창 3:15, "내가 너로 여자와 원수가 되게 하고 너의 후손도 여자의 후손과 원수가 되게 하리니 여자의 후손은 네 머리를 상하게 할 것이요 너는 그의 발꿈치를 상하게 할 것이니라."

이것을 일반적으로 원복음이라 한다. 이 뱀에 대한 저주는 전적인 하나님의 은혜를 보여 준다. 이 원복음이 인간(여자)에게 직접적으로 주어지지 않은 점을 주시하자. 그 이유는 타락한 인간으로부터 어떤 선한 소원과, 한 걸음 더 나아가 선한 행위를 기대할 수 없다는 사실이 분명하기 때문이다. 하나님은 이 복음의 말씀을 인간이 아닌 뱀에게 말씀하셨다.

인간은 자기의 위로를 위하여 주신 그 구원의 말씀을 들어야 했다. 그러나 그는 그 구원 사역에 동참하도록 부름 받지는 않았다.[2] 그 구원 사역은 하나님이 하실 일이었다. 그러므로 하나님은 "내가 너로…"라고 말씀하신 것이다. 인간 구원은 전적으로 하나님의 사역에 달려 있다. 인간은 자기 힘으로 하나님의 구원 사역을 도울 수도 없고, 그 구원 사역을 스스로 이룰 수도 없다. 그러므로 인간은 간접적으로 그 구원의 말씀을 들어야 했다.

(1) 뱀의 후손에 대하여

하와는 가인을 낳고 "내가 남자를 얻었다. 여호와를"[3]이라고 말했다. 하와는 뱀에게 하신 최초의 복음의 말씀을 듣고 자신이 낳을 아들이 뱀의 머리를 상하게 하고 구원을 가져다 줄 줄 믿고 이렇게 말한 것이다.[4] 그러나 그러한 그녀의 기대와는 달리 가인은 마귀에게 속하여 마귀와 함께 살인자의 대열에 서게 된다. "가인같이 하지 말라 저는 악한 자에게 속하여 그 아우를 죽였으니 어찌 연고로 죽였느뇨 자

---

2) 에드워드 볼, 구약 속의 그리스도, 권호덕 역, 한국 로고스 연구원, 1993, 74쪽.

3) LXX은 אֶת־יהוה(여호와를)을 *δια του θεου*(하나님을 통하여)로 번역했다. cf. MT(BHS), בראשית 4:1 n. a. 에드워드 볼, 구약 속의 그리스도, 83, 93쪽.

4) Donald G. Barnhouse, *Genesis* (1), p. 30. 그는 하와가 자신이 낳은 아들 가인의 이름을 "여기에 그가 있다!"라고 지었다고 해석한다.

기의 행위는 악하고 그 아우의 행위는 의로움이니라"(요일 3:12).

인간이 뱀의 유혹을 받아서 타락했다고 해서 책임을 벗어날 수는 없다. 이는 인간이 창조주 하나님의 명령을 받아 살아가는 데 있어서 자신보다 더 하위의 피조물인 뱀의 말을 들어서는 안 되었기 때문이다. 그런데 그는 자기가 다스려야 하는 하위의 피조물(뱀)의 말을 들음으로써 스스로 피조물보다 더 낮은 위치로 내려갔다. 그래서 지금도 그러한 타락한 성품이 인간들 속에 있어서 타락한 인간이 피조물을 조물주보다 더 섬기는 것이다(롬 1:21-25). 그러므로 하나님의 은혜 없이 인간은 그 타락의 위치에서 스스로 올라올 수 없는 것이다. 타락한 인간을 회복하는 일은 하나님이 하셔야 한다.

뱀의 후손이란 뱀이 품고 있는 그 인격체(사탄)를 가리킨다. 여인은 자기의 몸에서 그 뱀을 쳐부술 자가 나올 것을 생각하고 "내가 한 사람, 여호와를 얻었다"고 말했지만 그녀의 아들 가인은 악한 자에게 속해 있는 사람이었다(요일 3:12). 주님은 바리새인들을 독사(뱀)의 자식이라고 지적하셨다. 주님의 이 발언은 저주나 욕설이라기보다는 그들의 실체를 발가벗기신 폭로다. 사탄은 자신의 뜻을 옹호하고, 하나님의 구원 계획을 무산시킬 자기의 계획을 따르고 이행해 줄 사람들 속에 들어가서 그들을 감동시켜 자기의 뜻대로 움직이게 한다. 그들이 뱀의 감동을 받은 뱀의 후손이다. 그러므로 뱀의 후손은 뱀 안에 있는 사탄을 가리키며, 동시에 장차 사탄이 들어갈 인간들을 모두 가리킨다.

(2) 투쟁

인간의 구원은 사탄과 원수됨(투쟁), 다른 말로 표현한다면 하나님과의 화평을 통하여 얻어질 것이다. 하나님은 뱀과 여자가 원수가 되게 하겠다는 말씀을 하신다. "내가 너로 여자와 원수가 되게 하고 너의 후손도 여자의 후손과 원수가 되게 하리니…." 인간은 원수가 누구인지를 몰랐고, 그래서 인간은 하나님 편에서보다는 원수 편에 서서 하나님의 명령을 거역했다. 그러나 이제 앞으로 하나님께서는 여인과 뱀이 원수 관계로 살아가게 하실 것을 말씀하신다. 인간이 구원을 받음에 있어서 첫 단계는 사탄이 자신의 최대의 원수이고 하나님이 진정으로 자기를 사랑하시는 분임을 깨닫는 것이다.

사탄은 인간을 자기편으로 끌어들여 하나님의 계획을 무산시키려 했으나, 하나님의 지혜는 사탄의 계획을 완전히 수포로 돌아가게 했다. 하나님께서 인간과 사탄 사이를 원수 되게 만드신 것이다. 그래서 인간은 사탄을 대적할 것이고, 그리하여 사탄의 계획은 언제나 수포로 돌아갈 것이다. 뱀의 후손도 여자의 후손과 원수가 될 것이고, 그 여자의 후손은 뱀의 머리를 상하게 할 것이다. 그리고 뱀은 여자의 후손의 발뒤꿈치를 상하게 할 것이다.

본문에서 하나님께서는 타락하여 자기편으로부터 떠나간 자들을 다시 불러들여 자기와 화목되게 하시고,[5] 이러한 화목된 사람들이 뱀과 원수가 될 것임을 말씀하고 있다. 원수라는 단어는 에바(אֵיבָה)로서 성경에 네 번밖에 안 나온다(민 35:21; 겔 25:15; 35:5). 특히 여기서 사용된 분사형은 여인 혹은 여인의 후손과 사탄(뱀) 혹은 사탄의 후손과의 지속적인 투쟁을 묘사한다(창 22:17; 출 15:6; 23:22; 민 24:10; 신 6:19 등). 이러한 지속적인 투쟁은 신구약성경 전체와 지금까지의 전 역사를 살펴볼 때 분명하게 드러난다. 이 말씀은 여자와 뱀 사이의 단순한 혐오감과 적대감만을 나타내지 않는다. 그것은

5) Meredith G. Kline, *Genesis* (NBC), Eerdmans, 1976, p. 85.

역사 대대로 있을 여인과 또 그녀의 후손들과 사탄의 세력과의 적대감을 나타낸다.

(3) 여인의 후손에 대하여

후손(זֶרַע)이란 '씨, 가족, 후손들, 같은 속성을 물려받은 자들'을 의미한다.[6] 그리고 씨(후손)는 ① 단일체로 볼 수도 있고, ② 단수로 볼 수도 있다. 본문에서는 위의 두 가지 의미를 모두 포함하고 있다고 해야 할 것이다. 후손(씨) 속에는 또 다른 씨들이 존재하고 있으며, 이 씨들은 역사가 진행됨에 따라 이 세상에 그 모습을 드러낼 것이기 때문이다. 때가 되었을 때 그 전쟁을 종식시킬 진정한 씨가 나타날 것이며, 그 씨로 인하여 뱀의 후손의 머리는 상하게 될 것이다.

이 후손은 누구의 후손이 될 것인가? 진정한 생명을 소유한 여자의 후손은 신령한 셋의 후손, 즉 '하나님의 아들들'이다. 하와의 후손이 모두 여인의 후손이 아니라, 하나님이 자기 생명을 주셔서 그 생명을 얻어 소유하고 있는 사람들이 그 후손들이다. 그 후손들 가운데서 영원한 생명을 지닌 그 후손이 나타날 것이다. 그리하여 그 여인의 후손은 뱀의 그 후손(사탄)의 머리를 쳐부수고 동시에 그의 감화를 받은 자들의 머리도 쳐부술 것이다.[7]

"여자의 후손은 네 머리를 상하게 할 것이요 너는 그의 발꿈치를 상하게 할 것이니라"에서 미완료형 동사가 반복되고 있다.[8] 이 구절은 장차 오실 여인의 후손과 뱀(사탄)의 싸움을 묘사하고 있는 구절이다. 이 구절에서 뱀은 여인의 후손의 발꿈치를 상하게 하는 것으로

6) BDB, זרע, pp. 282f.

7) 이스라엘 역사상에 이러한 투쟁이 계속 있었다. 이러한 투쟁의 역사에 대해서는 윌리암 헨드릭슨의 「성경 개관」을 보라.

8) Gordon J. Wenham, *Genesis 1-15*(WBC), Word, p. 80.

나타난다. 싸움에는 반드시 양방이 다 상처를 입기 때문이다. 그러나 발꿈치는 아주 미약한 부분이고 생명에 전혀 영향을 주지 못하는 곳이다. 이 구절은 사탄이 메시아의 육신을 죽음에 넘겨줄 것을 예고하고 있다. 그러나 여인의 후손은 뱀(사탄)에게 결정적인 치명상을 입혀 줄 것이다.

하나님이 여기서 말씀하시는 것은 하나님 자신과 사탄의 지속적인 싸움이 아니다. 여인의 후손인 인간과 뱀(사탄), 여인의 그 후손(그 씨)과 뱀의 후손의 지속적인 싸움을 말씀하는 것이다.

(4) 여인의 후손 예수 그리스도

그렇다면 왜 하필 여인의 후손인가? 하나님께서는 먼저 넘어진 하와, 그 연약한 자를 들어서 강한 자처럼 보였던 사탄을 물리치기를 바라셨는지도 모른다. 그래서 남자의 씨는 여기서 제외된다. 첫 사람 아담은 창조된 사람으로서 남자의 도움 없이 태어났다. 둘째 아담인 그분도 창조되지 않은 인물로서 남자의 도움 없이 태어날 것이다. 그러나 한 사람은 땅에서 태어났고 다른 한 사람(예수)은 하늘로부터 태어나셨다. "첫 사람은 땅에서 났으니 흙에 속한 자이거니와 둘째 사람은 하늘에서 나셨느니라"(고전 15:47).

그런데 하와는 아담과 관계하여 얻은 그 아들을 오실 그 씨로 오해했던 것이다. 남자의 씨를 통해서는 구원자가 나타나지 않을 것이다. 반드시 여인의 후손이어야 할 것이다. 그래서 이사야 7:14은 그 구원자의 오심을 다음과 같이 말하고 있다. "그러므로 주께서 친히 징조로 너희에게 주실 것이라 보라 처녀가 잉태하여 아들을 낳을 것이요 그 이름을 임마누엘이라 하리라." 누가복음 1:34과 마태복음 1:18은 이러한 사실을 확인시켜 주는 말씀이다. 그렇게 그 구원자는 여인의 후손으로서 인간의 몸을 입고 오셨다.

> 히 2:14-16, "자녀들은 혈육에 함께 속했으매 그도 또한 한 모양으로 혈육에 함께 속하심은 사망으로 말미암아 사망의 세력을 잡은 자 곧 마귀를 없이 하시며 또 죽기를 무서워하므로 일생에 매여 종노릇 하는 모든 자들을 놓아 주려 하심이니 이는 실로 천사들을 붙들어 주려 하심이 아니요 오직 아브라함의 자손을 붙들어 주려 하심이라."

죽음에 매여 종노릇 할 인간들을 구출해 내기 위해서 마귀의 머리를 상하게 하실 여인의 아들은 반드시 인간이 되셔야 한다. 그래서 육신을 입고 오신 예수(하나님의 아들)께서는 자신을 하나님의 아들로 소개하시기보다는 인자(사람의 아들)로 소개하신 것이다. 예수께서 이러한 '인자'라는 칭호를 택하여 사용하신 것은 의도적인데, 이는 예수께서 자신이 모든 인간들에게 장차 얼마 후에 마귀의 머리를 상하게 하고 온 인류를 마귀(뱀)의 손에서 구출하실 분으로 인식되기를 원하셨기 때문이다(참고. 단 7:13; 10:16). 동시에 주님은 자신이 다니엘서에 나타난 그 하늘의 존재(인자 같은 이)로 인식되기를 바라셨던 것이다.

인간이 되신 여인의 후손이 육신적인 죽음을 맛보고 부활을 하지 못한다면, 그는 뱀의 머리를 상하게 할 정도로 뱀(사탄)에게 치명상을 입히지 못한다. 오히려 그분 자신이 뱀에게 치명상을 입는 결과를 맞이하는 것이다. 그러나 그분은 부활하심으로 뱀의 힘을 완전히 잃게 만드실 것이다. 창세기 3:15은 이러한 여인의 후손의 승리를 보여주고 있다. 다시 말해서 이 구절 가운데는 메시아의 부활까지 예고되어 있는 것이다.

예수께서 자신의 어머니(마리아)를 "여자여!"(요 2:4; 19:26) 하고 부르신 것은 실로 의미심장하다고 하겠다. 특히 두 번째로 "여자여!" 하고 부르신 것이 십자가 위에서였다는 사실을 생각해 보라! 그분의 완전한 승리는 십자가에서의 죽음에 있지 않고 부활에 있었다. 그러므로 그분은 십자가 위에서 창세기 3:15에 예고된 그 싸움을 치르고 있다는 것을 인식하고 계셨음을 알 수 있으며, 또한 자신의 부활의 사실과 그로 인한 뱀(사탄)에 대한 결정적인 승리를 예견하고 모친 마리아를 "여자여"라고 부르신 것이다. "다 이루었다"는 이 모든 싸움이 끝나고 자신이 승리하셨음을 밝히신 말씀이다.

창세기 2:16, 17에서 "정녕 죽으리라"는 말씀은 선악과를 먹은 사람이 죽음으로써만 그 따먹은 죄에서 해방될 수 있음을 암시하고 있다. 마찬가지로 창세기 3:15에서 "너는 그의 발뒤꿈치를 상하게 할 것이니라"는 말씀은 사탄을 영원히 죽이실 그분이 죽임을 당하실 것임을 암시하고 있다.

(5) 싸워야 할 여인의 후손들

한편, 로마서 16:20("평강의 하나님께서 속히 사단을 너희 발 아래서 상하게 하시리라")과 계시록 12장(여인이 해산한 사내아이를 용이 삼키려 한 사실)은 이러한 싸움이 아직 끝나지 않았음을 가르치고 있다. 그 싸움은 이제 하나님의 성령을 받아 참 하나님의 양자 된 성도들에게 넘겨졌다. 그럼에도 불구하고 결정적인 승리는 예수 그리스도의 부활로 말미암아 이미 일어났다. 이 지속적인 싸움은 그리스도의 재림과 더불어 끝날 것이다.

성도들은 고난(투쟁)을 통하여 그 나라에 들어갈 것이다. "제자들의 마음을 굳게 하여 이 믿음에 거하라 권하고 또 우리가 하나님 나라에 들어가려면 많은 환난을 겪어야 할 것이라 하고"(행 14:22).

2) 여인에 대한 저주

동반자 관계로 창조된 남녀의 관계가 먼저 뱀의 유혹을 받고 자기의 남편도 그 유혹에 끌어들인 관계로 이제는 사모하며 다스리는 관계로 바뀌었다. 남자와 여자의 대등한 관계는 하나님이 본래 의도하셨던 관계요, 그러한 관계가 이상적인 관계다.

그러나 타락 이후 이제 유혹을 잘 받는 여자는 남자의 다스림 속에 살아야 한다. 그러므로 현실 가운데서 여성의 지위 향상을 위한 주장이나 여성 해방 혹은 여성 상위를 위한 주장들은 이상향적(유토피아적) 사상이다. 여성들은 구속자인 그 남자가 태어남으로써 그 지위가 견고해질 것이다. 구약 시대나 신약 시대나 여성은 남자와 동등한 한 인간으로서의 지위를 가지고 있다. 구약 시대에는 메시아를 낳을 자로 약속된 면에서 남성과 동등한 지위를, 그리고 신약 시대에는 그 메시아를 낳은 여성으로 인하여 더욱 확고하게 동등한 지위를 갖는다. 그럼에도 불구하고 여성이 남자에게 복종하는 것은 아름다운 모습이다(엡 5:22-33).

뿐만 아니라 그 이전에도 해산의 고통이 있었겠으나 이제는 그 고통이 훨씬 더 커져서 그녀는 해산을 할 때마다 그 고통으로 인하여 자신이 남자를 유혹했음을 상기하며 그로 인한 고통 속에서 해산을 해야 한다. 그러나 그 고통은 아이의 낳음과 함께 기쁨으로 변할 것이다. 이는 그 해산을 통하여 그녀가 낳은 씨로 인하여 궁극적인 승리가 이루어질 것이기 때문이다.

구약성경은 여성에 대해서 열등한 존재로 취급하고 있는가? 물론 여성들은 어린이들과 함께 이스라엘의 싸움에 나갈 만한 자들로 계수되지 않았다. 그러나 하나님과 성경의 저자들은 결코 여성을 하위의 존재로 취급하지 않는다. 성경에는 남존여비(男尊女卑) 사상이 없다. 다만 여인의 후손을 통하여 마귀를 이기는 구원이 이루어질 것이라는 소망 아래, 히브리인들은 후손을 귀히 여기고 그 후손을 남기는 일을 숭고한 임무로 생각했다. 그래서 남편과 아내는 어찌하든 아들을 낳으려는 생각을 했으며, 하나님께서도 모세를 통하여 남자가 아들이 없이 죽을 경우에 수혼을 함으로써 대를 이을 것을 명령하시고 있다. 이러한 수혼 제도나 씨받이(예: 하갈, 실바와 빌하)를 채택하는 일은 남존여비 사상의 증거로 볼 것이 아니라, 후손을 남기고자 하는 거룩한 사명 의식의 증거로 보아야 한다. 히브리인들은 자기 몸의 소생을 통하여 자신이 이 세상에서 영원히 산다고 믿었다.

구약성경에서 여성들은 사회적으로도 결코 홀대를 받지 않았다. 이스라엘의 지도자 가운데는 드보라와 같은 여성 정치 지도자도 있었고, 선지자들 가운데는 훌다라는 여성도 있었으며, 역사에 길이 남을 아름다운 여성인 룻과 이스라엘 백성을 위기에서 구원한 에스더도 있었다. 여성은 남성의 동반자로 또 돕는 자로 창조되었으나, 하와의 행위에서 보는 바와 같이 여성이 남성을 지배하고 조종하려는 경향이 있으므로 타락 이후에 여성은 남성을 사모하며 살아가야 한다. 여성은 남성을 사모할 때 가장 아름답다. 그리고 여성의 역할은 조언과 도움이다. 그러나 여성이 남성을 지배하거나 조종하려 할 때 그것은 아름답지 못하다.

3) 남자에 대한 저주

남자는 더 이상 산물을 값없이 먹을 수 없게 되었다. 먹음을 통해서 인간이 하나님의 명령에 불순종했으므로 이제는 먹는 일에 큰 수고가 따라야 할 것이다. 노동 그 자체는 형벌이 아니었다. 왜냐하면 에덴 동산에서도 동산을 지키며 다스리도록 하셨기 때문이다. 그러나 이제는 이 노동이 힘겨운 것, 즉 그 노동으로 인하여 결국은 죽게 되는 힘겨운 것이 되었다.

(1) 땅과 인간

인간의 육신은 땅의 티끌로부터 태어났다. 그 육신은 땅의 소산으로 인하여 지탱될 것이다. 그는 자기 육신을 위하여 얼굴에 땀을 흘리면서 수고로이 일을 해야만 먹고 살 양식을 얻을 것이다. 그 수고가 그로 하여금 기운이 진하게 할 것이다. 그러고는 결국 그 씨름하던 흙 위에 누워 죽을 것이다. 그리고 그 육신은 본래의 흙으로 돌아갈 것이다.

우리 육신에게는 양식을 먹는 일이 가장 중요한 일이다. 그 먹는 일이 인간사의 기본이다. 그리고 먹는 일은 인간의 사상을 형성하는 데 가장 중요한 역할을 한다. 인간이 어떻게 먹느냐가 중요하다. 그러므로 인간의 가장 중요한 교육은 식탁 교육이다. 식탁 예절이 잘못되면 그 인간의 모든 행실이 잘못된다고 해도 과언이 아닐 정도로 식탁에서의 태도는 대단히 중요하다. 남의 것을 허락도 없이 가져다 먹는 일, 먹는 것을 참지 못하거나 기다리지 못하는 행위, 바르지 못한 자세로 먹는 행위, 먹어야 할 것인지 먹지 말아야 할 것인지를 가리지 않고 먹는 일 등은 반드시 바로잡아 주어야 한다.

마지막 날에 가서 주를 믿는 자들에게 그 먹는 일은 큰 축복으로 환원될 것이다(계 3:20). 그리스도를 마음에 모신 자는 그리스도와 함께 먹고 마실 것이다. 그 일은 그 날에 이루어질 최대의 복된 상태다. 그러나 동시에 그 주님과 함께 먹는 삶은 지금 여기서 주를 믿는 자들에게 이미 주어진다. 하지만 그의 육신은 결국 먹기 위하여 고생스럽게 일하다가 흙으로 돌아갈 것이다.

(2) 땀을 흘림

인간은 타락 이전에는 땀을 흘릴 필요가 없었다. 과일, 곡식이 풍성하고 가시와 엉겅퀴가 땅으로부터 자라나지 않았기 때문이다. 그러나 이제 인간은 밭을 갈고 곡식이 잘 자라나도록 비료를 주어야 하며, 엉겅퀴와 잡초를 제거하면서 경작하는 수고를 해야 한다. 타락한 인간에게 주어진 고생(땀을 흘림)은 하나님께서 주신 분복이다. 이 세상에서는 고생하며 살게 되어 있다. 고생을 하지 않으려는 태도는 하나님의 뜻에 거스려 살려고 하는 악한 생각이다. 우리는 이 세상에 일하려고 태어났다. 그러므로 부지런히 일하는 인간이 아름답다. 우리 주님은 음식 먹을 겨를도 없이 일하셨다. 하나님께서는 인간이 타락한 후 열심히 일하면서 먹고 살게 하셨다.

이상의 하나님의 저주들은 사실상 그리스도 안에서 하나님의 축복으로 환원되었다고 할 수 있다. 비록 수고와 고통과 싸움이 있을 것이지만, 결국은 모두 하나님의 은혜로 축복으로 전환될 것이기 때문이다.

인간은 타락하고 하나님의 형상을 잃어버렸는가? 인간은 하나님의 형상으로 창조되었다. 그런데 타락으로 말미암아 인간에게는 하나님의 형상이 남아 있지 않다고 할 정도로 그 하나님의 형상이 심히 왜곡되었다. 그러나 하나님의 형상이 상실되지는 않았다. 따라서 살아 있는 인간에게는 그 누구에게나 하나님의 형상이 여전히 남아 있다(창 5:1, 3). 그렇다면 그 심히 왜곡되어 버린 하나님의 형상은 어떻게 회복되는가?

(1) 그것은 그리스도를 믿음으로 거듭남으로써 회복된다(롬 5:14 이하; 고후 3:18; 골 3:10; 엡 4:24). 요한복음 3:3, 5과 20:22의 말씀과 같이 거듭남은 성령 받음과 같은 말이다(참고. 행 2:1-4; 롬 8:7, 8, 10, 11).

(2) 그분과 같은 삶을 삶으로써 회복된다. 즉 하나님의 형상이신 예수 그리스도처럼 삶으로써, 그분을 닮음으로써 우리는 하나님의 형상을 회복하게 되는 것이다. 우리가 주 예수를 닮는 일은 하나님의 영원하신 계획이었다. 로마서 8:29은 다음과 같이 기록하고 있다. "하나님이 미리 아신 자들로 또한 그 아들의 형상을 본받게 하기 위하여 미리 정하셨으니 이는 그로 많은 형제 중에서 맏아들이 되게 하려 하심이니라."

아담은 이 저주의 말씀을 들은 후에 자기의 아내를 하와(חַוָּה, 생명)라고 이름짓는다(창 3:20). 아담은 하나님의 저주를 듣고 하와를 생명을 주는 자로 인식한 것이다. 아담은 하와를 통하여 장차 얻게 될 영생을 바라본 것이다. 따라서 아담은 장차 오실 그 구속자를 바라보고 구원을 받았다고 우리는 믿을 수 있다.

3. 하나님의 후속 조치(3:20-24)

1) 아담이 아내의 이름을 지음

아담은 자기 아내의 이름을 하와라고 짓는다. 하와란 '존재', '생명'이란 뜻이다. 아담은 뱀에게 내리신 하나님의 저주를 듣고 하와를 어느 날엔가 뱀의 머리를 부수고 인간에게 생명을 줄 아기를 잉태할 여인으로 보았고, 그러한 소망을 가지고 그녀의 이름을 '하와'라고 짓는다. 이것을 볼 때 아담은 오실 자를 바라보는 믿음을 가졌으며, 그래서 그는 구원받은 자라고 볼 수 있겠다.

2) 하나님께서 인간들에게 옷을 입히심

하나님은 무화과나무(허물을 가리고자 하는 인간의 노력) 대신 가죽옷을 지어 입히셨다. 이 가죽옷을 만들기 위하여 하나의 짐승이 죽어야 했음을 상상할 수 있다. 인간의 허물을 가리기 위해서 동물이 대신 희생을 당했다. 여기서 우리는 대리적 죽음이 제공된다면 하나님 앞에 받아들여질 수 있다는 사상을 발견하게 된다. 따라서 이 가죽옷은 하나님이 입혀 주시는 의의 옷(하나님의 나누어 주시는 의)을 예표한다.[9)]

이제부터 인간은 옷을 입고 살아가야 한다. 타락한 인간이 옷을 벗고 살려고 하는 것은 또다시 하나님의 조치를 역행하는 것이다. 타락한 인간에게 벗음은 악한 소욕을 일으키는 원인이 될 것이다. 뿐만 아니라 혐오감을 줄 것이다.

하나님은 벌거벗음을 덮어 주는 은혜로운 조치를 취하셨다. 벗음을 덮어 주지 않고 공개하려는 것은 극도의 타락한 행위다(참고. 창 9:20-23). 우리는 출애굽기에서 속죄소를 발견하게 되는데, 속죄소는 덮는 장소를 의미한다. 또한 속죄란 죄를 가리움을 받은 것을 의미한다. 대리적 희생제물은 하나님의 목전에서 인간의 죄를 덮는다. 이것은 신구약의 중심 사상 가운데 하나다. 우리 인간들끼리 남의 허물을 덮어 주는 행위는 가장 은혜로운 행위다.

---

9) E. J. Young, 창세기 3장 주석, 한국복음문서연구회, 1974, 132쪽.

3) 추방

추방은 하나님의 또 다른 은혜로운 조치였다. 만일 에덴에서 생명나무 열매를 따먹고 영원히 산다면 어떻게 될 것인가? 하나님의 임재의 장소로부터 인간을 추방했으나 하나님은 에덴 밖에서 제사를 통하여 다시 만나 주신다.

추방의 위치는 에덴의 동쪽이다(3:24). 오경에서 동쪽은 불의의 편 혹은 대적의 위치를 가리킨다.

> 3:24, "이같이 하나님이 그 사람을 쫓아내시고 에덴 동산 동편에 그룹들과 두루 도는 화염검을 두어 생명나무의 길을 지키게 하시니라."

이것은 인간의 한계를 설정하신 것이다. 죄 있는 육체가 됨으로써 인간은 거룩하신 하나님과의 교제가 단절되었고, 만일 그가 하나님의 세계로 들어가서 그분에게 접근하려 한다면 그는 하나님의 사자의 화염검에 죽임을 당할 것이다. 이제 인간은 동편으로 쫓겨났으므로 하나님이 임재하시는 서편을 바라보며 그 곳을 그리워하면서 살아가야 한다. 서편을 그리워하고 그분을 사모하며 살면서 서편으로 나아가는 사람에게 하나님은 은혜를 베푸실 것이다.

그런데 후에 하나님은 이스라엘 가운데 장막을 치셨다. 그러나 역시 그분의 임재의 처소인 지성소에 휘장을 침으로써 죄인 된 인간과 하나님 자신을 가리셨다. 이는 인간으로 죽지 않게 하시기 위함이었다. 그분이 자기 백성 가운데 임재하시되(이는 엄청난 은혜다), 그의 백성을 죽지 않게 하시기 위해서였다. 그리고 그 곳에 간접적으로 임재하심으로써 에덴에서의 복된 상태를 누리게 하셨다. 그들이 하나님의 성막(성전) 입구에서 하나님의 임재의 처소를 바라보는 방향은 어디인가? 역시 서쪽이다.

에덴 입구를 지키고 있는 그룹들은 지성소를 생각나게 한다. 지성소 위의 두 그룹들 사이에서 하나님은 인간과 만나셨다. 그런데 그 만남은 대리적 희생이 있고, 그 희생물의 피가 속죄소 위에 뿌려진 후에야 가능했다. 그러므로 하나님이 인간을 에덴에서 쫓아내신 것은 다른 방법으로 인간을 만나시기 위함이었다.

그러나 후일에 하나님은 드디어 이 휘장마저도 걷어치우신다. 십자가에서 그분의 아들이 죽으실 때, 휘장은 위로부터 아래로 찢어졌다. 그분의 임재 안으로 우리 인간을 맞아들이신 것이다. 그 이유는 죄가 해결되었기 때문이다. 예수님의 요단강 세례 후 하늘이 열린 사실도 이와 맥락을 같이한다.

그 후에 타락한 인간, 하나님을 바라보지 않는 인간들은 한결같이 동방으로 나아갔다고 기록하고 있다. 창세기 11:2을 보면 "그들이 동방으로 옮기다가…"라고 기록하고 있다. 그러나 아브라함은 서쪽으로 나아갔다. 아브라함의 조카 롯은 동편을 택했다가 큰 실패를 했다(창 13:11). 그리고 이스마엘에 대해서 하나님은 그가 모든 형제의 동편에 거할 것이라고 예고하신다(창 16:12; 25:17, 18). 따라서 오경에서 동편은 대적의 위치(맞은편)다.

하나님께서는 처음부터 복음의 운동을 동쪽으로부터 서쪽으로 나아가도록 계획하셨다. 지금 전 세계는 계속하여 서쪽으로 움직여 나가는 복음의 항로를 따라 복음 전파가 아시아 대륙에서 활발하게 전파되고 있다. 어쩌면 땅 끝(행 1:8)은 예루살렘의 바로 동쪽인 이라크, 요르단, 사우디아라비아일 것이다. 전 세계에서 유일하게 그 곳만 복음이 들어가지 못하고 있다. 주님이 재림하시기 직전에 이 곳이 복음화될 것은 분명하다. 지금 중동에서 일어나고 있는 계속되는 싸움은 복음이 본격적으로 중동에 들어가게 하시려는 하나님의 역사하심이 아닐까?

4. 가인과 아벨(4:1-15)

> 4:1, "아담이 그 아내 하와와 동침하매 하와가 잉태하여 가인을 낳고 이르되 내가 여호와로 말미암아 득남하였다 하니라."

하와는 아들을 낳고 카니티 이쉬 에트-야웨(קָנִיתִי אִישׁ אֶת־יהוה)라고 말한다. 이 본문은 직역하면 "내가 여호와로 말미암아 사람(남자)을 얻었다", 혹은 "내가 여호와 남자를 얻었다"는 뜻이다. 하와는 타락 직후 뱀에게 말씀하신 하나님의 구속의 말씀을 들었었다. 그래서 아들을 낳고 그가 곧 뱀의 머리를 상하게 하고 자기들을 구원해 줄 그 사람인 것으로 생각했다. 그래서 그녀는 "내가 사람을 얻었다"(카니티)고 말한 것이다. 그녀의 고백이 그 아이의 이름(카인)이 되었다.

그러나 그 아이는 그녀의 기대와는 반대 방향으로 나아간다. 한편, 그 다음에 태어난 아벨의 이름은 '허무'란 의미를 지니고 있다. 어떤 이는 하와가 아벨을 낳고 그를 쓸모 없는 아들로 취급하여 아벨이라고 이름을 지었다고 하지만, 그것보다는 하와가 인간의 허무함과 고생스러움에 대해 한탄하여 그녀의 둘째 아들을 아벨이라고 이름지었다고 생각된다.[10] 아담의 자녀들이 여럿이 있었으나(창 5:4), 그 중에서 이 두 아들은 구속사에 중요한 의미가 있으므로 하나님의 계시

10) 존 칼빈, 칼빈 주석(1), 성서원, 1999, 159, 160쪽.

에 의하여 그 행위들이 본문에 기록되어 있는 것이다.

가인과 아벨은 세월이 흐른 뒤에 장성하여 각기 농사하는 사람과 양을 치는 사람이 되었다. 그리고 그 두 아들은 하나님에게 제사를 드리게 된다. "우리가 잊지 말아야 할 것은 제사드리는 풍습이 아무 생각 없이 무작정 그들이 고안해 낸 것이 아니라 하나님께서 그들에게 알려 주신 것이라는 점이다…인간은 하나님을 기쁘시게 하는 것이 무엇인가를 하나님께 배웠다는 것이다."[11]

그들의 제사의 특징을 알아보기 위해 창세기 4:2-7까지를 주의 깊게 읽어 보아야 할 것이다.

> "2 또 가인의 아우 아벨을 낳았는데 아벨은 양치는 자이었고 가인은 농사
> 하는 자이었더라 3세월이 지난 후에 가인은 땅의 소산으로 제물을 삼아 여호와께
> 드렸고 4아벨은 자기도 양의 첫 새끼와 그 기름으로 드렸더니 여호와께서 아벨과
> 그 제물은 열납하셨으나 5가인과 그 제물은 열납하지 아니하신지라 가인이 심히
> 분하여 안색이 변하니 6여호와께서 가인에게 이르시되 네가 분하여 함은 어찜이며
> 안색이 변함은 어찜이뇨 7네가 선을 행하면 어찌 낯을 들지 못하겠느냐 선을 행치
> 아니하면 죄가 문에 엎드리느니라 죄의 소원은 네게 있으나 너는 죄를 다스릴지니
> 라"(창 4:2-7).

하나님께서는 가인의 제사는 받지 않으시고 아벨의 제사는 받아 주셨다. 그러므로 자기의 제사가 받아들여지지 않은 데 대해서 가인은 심히 분노를 한 것이다. 우리는 여기서 무엇 때문에 가인의 제사가 하나님에게 받아들여지지 않고 아벨의 제사만 받아들여졌는지를 논의해 보아야 한다. 그것은 우리 속에서 일어나는 자연스런 의문점이기 때문이다. 히브리서 11:4-6과 비교해 볼 때, 아벨의 제사의 특징은 다음과 같았음을 알 수 있다.

---

11) 상게서, 161쪽.

1) 믿음의 제사

히브리서 11:4은 다음과 같이 기록하고 있다. "믿음으로 아벨은 가인보다 더 나은 제사를 하나님께 드림으로…." 히브리서 저자에 의하면 아벨은 하나님을 신뢰하는 믿음이 있었다는 것이다. 인간의 독립은 선악과를 따먹은 사람들의 마음 자세다. 생명 혹은 영생은 생명이 되시는 하나님과 바른 관계를 맺는 데서 오는 것이다. 그러므로 그분과 관계를 맺으려면 하나님을 신뢰해야 한다. 인간이 하나님을 믿음으로써 혹은 의지함으로써 하나님과 바른 관계를 맺게 된다는 사실은 신구약성경 전체가 가르치고 있는 내용이다.

하나님과의 바른 관계는 하나님의 은혜와 인간의 하나님에 대한 믿음(신뢰)으로 된다. 히브리서 11:6에는 이렇게 기록되어 있다. "믿음이 없이는 기쁘시게 못하나니 하나님께 나아가는 자는 반드시 그가 계신 것과 또한 그가 자기를 찾는 자들에게 상 주시는 이심을 믿어야 할지니라." 그러므로 아벨의 마음 가운데 있는 하나님께 대한 믿음이 하나님을 기쁘시게 했고, 하나님께서는 믿음을 소유한 아벨을 받아주셨던 것이다.

2) 옳은 제물

히브리서 11:4은 "하나님이 그 예물에 대하여 증거하심이라"고 이어서 기록하고 있다. 즉 그 예물이 옳았다는 것이다. 창세기 본문에서 가인은 땅의 소산을 드렸다. 아벨은 양의 첫 새끼와 그 기름으로 드렸다. 일반적으로, 가인과 아벨이 드린 제사가 속죄제나 화목제가 아닌 소제(מִנְחָה, 민하)였다는 사실로 인하여, 많은 사람들은 피가 없는 곡식을 드린 제사가 하나님에게 받아들여지기에 아무런 문제가 없었다

고 주장한다.[12]

그러나 히브리어 본문(MT)을 보면 가인이 드린 제사가 소제(민하)였고, 아벨은 '양의 첫 새끼와 그 기름으로' 드렸다고 기록하고 있다. 4절의 첫 문구인 '그리고 아벨이 가져왔다'(웨헤벨 헤비)는 문구는 '그러나 아벨은 가져왔다'고 번역하는 것이 보다 바람직하다. 왜냐하면 4절에서 창세기 기자는 가인의 제사와 아벨의 제사를 대조하고 있음에 틀림없기 때문이다. 와우(ו)는 '그리고' 혹은 '그러나'를 의미한다. 그러므로 '그리고'로 번역할 수도 있고 '그러나'로 번역할 수도 있다.

가인은 단순히 땅의 소산을 가져와서 하나님에게 소제(민하)를 드리기만 했지만, 아벨은 동물의 첫 새끼를 드림으로써 그 동물을 희생시키는 민하를 드렸다는 것이다. 4절 하반절에서 역시 "아벨과 그 제물(민하)"이라고 기록하고 있다. 이 소제(민하)는 대속의 의미가 들어 있는 민하다.

---

12) Leupold는 다음과 같이 말한다. "또한 두 제사는 특별히 죄를 위하여 드려진 것도 아니었다." H. C. Leupold, *Genesis*, p. 194; D. Kidner, *Genesis* (TOTC), IVP, 1996, p. 75. 한편 Wenham은 가인과 아벨의 제사에서 받아들여지고 받아들여지지 않은 것에 대한 여러 설명들을 나열하고 있다. (1) 하나님은 농부보다는 목자를 더 좋아하신 것 때문이라는 것(Gunkel); (2) 동물 제사가 곡식 제사보다 더 받아들여질 만한 것이기 때문이라는 것(Skinner, Jacob); (3) 하나님의 동기를 파악할 수 없다는 것(von Rad, Vawter, Golka, Westermann); (4) 믿음의 차이 때문이라는 것(Calvin, Dillmann, Driver, Koenig); (5) 가장 일반적인 견해로서 예배의 질 때문이라는 것, 즉 첫 것을 드렸기 때문에 아벨의 제사가 받아들여졌다는 것. Wenham은 첫 것을 드렸다는 사실에 강조를 두고 값어치 있는 제사가 받아들여졌음을 삼하 24:24과 비교하여 말한다. 참고. Gordon J. Wenham, ibid., p. 104. 한편 Meredith G. Kline은 헌제자의 영적 상태(믿음)가 중요했다고 말한다. cf. Meredith G. Kline, *Genesis* (NBC), Eerdmans, 1976, p. 86.

레위기 제사법에서 소제(민하, מִנְחָה, gift)는 곡물 가루 제사(meal offering), 혹은 곡물 제사(cereal offering)를 의미한다(참고. 창 4:3; 32:13; 43:11; 레 2:1 이하). 소제는 하나님과 인간 사이의 관계를 맺는 데 사용되는 제사다. 소제(מִנְחָה)라는 제사는 단지 식물만 드리는 것이 아니고 동물도 가능하다(삼상 2:17, 29; 26:19). 제사가 아닌 경우 민하(מִנְחָה)라는 단어는 선한 뜻을 가지고 있고 계속 충성을 바친다는 의미로 봉신이 지배 군주에게 드리는 공물을 의미한다(삿 3:15 등). 그것은 선물을 의미하기도 한다(창 32:19 이하; 43:11, 15 등). 이렇게 신실한 백성이 된 예배자가 자신의 왕 되신 하나님에게 드리는 제물이 민하다. 이것은 단순한 드림이라기보다도 헌신과 교제의 의미를 지니고 있다.

소제는 비록 식물성으로 드리는 소제요 피가 없는 제사이기는 하나 반드시 그 소제 위에 유향과 기름, 그리고 소금(레 2:13, 15)이 곁들어져야 한다. 그렇지 않으면 하나님께 열납될 수 없으니, 이는 유향과 기름, 그리고 소금이 그리스도의 대속을 의미하기 때문이다. 그리스도의 대속이 없는 제사는 그것이 감사로 드리는 것이든, 교제를 위하여 드리는 것이든, 선물로 드리는 것이든 하나님께 받아들여질 수 없다. 죄 있는 인간은 하나님 앞에 절대로 접근할 수 없기 때문이다. "인간의 어떤 공적이라도 속죄가 없이는 절대로 하나님이 받아 주지 않으신다."[13] "그러나 가축의 제사와 피를 빼내는 것은 보다 깊은 의미가 있는 것이다."[14]

나아가서 아벨은 가인의 제물과는 달리 양의 첫 새끼(מִבְּכֹרוֹת)와

13) 칼빈, 칼빈 주석(1), 성서원, 1999, 165쪽.
14) 상게서, 162쪽.

그 기름을 가져와서 하나님께 드렸다. 첫 새끼는 그 동물의 가장 좋은 것을 의미하는데, 이는 식물이나 동물이나 사람이나 첫 번째 소산은 가장 근력이 강할 때 생산되는 것이기 때문이다. 그리고 첫 것은 하나님의 것이라고 성경은 말씀하고 있다(출 13:2, 12-15; 22:29-30; 34:19-20; 참고. 4:22). 또한 '그 기름'이라는 말은 '살진'이라는 뜻으로 최고 부분을 의미한다. 그러나 가인의 제물에는 '첫 소산'이라는 말이나 '최고의 품질'이란 말이 없다. 그러므로 그들의 마음 태도가 달랐음을 알 수 있다. 다시 칼빈은 다음과 같이 말한다. "그러므로 사람들이 그들의 진정한 마음에서 드리는 것 외에는 하나님께서 그 행위를 인정하지 않으신다는 것이다."[15]

피 있는 제사는 필연적으로 하나님께 열납되는 제물이니, 이는 창세기 2:17에서 "선악을 알게 하는 나무의 실과는 먹지 말라 네가 먹는 날에는 정녕 죽으리라"고 하셨기 때문이다. 죽음만이 죽음을 피하게 할 수 있다. 그리고 죽음만이 하나님과 인간 사이를 바르게 할 수 있다. 피흘림으로 하나님의 진노가 가라앉고 인간이 하나님으로부터 은총을 받을 수 있다. 피흘림으로 말미암는 대속은 신구약 전체의 중심 사상이다. 그리고 그것은 창세 전에 이미 예정된 것이었다.

그러므로 아벨의 제사는 영원 전부터 받아들여지도록 규정된 것이었다. 그리고 이렇게 하나님께서 가인의 제사를 받아 주시지 않고 아벨의 제사를 받아 주셨다는 것은 계시적인 의미를 지니는 것이다. 곧 하나님은 희생제사를 기뻐하신다는 사실을 후세대에게 알리신 것이라는 것이다.

15) 상게서, 163쪽.

3) 의인의 제사

또다시 히브리서 11:4은 "의로운 자라 하시는 증거를 얻었으니"라고 기록하고 있다. 이 아벨의 제사에 대한 히브리서 저자의 평가는 아벨이 의인이었음을 시사한다. 반면에 가인에 대해서 요한일서는 다음과 같이 평가한다. "가인같이 하지 말라 저는 악한 자에게 속하여 그 아우를 죽였으니 어찐 연고로 죽였느뇨 자기의 행위는 악하고 그 아우의 행위는 의로움이니라"(요일 3:12). 이러한 평가는 가인이 처음부터 악한 자였고, 제사를 드린 후에도 역시 악한 자였음을 시사한다.

그리고 창세기 4:5-7을 보면 가인의 행위가 악했음을 확인할 수 있다. 자기의 제사가 받아들여지지 않자 분을 내고 있는 가인에게 하나님께서 나타나셔서 말씀하신다. "네가 분하여 함은 어찜이며 안색이 변함은 어찜이뇨 네가 선을 행하면 어찌 낯을 들지 못하겠느냐 선을 행치 아니하면 죄가 문에 엎드리느니라 죄의 소원은 네게 있으나 너는 죄를 다스릴지니라"(창 4:6, 7).

가인은 다음의 몇 가지 행동을 함으로써 스스로 악인임을 나타냈다.

(1) 안색이 변함(분노)

분노하여 안색이 변했다(그의 얼굴이 떨어졌다)는 것은 평행적 표현으로 매우 화가 났다는 것이다. 분노는 언제나 좋지 않은 것이니, 분을 냈다는 것은 이웃을 미워하여 이미 살인한 것과 같은 것이다. 분을 내는 것은 악인의 특징이다.

(2) 낯을 들지 못함

"어찌 낯을 들지 못하느냐?"는 상당히 모호한 표현이다. 어떤 이는 "사죄가 없겠느냐?" 혹은 "받아들여지지 않겠느냐?"(NKJV)라고 번역한다. '낯을 들다'란 히브리어 단어는 쉐에트(שְׂאֵת)로서 그 원형인 나사(נָשָׂא)는 '들어올리다', '자유를 주다', '젊어지다', '가져가다'란 뜻이 있다. 특히 죄와 관련될 때 '그 죄를 들어올려 가져간다'는 의미를 가진다. 그렇다면 '받아들여지다'라는 의미가 가장 옳겠다. 그렇다면 본 문장은 "네가 선을 행하면 어찌 받아들여지지 않겠느냐?"라는 의미가 되겠다.

(3) 죄가 문에 엎드림

하나님께서 그 다음으로 가인에게 하신 말씀은 "네가 선을 행치 아니하면 죄가 문에 엎드리느니라"이다. 죄가 문에 엎드린다는 표현은 그림 같은 표현으로 죄를 의인화한 것이다. 사람이 선을 행하지 않을 때, 즉 하나님에게 합당하게 행하지 않을 때, 죄는 그 사람이 사는 문에 엎드려 있다는 것이다.

'엎드린다'는 표현은 맹수가 먹이를 공격하기 위하여 잔뜩 웅크린 자세를 표현한 것이다. 선을 행치 않는 사람의 문 앞에는 죄가 맹수처럼 엎드려 있다. 그러다가 사람이 쉬고 아침에 행동을 하기 위하여 문 앞에 나오자마자 죄가 그를 붙잡아 이끌고 다니므로, 그 사람은 죄에게 붙잡혀서 하루 종일 죄가 이끄는 대로 행동하게 된다는 것이다. 그가 죄짓는 행동을 멈추는 순간은 자는 시간뿐이다. 이것이 죄인의 상태다.

하나님께서는 이러한 사실을 알려 주시면서 가인에게 맹수를 다스리듯이 죄를 다스려야 한다고 권고하셨다. 곧 죄에게 붙잡혀서 죄가 이끄는 대로 살지 말라는 뜻이다. 죄에게 붙잡히지 않고 죄를 다스리면서 산다는 것은 대단히 중요하다. 죄의 다스림은 그 사람의 운명을 좌우한다.

(4) 죄에 대한 소원이 있음

타락한 인간에게는 죄를 짓고자 하는 마음, 즉 죄에 대한 소원이나 열망이 있다. 모든 사람에게 죄에 대한 열망과 강한 욕구가 있는데, 가인에게는 더욱 그러한 마음이 강했다. 그러므로 그는 죄를 다스려야 하는데, 그것을 다스리는 일은 무척 어렵다. 이러한 사람이 드리는 제사는 하나님에 의해 받아들여지지 않는다. 왜냐하면 그 사람과 죄가 너무나 깊이 연결되어 있으므로 그를 죽여야만 그로부터 죄를 그치게 할 수 있기 때문이다.

어쨌든 아벨의 제사가 받아들여졌음에도 불구하고, 하나님에 의해 제사가 받아졌다는 그 사실은 인간 스스로의 어떤 공로에 의한 것이 아니라 하나님의 은혜로 인한 것임을 알아야 할 것이다. 하나님께서는 누구의 제사는 받아 주시고 누구의 제사를 거절하신다. 그것은 전적으로 하나님의 주권이요 은혜다.

가인은 아담과 하와의 타락한 성품을 그대로 물려받았으니, 그는 제사가 받아들여지지 않은 원인이 타인에게 있다고 생각했으므로 분노했던 것이다. 그리고 결국은 죄를 다스리지 못하고 죄에 이끌려 아벨을 살해하고 말았다. 가인은 형제를 제거하면 자기가 하나님의 사랑을 독차지할 줄 알았는가? 그는 하나님의 명령을 거스르고 형제를 죽인 것이다. 가인은 순종하지 못했다. 여기서도 순종이 암시되어 있다. 어쨌든 미움과 살인은 그가 마귀 편에 서 있다는 증거다. 미움은 살인의 동기다. 주님은 이렇게 말씀하셨다. "나는 너희에게 이르노니 형제에게 노하는 자마다 심판을 받게 되고…"(마 5:22).

가인은 아벨을 경쟁 상대로 보았다. 그러나 인간들은 경쟁 상대로 창조되지 않고 협력 상대로 창조되었다. 그러므로 사랑이란 동반자

의식을 갖는 것으로부터 출발한다.

하나님께서는 가인에게 날카로운 저주를 내리신다. "땅이 그 입을 벌려 네 손에서부터 네 아우의 피를 받았은즉 네가 땅에서 저주를 받으리라 네가 밭을 갈아도 땅이 다시는 그 효력을 네게 주지 아니할 것이요 너는 땅에서 피하여 유리하는 자가 되리라"(창 4:11-12). 이러한 하나님의 저주의 결과로 이제 가인은 땅이 주는 유익을 얻지도 못할 것이다. 아담은 하나님의 명령을 거역하여 땅이 저주받음으로써 수고를 해야 육신에 필요한 양식을 얻을 수 있게 되었지만, 가인은 그것마저도 잃을 것이다. 그 이유는 그 형제를 살해했기 때문이다. 땅은 그에게 소산 내기를 거절할 것이다. 그리하여 그는 땅에 정착하지 못하고 유리할 것이다. 결국 그는 자기 육신의 목숨을 부지하기 위하여 비정상적인 방법을 사용하면서 살아갈 수밖에 없을 것이다. 그 비정상적인 생활 방식이란 강탈, 사기, 절도, 구걸, 굶주림이다.

그러나 하나님은 가인에게 여전히 은혜를 베푸신다. "여호와께서 그에게 이르시되 그렇지 않다 가인을 죽이는 자는 벌을 칠 배나 받으리라 하시고 가인에게 표를 주사 만나는 누구에게든지 죽임을 면케 하시니라"(창 4:15). 이와 같이 하나님께서는 가인에게 표를 주셔서 가인을 죽이는 것을 방지하셨다. 그렇다면 그 표는 무엇일까?

어떤 사람은 가인이 성(城)을 쌓은 것이 하나님의 보호의 표를 거부한 것이라고 하고,[16] 어떤 사람은 그 표가 성이라고도 한다.[17] 가인이 성을 쌓은 것은 하나님의 보호를 의심했기 때문이다. 따라서 가인이 쌓은 성이 하나님의 보호의 표가 될 수는 없다. 아마도 가인을 향

16) 자크 엘룰, 도시의 의미, 한국 로고스 연구원, 22쪽.
17) 존 H. 세일해머, 모세 오경(상), 새순 출판사, 221쪽.

한 어떤 '내적 두려움'일 수 있을 것이다. 하나님은 살인자 가인을 대하는 사람들에게 내적 두려움을 주어 그를 살해하지 못하게 하셨다고 보는 것이 옳을 것이다. 그러나 후에 가인은 성을 쌓는다. 그리고 그 성의 이름을 자기 아들의 이름을 따라서 에녹 성이라 했다.

(1) 이 성을 쌓은 것으로 보아 가인은 하나님의 보호의 표를 믿지 못했음을 알 수 있다. 그는 자기가 자신을 보호하는 것이 가장 안전한 보호가 되는 것으로 믿었다. 그는 불신앙의 사람이었다.

(2) 또한 가인은 성을 쌓음으로써 타인에 대한 적대감을 드러내고 있다. 적대감은 마귀의 성격인데, 가인이 그러한 적대감을 가지고 있다.

(3) 또한 가인은 성을 쌓음으로써 자기의 소유에 대한 보존 의식을 드러내고 있다. 물질은 이웃과 나누는 것이거늘, 그는 주지도 받지도 않으려는 의도를 가지고 있다. 그는 그렇게 함으로써 하나님과 완전히 분리되어 하나님의 간섭 없이 살아가려 하고 있으며, 다른 이웃과도 교제를 단절하고 살아가려 했다. 만일 그가 이웃을 필요로 할 때는 이웃을 자기의 목적에 이용하려는 때일 것이다. 그는 자기의 이익이 있을 때만 그 이익을 줄 사람에게 접근하고 교제하려 할 것이다. 그렇지 않고 타인이 그에게 도움을 요청해 올 때, 그리고 그 이웃에게서 아무런 유익을 얻지 못할 때는 관계를 철저하게 끊어 버릴 것이다. 이것이 성을 쌓은 가인의 내면의 모습이다.

5. 족보(4:16-5:32)

1) 불경건한 자들의 족보(4:16-24)

4:16, "가인이 여호와의 앞을 떠나 나가 에덴 동편 놋 땅에 거하였더니."

'놋 땅'이란 '유리함의 땅'을 의미한다. 그러므로 가인이 놋 땅에서 살았다는 것은 유리하는 자로서 살았다는 말이다.

하나님은 에덴의 동편에 두루 도는 화염검을 두어 생명나무로 나아가는 길을 지키게 하셨다. 에덴 동편으로 쫓겨난 인간은 어디를 바라보면서 살아가야 하는가? 물론 서편이다. 하나님을 사모하고 그분에게 가까이 나아가기를 원하는 사람은 서편을 바라보고 서편으로 나아가야 한다. 그런데 가인은 여호와의 앞으로부터 떠나 이리저리 유리하면서 살아간다. 그리고 그의 후손들은 계속하여 가인의 뒤를 밟는다. 그러나 하나님은 주님을 바라보고 주님에게로 나아오는 사람을 만나 주시고 영생의 복을 주실 것이다.

4:16-24에 가인 계열의 족보가 나타나 있다. 불경건한 가인 계열의 족보가 먼저 등장하는 것을 보라. 이 족보를 보면 가인의 후손들만을 분리하여 기록하고 있다. 이로써 저자는 상반되는 족보를 기록하려고 의도하고 있다. 가인의 족보는 7대에 가서 절정에 이른다. 가인의 7대손으로 태어난 사람은 라멕이란 사람이다. 라멕은 축첩을 한다. 그리고 그 첩들에게 자기가 어떤 일을 했는지를 말한다. "아다와 씰라여 내 소리를 들으라 라멕의 아내들이여 내 말을 들으라 나의 창상을 인하여 내가 사람을 죽였고 나의 상함을 인하여 소년을 죽였도다 가인을 위하여는 벌이 칠 배일진대 라멕을 위하여는 벌이 칠십칠 배이리로다"(창 4:23-24).

자기가 한 소년을 죽였는데, 창상을 인하여(맞았다는 이유로) 그를 죽였다고 자기를 정당화한다. 그러고 나서 가인과 자기를 비교하면서,

자기 조상 가인은 이유 없이 형제를 살인했는데도 하나님이 그를 죽인 자는 벌을 7배나 받을 것이라고 말씀하신 것을 근거로, 자기는 정당방위를 했으므로 자기를 해치는 자에게는 벌이 77배나 더할 것이라고 스스로 저주한다. 라멕에게는 그의 조상 가인에게 있었던 양심의 가책이 조금도 남아 있지 않다. 라멕에게 와서 죄악이 극에 도달한 것이다.

한편으로, 이들은 급속한 문화적 진보를 하게 된다. 악기, 날카로운 기계를 만드는 자의 조상들이 그들에게서 나타난다. 저들은 이 모든 것을 자기들의 육신의 편리와 일락을 위하여 만들고 개발했다.

2) 경건한 자들의 족보(4:25-32)

4:25은 셋을 낳은 사실을 언급한다. 하와는 씨에 대해서 관심을 보이고 있다. "아담이 다시 아내와 동침하매 그가 아들을 낳아 그 이름을 셋이라 했으니 이는 하나님이 내게 가인의 죽인 아벨 대신에 다른 씨를 주셨다 함이며." 하나님은 아벨을 대신하여 다른 씨를 주셨다. 그리고 그 후손들은 3대만에 비로소 여호와의 이름을 불렀다. 그 후손들은 하나님을 의존하고 그분을 사모하는 자들이었다.

하나님이 셋을 주신 것과 또 셋의 후손들을 기록한 것은 가인이 그 아우 아벨을 죽였을지라도 하나님은 혼자 남은 가인을 사랑하지 않고 다른 아들 셋을 주심으로 가인을 버리셨음을 부각시킨다. 이웃을 미워하여 살인한 자는 이 세상 모든 사람이 지상에서 없어져도 하나님의 사랑을 받을 수 없다. 사랑을 혼자서 독차지하려는 것은 매우 잘못된 생각이다.

4:25-5:32에는 셋 계열의 족보가 기록되어 있다. 이것은 가인의 계열의 족보보다 나중에 등장한다. 저자는 불경건한 계열을 먼저 언급하고 나서 잊어버린 뒤 경건한 계열은 나중에 언급함으로써 다음 계열로 연결시켜 나아간다. 그러나 경건한 계열의 사람들은 소극성을 보이면서 그들의 경건을 보존하기만 한다.

아담은 하나님의 형상대로 지음을 받았다. 이제 아담은 자기를 닮은 아들을 낳는다. 아담에게 하나님이 그 아버지가 되셨던 것처럼 이제 아담이 셋의 아버지가 된다. 5:1과 3절은 평행을 이루고 있다. 창세기 저자는 '형상'이란 단어를 반복하면서 하나님-아담-셋으로 연결시켜 나아가고 있다. 하나님은 모든 인류의 아버지이시다. 그러나 특별한 의미에서 그분은 셋 계열의 사람들의 아버지이시다. 그리고 그 택하신 이스라엘의 아버지이시다(신 32:6). 비록 타락은 했어도 하나님은 여전히 인간이 하나님의 형상대로 지음 받은 사람이라고 말씀하신다(창 9:6). 그러므로 창세기 6:1-4에서 하나님의 아들들이 출현하는 것은 놀랄 일이 아니다. 셋의 후손들은 하나님을 섬기는 하나님의 아들들이었던 것이다.

가인이 아벨을 죽이고 사람들이 자기를 죽일 것이라는 불안감을 나타낸 것에 대해서는 의아하게 생각할 필요가 없다. 5:4은 다음과 같이 기록하고 있기 때문이다. "아담이… 팔백 년을 지내며 자녀를 낳았으며"(와욜레드 빠님 우바노트, וַיּוֹלֶד בָּנִים וּבָנוֹת, and he begot sons and daughters). 아담은 팔백 년을 살면서 아들들과 딸들을 낳았다. 아담이 팔백 년 동안에 얼마나 많은 자녀들을 낳았는지는 모르나 그는 10대 이상의 자녀들을 보았을 것이다. 그리고 하나님이 이 세상을 창조하신 것과 자기의 타락한 것과 그 비극을 기록하기도 하고 후손들에게 늘 가르쳐 주었을 것이다.

'죽었더라'(5:5, 8)는 기록이 눈에 띈다. 뱀의 예고(결코 죽지 아니하리라)가 완전히 거짓임이 드러났다. 아담도 죽었고 하와도 기록은 되어 있지 않으나 죽었다. 그리고 그 후에 나타난 모든 인간들 역시 예외 없이 죽었다. 이 지상의 무수한 무덤들은 마귀가 거짓말쟁이임을 증명해 준다.

그러나 죽음으로 계속된 인류의 역사 가운데 아주 두드러진 인물이 있으니 그는 에녹이다. 에녹의 생애는 '하나님과의 동행'으로 특징지어질 수 있다(5:22, 24). 에녹이 죽지 않고 하늘로 올리워 간 사실은 영생이 있음(소망)을 보여 준다. 여기서 또 우리가 알 수 있는 것은 하나님과의 동행이 곧 영생이라는 것이다. 하나님과의 동행은 하나님과의 깊은 교제다. '정녕 죽으리라'는 말씀이 에녹의 경우에는 해당되지 않는데 그가 죽임을 당하지 않았기 때문이다. 생명의 근원이 되시는 하나님과의 동행은 생명을 잃지 않는 결과를 가져왔다. 여기서 하나님 자신이 영생, 곧 생명나무임을 암시해 주고 있다.

후에 또다시 노아에게서도 하나님과의 동행을 보게 되는데, 그는 하나님과 동행하여 모든 사람이 죽는 자리에서 죽임을 당하지 않고 살게 된다. 후에 이스라엘 백성들에게 율법이 주어지고 "너희는 나의 규례와 법도를 지키라 사람이 이를 행하면 그로 인하여 살리라"(레 18:5)고 하신 것은 하나님과의 동행이 그분의 말씀을 순종함에 달려 있다는 것을 보여 준다. 선악과를 따먹는 불순종이 타락을 몰고 왔고 인류에게 죽음을 몰고 왔다. 그러나 주님과의 교제 및 동행, 그리고 순종은 영생의 소망을 갖게 한다.

5장의 족보는 홍수까지 열 명의 이름을 한 단위로 하여 기록하고 있다.

(1) 가인 계열

아담, 가인, 에녹, 이랏, 므후야엘, 므드사엘, 라멕, 야발(두발가인, 나아마)

가인 계열은 7대손 라멕에 와서 악이 극에 달했다는 것을 묘사하고 그것으로 그들의 족보는 끝을 맺는다.

(2) 셋 계열

아담, 셋, 에노스, 게난, 마할랄렐, 야렛, 에녹, 므두셀라, 라멕, 노아(10대)

셋 계열 역시 7대손에 와서 그 경건이 극에 달하고 10대손까지 이른다.

키드너(D. Kidner)의 주장과 같이 중간에 존재했던 사람들도 있었겠으나 열 명 단위로 만들기 위해서 다른 사람들은 생략했을 수도 있다. 어쨌든 두 계열의 족보를 기록한 것은 모세가 의도적으로 그렇게 한 것이라고 생각되는데, 이 두 계열이 뒤섞여지지 않고 내려간다. 그러나 후에 이 두 계열이 뒤섞여지게 되는데, 그러한 사실이 6장에 기록되고 전 세계는 멸망의 소용돌이 속으로 빠진다.

5:29에서는 홍수에 대한 예고라도 하듯 라멕이 그의 아들의 이름을 짓는다. "그 이름을 노아(נֹחַ, 안위)라 하여 가로되 여호와께서 땅을 저주하시므로 수고로이 일하는 우리를 이 아들이 안위하리라(יְנַחֲמֵנוּ) 하였더라."

그리고 노아는 500세가 되었을 때 셈, 함, 야벳을 낳는다. 이는 물론 500세 되던 해에 이 세 아들을 한꺼번에 다 낳았다는 뜻은 아닐 것이다.

3장

홍수 | 6-10장

1. 홍수 심판의 원인

창세기 기자는 세상의 위태로운 모습을 다음과 같이 기록하고 있다.

> 창 6:1, 2, "사람이 땅 위에 번성하기 시작할 때에 그들에게서 딸들이 나니 하나님의 아들들이 사람의 딸들의 아름다움을 보고 자기들의 좋아하는 모든 자로 아내를 삼는지라."

일찍이 여자인 하와가 아담을 꼬여 선악과를 먹게 했던 것처럼, 불신 세력인 사람의 딸들은 외모의 아름다움(겉치레의 아름다움, 화장, 화려한 옷)으로 하나님의 아들들의 시선을 사로잡을 뿐만 아니라 저들의 마음까지 붙잡아 하나님의 아들들과 결혼을 한다. 하나님의 아들들[1] (택자의 아들들)에게 시집온 사람의 딸들(불택자의 여성들)은

1) 하나님의 아들들에 대해서는 세 가지 의견이 있다.
① 천상적 존재, 즉 타락한 천사들 혹은 영들이라는 견해 – 이것은 초창기 유대인들에 의하여 받아들여지는 견해다. cf. 1 Enoch 6:2ff; Jubilees 5:1, LXX, Philo(De Giant 2:358), Josephus(Ant. 1.31), Dead Sea Scrolls. Wenham은 벧후 2:4과 유 6, 7이 타락한 천사를 지지하는 구절이라고 생각하는데, 이는 잘못

온 가정과 사회, 그리고 온 세상을 불택자들의 세상으로 만들어 갔다. 이제 어느 누구에게서도 하나님의 아들들의 특성을 찾아볼 수 없게 되었다. 어쨌든 불택자들은 할 수만 있으면 택자들까지도 자기들과 같은 부류로 만들어 가려고 한다. 여기에 하나님의 자녀들의 위기가 있다.

위기는 여기에만 있지 않다. 하나님께서 금하신 보복의 뜻이 인간

된 해석에 근거한 것이다. 문맥은 하나님의 아들들이 타락한 천사라는 사실을 암시하지 않는다. 어쨌든 Wenham은 이 첫 번째 의견을 주장한다. cf. Wenham, p. 139. 현대 학자들은 다음 세 가지 이유 때문에 하나님의 아들들이 타락한 천사라고 주장한다. 첫째, 욥 1:6; 2:1; 38:7 등에서 하나님의 아들들은 하늘의 천사들을 가리켰다. 둘째, 6:1-4은 한편으로는 하나님의 아들들과 다른 한편으로는 사람의 딸들이 결혼한 것으로 묘사되어 있다. 셋째, 우가릿 문헌에서 하나님의 아들들이 신들이 거주하는 만신전의 일원으로 언급되어 있다. 그러나 마 22:30에서 우리 주님은 천사들이 결혼할 수 없다고 말씀하셨으므로, 타락한 천사설은 주님의 말씀과 배치된다. 또한 이러한 주장을 하게 되면, 창 1-6장까지 기록해 온 저자의 일관성 있는 기록이 깨뜨려진다. 게다가 이 주장은 천사들이 인간들과 결혼했는데, 어찌하여 온 인류가 멸망해야하는가에 대한 만족한 대답을 줄 수가 없다.

② 왕들 혹은 통치자들이라는 견해 – 천사들의 결혼은 있을 수 없다는 생각으로 인하여 대부분의 유대인들과 일부 기독교 주석가들 사이에는 이 견해가 받아들여지고 있다. 특히 M. G. Kline은 왕들이 노아 홍수 이전에 하나님의 아들들로 불렸고, 구약성경에서도 이스라엘의 왕들이 하나님의 아들들의 의미를 가지고 있음(시 2:7; 삼하 7:14)을 주장하면서 홍수 이전에 왕들이 사람의 딸들을 자기들의 아내로 삼은 것을 하나님의 왕권에 대한 도전으로 본다. 참고. M. G. Kline, *Divine Kingship and Genesis 6:1-4* (WTJ-24, pp. 187-204).

③ 셋 계열의 경건한 후손들이라는 견해 – 하나님의 택함을 받은 자들, 곧 선민들은 하나님의 아들들로 불렸다는 성경의 근거가 있다. 출 4:22; 신 14:1. 그리고 천사들은 결혼을 할 수 없다는 주님의 말씀에 근거하여 개신교 학자들은 이 견해를 주장한다. 그러나 Eslinger(JSOT 13〈1979〉 65-73)같은 사람은 반대로 가인의 아들들이 하나님의 아들들로 이해되어야 하고 셋의 후손들은 사람의 딸들로 이해되어야 한다고 주장한다. 이는 가인의 후손이 라멕에게 와서 축첩 제도가 생겼기 때문이다.

들의 부패로 인하여 극한 폭력으로 치닫는다. 오직 완력 혹은 폭력만이 유일한 자기 방어의 길이요, 살아남는 길이 되었다. 그래서 자연히 내피림이란 족속이 나타난다.

이러한 타락한 시대를 바라보면서 하나님은 다음과 같이 말씀하신다. "나의 신이 영원히 사람(אָדָם)과 함께 하지(יָדוֹן) 아니하리니 이는 그들이 육체가 됨이라"(6:3). 야돈(יָדוֹן)은 '다스리다', '판단하다', '다투다'(to rule, govern, to judge, to plead, punish, to contend)를 의미하는 단어 둔(דּוּן)으로부터 파생되었거나, 아니면 딘(דִּין)으로부터 파생되었을 것이다.[2] 이 어근을 어떤 의미로 받아들이느냐에 따라 그 의미가 달라진다. 둔(דּוּן)은 '거주하다'라는 의미를 가진 단어다.

라쉬(Rashi)는 "나의 영이 사람 까닭에 나와 다투고 나를 짜증나게 하지 않을 것이다"로 해석한다.[3] 아마도 '거주하다'(abide) 혹은 '머무르다'(remain)의 의미로 받아들이는 것이 가장 타당할 듯하다. 특히 유대인 학자 카쑤토(Cassuto)와 웬함(Wenham)이 이 의견을 주장한다.[4] 우리 개역 성경은 '함께 한다'는 의미로 번역되어 있다.

인간들은 하나님의 숨결(생기)을 그 코에 가지고 있는 사람들이었으나 철저하게 육신이 되어 버렸다. 동물들도 사람들처럼 육체로 묘사되기도 한다. 육신은 이사야 31:3에서 하나님 및 신과 대립된 존재로 나타난다. 영이 인간들 속에 거하지 않는다면 인간은 글자 그대로 육신만 남는다. 그래서 죽어서 썩어진다. 인간들이 모두 단순한 동물들처럼 육체가 되어 버렸으므로 하나님은 생명의 영이신 성신을 인간

2) B. Davidson, *The Analytical Hebrew and Chaldee Lexicon*, p. 147, 48
3) A. Cohen, Ibid., p. 25.
4) G. J. Wenham, *Genesis 1-15*, p. 142.

들에게서 거두어 가시고 그들의 육신만을 남겨 놓을 것을 결심하신다.

온 인류에 대한 하나님의 포기가 여기에 있었다! 그 이유는 그들 모두가 오직 육신을 충족시키기에만 급급하여 동물처럼 단순한 육체가 되었기 때문이다. 구약에서 육체는 피와 대조된다. 피는 피조물의 생명, 혼을 나타낸다(참고. 9:4; 레 17:11). 영혼이 인간 속에서 떠나갈 때, 인간의 육체는 죽어 흙으로 돌아간다.[5]

하나님은 계속하여 "그러나 그들의 날은 120년이 되리라"는 말씀을 덧붙이신다. 멸망시키기로 작정하신 가운데서도 은혜를 잊지 않으시는 하나님은 유예 기간으로 120년을 두셨다. 하나님께서는 인간들이 회개하고 자기에게로 돌아오기를 바라신 것이다. 따라서 이 숫자는 물론 수명의 단축으로 볼 수 없다.

"당시에 땅에 네피림이 있었고…그들이 용사라 고대에 유명한 사람이었더라"(6:4). 이 구절은 하나님의 아들들과 사람의 딸들의 혼인의 결과로 네피림이 났다고 말하고 있지 않다. 단지 "당시에 네피림이 있었다"고만 언급하고 있을 뿐이다.

네피림(נְפִלִים)의 실체가 무엇이냐는 것은 결론을 내리기가 쉽지 않다. 나팔(נפל, to fall, 힙힐형일 경우 attack의 의미를 가짐)[6]은 '떨어지다', '공격하다'라는 의미를 가진 단어다. 그러므로 네피림은 떨어진 자들 혹은 공격적인 자들이란 의미를 가지고 있다. 70인경(LXX)에서는 이들을 거인(giants)으로 번역했다. 70인경(LXX)이 이렇게 번역한 것은 민수기 13:33 때문이다. "거기서 또 네피림 후손 아낙 자손

5) 참고. 욥 34:14-15; 창 2:7; 3:19; 사 40:7.
6) B. Davidson, Ibid., נפל.

대장부들을 보았나니 우리는 스스로 보기에도 메뚜기 같으니 그들의 보기에도 그와 같았을 것이니라"(민 13:33).

노아의 홍수가 전 세계적이었다면 네피림은 지상에 없을 텐데 민수기에서 네피림을 보았다는 것은 좀 의아하다.[7] 그러므로 네피림은 하나님의 아들들과 사람의 딸들이 교합하여 낳은 존재가 될 수 없다.[8]

또한 네피림이 대장부(거인)라는 직접적인 성경의 언급도 없다. 그들은 용사들과 동의어로 되어 있고 또한 유명한 사람으로 되어 있다. 우리는 '그 후에도'라는 언급을 보아 홍수 후에도 네피림과 같은 용사들, 육체로 이름을 날리는 사람들이 있었다고 생각할 수 있고, 그래서 우리는 네피림이 육체를 자랑하는 공격적인 근육질의 사람들, 혹은 힘으로 자기의 세력을 삼는 폭력 제일주의자라고 상상할 수 있다.

2절과 5절은 대칭을 이루고 있다. 하나님의 아들들은 사람의 딸들의 아름다움만을 보고(וַיִּרְאוּ, 와이르우) 자기들의 좋아하는 자로 아내를 삼는다. 그러나 하나님께서는 사람의 죄악이 세상에 관영함과 그 마음의 생각의 모든 계획이 항상 악할 뿐임을 보시고(וַיַּרְא, 와야르) 심판을 행하기로 작정하신다. 저자는 하나님의 안목에서 볼 것을 간접적으로 권면한다. 자기들의 좋아하는 모든 자로 아내를 삼는 것이 하나님 보시기에는 악한 것이었다!!

창세기 6:7은 두려우신 하나님의 심판을 묘사하고 있다. 하나님께

---

7) 홍수 후에도 네피림이 가나안 땅에 있었다는 것은 홍수가 국부적이라는 증거가 될 수 없다. 왜냐하면 네피림이라는 단어는 고유명사라기보다는 보통명사로서 그 성격을 묘사하는 것으로 보아야 하기 때문이다. 그러므로 민수기에 나타난 네피림은 홍수 이전의 네피림의 육체적인 후손이 아니라, 그들과 같은 성격을 지닌 사람들로 보아야 하는 것이다.

8) Wenham, Ibid.

서는 "나의 창조한 사람을 내가 지면에서 쓸어 버리되 사람으로부터 육축과 기는 것과 공중의 새까지 그리하리니 이는 내가 그것을 지었음을 한탄함이니라"고 말씀하고 있다.

'인간의 죄로 인하여 육축과 공중의 새까지 쓸어 버리는 것은, 하나님의 형벌이 너무 지나치지 않는가?'라고 생각할 수도 있다. 그러나 지나치다고 말할 수가 없다. 왜냐하면 하나님께서는 만물을 창조하시고 그것들 위에 그것들을 다스릴 인간을 창조해 두셨기 때문이다. 그러므로 인간의 타락 여하에 따라서 모든 다른 피조물의 상태가 결정되는 것이다. 인간의 범죄는 무고한 피조 세계에도 지대한 영향을 미치게 되는 것이다. 이 세상을 대표하고 있는 인간의 타락은 다른 모든 피조물의 타락을 의미한다.

하나님은 이 세상을 창조하시면서 유기물과 무기물을 만드시고 그것들을 하나의 유기체로서 창조하셨다. 그러므로 대표인 인간의 타락은 이 세상 전체의 타락이다. 다른 동식물들이 손상을 입을 때 다른 피조물들도 손상을 입게 된다. 그러므로 하나님은 인간의 타락을 보시고 못 쓰게 되어 버린 세상 전체를 심판하시려 한 것이다. 타락한 인간은 피조물을 조물주처럼 생각하고 피조물을 하나님의 위치에 올려놓았다. 그것이 나무이든, 바위이든, 짐승들이든…. 그러므로 부패한 인간이 다른 모든 피조물들을 더럽히고 타락시켰다. 따라서 인간은 물론 다른 피조물들도 형벌을 당하게 되는 것이다.

6, 7절에서 하나님께서 '한탄하셨다'는 표현을 사용하고 있다. 6절에서 사용된 단어는 아차브(עָצַב)이며, 7절에서 사용된 단어는 낙함(נָחַם)이다. 아차브는 '슬퍼하다', '고통스러워하다'란 의미다.[9] 이것은

9) BDB, p. 780, idem, עָצַב.

하나님께서 일어날 수 있는 일을 예측하지 못했으므로, 그러한 일이 일어난 것을 보고 슬퍼하고 마음 아파하셨다는 의미가 아니다. 이것은 "이것은 내가 목적한 바가 아니다"라는 의미에서 가지는 하나님의 마음의 감정을 표현한 것이다. 하나님께서는 죄를 혐오하신다. 그것은 하나님이 본래부터 원하지 않으셨던 것이다. 그런데 그 일을 인간들이 행하고 있는 것이다. 그래서 하나님의 본래 의도대로 돌리고자 하시는 하나님의 뜻을 나타내고 있는 것이다. 7절의 낙함(נָחַם)은 '후회하다', '미안해하다', '스스로를 위로하다', '다른 사람을 위로하다' 등의 의미를 가지고 있다.[10)]

2. 홍수에서 살아남을 자들과 그 준비

> 창 6:8, "그러나 노아는 여호와께 은혜를 입었더라"(מָצָא חֵן בְּעֵינֵי יהוה
> וְנֹחַ, 웨노아흐 마차 헨 베에네 야웨).

이 본문을 영문으로 번역하면 다음과 같다: "But Noah found grace in the eyes of the LORD." 그리고 한글로 직역하자면 "그러나 노아는 여호와의 눈 안에서[앞에서] 은혜를 발견하였다"로 번역할 수 있다.

이 문장은 어희(wordplay)로서 נֹחַ(노아)의 글자의 순서를 바꾸면 חֵן(헨, 은혜)이 된다. 노아의 이름 자체가 하나님 앞에서 은혜를 입도록 되어 있었다는 것이다. 노아가 먼저 하나님 앞에 은혜를 입었기 때문에 그는 그 다음 구절처럼 의인이 된 것이다.

9절의 맛소라 사본(MT)은 다음과 같이 기록하고 있다.

תּוֹלְדֹת נֹחַ נֹחַ אִישׁ צַדִּיק תָּמִים הָיָה בְּדֹרֹתָיו אֶת־הָאֱלֹהִים הִתְהַלֶּךְ־נֹחַ

10) BDB, pp. 936, 7, idem, נָחַם.

אֱלֹהִֽה(엘레 톨도트 노아흐 노아흐 이쉬 차띠크 탐밈 하야 베도로타우 에트-하엘로힘 히트할레크-노아흐)

이 문장은 상당히 복잡한 문장이다. 그러나 우리는 맛소라 학자들의 도움으로 이와 같은 복잡한 문장을 바르게 이해할 수 있게 되었으니, 곧 그들은 와우(ו)가 없이 복잡하게 기록된 이 문장을 이접사들과 연접사 구두점들을 찍어서 문장을 이해하기 쉽게 만들었기 때문이다.

먼저 한 문장은 노아의 이름이 겹치는 사이에서 끊어진다. 왜냐하면 대략이라는 의미의 단어 톨도트(תּוֹלְדֹת)에 무나흐(֣)라는 연접사가 있어서 노아라는 단어가 연결되어 있음을 가리키고("노아의 사적〈대략〉은 이러하니라"), 탐밈에는 연접사 메레카(֥)가 있어서 그 다음 단어와 연결되어 있음을 알 수 있으며("노아는 의인이요"), "당세 사람들 가운데서"를 의미하는 단어 베도로타이우(בְּדֹרֹתָיו)라는 단어에는 이접사 아트나(֑)가 있어서 그 다음 단어와는 문장을 끊어 읽어야 함을 나타내고("당세의 사람들 가운데서 완전한 자라"), 하나님이라는 단어에는 연접사 티프하(֖)가 있어서 "노아가 하나님과 함께 동행했다"라고 읽어야 함을 암시하고 있기 때문이다. 이러한 맛소라 사본의 구두점들을 통하여 모든 역본들을 완벽하게 번역할 수 있게 된 것이다.[11]

노아는 의인(אִישׁ צַדִּיק, 이쉬 차띠크)이다. 차띠크(צַדִּיק)란 단어는 '의인'이란 의미를 가지고 있으나 도덕적 의미에서 의인이 아니라 하나님과 바른 관계를 가졌다는 의미에서 의인이란 뜻이다. 노아는 하

11) 이러한 구두점들, 즉 이접사와 연접사들은 BHS의 본문에 세밀하게 나타나 있으므로 찾아보기 바란다.

나님 앞에서 은혜(호의)를 입었고, 하나님과 바른 관계를 맺었으며, 그래서 의인이 되었다는 것이다. 윤리적(도덕적)인 의는 관계적인 의(義) 다음에 따라오는 것이다. 하나님의 은혜를 입고 그분과 바른 관계를 맺은 노아는 다른 사람들이 다 부패했던 때에 홀로 의롭게 살아갔다. 그는 비타협적인 인물이요, 하나님과 바른 관계를 맺고 하나님 편에 선 사람이었다. 때로는 노아와 같은 사람에게서 인간성이 전혀 없는 것처럼 느낄 수 있다. 그 이유는 그 의인이 세상 사람들과 타협하지 않고 그들과 어울리지 않기 때문이다. 참된 의인은 하나님과 바른 관계를 가지되 세상과는 타협하지 않는 사람이다.

그리고 노아는 하나님과 동행한다(창 6:9). 하나님과의 동행은 생명의 근원 되시는 분과의 동행이므로 영생(생명)을 얻기 위한 기본 조건이다. 하나님의 임재, 하나님 앞에서 살아가는 사람은 생명을 소유한 사람이요, 이 사막과 같은 세상에서도 천국 생활, 영생의 생활을 하는 사람이다. 그러므로 그 사람은 죽을 자리에서 생명을 얻게 되는 것이다. 노아의 구원은 영생을 보여 주는 사건이다. 즉 하나님 앞에서 은혜를 입은 사람, 하나님과 동행하는 사람은 지금 여기서도 천국을 맛보며 살고, 다른 사람이 죽을 때도 생명을 얻는다. 노아가 홍수에서 살아남은 것은 그가 영생을 소유한 사람이라는 사실을 보여 주는 것이다. 그러므로 노아가 살아남은 일은 그가 영생을 얻어 천국에 들어갔음을 보여 주는 외적 표시다.

12절에서 또다시 하나님은 땅에서 패괴와 강포를 보셨다고 언급한다. "하나님이 보신즉 땅이 패괴하였으니…." 여기에 또다시 보시는 하나님 개념이 나타나 있다. 하나님은 지금도 인간들의 행위를 보고 계신다! "이는 땅에서 모든 혈육 있는 자의 행위가 패괴함이었더라"(12절). 패괴라고 번역된 히브리어 샤하트(שָׁחַת)는 '썩어져서 못 쓰게 되다', '부패되다', '망쳐지다', '파괴되다'란 의미를 가지고 있다.[12] 인간들이 본래 창조된 그 건전한 상태를 유지하지 못했다는 뜻이다. 그래서 그에게 소속된 모든 혈육 있는 존재가 다같이 썩어졌다는 것이다. 이 세상에 살아가는 인간은 모든 혈육 있는 동물들의 대표다. 인간의 타락은 동물들의 타락을 함축한다. 따라서 동물들은 인간의 죄에 대한 연대적인 책임을 지고 멸망당할 인간들과 함께 멸망당하는 운명에 빠진다.

13절부터 이러한 패괴한 상황으로 인하여 하나님이 온 세상에 심판을 행하시는 행위가 시작된다. 하나님은 먼저 노아에게 말씀하심으로써 심판을 시작하신다. 노아는 구원받기로 따로 구별되었다. 그러므로 하나님은 노아에게 말씀하신다. "너는 잣나무로 너를 위하여 방주를 짓되…간들을 막고 역청으로 그 안팎에 칠하라"(6:14). 일반적으로 방주가 유형 교회를 예표한다고 주장되고 있다. 그렇다면 이 방주의 모습 가운데서 우리는 교회의 모습을 엿보게 된다. 잣나무는 잘 썩지 않는 나무이고, 간들을 막으라 함은 동물들과 사이를 가르기 위해서이며, 교회에도 구역이 있음을 보여 준다. 그리고 세상의 물이 스며들어오지 않도록 역청으로 칠하여 철저히 봉함해야 한다. 세상의 물이 스며들어올 때, 교회라는 방주는 함몰당하게 된다.

하나님께서는 자신이 노아를 구출하는 이유를 밝히신다. "그러나 너와는 내가 내 언약을 세우리니 너는 네 아들들과 네 아내와 네 자부들과 함께 그 방주로 들어가고"(6:18). 하나님께서는 온 인류를 멸하시고 노아와 새로운 언약을 맺을 것을 약속하신다. 우리는 홍수 후

12) B. Davidson, *AHCL*, p. 710.

에 노아와 맺어질 하나님의 언약을 주목할 필요가 있다. 그러나 지금은 구원받을 자들을 살펴보아야 할 것이다. 구원받을 자들은 노아의 아들들과 자부들이다(6:18). 이들은 대표자 노아의 자녀들로서 노아에게 속한 자들이다. 이들은 후손들을 퍼뜨리기 위하여 하나님께서 남겨 두신 자손들이다. 이제 이들만 남아서 후손들이 퍼져 나갈 것이다. 그러면 이제 새로운 세상이 될 것인가?

그리고 하나님께서는 생물들 가운데서 씨로서 암수 한 쌍씩 그 종류대로 방주에 들이라고 명하신다. 이 동물들이 장차 온 세상에 퍼질 것이다. 노아는 방주를 짓는 일 외에도 동물들의 먹이를 구해서 저축해 두어야 한다. 하루 정도의 식량이 아니라 1년 이상의 식량을 준비해야 한다. 수많은 동물의 먹이를 구하여 저축하는 일은 그리 쉬운 일이 아니었을 것이다. 어쩌면 공룡은 너무나 많은 풀을 필요로 했으므로 보존해야 할 동물들 가운데서 제외되었는지도 모른다. 어쨌든, 방주 안에 수많은 동물들과 자기 가족들이 1년 간 먹고 살아갈 음식을 준비해야 한다.

좀더 현실적으로 생각해서 그 안에서 용변이나 세수 문제, 목욕이나 세탁 문제는 어떻게 해결했을까? 이러한 문제들까지 생각하게 되면 우리의 머리가 복잡해진다. 방주 안에서의 1년 간의 생활은 대단히 불편했을 것만은 사실이다. 어쨌든 노아는 그들의 식량을 위하여 부지런히 일을 하면서 식량도 저축하고…. 그래서 노아와 그의 식구들은 쉬거나 놀 여유가 없이 부지런히 일해야 했을 것이다. 그러므로 노아의 삶은 오직 미래를 위한 삶이었다.

그것은 쉽지 않은 삶이었을 터인데, "노아가 그와 같이 하되 하나님이 자기에게 명하신 대로 다 준행하였"(창 6:22)기 때문이다. 이 본문은 노아가 얼마나 힘든 생활을 했는가를 언급하지 않은 채 단순히 "하나님이 명하신 대로 다 준행하였다"고만 기록하고 있다. 하나님의 말씀을 준행하기란 쉽지 않다. 그가 해야 할 일은 엄청나게 많았다. 그럼에도 불구하고 노아는 하나님이 명하신 대로 다 준행했다.

노아가 방주와 그 안에 들어가서 구원받게 될 모든 식구들과 동물들의 음식을 준비하기까지는 거의 100년이나 걸렸다. 드디어 수많은 세월이 흘러가서 모든 일을 다 마쳤다. 그때 주님은 방주로 들어가라고 명령하셨다. "너와 네 집은 방주로 들어가라 네가 이 세대에 내 앞에서 의로움을 내가 보았음이라"(7:1).

7:1에서 하나님은 노아와 그 가족을 구원하시는 이유를 밝히신다. 하나님은 노아에게서 이 세상 모든 사람들 가운데서 발견할 수 없는 의로움을 발견하셨다. 6:9에서는 노아가 의인이요 완전한 사람이며 하나님과 동행하는 사람이었는데, 7:5에서는 하나님의 명령에 다 순종하는 사람으로 나타난다. 이 네 가지 요소는 서로 관련되는 요소다: 의인, 완전, 하나님과의 동행, 순종.

그와 그의 식구들과 짐승들(암수 둘씩, 정결한 것은 암수 일곱씩, 7:2-3)이 방주에 들어가 심판의 홍수를 피하여 살아남는다. 하나님께서 방주로 들어가라는 명령을 내리시고, 이에 순종하여 모든 식구들과 준비된 동물들이 방주로 들어갔다. 노아는 500세에 셈, 함, 야벳을 낳고 살면서 방주를 짓고 나서 600년(노아의 나이 600세를 의미함) 2월 10일에 배에 들어가는데, 그로부터 1주일 후인 2월 17일부터 40주야를 비가 내리기 시작하고(창 7:10-12), 601년 정월에 물이 걷히며, 2월 27일에 방주에서 나온다. 그러므로 저들이 배에 있었던 기간은 1년 17일이다. 당시의 달력은 1년이 360일이었으므로 노아가 배에 있던 날 수는 377일이었을 것임에 거의 틀림없다. 그는 그렇게 오랜 기간을 동물들과 자기 식구들과 배 안에서 살아야 했다.

하늘이 열리고 땅의 물이 치솟아 올랐다. 기독교 과학자들은 이에 대해서 여러 가지로 해석을 가한다. 혹은 지구의 축이 기울어졌다고도 하고, 때로는 옛부터 궁창에 머물고 있던 물이 한꺼번에 쏟아져 내려와 온 지구를 덮었다가 물이 북극해로 물러가 빙산이 되었다고도 한다. 그렇지 않으면, 기후가 갑자기 온난화 현상이 일어나서 북극의 빙산이 녹아 흘러내렸다고 말하기도 한다. 그러나 어느 것이 정확한지는 알 길이 없다. 다만 하나님의 심판으로 홍수가 일어났다는 것만은 분명하다.

하나님께서는 동물들의 마음을 움직이셔서 그것들로 하여금 노아가 지은 방주로 스스로 들어오도록 명령하셨다. 하나님의 기운이 그들을 방주로 나아오게 인도하신 것이다. 그리고 구원받아야 할 모든 동물들과 식구들이 방주로 들어갔을 때, 하나님께서 그 문을 닫아 넣으셨다(창 7:16). 하나님이 닫으셨다는 표현은 구원받아야 할 실체가 결정되고 더 이상 이 수에 더하거나 감하거나 할 수 없이 되었다는 뜻이다. 그리고 물이 많아지자 방주는 물 위에 뜨게 되었다.

홍수가 내린다고 예고하고 그것을 대비하여 방주를 지은 그 노아의 말이 약 100년 후에 실현되었다. 사람들은 '미친 소리를 한다'고 비웃었을 것이다. 그럼에도 불구하고 저들의 귀에 망치 소리가 들리고, 저들의 눈에 열심히 배를 만드는 모습이 보일 때 저들의 마음속에는 무엇인가 자기들을 찌르는 어떤 감정이 있었을 것이다. 그러나 저들은 그러한 감정의 충동을 억눌렀고, 자기들의 삶을 고치기를 거부했다. "노아의 망치 소리는 저들의 마음을 깨뜨리지 못하였다." 모든 산들이 물로 뒤덮였다. 그리하여 노아의 예고와 같이 동물들과 새들이 모두 멸절되었다(7:21).

노아가 방주를 높은 산꼭대기 위에 지었다는 설명은 받아들이기 어려운 주장이다. 성경이 방주가 지어진 위치에 대해 침묵하고 있기 때문이다.

하나님께서는 노아와 그 식구들을 권념(기억)하셨다(8:1). 그리고 물이 감해지도록 만드셨다. "바람으로 땅 위에 불게 하시니"란 말이 무엇을 의미하는지는 알기 어렵다. 어떤 사람은 루아흐라는 단어를 위로의 '영'으로 해석하고, 어떤 사람은 그 단어를 '바람'으로 해석한다.[13] 어쨌든 하나님께서는 인간들을 기억하시고 지금까지 배 안에서 대단히 고통스런 시간을 보냈던 저들을 위로하시기 위하여 비를 그치게 하고 지상에서 물이 줄어들게 하신다. 그해 7월 17일에 배가 아라랏 산(아르메니아였을 것임)에 머물렀다. 10월 1일에는 산봉우리가 보이기 시작했다. 그리고 물이 줄어든 여부를 알아보기 위하여 40일을 지나서 방주에서 까마귀를 내어놓았으나 까마귀는 돌아오지 않았다. 떠다니는 물건들과 시체들이 그들의 안식처가 되었기 때문이다.

3. 홍수 심판의 의의

노아 당시의 홍수 사건이 인간 세계에 어떤 의의가 있는가?

1) 하나님은 하나님의 구원받은 백성이 이 썩어진 세상과 화합하거나 타협하는 것을 원치 않으신다는 것이다.

13) A. Cohen, p. 40.

홍수 이전에 사탄은 하나님의 아들들을 유혹하여 타락된 사람의 딸들과 혼인하게 함으로써 온 세상을 죄악으로 관영케 하여 하나님에게 대항하는 세상으로 만들고자 시도했다. 마귀는 하나님의 백성을 자기 편으로 끌어들이려고 모든 수단과 방법을 다 동원한다. 이러한 사탄의 궤계를 알지 못하고 하나님의 백성이 세상과 타협할 때, 하나님은 심판이라는 도구를 통하여 자기 백성을 갈라내시고 구원하셨으며, 불경건한 세계는 멸하셨다.

2) 홍수는 세례를 가리킨다고 베드로는 설명한다(벧전 3:20, 21).

그리스도인의 세례는 죄에 대해 죽고 의에 대해서 사는 것을 의미한다. 하나님께서는 인간들 개인을 불러내어 세례(죄에 대해서 죽게 함)를 주어 구원하신다. 그래서 홍수는 세례를 나타내고 있는 것이다. 이러한 점에서 노아가 만든 배는 그리스도의 신령한 몸을 나타낸다(벧전 3:21, 참고. 사 54:9, 10).

3) 홍수 사건은 최후 심판을 나타낸다.

피조된 세상은 언젠가 그 끝이 있다. 이 사실을 보여 주는 계시적 사건이 홍수 사건이다. 마태복음 24:38, 39에서 예수께서는 자신의 재림을 홍수 사건과 비교하셨다. 노아 때의 홍수는 세상 종말의 예표라는 것이다(참고. 눅 17:27). 또한 베드로전서 3:1-7에서 베드로는 말세에 기롱하는 자들이 세상 종말은 있을 수 없다고 하면서 물질의 영원성을 주장할 것이라고 말하고, 노아의 홍수 때와 같이 기롱하는 자들이 아무리 많을지라도 세상 종말은 반드시 있을 것이라고 말하고 있다. 홍수는 세상 종말을 보여 주는 사건이라는 것이다.

4. 노아 언약

1) 노아 언약의 근거

하나님께서 무엇 때문에, 어떤 근거에서 노아와 언약을 세우셨는가? 노아는 홍수를 통하여 구원받고 배에서 나와 하나님께 제사를 드렸다. 그리하여 하나님은 그 제사를 받으시고 노아에게 언약의 말씀을 해주신다. 그러므로 노아가 드린 제사가 노아 언약을 주시게 된 근거임을 알 수 있다.

창세기 8:20-22은 다음과 같이 기록하고 있다. "노아가 여호와를 위하여 단을 쌓고 모든 정결한 짐승 중에서와 모든 정결한 새 중에서 취하여 번제로 단(בַּמִּזְבֵּחַ)에 드렸더니 여호와께서 그 향기를 흠향하시고 그 중심에 이르시되 내가 다시는 사람으로 인하여 땅을 저주하지 아니하리니 이는 사람의 마음의 계획하는 바가 어려서부터 악함이라 내가 전에 행한 것같이 모든 생물을 멸하지 아니하리니 땅이 있을 동안에는 심음과 거둠과 추위와 더위와 여름과 겨울과 낮과 밤이 쉬지 아니하리라."

노아가 단에서 제사를 드렸기 때문에 하나님께서 그 제물의 향기를 흠향하시고 노아에게 언약의 말씀을 주셨다는 것이다. '단'이라는 히브리어는 미즈베아흐(מִזְבֵּחַ)이다. 이 미즈베아흐란 단어는 '살육하다'를 의미하는 자바흐(זבח)와 장소를 나타내는 접두어인 미(מִ)가 합쳐진 복합명사다. 따라서 미즈베아흐란 단어(מִזְבֵּחַ)는 '살육의 장소'란 뜻이다. 즉 사형틀이란 의미다. 이 단어는 예수님이 못박혀서 죽으신 사형틀인 십자가를 생각나게 한다. 정결한 짐승이 단(살육의 장소)에서 살육당하여 드려질 때, 하나님은 그 향기를 흠향하셨다(21절).

'향기를 흠향하셨다'는 문구는 직역하여 문자 그대로 번역하면 '안식의 냄새(רֵיחַ הַנִּיחֹחַ, 레아흐 하닉호아흐)를 맡으셨다'는 뜻이다. 사형틀 위에서 정결한 짐승이 죽고 그 사체가 태워져서 하나님에게 드려졌을 때, 그 때까지도 가라앉지 않았던 인간을 향한 하나님의 진노가 비로소 가라앉았다는 것이다. 노아가 하나님에게 정결한 짐승을 잡아 단 위에서 죽여 바친 것은 하나님에게 인류를 향한 진노를 가라앉히는 계기가 되었다는 것이다. 하나님께서는 노아의 제사 가운데서 장차 온 인류를 위하여 죽으실 그분의 아들 예수의 희생을 보셨다! 그러므로 세상을 멸하지 않을 것을 약속하셨던 것이다.

그리하여 하나님께서는 "그 중심에 이르시되 내가 다시는…땅을 저주하지 아니하리니 이는 사람의 마음의 계획하는 바가 어려서부터 악함이라…"고 말씀하신다. 그분의 죽음과 드려짐은 하나님의 진노를 가라앉히는 '안식의 냄새'가 되었고 온 인류의 죄를 간과하시는 요인이 되었다. 예수 그리스도의 십자가 희생이 온 인류의 보존을 가능하게 한 것이다. 우리는 지금 존속하고 있는 이 세상 배후에 십자가가 있는 것을 보게 된다.

2) 노아 언약의 범위와 유효 기간

노아는 아담과 같은 인간의 시조임을 알게 되는데, 그 이유는 노아만을 제외한 모든 인류가 죽었기 때문이다. 다른 살아남은 인간들은 노아에게 속한 그의 자녀들이다. 노아의 의로 인하여 그 가족과 그에게 속한 짐승들이 구원을 얻는다. 또 노아의 의로 인하여 그가 만든 방주 안에 있는 자들은 모두 구원(생명)을 얻는다. 노아에게 한 하나님의 약속은 그의 후손들인 온 인류에게도 해당되는 약속이다. 따라서 노아에게 주어진 언약은 우리에게도 주어진 언약이고, 장차 이 땅에 나타날 모든 인간들에게 주어진 언약이다.

"땅이 있을 동안에는 심음과 거둠과 추위와 더위와 여름과 겨울과 낮과 밤이 쉬지 아니하리라." 땅이 존속하는 한 거기에는 사계절, 낮과 밤이 계속될 것이다. 그러므로 노아 언약은 이 세상에 끝이 올 때까지 지속될 것이다. 또한 노아에게 주어진 약속은 단순한 인간만의 존속을 의미하지 않는다. 모든 피조물의 존속까지 포함된다. 따라서 노아 언약은 모든 피조물이 포함되는 언약이다.

결국 노아에게 주신 하나님의 언약은 우주적이고도 이 세상 종말까지 지속될 영원한 언약이다. 노아에게 약속하신 언약의 말씀은 아직도 유효하여 지금 사시사철이 바뀌고 있지 않은가?

3) 노아 언약의 특성

(1) 구속과 다른 피조물의 깊은 연관성

앞에서 살펴본 바와 같이 창세기 8:20은 그리스도의 희생이 온 우주의 구원의 근거임을 보여 주고 있다. 그리스도의 공로로 인간들만 구원받는 것이 아니라 우주 전체가 구원받는다. 이것이 노아 언약의 광대성이다. 시공간적으로 영원히 구속이 확대되고 모든 피조 세계를 포함한다는 것이다.

특히 8:22은 창조 시에 주셨던 말씀(1:14, "하늘의 궁창에 광명이 있어 주야를 나뉘게 하라 또 그 광명으로 하여 징조와 사시와 일자와 연한이 이루라")의 반복이다.

9:1에서 하나님은 1:28에서 주셨던 축복을 반복하신다. "하나님이 노아와 그 아들들에게 복을 주시며 그들에게 이르시되 생육하고 번성

하여 땅에 충만하라 땅의 모든 짐승과 공중의 모든 새와 땅에 기는 모든 것과 바다의 모든 고기가 너희를 두려워하며 너희를 무서워하리니 이들은 너희 손에 붙이웠음이라." 노아 언약은 창조 시에 주신 말씀의 반복이다.

그리스도의 십자가가 모든 피조물을 보존하실 것이라는 노아 언약의 근거가 되는 것처럼, 구속받은 성도들이 완성된 구원의 자리에 참여할 때 다른 모든 피조물들도 거기에 같이 참여한다고 로마서 8:19-23에서는 기록하고 있다. "피조물의 고대하는 바는 하나님의 아들들의 나타는 것이니 피조물이 허무한 데 굴복하는 것은 자기 뜻이 아니요 오직 굴복케 하시는 이로 말미암음이라 그 바라는 것은 피조물도 썩어짐의 종노릇 한 데서 해방되어 하나님의 자녀들의 영광의 자유에 이르는 것이니라 피조물이 다 이제까지 함께 탄식하며 함께 고통하는 것을 우리가 아나니 이뿐 아니라 또한 우리 곧 성령의 처음 익은 열매를 받은 우리까지도 속으로 탄식하여 양자 될 것 곧 우리 몸의 구속을 기다리느니라." 구속받은 성도가 완성된 천국에 있을 때, 그 곳에는 다른 모든 피조물들도 영광스럽게 변화되어 거기 함께 있을 것이다.

(2) 보편성

노아에게 주신 언약은 인간들에게만 주어진 언약이 아니고 모든 피조물 전체에게 주신 보편적인 언약이다. 그리고 그 언약은 세계 역사 전체를 망라하고 있는 언약이다. 따라서 노아 언약은 보편성을 가지고 있다.

(3) 유예성

노아 언약은 종말이 오기까지 피조물을 보존하시겠다는 언약이다.

인간은 변함없이 하나님에게 범죄를 저지를 것이지만 하나님은 이 세상 끝날까지 저들의 회개를 기다리시겠다는 것이다. 최후 심판을 역사의 최후부에 두시고 인간들로 하여금 이 세상에서 충분히 살아가게 하시되 심판은 그 때마다 하실 것이다. 그리하여 죄가 극에 도달하는 것을 막으시고 그 심판을 유예하시겠다는 것이다.

4) 노아 언약의 내용

창세기 9:8-17에는 노아에게 주신 언약의 말씀의 내용이 기록되어 있다. 그 언약의 내용은 다시는 홍수로 인간을 비롯한 모든 피조물을 멸하지 않으실 것이라는 것이다. 즉 피조물들을 보존하시겠다는 것이다. 이 언약의 말씀은 앞의 창세기 8:21, 22의 반복이다.

> 8하나님이 노아와 그와 함께 한 아들들에게 일러 가라사대 9내가 내 언약을 너
> 희와 너희 후손과 10너희와 함께 한 모든 생물 곧 너희와 함께 한 새와 육축과
> 땅의 모든 생물에게 세우리니 방주에서 나온 모든 것 곧 땅의 모든 짐승에게니라
> 11내가 너희와 언약을 세우리니 다시는 모든 생물을 홍수로 멸하지 아니할 것이라
> 땅을 침몰할 홍수가 다시 있지 아니하리라 12하나님이 가라사대 내가 나와 너희와
> 및 너희와 함께 하는 모든 생물 사이에 영세까지 세우는 언약의 증거는 이것이라
> 13내가 내 무지개를 구름 속에 두었나니 이것이 나의 세상과의 언약의 증거니라
> 14내가 구름으로 땅을 덮을 때에 무지개가 구름 속에 나타나면 15내가 나와 너희와
> 및 혈기 있는 모든 생물 사이의 내 언약을 기억하리니 다시는 물이 모든 혈기
> 있는 자를 멸하는 홍수가 되지 아니할지라 16무지개가 구름 사이에 있으리니 내가
> 보고 나 하나님과 땅의 무릇 혈기 있는 모든 생물 사이에 된 영원한 언약을 기억
> 하리라 17하나님이 노아에게 또 이르시되 내가 나와 땅에 있는 모든 생물 사이에
> 세운 언약의 증거가 이것이라 하셨더라

하나님께서는 전체적인 심판을 역사의 가장 끝 부분에 두기로 작정하시고, 그 대신 피를 흘리는 자는 그 때마다 하나님이 친히 징벌하실 것을 말씀하신다. 그러므로 이제부터 동물들을 죽여 피를 흘리고 그

고기를 먹을 수 있게 허락하시되, 피채 먹어서는 안 된다고 말씀하신다. 그 피는 그리스도의 희생의 피를 보여 주는 것이기 때문이다. 우리는 이미 8:20에서 정결한 짐승이 그리스도의 희생을 예표한다는 사실을 살펴보았다. 그러므로 그 피를 인간이 먹어서는 안 되며, 나아가서 그 동물의 피는 그 동물의 생명을 의미하므로 피를 먹어서는 안 된다. 생명은 모두 하나님에게 달려 있다. 인간은 그 생명을 취할 권리가 없다. 따라서 피는 먹어서는 안 된다. 노아 언약이 영원하듯 피를 먹지 말라는 규례 역시 영원한 규례다.

하나님은 특별히 피에 대해서 단호하시다. 사람이 사람의 피를 흘린다면, ① 하나님 자신이 먼저 그 사람에게서 피를 찾으실 것이며(9:5), 피를 흘린 자를 찾아 보복하실 것이다. ② 그 다음으로 하나님은 피를 흘린 자를 보수하는 일을 인간에게 일임하신다(6절). 사람은 하나님의 형상을 지니고 있으므로 절대로 살인해서는 안 된다. 살인이 있을 경우 인간이 그를 죽여야 한다.[14]

> 창 9:3-6, "무릇 산 동물은 너희의 식물이 될지라 채소같이 내가 이것을 다 너희에게 주노라 그러나 고기를 그 생명 되는 피채 먹지 말 것이니라 내가 반드시 너희 피 곧 너희 생명의 피를 찾으리니 짐승이면 그 짐승에게서, 사람이나 사람의 형제이면 그에게서 그의 생명을 찾으리라 무릇 사람의 피를 흘리면 사람이 그 피를 흘릴 것이니 이는 하나님이 자기 형상대로 사람을 지었음이니라."

사람을 죽인 사람의 피를 흘릴 자격을 가진 자, 곧 살인자를 사형시킬 수 있는 자는 본문에 나타나 있지 않으나 재판장이다. 재판장은 하나님의 형상을 지닌 고귀한 인간의 생명을 취할 권리를 가졌으므로

14) 사형 제도 폐지는 인간이 참 입법자이신 하나님보다 더 자비로워지고자 하는 행위다. 참고. H. C. 류폴드, 창세기 주석(1), 크리스찬 서적, 1987, 288쪽.

엘로힘이라고 불릴 만하다(출 21:6).

출 21:6, "상전이 그를 데리고 재판장(엘로힘)에게로 갈 것이요…."

하나님은 인간을 심판하심으로 이 세상에서 죄악을 멸할 수 있을 것이라고 생각하셨는가? 그렇지는 않다. 8:21에서 하나님은 인간이 어려서부터 악하므로 심판이 어쩌지 못한다는 사실을 이미 알고 계셨다. 그러면 왜 심판을 하셨는가? 이는 심판이 죄를 억제하는 데 상당한 효력을 발휘하기 때문이다. 비록 세상 전체를 전멸시키는 일은 역사의 끝에 두셨다고 할지라도 하나님은 즉시즉시 그 범죄자를 찾아내어 처단하실 것이다. 그래서 죄가 극에 도달하는 것이 억제되는 것이다.

5) 노아 언약의 표(증거)

앞에서도 말한 바와 같이, 노아 언약은 한마디로 요약한다면 보존의 언약이다. 땅이 있는 동안 온 세상을 보존하시겠다는 뜻으로 보여주신 표(증거)는 무지개다.

9:13-17은 무지개에 대하여 설명하고 있다. "구름으로 땅을 덮을 때에…." 이는 비를 내리시려는 행위다. 하나님은 자신의 주권으로 비를 내리신다. 이것은 가나안의 바알 신에 대한 간접적인 반박이다. 가나안 신화에서는 바알이 비를 내려 준다고 말한다. 그러나 하나님께서는 비를 하나님 자신이 내려 주신다고 말씀하신다. 인간들에게 비를 내려 주실 때 하나님께서는 구름 속에 나타난 무지개를 보고 노아와 세운 언약을 기억하실 것이라고 말씀하신다. 그러므로 무지개는 하나님 자신이 노아와 맺은 언약을 상기하시려고 구름 사이에 두신

것이다. 하나님 자신이 무지개를 보실 것이다. 무지개는 비가 올 때마다 인간들로 하여금 노아 언약을 기억하게 하시려는 하나님의 배려다. "하나님이 신실하시고 은혜로우시다"는 사실을 인간들로 하여금 기억하도록 하기 위하여 무지개를 구름 사이에 두신 것이다.

무지개는 하나님의 영광의 상징이다(겔 1:28; 계 4:3). 나아가서 무지개는 하나님의 신실성과 자비의 상징이다. 오늘날도 우리는 비가 뿌려진 후에 무지개를 바라볼 때 노아 언약을 신실하게 이행하시는 하나님의 신실성을 느끼게 되는 것이다. 또한 우리 인간들의 죄가 그렇게 지능화되고 다양화되고 극대화되었음에도 불구하고 길이 참고 기다리시는 하나님의 자비하심을 느끼게 된다. 이런 의미에서 무지개는 하나님의 신실성과 자비의 상징이 되는 것이다.

방주에서 나온 여덟 명의 식구는 이 지상에 남아 계속 살아간다. 그리고 생육하고 번성하라는 명령(창 9:1)을 따라 또다시 인류는 퍼지기 시작한다(9:19).

5. 노아의 축복(예언)

1) 노아 예언의 배경(창 9:20-24)

9:20, 21은 노아의 실수를 기록하고 있다. "노아가 농업을 시작하여 포도나무를 심었더니 포도주를 마시고 취하여 그 장막 안에서 벌거벗은지라." 노아는 하나의 인간으로서 이 세상에서 자신의 일을 계속해 나간다. 하나님께서는 처음에 인간(아담)에게 땅을 지키고 다스리게만 하셨다. 그러나 타락한 이후에는 그의 근본된 토지를 갈게 하셨다(창 3:23). 그리고 이제 또다시 노아는 땅을 경작해야 했다.

포도는 포도나무에 달려 있을 때부터 발효하는 성격을 가지고 있다. 그래서 발효된 포도는 알콜 성분을 갖게 되어 사람이 먹으면 취하게 된다. 사람이 알콜에 취하는 것은 비정상이다. 하나님은 인간이 취한 상태가 되는 것을 혐오하신다. 그래서 술취하지 말라고 명령하셨다(엡 5:18). 잠언 23:31에서는 술을 보지도 말라고 하셨다(참고. 잠 23:29-35). 어쨌든 포도주를 많이 마신 노아는 비정상적인 상태가 되어 벌거벗고 잠을 잤다.

성경에는 노아가 잤다는 기록은 없으나 학자들은 일반적으로 자고 있었을 것으로 본다. 가나안의 아비 함이 아비의 벌거벗은 모습을 보았다(וַיַּרְא). 여기서 '보았다'는 말은 단순한 '봄'(seeing)을 의미하는 것이 아니라 '응시하다'(look)를 의미한다. 그리고 가나안의 아비 함이 밖으로 나가 형제들에게 고했다(וַיַּגֵּד). '고했다'는 말은 단순한 알림을 의미하지 않고 '선포하다'(to declare), '보여 주다'(show), '발표하다'(announce)를 의미한다.[15]

본문을 통하여 볼 때, 함은 자기 아비의 하체를 눈여겨보고 그것을 공개적으로 알림으로써 경건한 부모를 모독했다. 그것은 제2타락에 해당하는 것이었다.[16] 경건한 노아에게 타락한 성품을 가진 자가 있었던 것이다. 그러나 다른 두 아들들은 아비를 공경하는 마음으로 옷을 가지고 뒷걸음질쳐 들어가서 아비의 하체를 덮어 드렸다. 이러한 행위는 아담과 하와의 수치스러운 부분을 덮어 주기 위하여 가죽옷을 지어 입히신 하나님의 행위를 생각나게 하며, 그러한 행위는 하나님의 은혜로우신 행위와 평행을 이루는 것이었다. 진실로 하나님은 남

15) B. Davidson, *AHCL*, p. 533, נָגַד idem.
16) 류폴드, 창세기 주석(1), 298쪽.

의 수치를 덮어 주기를 원하시는 하나님이시며, 또한 인간들끼리 서로의 수치 되는 것, 허물을 덮어 주기를 원하신다.

노아는 술에서 깨어나 아들들이 자기에게 행한 이러한 일들을 알게 되었다. 그리하여 하나의 위대한 예언을 하게 된다.

2) 노아의 예언(9:25-27)

25절은 가나안을 향한 저주 내용이다. 함이 악한 일을 했으므로 그가 저주를 받아야 하는데, 함의 넷째 아들 가나안이 저주를 받는다. 독자들에게는 이 점이 이상하게 생각될 것이다. 이 의문점에 대해서 두 가지 해결책이 제시되어 왔다. 첫째로, 함이 아비의 하체를 먼저 본 것이 아니라, 함의 넷째 아들 가나안이 먼저 자기 할아버지 노아의 하체를 보고 함에게 알렸을 것이라는 해석이 있다. 둘째로, 노아가 함에게 저주를 하지 않고 함의 막내아들만을 저주한 것은 함의 아들들 중 ¼만을 저주하는 은혜로운 행위라는 것이다. 어쨌든 함이 저주받지 않고 가나안만이 저주를 받고 있다. 노아는 이 예언에서 함을 전혀 거론하지 않고 있다. 그러므로 함 자손이 모두 저주받았다는 생각은 옳지 않다. 가나안이 저주를 받음으로써 그의 후손들은 저주받게 될 운명에 처한다.

저주받은 가나안의 후손들은 창세기 10:15-21에 따르면 후에 베니게와 팔레스틴 땅에 거주했다. 그들이 도덕적 타락에 있어서 저주받은 인종들이 되었다는 사실은 창세기 15:16; 19:5; 레위기 18, 20장; 신명기 12:31 등과 같은 구절을 통해서 분명해진다. 아브라함 때에 이미 그들의 타락은 거의 극에 도달했고, 그리하여 저들은 전쟁을 통하여, 그 다음에는 유황불을 통하여 하나님의 징벌을 받아 소돔과 고모라, 스보임, 아드마가 멸망한다. 노아는 이미 함의 그러한 행동에서 그 막내아들(가나안)의 극악무도한 타락의 모습을 예견했던 것이다. 그러한 악한 자들은 남을 지배하면 온 세상을 부패하게 한다. 그러므로 그러한 부패한 자들은 남의 지배를 받아야만 사회가 건전하게 된다. 그래서 노아는 가나안이 남의 지배를 받는 종이 되도록 저주를 했다.

26절은 셈과 가나안에 대한 예언을 하고 있다. 어찌하여 셈과 야벳이 함께 아비의 하체를 덮어 드렸는데, 이 예언 가운데서는 셈이 두드러진 축복을 받고 있는지 그 이유가 밝혀져 있지 않다. 성경이 노아의 아들들을 언급할 때마다 셈, 함, 야벳의 순으로 언급하는 것으로 보아서 셈이 장남이고, 함이 둘째 아들이며, 야벳은 막내아들인 것으로 보인다. 그러므로 노아는 당연히 셈에게 장자의 축복을 준 것으로 보인다.

노아는 셈에 대해서 "셈의 하나님을 찬송하리로다"라고 찬양을 하고 나서 가나안은 셈의 종이 되기를 구하고 있다. 하나님이 셈의 하나님이 되시리라는 것이다. 이것은 셈이 받은 가장 큰 축복이다.

27절은 해석하기가 쉽지 않다. **יַפְתְּ אֱלֹהִים לְיֶפֶת וְיִשְׁכֹּן בְּאָהֳלֵי־שֵׁם וִיהִי כְנַעַן עֶבֶד לָמוֹ**[야프트 엘로힘 레예펠 웨이슈콘 베아할레-셈 위히 케나안 에베드 라헴; God enlarge (**히.** japhth) Japheth, and he shall dwell in the tents of Shem; and let Canaan be their servant]. 이 구절을 직역하면 "하나님께서 야벳을 창대하게 하시고 그가 셈의 장막에 거할 것이다. 그리고 가나안은 그들의 종이 될지어다"이다.[17]

17) 다음의 역본들을 비교해 보라:
RSV, NASB: God enlarge Japhet, and let him in the tents of Shem, and let Canaan

본 절에서 노아는 무엇을 구하고 있는 것인가? 하나님이 셈의 장막에 거하시기를 구하고 있는가?[18] 아니면 야벳이 셈의 장막에 거하게 되기를 구하고 있는가?[19] 결론적으로 말해서 노아는 27절에서 하나님이 셈의 장막에 거하시기를 구하고 있다. 그 이유는 다음과 같다.

(1) 25절은 가나안에 대한 저주(예언)를 하고 있다. 26절은 셈과 가나안에 대한 저주(예언)을 하고 있다. 27절은 셈, 가나안, 야벳에 대해 저주(예언)를 하고 있다.

25절에서는 가나안에 대해서, 26절에서는 셈과 가나안에 대해서 그리고 27절에서는 셈, 함, 야벳에 대해서 예언하고 있다. 다시 말해서 하나님께서 저들을 위하여 장차 하실 일에 대해서 1명, 2명, 3명으로 예언을 확대해 나가고 있는 것이다. 그런데 만일 27절을 하나님이 야벳을 창대케 하사 (야벳으로 하여금) 셈의 장막에 거하게 하신다는 식으로 이해하면 점진적인 표현법의 문장의 구조가 흐트러진다.

(2) 25, 26, 27절에서 각 절의 주어는 하나님이시다. 그러므로 와우

---

be his slave.

KJV: God shall enlarge Japheth, and he shall dwell in the tents of Shem, and Canaan shall be his servant.

NKJV: May God enlarge Japheth, and may he dwell in the tents of Shem, and may Canaan be his servant.

Moffatt: May God enlarge Japheth, May he be welcome in the tents of Shem, and have Canaan as his slave.

NIV: May God extend the territory of Japheth, May Japhet live in the tents of Shem, and may Canaan be his slave.

NJB: May God make space for Japheth, may he live in the tents of Shem, and let Camaan be his slave!

18) W. C. Kaiser Jr., Hoffmann, Baumgarten, H. Schultz, Theodoret 등이 이 견해를 주장한다.

19) C. von Orelli 등 거의 모든 주석가들이 이 견해를 주장한다.

(ו, 그리고)로 연결되는 문장에서 그 주어는 하나님이 되어야 한다. 따라서 웨이슈콘 빼아할레-셈(וְיִשְׁכֹּן בְּאָהֳלֵי־שֵׁם)은 "그리고 그(하나님)가 셈의 장막에 거할 것이고"로 번역해야 한다.

(3) '거하(게 하)시고'로 번역된 이슈콘(יִשְׁכֹּן)은 솨칸(שׁכן)의 힙힐형(사역형 능동태)이 아니라 칼(Qal) 3인칭 미래형이다. 그러므로 '그가 거할 것이다' 또는 '그가 거하시기를'이란 뜻으로 번역해야 한다.

하나님은 셈의 후손들 가운데 거하실 것이다. 노아는 이러한 사실을 예언하고 있는 것이다. 노아가 예언한 것은 단순한 말의 발설이나 자기를 섭섭하게 한 데 대한 분노의 발로가 아니다. 노아는 지금 성령에 감동하여 예언하고 있는 것이다. 이 예언은 후에 완벽하게 실현된다. 이 노아의 예언의 실현이 출애굽기 25:8에 나타나는데, 본문에 나타난 '거할 것이다'(יִשְׁכֹּן)는 동사가 그 사실이 실현되었다는 의미로서 출애굽기 25:8에 다시 나타난다. "내가 그들 중에 거할 성소를 그들을 시켜 나를 위하여 짓되."

노아의 예언은 이스라엘 백성들이 지은 성소 가운데 하나님의 영광이 친히 임재하심으로써 실현되었고, 보다 완전한 실현은 이스라엘 백성 가운데 하나님이신 예수께서 육신을 입고 오심으로써 온전히 실현되었으며, 그 후 오순절에 성령께서 120명의 성도들 위에 임하심으로써 성취되었다. 그리고 후에 믿는 자들 가운데 오심으로써 그 성취가 확대되어 나간다.

가나안 백성들은 후에 팔레스틴과 베니게 그리고 사해 남동쪽에 거주하는 가운데 저들의 악이 극에 도달했다. 저들의 죄악으로 말미암아 하나님은 젖과 꿀이 흐르는 그 곳으로 자신이 택하시고 함께 하시는 이스라엘로 하여금 무력으로 밀고 들어가게 하셨다. 가나안 일곱 족속은 이스라엘에게 전쟁에서 패함으로써 죽임을 당하거나 쫓겨나거나 혹은 이스라엘의 노예가 되었다. 노아의 예언은 셈의 후손인 이스라엘의 가나안 정복을 통하여 실현되었다. 그러나 그것은 보다 완전하게 예수 그리스도를 통한 마귀의 종들의 정복으로 실현될 것이며, 새 하늘과 새 땅이 이루어질 때 그 궁극적인 영원한 실현이 있을 것이다.

6. 셈, 함, 야벳의 후손들(10장)

창세기 저자는 여기서도 자신의 족보 기록의 원칙을 따라 불택자들을 먼저 언급하고 택자들을 나중에 언급하고 있다. 여기에 나오는 사람들은 한 인간 개인이라기보다는 하나의 족속들의 이름들을 가리킨다고 보는 것이 옳다.

1) 야벳(10:2-5) – 고멜, 마곡, 마대, 야완, 두발, 메섹, 디라스
고멜 – 아스그나스, 리밧, 도갈마,
야완 – 엘리사, 달시스, 깃딤(헬라), 도다님

고멜은 헬라인들 가운데서 키메리안이다. 이들은 소아시아 지방으로 와서 흑해 남쪽에 거주했다. 마곡은 흑해 남동쪽의 스키디아인들일 것이다. 이 이름이 에스겔 38:2; 39:6에 나타난다. 마대는 메대인들로서 카스피해 남서쪽에 거주한 사람들이며 앗수르인들이 이에 속할 것이다. 두발은 메섹과 연결되어 나타난다(겔 27:13; 32:26; 38:2, 3; 39:1; 사 66:19).

"이들로부터 여러 나라와 백성으로 나뉘어서…각기 방언과 종족과 나라대로 바닷가의 땅에 머물렀더라"(5절). 이 바닷가는 아마도 지중해 연안을 가리킬 것이다.

2) 함(10:6-20) – 구스, 미스라임(애굽), 붓, 가나안,

구스 – 스바, 하윌라, 삽다, 라아마, 삽드가, 니므롯(8-12)

아마 – 스바, 드단.

니므롯에 대한 특별한 언급은 주의할 필요가 있기 때문에 기록한 것이다(창 10:8-9). 그는 영걸이었고, 넓은 땅을 차지한 자이고, 바벨론, 예렉, 악갓, 갈레, 앗수르, 니느웨, 르호보딜, 갈라, 레센 등의 큰 성읍들을 건축한 자이다. 구문 방식에 있어서 니므롯에 대한 이탈된 기록은 5:22-24에 있는 에녹에 대한 기록과 유사하다.[20] 에녹은 신앙적인 입장에서 바라본 것이지만, 니므롯은 정치적인 입장에서 바라본 것이다.

니므롯에 대해서는 두 가지 사실이 지적되어 있다. 첫째로, 그가 세상에 첫 번째 영걸이라는 것이다. 그는 지도력을 가진 첫 번째 사람이었다. 그래서 그는 제국을 건설했던 것이다. 그가 세운 제국은 주로 팔레스틴 동북방의 여러 굵직한 제국들이다. 이들 제국들이 어떻게 하여 그러한 제국을 만들게 되었는지 구체적으로 밝혀져 있지는 않다. 바벨론이나 앗수르는 시대적으로 각각 다른 시대에 속하는 나라이지만, 사실 이 국가들은 고대로부터 하나의 제국으로 발돋움할 수 있는 어떤 집중력을 가졌었다.

20) W. Brueggemann, *Genesis* (Interpretation), John Knox Press, p. 92.

둘째로, 그는 여호와 앞에서 특이한 사냥꾼이었다는 것이다. 바벨론인들은 사냥에서 그 힘을 과시했다. מרד란 히브리어 어근은 '반역하다'라는 의미를 가지고 있다. 그러므로 아마도 니므롯은 하나님의 계획에 반역하여 인간 제국을 건설한 사람이라는 사실을 암시해 주고 있는 것 같다. 창세기 11장의 바벨탑 기록을 이 니므롯에게서 예상할 수 있다.[21)]

미스라임 – 루딤, 아나밈, 르하빔, 납두힘, 바드루심, 가슬루힘(블레셋의 조상), 갑도림.

가나안 – 시돈, 헷, 여부스, 아모리, 기르가스, 히위, 알가, 신, 아르왓, 스말, 하맛.

가나안 후손들은 시돈, 그랄, 가사, 소돔, 고모라, 아드마, 스보임, 라사(19절) 등지에 흩어져 살았다(18절). 소돔, 고모라, 스보임, 아드마는 아브라함 당시에 지나치게 악했으므로 하나님이 친히 멸망시키신 장소들이다(창 14:2, 8; 신 29:23; 호 11:9).

"각기 족속과 방언과 지방과 나라대로…"(20절) – 인류는 같은 족속끼리 같은 언어를 사용하고, 같은 땅에 사는 사람들끼리 따로 떨어져 나가 한 공동체를 이루며 살았다.

3) 셈 – 엘람, 앗수르, 아르박삿, 룻, 아람

아람 – 우스, 훌, 게델, 마스.

아르박삿 – 셀라 – 에벨 – 벨렉, 욕단(25).

욕단 – 알모닷, 셀렙, 하살마웻, 예라, 하도람, 우살, 디글라,

21) W. Brueggemann, Genesis, pp. 92f.

오발, 아비마엘, 스바, 오빌, 하윌라, 요밥.

셈의 족보를 거론하면서 모세는 가장 먼저 "셈은 에벨 온 자손의 조상이요"(21절)라고 기록하고 있다. 에벨(עֵבֶר)은 그 어근이 아바르(עָבַר)로서 '건너가다', '통과해 가다', '지나가다'의 의미를 가지고 있다. 이 어근으로부터 히브리 족속의 이름이 파생되었다. 학자들은 하비루와 히브리가 동일한 족속인지에 대해서 많은 논란을 하고 있으나, 결론이 나지 않고 있다.

대부분의 학자들은 하비루와 히브리가 어원학적으로 동일할 수 있다고 인정하나, 그 점 이외에는 거의 동의하지 않고 있다. 하비루의 증거는 가나안 정복의 전과 후 몇 세기를 걸쳐서 고대 근동의 대부분에서 발견된다. 그들은 다양한 직업과 생활 스타일에 종사한 사람들이었다. 그들에 대하여 알려진 내용에 근거해 볼 때, 하비루는 활동, 현장에 있어서나 시기에 있어서 히브리인들에 대하여 알려진 내용과 완전히 부합하지 않은 것으로 보인다.

그럼에도 불구하고, 아마르나 편지들 가운데서 아피루라는 용어는 그 땅과 도시들을 점령해 나가고 있었던 이웃 군대들을 묘사하기 위하여 왕들에 의하여 사용되고 있다. 예를 들면, 비블로스의 왕은 자기의 땅을 점령하는 그가 바로의 원수라고 생각하고, 그들에게 아피루라는 이름을 붙이고 있다. 그렇지만 이 같은 백성이 바로에게 글을 썼고 자기들의 충성을 맹세했다.

어네스트 라이트(G. Ernest Wright)는 수년 전에 올바른 결론에 도달한 것으로 보이는데, 그 당시 그는 하비루가 제2차 세계대전 직후에 무심코 싫어하는 사람들에게 공산주의자들이라는 이름을 붙이는 경향과 유사하게 경멸적인 용어가 되었다고 이론화했다. 하비루는 다소 정처 없는 호전적인 그룹이었으며, 그래서 하비루란 용어는 한 사람의 적대자와 동의어가 되었던 것으로 보인다. 이스라엘이 그 땅에 들어가서 정복하기 시작했을 때, 가나안 족속들이 그들을 하비루로 불렀다는 것이 더 자연스러울 것이다. 그러므로 최소한 어떤 시기에 하비루와 히브리인이라는 언급 사이에 어떤 연관이 있었다는 것은 가능하다.[22]

역시 "그 족속과 방언과 나라대로(31절)…나뉘었다"(32절). 이와 같은 문구가 자주 등장한 것을 보아 5, 20, 25, 32절 등의 언급은 이 족보 사이의 어느 시대에 바벨탑 사건이 있었음을 시사하고 있다. 그렇다면 왜 창세기 저자는 나뉘어진 사실을 강조하고 있는가?

창세기 6장에서 사람들이 혼합함으로 인하여 전체가 부패해져서 대 파멸을 몰고 왔었다. 하나님은 그들 중에서 자신이 택하신 노아의 가족을 나누시고 그들을 구원하셨다. 그 이후 줄곧 나눔의 역사는 계속된다. 이는 혼합을 막기 위해서이다. 죄인들로부터 자기 백성을 나누시는 일은 하나님의 특별하신 역사다. 나눔의 역사는 역사의 끝까지 계속될 것이다. 창세기 1장에서부터 빛과 흑암을 나누는 사역이 시작되었다(창 1:4, 6, 7, 14, 18). 그리고 계시록에서는 구원받은 자와 구원받지 못한 자가 영원히 나누어진다.

---

22) Alfred J. Hoerth, *Archaeology and the Old Testament*, Baker Books, 1997, pp. 211ff.

4장

바벨탑 | 11장

창세기 저자는 본래 인간의 언어가 하나였다는 사실을 강조하고 있다. “온 땅의 구음이 하나이요 언어가 하나이었더라”(창 11:1). 노아의 후손들은 홍수 후에 동방으로 옮겨갔다(3:24; 4:7). 동방으로 옮겨갔다는 표현은 위기감을 준다. 왜냐하면 동방으로 옮겨간 자들마다 하나님 혹은 선민의 대적의 위치에 섰기 때문이다.

창세기 11:2은 한 그룹이 동방으로 옮겨가다가 시날 평지에 정착했다고 진술하고 있는데, 이 곳은 메소보다미아 남쪽 평야에 대한 용어다. 메소보다미아에는 돌이 모자랐고 또 그 곳은 두 강이 만나는 지점이었으므로 미세한 흙, 곧 진흙이 많았다. 사람들은 이 진흙을 가지고 직사각형으로 만들어 태양에 구웠고, 거의 섭씨 90도에 가까운 뜨거운 태양열로 인하여 그 흙으로 된 벽돌은 돌처럼 단단하게 되었다. 그것이 집을 건축하는 데 사용되는 것은 자명한 일이다. 개인의 집들은 태양열로 구운 벽돌로 지어졌으나, 내구성이 필요한 공공건물들은 자주 불에 구운 벽돌로 덧붙여졌다. 메소보다미아의 몇몇 부분 가운데서 발견된 역청들은 방수제로 사용되었다.

이러한 벽돌이 발명되었을 때, 그것은 세계의 건축계에 있어서 하나의 이정표라고 할 정도로 대단한 것이었다. 그리고 건축의 붐이 일어났다. 저들은 말한다. "자, 벽돌을 만들어 견고히 굽자 하고 이에 벽돌로 돌을 대신하며 역청으로 진흙을 대신하고 또 말하되, 자, 성과 대를 쌓아 대 꼭대기를 하늘에 닿게 하여 우리 이름을 내고 온 지면에 흩어짐을 면하자"(창 11:3-4).

이들의 의논의 내용은 가히 불신앙적이라고 할 수 있다. 니므롯의 정신이 저들 가운데서 움직이고 있었던 것이다. "벽돌을 만들어 견고히 굽자"는 의논은 잘못된 것이 없다. 하나님은 인간의 문화가 발전하기를 원하셨기 때문이다. 그 다음의 계획이 하나님의 보시기에 옳지 못했다. 즉 그들은 이렇게 말한다. "자, 성과 대를 쌓아 대 꼭대기를 하늘에 닿게 하여 우리 이름을 내고 온 지면에 흩어짐을 면하자." 저들의 첫 번째 잘못은 우리 이름을 내자는 것이었다.

"우리 이름을 내자"는 히브리어로 직역하면 "우리 스스로를 위하여 이름을 만들자"이다. 저들의 의도는 심히 높은 건물, 곧 하늘까지 닿는 건물을 건축하여 자기들의 위대한 건축 기술을 만세에 자랑하자는 것이다. 그리하여 자기들이 그렇게도 위대한 인간들이었음을 오고 오는 세상에 알리자는 것이었다. 하나님을 섬기려는 마음은 저들 가운데서 사라졌다. 오직 자기들의 명성만을 나타내려 했던 것이다. 그것은 불신앙적인 행동일 뿐만 아니라 저들의 교만이기도 했다. 인간은 하나님의 이름을 나타내고 자랑할 때, 그 인간이 하나님의 은혜로 말미암아 올라가는 것이다. 그러나 인간 자신의 이름을 나타내고자 할 때, 하나님은 그를 무명한 자로 만드신다.

그리고 그러한 건물 건축의 배후에는 또 하나의 의도가 들어 있었는데, 인류가 "온 지면에 흩어짐을 면하자"는 것이었다. 본래 하나님께서는 인간들을 창조하시고 지구 각처에 흩어져서 살면서 모든 피조물들을 다스리도록 하셨다. 그러나 저들은 흩어지지 않고 한 곳에 모여 살자고 의논한 것이다. 저들은 하나의 제국을 건설하려고 한 것이었다. 홍수 후에 하나님은 모든 동물들이 인간들을 두려워하도록 하셨다. 그러므로 동물들이나 혹은 다른 존재를 두려워할 필요가 없었다. 그러나 인간들은 흩어짐을 두려워했던 것이다. 두려움은 하나님을 신뢰하지 않는 데서 오는 것이다. 나아가서 인류가 한 곳에 모여 살 때, 거기에는 죄가 극에 달하도록 되어 있다. 또다시 홍수가 필요한 시대가 올 것이었다.

그러나 하나님은 다시는 홍수로 인간을 멸하지 않을 것을 결정하셨으므로 저들의 계획을 저지하기 위하여 인간들의 언어를 혼잡하게 하심으로써 서로간에 의사소통이 되지 않도록 하셨다. 그리고 인간들은 스스로 흩어졌고, 건물의 꼭대기를 하늘에 닿게 하려는 저들의 계획은 무산되었다. 후에 하나님은 자신의 영을 인간들에게 부어 주심으로써(행 2:1-4) 온 세계를 하나님의 영으로 붙잡아 인간들을 통일시키실 것이었다. 진정한 통일은 그리스도 안에서 그리스도의 영을 통하여 이루어질 것이다.

우리는 사도행전 2장에서 언어가 혼잡되지 않고 모든 각 나라 사람들이 자기들의 언어로 듣게 된 것을 읽게 된다. 우리는 다음의 내용들을 주의해 볼 필요가 있다.

> 4절, "성령이 말하게 하심을 따라 다른 방언으로 말하기를 시작하니라."
> 6절, "각각 자기의 방언으로 제자들의 말하는 것을 듣고."
> 8절, "우리가 우리 각 사람의 난 곳 방언으로 듣게 되는 것이 어찜이뇨?"
> 11절, "우리가 다 우리의 각 방언으로 하나님의 큰 일을 말함을 듣는도다."

14절, "내 말에 귀를 기울이라."
37절, "저희가 이 말을 듣고 마음에 찔려."

하나님께서 사도들을 감동하여 말씀하신 것은 각 나라의 언어였다. 강조가 말에 있지 않고 듣는 데 있다.[23] 저들은 하나님의 성령의 감동에 의하여 자기들 나라의 말로 들었고, 마음에 찔려 마음이 변화되었다. 즉 들을 수 있는 능력(capacity)을 주신 것이다. 하나님의 말씀이 언어의 혼란을 사라지게 했기 때문이다. 그리고 한 하나님에게 돌아와서 그분만을 섬기게 되었다. 그리하여 진정한 통일이 복음으로 이루어지게 되었다. "비록 그들의 언어가 다를지라도, 그들은 모두 아바 아버지라 부르는 가운데 한 가지 사실을 말한다"(Calvin).

이들이 짓기를 원했던 건물이 오늘날의 지구랏트일까? 이 점은 성경학자들에게 하나의 수수께끼로 남아 있다. 히브리 성경은 사람들이 하나의 믹달(מִגְדָּל, a tower)을 건축하기를 원했다고 말하고 있다. '탑'으로 번역된 믹달은 거듭 요새화된 탑 혹은 요새를 가리킨다(삿 8:9-17). 구약 시대의 백성들은 도시를 건축할 때 자주 방어벽들과 방어자들이 방어의 최후방 저지선으로 후퇴할 수 있었던 믹달을 공들여서 건설했다.

구약성경의 다른 문구의 경우에서처럼, 창세기 11장에도 그러한 의미가 있다고 볼 수 있다. 그렇지만 언제나 그러한 의미만을 가지고 있는 것은 아니다. 예를 들면, 앙드레 패롯트(Andre Parrot)는 또 다른 인기 있는 해석을 주장하고 있다. "모든 사건에서 창세기 11장에 있는 서술이 고고학자들이 지구랏트라고 부르는 거대한 탑들 가운데 하나의 파괴의 '출발점'을 가졌으며, '바벨탑'이 시날 땅의 중심부에 있는,

23) W. Brueggemann, *Genesis*, pp. 103f.

바벨론에서 세워진 지구랏트일 뿐이라는 사실이 모든 성경학자들에 의해서 인정되고 허용된다."[24]

페롯트에 의하여 언급된 학자들은, 그(him)와 같이 그 이야기가 창세기의 또 다른 신화일 뿐이라고 느끼는 사람들이다. 그들은 포로기의 유대인들이 바벨론에서 지구랏트나 혹은 다른 곳에서 어떤 황폐한 지구랏트를 보았으며, 그래서 너무나 크게 인상을 받아서 그들이 그것에 관계된 하나의 꾸며 낸 이야기를 작성했다고 가정한다. 이러한 학자들이나 그 본문을 사실의 기사로 취급하는 사람들 어느 쪽도 고고학을 통하여 자기들의 입장을 옹호할 만한 도움을 얻지 못한다. 여기서 도달한 결론은, 구약성경 연구들 가운데 수많은 점들에서처럼 그 사람의 신학적 선입견에 달려 있다.

흥미롭게도, 자기의 책에 있는 하나의 각주 가운데서 페롯트는 다음과 같이 자인했다. "성스러운 지구랏트가 사사기에서 여러 차례 언급된 요새화된 망대들(믹달)과 혼동되지 않아야 할 것이라는 사실이 주시되어야 할 것이다."[25] 페롯트는 이 히브리어가 창세기 11장을 제외하고 '요새화된 망대'로 번역되어야 할 것이라고 믿는다. 그는 자신이 말하는 지구랏트와 바벨탑을 동일시하기 위하여 그 단어의 의미에 대해 유일한 예외를 거론하고 있는 것이다. 그의 신학적 위치- 그 이야기가 세속 자료로부터 오래된 하나의 신화라는 신앙-가 그렇게 예정된 결론으로 몰아가고 있는 것이다.

창세기 11장을 역사적 기사로 취급하는 사람들은 그 탑을 거의 지구랏트와 같은 것으로 볼 수 없다. 2장에서 살펴본 바와 같이 지구랏

---

24) Andre Parrot, 1955: 17. Alfred Hoarth, Ibid.에서 재인용.
25) Andre Parrot, 1955: 33. Alfred Hoarth, Ibid.에서 재인용.

트들은 보다 단순한 종교적 건축물들로부터 도출되었으며, 충분히 이루어진 단을 갖춘 탑은 3000년대에 이르기까지는 메소보다미아의 건축 양식의 특징으로 나타나지 않았다.

이어지는 셈의 후손의 족보는 이스라엘 족속들의 계보를 밝히려는 것이며, 아브라함이 셈의 후손으로 태어났음을 보여 주고 있다. 지금까지의 기록을 종합해 볼 때, 아브라함은 경건한 셋의 후손 중에서 노아의 후손으로, 그리고 다시 노아를 통하여 축복을 받은 셈의 후손으로 태어났다. 다음의 족보는 이 점을 밝히고 있다.

> 셈(600세, 홍수 후 2년〈100세〉에 아들을 낳고 500년) – 아르박삿(35세에 아들을 낳고 403년) – 셀라(30세에 아들을 낳고 403년) – 에벨(34세에 아들을 낳고 430년) – 벨렉(30세에 아들을 낳고 209년) – 르우(32세에 아들을 낳고 207년) – 스룩(30세에 아들을 낳고 200년) – 나홀(29세에 아들을 낳고 119년) – 데라(70세에 아들을 낳고 205세) – 아브라함, 나홀, 하란(10대)

아마도 10대 이상이 되는데 저자가 의도적으로 10대로 규정하여 언급했으리라고 생각된다. 이러한 족보만을 가지고 본다면, 셈은 언제까지 살았다고 볼 수 있는가?

홍수 후 2년에 아들을 낳고 500년을 살았다. 100+35+30+34+30+32+30+29+70=390세, 즉 데라가 자녀들을 낳기 시작했을 때 셈의 나이는 390세였다. 그렇다면 아브라함은 셈을 통해서 노아의 홍수 사건을 들을 수 있었을 것이다. 한편, 노아는 홍수 후 350년을 살았다. 그렇다면 노아는 데라가 아들들(아브라함, 나홀, 하란)을 낳았을 때, 아직도 60년을 더 살 수 있는 여력을 가지고 있었다고 볼 수 있다. 그렇다면 셈의 후손들은 홍수 사건을 아주 생생하게 그들의 조부를 통하여 들으며 자랐을 것이며, 하나님에 대한 신앙을 소유했을 것이라고 생각할 수 있다. 그러나 그들은 우상들이 들끓는 바벨론 지역에 살면서 우상을 만들어 섬김으로 변질된 신앙 생활을 했을 것이다. 그들은 아직 신 형상을 만들지 말라는 경고를 받지 않은 상태였으니…. 그러나 성경의 족보를 통한 이러한 우리의 추론은 다만 추론일 뿐이다.

창세기에 대한 모세의 생생한 필사본을 처음으로 읽는 사람에게 하나님께서 얼마나 오래 전에 세상을 창조하셨을지를 물었다면, 그 사람은 아마도 불필요한 질문이라고 생각했을 테지만, 보다 최근에는 의혹을 갖는 문제였을 것이다. 사실상 유대인들과 기독교인들은 오랫동안 그러한 경향을 가져 왔다. 그러나 지난 세기에 과학적인 연구가 그 시간 길이가 사실은 훨씬 더 길다는 사실을 주장하기 위하여 시작되었고, 학문적인 논의가 언제 하나님께서 창조의 과정을 시작하셨느냐와 얼마의 시간의 길이가 필요했느냐와 같은 문제들에 관심을 주기 시작했다. 성경의 학도들에게는 불행스럽게도 창조의 기간에 소요된 시간이 성경 가운데 기록되어 있지 않다.

세계 창조에 관한 친숙한 연대는 17세기 제임스 어셔 감독(Bishop James Ussher)에 의하여 소개된 4004년이다. 그는 성경이 아담으로부터 신약성경에 이르기까지 완전한 족보를 담고 있다고 가정하고, 주어진 이름들과 나이들의 단순한 순서가 창조의 연대를 설정한다고 생각했다.

고대 근동에서는 역사를 정리할 때 '선별된 족보들'을 사용하는 것이 일반적이라는 사실을 인정하지 않았던 것이다. 이 문구('선별된 족보'를 말함)는 보다 균형된 목록을 이루도록 하기 위하여 족보 목록에서 어떤 이름들을 누락시키는 습관을 가리키고, 의식적으로 메모장으로부터 '골칫거리'는 제거하거나 혹은 특별히 중요하지 않았던 이름들은 잘라내는 것을 가리킨다.

이런 선별된 족보를 보여 주는 하나의 고전적 실례가 애굽에서 나타나는데, 그 곳에서는 고대 역사가들이 자기들의 기록들 가운데서 힉소스 시대 전체를 삭제했다. 공식적으로 힉소스 시대는 없는 시대가 되었으며, 아비도스(Abydos)로부터 시작된 애굽 왕들의 목록 가운데 12왕조의 끝에 곧 이어 18왕조의 첫 왕이 뒤따라온다!

아브라함 후기의 성경 시대에 있었던 이와 비슷한 선별된 족보의 실례는 창세기의 앞 장들이 족보적으로 완전한 것으로 생각되어야 했는지의 여부에 의심을 던져 준다. 예를 들면, 마태복음 1:8은 웃시야가 요람에게서 태어났다고 진술하고 있지만, 역대상 3:10-12은 요람과 웃시야 사이에 왕들의 3대(아하시야, 요아스 그리고 아마샤)가 정확하게 삽입되어 있다. 요람은 사실상 웃시야의 현손이었다.

이와 같이 에스라 7:3에 따르면 아사랴가 므라욧의 아들이지만, 역대기 6:6-9에서는 이 두 이름 사이에 6대가 열거되어 있다. 분명한 것은 흠정역의 '낳았다'(begat)는 가끔 '…의 친아버지'보다는 '…의 조상'을 의미하며, '…의 아들'은 가끔 '…의 후손'을 의미한다는 것이다. 방금 인용한 것과 같이 갖가지 자료에 비추어 조사하지 않고서는, 독자들은 족보 목록이 완전한 것인지 아닌지를 확인할 수 없다.

어셔의 구조 안에서 본다면, 노아에 대해서 말하고 있는 기록자들은 아브라함이 살았을 때 아직도 살아 있었거나, 아니면 최소한 노아의 아들들 가운데 한 사람은 아브라함이 활동하고 있던 때도 살아 있었으나, 최근에 그의 연대기는 인기가 떨어졌다.

어쨌든 유일신 하나님에 대한 개념이 확실히 서 있지 않은 상태에 있는 인류 가운데서 여호와 하나님의 구체적인 계시는 아브라함에게 임한다.

※ 벧엘과 바벨

겉으로 보기에 벧엘과 바벨탑은 전혀 관계가 없는 것처럼 보인다. 그러나 그 내용을 주의 깊게 살펴보면 그 두 사건 사이에 대조점과 유사점이 있음을 발견하게 된다.

> 창 11:4, "또 말하되 자, 성과 대를 쌓아 대 꼭대기를 하늘에 닿게 하여 우리 이름을 내고 온 지면에 흩어짐을 면하자 하였더니."
>
> 창 28:12, "꿈에 본즉 사닥다리가 땅 위에 섰는데 그 꼭대기가 하늘에 닿았고 또 본즉 하나님의 사자가 그 위에서 오르락내리락하고."

위의 두 본문에서 유사한 문구를 발견하게 되는데, 그것은 창세기 28:12의 "그 꼭대기가 하늘에 닿았고"라는 표현과 창세기 11:4의 "대 꼭대기를 하늘에 닿게 하여"란 표현이다.

> 창 11:4, וּמִגְדָּל וְרֹאשׁוֹ בַשָּׁמַיִם, 그 꼭대기가 하늘에 닿은 대(탑)
>
> 창 28:12, סֻלָּם…וְרֹאשׁוֹ מַגִּיעַ הַשָּׁמָיְמָה, 그 꼭대기가 하늘에 닿은 사닥다리(계단)

창세기 11장에서 시날 땅에 정착한 백성들은 자기들의 물리적인 힘으로 탑을 쌓아 그 꼭대기가 하늘에 닿게 하고 신의 세계에까지 올라가 보려는 무모한 시도를 했다. 그리고 그 탑을 중심으로 온 인류가 한 곳에 모여 살려고 한 것 같다. 아마도 그들은 이미 홍수를 경험했으므로 그 탑을 통하여 홍수도 피하기 위해 그 탑을 쌓은 것으로 보인다. 만약 이러한 필자의 생각이 옳다면, 노아의 후손인 그들은 다시는 물로 세상을 심판하지 않겠다는 노아를 통하여 주신 계시의 말씀을 믿지 않은 것 같다. 어쨌든 물리적인 인간의 노력으로 하나님의 세계에까지 접촉해 보려고 한 그들의 생각은 아주 주제넘은 생각이라고 할 수 있다.

영국의 물리학자 스티븐 호킹은 자신이 세운 물리학적 연구를 기반으로 신의 세계를 규명해 보려고 시도하고 있는데, 이러한 시도 역시 바벨탑을 세운 일과 유사한 시도라고 할 수 있다. 그렇게 한 후에 당시 백성들은 그러한 거대한 사역을 통하여 자기들의 이름을 내려고 했다. 그리하여 하나님께서는 저들의 의도를 꺾고 그러한 계획이 터무니없는 계획임을 가르치려고 백성들의 언어를 혼잡케 하여 온 지면에 흩으셨다. 이러한 인간의 시도는 지금도 계속되고 있는데, 우리는 이러한 시도를 인간들 개인에게서 그리고 과학자들에게서 혹은 또 다른 분야에서 발견할 수 있다.

한편, 야곱은 이삭의 축복으로 말미암아 자신이 하나님의 은총을 받기를 원했다. 그리고 이것을 위하여 수단과 방법을 다 동원하여 아버지 이삭의 축복을 받아내는 데 성공했다. 그러나 그의 형 에서가 그를 죽이려고 계획했을 때 부모의 허락 아래 형을 피하여 밧단아람으로 도피해야 했다. 그 여행 중 그는 한 곳에 이르러 잠이 들었는데, 꿈 속에서 하늘 꼭대기까지 닿은 사닥다리(유대인의 해석에 의하면 야곱 자신) 위로 하나님의 사자가 오르락내리락하는 것을 보았다. 그리고 하나님의 축복의 말씀을 듣게 되었다.

야곱은 하나님의 은총을 사모하고 그것을 받기 위해 온갖 수단과 방법을 다 동원했다. 바로 이 점이 하나님을 기쁘시게 만들었다. 물론 하나님께서 그가 태어나기 이전부터 그를 택하신 것은 사실일지라도 말이다. 어쨌든 스스로 노력하여 하나님의 세계에 도달하려는 계획(물리학, 신지학, 접신)은 언제나 실패한다. 반면에 하나님의 은총에 의하여 하나님과 관계를 맺고 그분의 은총을 얻어내려는 방법은 옳은 것이고 또 성공할 수 있다. 그 이유는 창조주 하나님께서는 조물주이시고 우리는 피조물이기 때문이다.

야곱의 꿈 속에 나타난 하나님의 사자와 사닥다리가 무엇이며 무엇을 상징하는지를 생각해 볼 필요가 있다. 예수께서 나다나엘에게 하신 말씀은 이에 대한 빛을 던져 준다. "또 가라사대 진실로 진실로 너희에게 이르노니 하늘이 열리고 하나님의 사자들이 인자 위에 오르락내리락하는 것을 보리라 하시니라"(요 1:51).

'인자 위에'는 두 가지로 해석될 수 있다. 첫째로, 하나님의 사자들이 인자(예수)에게로 오르락내리락하는 것을 의미한다고 해석할 수 있다. 둘째로, 하나님의 사자들이 인자(예수)를 사닥다리로 하여 오르락내리락하는 것을 의미한다고 해석할 수 있다. 두 번째 견해가 옳은 것 같은데, 예수께서는 자신을 하늘과 땅을 연결시키는 사닥다리로 묘사하고 있는 것이다(요 3:13; 참고. 골 1:10). 그분은 하늘의 실체를 땅으로 이끌어 오시는 분이다. 나다나엘과 제자들은 바로 그것을 볼 것이다.

그리고 '하늘이 열리고'는 제자들에게 하늘이 열리게 되어 하늘의 영광을 보게 될 것이라는 약속의 말씀이다. 이 약속은 오순절에 성취되었다. 저들은 예수 그리스도의 희생을 통하여 그분의 이름으로 오신 성령, 곧 예수께서 아버지에게서 받아 인간들에게 부어 주시는 그 성령을 통하여 하늘이 열리고 영광스러운 천국이 나타난 것을 영안으로 바라보았다.

야곱은 꿈 속에서 장차 이 땅에 하늘의 비밀을 이끌어 와서 계시해 주시는 예수 그리스도의 모습을 사닥다리라는 상징적 모습으로 바라보았다고 말할 수 있다. 이러한 내용과 서로 상응하는 구절이 "내가 곧 길이요…"(요 14:6)이다.

하나님의 사자는 하나님과 인간 사이의 중재적 존재요 인간을 보호하도록 하나님이 보내신 심부름꾼이다. 야곱이 하나님의 사자가 오르락내리락하는 것을 본 것은 그에게 하늘의 은총이 임하고 그의 뜻과 소원이 상달되었음을 상징적으로 표현한 것이다.

야곱이 이 꿈과 함께 하나님의 약속의 말씀을 들은 것은 그에게 무한한 축복이요 은혜였다. 이 간단한 두 기사에서 인본주의적이고도 물리적인 인간의 노력의 무력성과 하나님의 축복을 받고자 하는 인간의 추구의 실효성 사이의 대조를 엿볼 수 있다. 하나는 실패를, 하나는 성공과 영광을 얻게 한다.

제 2 부

족장들의 역사

창 12~50장

창세기 11:27은 다음과 같이 기록하고 있다. "데라의 후예는 이러하니라 데라는 아브람과 나홀과 하란을 낳았고…." 아브람에게 대해서 살펴보려면 사실상 창세기 11:27부터 연구해 나가야 한다. 왜냐하면 앞에서 이미 살펴본 바와 같이 창세기 11:27에 하나의 토판을 암시하고 있는 '톨도트'란 단어가 등장하고 있기 때문이다. 아브람은 데라의 아들이다. 그 데라는 아마도 한 가문의 가장으로서 자신에게 내려온 기록을 보관하고 있었던 사람이었던 것 같다. 그리고 '톨도트'(대략, 후예)가 다시 등장하는 25:12(혹은 25:19)은 이삭의 후예(이스마엘의 후예)를 기록하고 있다.

서론적 언급: 족장들의 역사에 대하여

지금까지 우리는 원 역사를 살펴보았다. 그러나 아브람을 부르신 사건으로부터 우리는 전혀 다른 분위기를 느끼게 되는데, 말하자면 원 역사(창 1-11장)에서 우리는 전 세계를 다루시는 하나님을 보게 되고, 족장들의 역사(창 12-50장)에서 우리는 한 가족, 한 부족을 다루시는 하나님의 모습을 보게 된다. 창세기 1-11장의 서로 떨어져 있는 각 사건들이 마치 편집자에 의하여 자료들이 모아져서 억지로 편집된 것과 같은 인상을 받게 된다. 그러나 세밀히 연구해 보면, 그러한 각 사건들은 사실은 서로 긴밀히 연결되어 있는 것을 알 수 있다.

창조에서 하나님의 뜻을 따라 창조된 모든 피조물들을 보게 되며, 저들이 서로 아름답게 어우러져 조화를 이루어 가는 아름다운 모습을 보게 된다. 여기서 우리는 모든 피조물들의 순응을 보게 된다. 그러나 아담과 하와가 에덴에서 금단의 열매를 따먹고 타락하는 과정에서 우리는 불순종하는 인간의 모습을 보게 되며, 인간들의 불순종을 통하여 온 세계가 타락하는 것을 보게 된다. 가인과 아벨 사건에서 또다시 우리는 하나님의 뜻을 따라 제사드리는 아벨과 영원하신 하나님의 뜻을 거역하여 드리는 가인의 제사를 목격하게 되고, 가인이 분노하자 하나님께서 가인을 권면하신 사실을 보게 된다. 여기서도 가인은 하나님을 거역하여 아벨을 살해하게 된다.

그 후 온 세상이 타락으로 급속하게 파멸을 향해 치달려 가자 하나님은 노아를 따로 구별하셨는데, 그는 하나님의 뜻에 완전히 순종하게 된다. 바벨탑 사건에서 우리는 또다시 하나님의 뜻을 거역하는 인간들을 보게 되고, 그 결과로 인간들은 사방으로 흩어지는 것을 보게 된다. 창세기 1-11장의 전체 흐름은 순종/불순종을 강조하고 있다. 하나님과 그의 뜻에 순응하느냐, 그렇지 않느냐? 이것이 중요한 문제였다.

족장들에게 와서도 이러한 순종/불순종의 문제는 전면에 부각되어 나타난다. 그리고 하나님께서는 아브람에게 자주 나타나서 그에게 계시해 주시고 말씀해 주시지만, 그의 후손들에게는 그렇게 자주 나타나서 계시해 주시지 않고 그들의 삶을 주관하시는 것을 보게 된다. 족장들의 생애를 통하여 나타나는 내용들은 약속들, 후손들, 땅 그리고 하나님의 축복이다. 그러나 이러한 축복들을 얻는 과정에서 족장들이 행동한 방식들은 다양하다.

비록 그 신앙이 칭찬을 받기는 하지만, 아브람은 약속의 땅으로 왔으나 기근에 못 이겨서 애굽으로 내려가 거기서 자기 자신을 보호하기 위하여 자기의 아내를 누이라고 속이고 애굽의 궁실로 들어가게 한다. 그러나 그러한 계획은 실패로 돌아가고 위기를 맞게 되며, 오히려 하나님의 보호를 통해서 위기에서 탈출하게 된다. 야곱은 아버지와 자기 형을 속여서 하나님의 축복이 자기에게 떨어지도록 만든다. 그리고 야곱은 힘든 고생을 하고 외삼촌에게 속는 삶을 살아야 하지만, 여기서도 하나님은 야곱을 보호하시고 풍요롭게 해주신다.

그러나 요셉에게 와서 우리는 보다 성숙한 신앙인의 모습을 보게 되는데, 그는 위기 가운데서도 하나님께서 자기와 함께 계시는 것을 체험하게 된다. 자기의 부모와 조부모들의 속된 방식을 따라 타협하지 않고 요셉은 철저하게 하나님만을 신뢰하는 삶을 살아 결국 애굽의 최고의 자리에 오르게 된다. 족장들의 삶에서 우리는 신앙의 발전을 발견하게 되고, 나아가서 윤리의 발전을 보게 된다.[1] 여기서도 겉으로 확연히 드러나지는 않으나, 강조된 것은 하나님의 뜻에 대한 순응(순종)이다.

우리는 아브람의 생애에 들어가기에 앞서서 그의 생애와 관련된 스토리의 구조를 살펴보는 것이 유익할 것으로 보인다. 대략적으로, 아브람의 이야기는 몇 가지 사건들로 나누어진다. 아브람의 이야기는 서로 깊이 연결되어 있어서 나누기가 쉽지 않지만, 다음과 같이 나누는 것이 이해에 도움이 될 것 같다.[2]

11:27-32	서론적인 족보
12:1-9	아브람의 소명과 가나안으로의 여행
12:10-20	애굽에서
13:1-18	아브람과 롯의 분리
14:1-24	아브람의 롯 구출
15:1-21	아브람과 언약
16:1-16	이스마엘의 탄생
17:1-27	할례의 언약
18:1-15	하나님의 방문
18:16-33	소돔을 위한 아브라함의 중보기도
19:1-29	소돔과 고모라의 멸망
19:30-38	롯의 딸들의 근친상간
20:1-18	아브람과 아비멜렉
21:1-21	이삭의 탄생; 이스마엘이 떠나감
21:22-34	아비멜렉과의 언약
22:1-19	아브라함의 시험
22:20-24	나홀의 족보
23:1-20	매장지를 구입함
24:1-67	이삭과 리브가의 결혼
25:1-11	결론

이 사건들이 이와 같이 분석될 수 있다고 할지라도 각 사건들은 서로 긴밀히 연

1) Wenham, Genesis 1-15, p. 258.
2) Ibid., p. 258f.

결되어 있다. 11:27-32에는 이야기의 중요 인물들이 나타난다: 데라, 아브람, 나홀, 하란, 롯, 밀가, 사래. 사래가 아이를 낳지 못했다는 기록(창 11:30)은 독자들의 눈길을 끌게 한다. 또한 롯이 아브람과 긴밀한 관계를 가지고 있는 것으로 나타나 있는데, 하란이 롯을 낳고 나서 자기 아버지 데라보다 먼저 죽었다고 기록하고 있으며, 아마도 아브람은 자신에게 자녀가 없으므로 조카 롯을 양자로 입양한 것으로 보인다.[3] 그러고 나서 12:1-3은 여호와께서 아브람을 부르신 사실을 요약하고 있다.

3) Ibid., p. 259.

1장

아브라함 | 12-24장

1. 아브람의 소명(12장)

1) 아브람을 부르심(1절)

하나님께서는 이 세상을 존재하도록 부르셨다. 이제 또다시 하나님은 아브람을 불러내신다. 창조 사건과 아브람을 부르신 사건은 평행을 이루는 사건이다. 창조가 온 우주를 만드신 사건이라면, 아브람을 부르신 사건은 새로운 구원받은 백성을 만드신 사건이다. 세상을 창조하시고 복을 주시는 말씀을 하셨던 하나님께서는 아브람을 부르시고 복을 주셨다. 하나님이 창조하신 세상이 왜곡되어 나갈 때 하나님은 아브람을 부르셨는데, 아브람을 부르시고 복을 주실 것이라고 하신 것은 그를 통하여 온 세상을 복 주시려 함이었다. 이런 의미에서 볼 때, 아담이 일반적인 의미에서 온 인류의 조상인 것처럼, 아브람은 특수한 의미에서 온 인류의 조상이라고 말할 수 있다.

그러므로 인류의 조상은 세 명인데, 아담, 노아 그리고 아브람이다. 특히 아브람은 이 세상의 축복과 관련하여 인류의 조상이다. 따라서 창세기 11:27-25:12(혹은 18)은 1:1-11:26의 문맥과 연결하여 읽어야 한다.[1] 또 여기서 우리가 주시할 사실은 이 세상을 창조하신 하나님이 아브람을 부르신 하나님, 곧 이스라엘 백성의 하나님이시라는 사실이다. 창조주 하나님이 이스라엘을 택하셨고, 온 세상에 구원을 베푸신 그 하나님이시라는 사실이다.

아브람을 부르신 것은 단순히 새로운 이스라엘 족속을 구성하시려는 것이 아니라, 창조를 새롭게 하시고, 열국을 변화시키시려는 것이다. 그러므로 한 가족의 이야기는 그 가족 자체에 목적이 있지 않고 보다 큰 목적을 가리켜 주고 있다(다음에 나오는 아브람에게 주신 약속을 보라).

온 세상에 우상이 범람하고 하나님에 대한 잘못된 관념을 가지고 있을 때, 다른 이들과 같이 평범하게 이 세상을 살아가고 있는 아브람에게 어느 날 갑자기 하나님의 계시가 임했다. "여호와께서 아브람에게 이르시되 너는 너의 본토 친척 아비 집을 떠나 내가 네게 지시할 땅으로 가라"(12:1). 이러한 계시의 말씀이 아브람에게 어떤 절차로 임했는가? 혹은 아브람이 어떤 상태에서, 어디에 있을 때 그러한 계시의 말씀이 임했는가? 이와 같은 문제에 대해서 본문은 아무런 언급이 없다. 다만 하나님의 계시의 말씀이 아브람에게 임했다고만 언급되어 있을 뿐이다.

아브람이 계시를 받은 장소도 언급되어 있지 않으나, 사도행전 7:2에 있는 스데반의 언급을 볼 때 바벨론임에 틀림없다.[2] 아브람이 부

1) 참고. W. Brueggemann, *Genesis, Interpretation*, John Knox Press, 1982, pp. 105,6. Brueggemann은 창 11:35-25:18을 창 1:1-11:29의 문맥과 관련시켜 읽어야 한다고 말하고 있으나, 그보다는 창 11:27 이하를 창 1:1-11:26의 문맥과 연결시켜서 읽어야 한다.

르심을 받았을 때, 메소보다미아 문명은 세계적이고 진취적이며 세련되어 있었다. 당시의 우르는 함무라비('함무라피'라고 하는 것이 더 옳을 것이다) 시대의 우르였을 것이다.[3] 그런데 구약성경의 기록은 11장의 끝 부분에서 데라가 가족을 이끌고 하란에 와서 살다가 그 곳에서 205세에 죽은 것으로 되어 있고(창 11:32) 그 후에 하나님이 12:1에서 아브람을 부르셨으므로, 하나님은 하란에서 아브람에게 나타나셨고 아브람은 데라가 죽은 후에 그 곳 하란을 떠난 것처럼 보인다. 그렇다면 아브람의 부르심은 두 차례에 걸쳐서 일어난 것이 된다.

만일 아브람의 나이 75세에 데라가 죽었다면(아브라함이 하란을 떠날 때 그의 나이는 75세였다, 창 12:4), 데라는 205세에 죽었으므로(창 11:32) 그는 130세에 아브람을 낳았을 것이다. 그런데 창세기 11:26은 데라가 70세에 아브람, 나홀, 하란을 낳았다고 말하고 있다. 만일 어떤 사람들의 주장대로 데라가 죽기 전에 아브람이 하란을 떠났다면 데라의 나이 70-120세 사이에 아브람이 태어났을 것이다. 그렇다면 이러한 문제는 어떻게 해결해야 하는가? 이 문제는 해결하기가 상당히 어렵지만, 다음과 같은 설명들이 제시되어 왔다.

(1) 사마리아 오경에는 데라가 죽은 것이 145세(개역성경 창 11:32에는 205세로 되어 있음)로 되어 있는데, 이 사마리아 오경의 글이 옳다는 주장이 있다(11:32). 이는 창세기 11:26(70세)과 사도행전 7:4(75세)에 나타난 나이를 합한 나이이다. 그러므로 데라는 개역성경에서처럼 205세에 하란에서 죽은 것이 아니라, 70세에 아브람을 낳고 아브

2) 데렉 키드너, 창세기(TOTC), CLC, p. 154; F. 브루스, 사도행전, 아가페, p. 180.
3) Leah Bronner, *Biblical Personalities and Archaeology*, Keter, 1974, p. 15. 일반적으로 Hammurbi로 알려진 인물은 본래 Hammurapi였다.

람의 나이 75세가 되었을 때, 즉 그가 145세 되었을 때 하란에서 죽었다는 것이다.

(2) 스데반이 데라의 죽음을 물리적인 죽음으로 보지 않았다는 주장이다. 그러므로 아브람은 데라가 죽기 전에 하란을 떠난 것이 된다. 그러나 이것은 곤란한 주장인데, 왜냐하면 스데반이 데라의 물리적 죽음을 말하는 것처럼 보이기 때문이다.

(3) 창세기 11:26의 순서는 나이의 순서가 아니라 유명세를 따라 기록했는데, 데라가 70세부터 자녀를 낳기 시작했다는 뜻으로 해석할 수 있다. 그렇다면 아브람은 데라가 130세일 때 태어났다고 생각해야 하는가? 그것도 불가능한데, 이는 아브람 자신이 130세에 태어났다면 자기 나이 100세가 되었다고 해서 아이를 낳을 수 없다고 포기할 수 없었을 것이기 때문이다. 데라가 130세에 아이를 가질 수 있었다면 당연히 아브람도 자기 나이 100세 때에 아이를 낳을 수 있을 것이라고 생각했을 것이다. 또 다른 한편으로 아브람은 사라가 죽은 후에 후처를 취하여 자녀를 낳았다고 기록하고 있기도 하다.

(4) 사도행전 7:4의 "아브람이 갈대아 사람의 땅을 떠나 하란에 거하다가 그 아비가 죽으매"라는 문구는 '그의 아버지의 죽음에 대한 기사 후'라는 의미라고 주장하는 이가 있다(Nachmanides). 데라의 죽음이 먼저 나오고 아브람이 하란을 떠난 이야기가 나오므로 이 주장이 타당하게 보이나 아직도 의문점이 남아 있다. 그렇다면 아브람이 떠난 것은 데라가 하란에 거할 때인가? 데라가 죽은 후인가?

이러한 난점 중에도 우리는 두 가지 의견이 타당한 쪽에 속한다고 할 수 있는데, 즉 (1)항과 (3)항이다. 우드(Wood)는 205세가 된 데라가 먼 여행길에 병이 들어 더 이상 여행할 수 없게 되어 그 곳에서

멈춘 것으로 말한다.[4)]

여호와 하나님의 계시는 말씀으로 임했다. 하나님은 말씀하시는 하나님이시다. 그 말씀에 순종하는 자가 복되다. 주님은 아브람에게 "너의 본토 친척 아비 집을 떠나 내가 네게 지시할 땅으로 가라"고 명령하신다. '본토'는 구 바벨론 갈대아 우르다. 바벨론은 '신의 문'이란 의미로서 성경에서는 세상의 상징으로 나타난다.[5)] 아브람은 바벨론으로부터 나와야 했으며, 나중에 이스라엘은 범죄하여 바벨론에 노예로 끌려갔는데, 이것은 그들이 죄의 노예가 되었음을 상징하는 것이었다. 신약에서는 여전히 바벨론을 하나님의 뜻을 거역하는 불신 세상으로 표현하고 있다(행 7:43; 벧전 5:13; 계 14:8; 16:19; 17:5; 18:2, 10, 14, 15, 21).

바벨에서부터 비로소 나눔과 흩어짐의 역사가 시작된 것을 보라! 하나님께서 아브람을 향하여 바벨론에서 떠나라고 하신 것은 이러한 의미가 있다. 본토 친척 아비 집은 당시에 보호처요 삶의 근거지였다. 당시 세계에서 가장 극악한 사람을 처벌하는 데는 두 가지 방식이 있었다. 하나는 극악무도한 사람을 사형시키는 것이다. 왜냐하면 그 사람이 자기들 사회에 있음으로써 전혀 이로움이 되지 않고 해만 되기 때문이다. 그래서 그 해로운 사람을 자기들의 집단에서 영원히 추방시키는 것이다. 이것이 사형이다.

극악한 자를 처벌하는 또 하나의 방식은 추방이다. 그 당시는 부족국가 시대였으므로 하나의 부족으로부터 다른 부족으로 단신으로 갔

---

4) 레온 우드, 이스라엘의 역사, 기독교문서선교회, 1999, 52, 53쪽.

5) 히브리어로 해석하려는 사람들은 '바벨'이 '혼합된,' '혼란이 된'을 의미한다고 해석한다. 참고. Wenham, p. 241.

을 때는 법의 보호를 받지 못하고, 억울한 일을 당해도 호소할 길이 없었다. 그러므로 자기 본토 친척 집을 떠나 나그네 생활을 한다는 것은 생명과 재산을 포기하고 사는 것을 의미했다. 그런데 하나님께서는 아브람에게 본토 친척 집을 떠나라고 명령하신다. 그리고 하나님 자신이 아브람이 갈 길을 지시할 것이라고 말씀하신다.

여기에는 아브람이 **"이 세상에서 살아가는 동안 하나님만을 보호처로 하여 살아가라"**는 뜻이 암시되어 있다. 그리고 **"하나님께서 아브람의 갈 길을 지시하시고 안내해 주실 것이다"**는 암시가 있다. 오늘날 우리 신자들에게도 이러한 명령과 암시가 주어져 있다.

이사야 51:2은 다음과 같이 기록하고 있다. "너희 조상 아브라함과 너희를 생산한 사라를 생각하여 보라 아브라함이 혈혈단신으로 있을 때에 내가 부르고 그에게 복을 주어 창성케 하였느니라." 하나님께서는 아브라함이 다른 사람보다 선하거나 훌륭한 점이 있어서 부르신 것이 아니었다. 그것은 전적으로 하나님의 은혜였다.[6]

친척 아비 집을 떠나라고 명하신 이유는 아마도 저들이 우상을 섬겼기 때문일 것이다. "…너희 조상들 곧 아브라함의 아비, 나홀의 아비 데라가 강 건너편에 거하여 다른 신들을 섬겼으나"(수 24:2). 그리고 다음 구절을 보라. "…열조가 강 건너편과 애굽에서 섬기던 신들을 제하여 버리고 여호와만 섬기라"(수 24:14). '떠나라'는 것은 곧 '구별되라'는 것이다. 그것이 거룩해지는 길이다. 본토에서 살아간다면 아브람은 유일하신 하나님 여호와를 바르게 인식하지 못했을 것이다. 바벨론에 거주하는 한 아브람과 그 후손들은 바른 신관을 형성할 수 없다. 따라서 아브람과 그의 후손들은 그 곳으로부터 나와야 한다.

---

6) Donald G. Barnhouse, *Genesis*, p. 74.

2) 아브람이 받을 복(12:2-3)

그 다음으로 하나님께서는 아브람이 순종할 때 얻게 될 복을 약속하시고 있다. 하나님께서 명령하실 때는 반드시 약속이 있다! 그 약속을 믿고 순종하면 반드시 그 약속이 그 사람에게 이루어질 것이다. 그러나 만일 '가라'고 했는데, 가지 않으면 모든 약속은 그에게 주어지지 않을 것이다. 약속은 하나님의 말씀을 따라 간 사람에게 주어진다. 그 약속은 다음과 같다.

> 창 12:2-3, "내가 너로 큰 민족을 이루고 네게 복을 주어 네 이름을 창대케 하리니 너는 복의 근원이 될지라 너를 축복하는 자에게는 내가 복을 내리고 너를 저주하는 자에게는 내가 저주하리니 땅의 모든 족속이 너를 인하여 복을 얻을 것이니라."

이 축복 가운데 네 가지의 축복이 나타난다: 국가, 이름이 창대케 됨, 하나님의 보호, 축복의 중보자. 이 네 가지 축복의 배후에 고대 동양의 왕에 대한 축복의 희망이 표현되어 있다. 그러나 아브람에게 주어진 이러한 약속들은 하나님께서 순종하는 아브람에게 주실 것이므로 사실로 이루어질 것이었다.

(1) 너로 큰 민족을 이루게 하겠다.

고대 근동에서는 자손이 많아 가문이 크게 번성하는 것을 가장 큰 복으로 알았다. 온 세상에 복을 주셨던 하나님은 이제 아브람 한 개인에게 복을 내리시는 것을 보게 된다. 그는 아담과 동등한 위치를 차지한다. 아담에게 생육하고 번성하라는 축복이 아브람에게 연결된다.[7] 어쩌면 아브람은 갈대아 우르에 살 때 우상이 들끓는 하나님을 떠난

7) 다음 구절들을 참고하라: 12:1-3; 13:15-16; 15:5, 18; 17:6-8; 25:11; 26:2-4; 27:27 -29; 49:28.

백성들로 구성된 세상 나라를 보며 개탄을 하면서 살았을 가능성도 있다.

하나님께서 "너로 큰 민족을 이루게 하겠다"는 약속을 하신 것은 어쩌면 아브람의 이러한 마음을 읽으시고 하나님이 원하시는 새로운 나라를 그를 통해서 세우시겠다는 하나님의 응답일지도 모른다. 아니, 그보다는 하나님 자신이 영원 전부터 세상 나라를 별도로 한 하나님의 나라를 세우실 계획을 가지고 계셨다고 생각하는 것이 더 옳을 것이다. 아브람을 부르셨을 때, 하나님은 그를 통하여 새로운 하나님의 나라를 건설하려는 계획을 비로소 착수하신 것이다. 그러므로 아브람은 하나님 나라의 조상, 믿는 자로 구성된 신령한 나라의 조상이다.

민족(גוי)이란 단어는 공동적인 땅, 언어, 정부를 가진 정치적인 국가 단위를 가리키고, 반면에 백성(עם)이란 단어는 동족을 가리킨다.[8] 아브람은 장차 하나의 물리적인 국가의 조상이 될 것이면서 동시에 국가를 초월한 하나의 초월적 왕국(하나님의 나라)의 조상이 될 것이다. 이런 의미에서 그는 그리스도의 모형이다.

(2) 네게 복을 주어 이름이 창대하게 해주겠다.

하나님께서 아브람에게 주실 두 번째 복은 아브람에게 복을 주어 그 이름을 창대하게 해주시겠다는 약속이다. 여기서 잠시 성경에서 말씀하고 있는 복에 대해서 살펴보도록 하자. 성경에서 가장 큰 복은 하나님께서 함께 하시는 것이다(레 26:11-12; 참고. 고후 13:13). 복이란 단어는 신구약성경 중 그 어느 책에서보다도 창세기에 가장 자주 나타나는데, 복이란 현실적인 (눈에 보이는) 번영과 행복 가운데

8) E. A. Speiser, "People and Nation of Israel," *JBL* 79[1960], 157-63. 다른 참고서적들에 대해서는 cf. Wenham, op. cit., p. 275를 보라.

나타난다. 창세기 24:35-36; 레위기 26:4-13; 신명기 28:3-5과 같은 구절에 가장 자주 열거되어 있는 것이 장수, 부, 평화, 소출이 풍성함 그리고 자녀들의 많음 등이다. 오늘날 세상에서 흔히 말하는 행운, 성공이 구약성경에서 말하는 축복인데, 이는 사실상 하나님만이 그것들을 주시는 분이 되기 때문이다.

창세기 1:28; 5:2 등을 보면 창조 시에 하나님은 만물과 인간에게 복을 주셨다. 그러나 인간이 타락하고, 땅은 엉겅퀴와 가시를 내게 되어 하나님의 본래의 축복을 누리지 못하게 되었다. 그런데 이제 본문에서 축복이 다시 나타난 것은 본래의 인간과 세상에 주셨던 그 축복이 족장들에게 주어졌다는 사실을 보여 준다.

창세기 12:2 하반절에서 그 복이 '네 이름이 창대케 됨'과 연결되어 있음을 발견하게 된다. 그 이름이 창대케 된다는 것은 그 이름이 크게 된다는 것을 의미한다. 그러므로 아브람에게 복을 준다는 것은 하나님이 아브람과 함께 하심으로 그가 번성함과 동시에 그의 이름이 크게(유명하게) 된다는 것이다. 창세기 11장에서 백성들은 자기 스스로 이름을 내고 유명해지려고 계획한 뒤 건축을 시작했다. 그러나 하나님께서 그러한 인간들의 스스로 이름을 내려는 계획을 좌절시키시고, 이제 아브람을 부르시고 그의 이름을 창대케 하겠다고 약속하신다.

하나님께서는 이어서 "너는 복의 근원이 될지라"고 말씀하신다. 아브람이 복의 근원이 된다는 말은 어떤 뜻인가? 글자 그대로 번역하면 "너는 복이 될 것이다"(היה ברכה)이다. 딜만, 프록쉬, 슈미트 등은 "너는 복의 화신(embodiment)이 될 것이다"로 번역한다. 그리고 카일, 델리취, 볼프는 아브람이 축복을 받았기 때문에 "너는 다른 사람에게 축복의 원천이 될 것이다"로 번역한다.[9] 그러나 아브람이 받았던 복이 가장 복된 상태가 될 것이라는 뜻이 가장 옳을 것 같다. 다시 말해서 사람들은 "하나님이 아브람과 같은 복을 내게도 주시기를" 하고 바랄 것이라는 뜻이다.

그렇다면 아브람이 받았던 복은 어떤 것들이었는가? 무엇보다도 그는 구원받은 천국의 주인공이었다. 그의 후손을 통하여 메시아가 태어났다. 그는 하나님이 함께 하시는 사람이었다. 그의 실수가 오히려 하나님의 간섭으로 인하여 부에 이르게 되었다. 원수들이 그를 범접하지 못했다. 그는 건강하고 부유했다. 수많은 민족이 그를 통하여 나타났다. 아브람은 복 그 자체라고 할 정도로 많은 복을 받았다. "복의 근원이 될지라"는 말은 위와 같은 복을 받아 사람들의 선망(아브람처럼 복 받기를 바라는)의 대상이 된다는 뜻이다.

(3) 하나님의 보호

창 12:3, "너를 축복하는 자에게는 내가 복을 내리고 너를 저주하는 자에게는 내가 저주하리니."

하나님께서 아브람 편이 되어 주시리라는 것이다.

(4) 축복의 중보자

창 12:3, "땅의 모든 족속이 너를 인하여 복을 얻을 것이니라."

이는 구속사적 중요성을 가진 약속이다. '땅의 모든 족속'은 온 인류를 가리킨다. 온 인류가 아브람을 인하여 복을 받을 것이다. 이것은 아브람의 허리에 있는 그 씨를 염두에 두고 하신 말씀이다. 아브람의 허리에 있는 그 후손(메시아)을 통하여 온 인류는 아브람이 받은 복을 받을 것이다. 온 인류는 메시아이신 예수 그리스도를 통하여 아브

9) Ibid., p. 276.

람이 받은 축복을 받을 것이다.

3) 아브람의 순종(창 12:4-9)

> 창 12:4, "이에 아브람이 여호와의 말씀을 좇아 갔고 롯도 그와 함께 갔으며 아브람이 하란을 떠날 때에 그 나이 칠십오 세였더라."

하나님의 말씀을 따라 행동했다는 것은 신앙 생활에서 중요한 출발점이다. 아브람이 가나안에 들어가서 그 땅을 다닌 경위를 보면 후에 야곱이 가나안 땅에 돌아오게 된 경위와 유사하며, 여호수아가 가나안 땅을 점령한 경위와 같다: 세겜 – 벧엘과 아이 사이 – 네겝(남방). 그러므로 아브람이 바벨론을 떠나 가나안 땅에 들어온 것은 이스라엘이 애굽에서 나온 사건과 평행을 이루고 있다. 따라서 바벨론은 애굽과 마찬가지로 세상을 상징한다. "너희는 떠날지어다 떠날지어다 거기서 나오고 부정한 것을 만지지 말지어다 그 가운데서 나올지어다"(사 52:11; 참고. 고후 6:17).

그런데 우리 교회는 바벨론 안에 있다. "함께 택하심을 받은 바벨론에 있는 교회가…"(벧전 5:13). 장차 바벨론은 무너진다(계 14:8; 16:19; 17:5; 18:2, 10, 14, 15, 21). 따라서 교회는 세상 속에 있을지라도 바벨론(세상)을 따르거나 본받아서는 안 된다.

아브람이 하나님의 명령을 따라 가나안으로 갔다는 것은 하나님을 믿었다는 것을 의미한다. "믿음으로 아브라함은 부르심을 받았을 때에 순종하여 장래 기업으로 받을 땅에 나갈새 갈 바를 알지 못하고 나갔으며"(히 11:8). 또 아브람이 갈데아 우르를 떠나고 하란을 떠났다는 사실은 그가 주님을 따르고 그분과 교제하는 전혀 다른 세계에서 살아갔다는 것을 의미한다. 신앙 생활이란 세상에서 살아갈지라도 세상 사람들과 전혀 다른 세계에서 살아가는 것이다. 아브람이 하나님의 말씀에 순종하여 본토 친척 아비 집을 떠난 후부터 이제 그는 하나님의 보호 가운데 살아갈 것이다. 그리고 하나님의 임재 가운데서 살아갈 것이다.

"롯도 그와 함께 갔다"는 것은 롯이 아마도 아들이 없는 아브람의 양자가 되었기 때문일 것이다. 롯은 아마도 아브람의 양자가 되어 아브람이 죽을 때까지 같이 다니면서 그의 재산을 관리하며 아브람과 사래를 보호하고 섬기며 그의 재산을 관리해야 할 것이다. 그리고 아브람이 죽은 후에는 그의 재산을 물려받을 것이며 그의 정식 후사가 될 것이다.

그 당시에 가나안 땅에는 가나안 사람들이 살고 있었는데, 그들 역시 우상을 섬기는 자들이었다. 온 세상이 우상을 섬기는 사람들로 가득했는데, 아브람만이 하나님을 섬기면서 살아가고 있다!

> 창 12:7, "여호와께서 아브람에게 나타나 가라사대 내가 이 땅을 네 자손에게 주리라 하신지라 그가 자기에게 나타나신 여호와를 위하여 그 곳에 단을 쌓고."

본문에 처음으로 하나님이 세겜에서 아브람에게 나타나신 사실이 기록되어 있다. 어떤 형태로 나타났는지는 기록되어 있지 않다. 여기서 하나님은 처음으로 분명하게 땅에 대한 약속을 해주시고 그의 후손에 대해서도 약속해 주신다. 땅과 후손의 약속은 족장들에게 주어진 약속의 핵심이다. 롯은 아브람의 후손이 되지 못할 것이다.

이러한 하나님의 약속에 감사하여 아브람은 여호와를 위하여 단을 쌓는다. 그러나 '제사를 드렸다'는 말이 언급되어 있지 않다. 그래서 어떤 이들은 아브람이 단만을 쌓고 제사를 드리지 않았을 것이라고 주장하지만, 이것은 창세기 전체의 사상과 어울리지 않는 생각이다. 노아가 정결한 짐승으로 희생제물을 삼아 제사를 드렸듯이, 아브람도 역시 제사를 드렸을 것이라는 사실은 분명하다. 그 다음에 벧엘과 아이 사이에서 또다시 단을 쌓고 여호와의 이름을 불렀다.

그러나 가나안 땅에 기근이 심했다. 주의 약속을 따라 가는 길에 먼저 기근이 닥쳤다. 가나안 땅은 산이 많고 게다가 기후가 좋은 편이 못되어, 자주 그 곳에 거주하는 사람들이 기근을 당해야 했다. 그래서 그는 애굽에 거주(גור)하기 위하여 그 곳으로 내려간다. 애굽은 나일강 때문에 거의 언제나 물 부족으로 인한 기근이 없었다. 그래서 성경은 자주 애굽으로 내려간다는 언급(26:2; 43:15 등), 애굽으로부터 올라왔다는 언급(13:1; 45:25; 출 1:10)을 말하고 있다.

아브람이 애굽으로 내려간 사실 역시 구속사적 의의가 있다. 아브람, 요셉, 이스라엘의 후손들, 훗날 이스라엘 백성들이 애굽으로 내려갔고 예수 그리스도께서도 탄생 직후에 애굽으로 내려가셨다. 앞에서 말한 바와 같이 성경에서는 애굽은 바벨론처럼 세상을 상징한다. 기근이 심하여 하나님이 약속하신 땅에 거주할 수 없었다. 양식을 얻기 위하여 애굽으로 내려간 것은 신앙의 결핍을 보여 준 것이었다. 왜냐하면 애굽에 거주하기 위하여 갔다는 것은 오랜 거주(גור), 즉 정착을 의미하기 때문이다. 아브람이 애굽에 내려가서 하나님의 보호의 손길을 신뢰하지 못했다는 것 또한 신앙의 결핍을 보여 준 행위였다. 즉 자기 아내 사래가 심히 아리따웠기 때문에 생명의 위협을 느끼고 그 위기를 모면하기 위하여 자기의 아내를 누이라고 말하여 주위의 사람들을 속였던 것이다. 브론너(L. Bronner)는 이에 대해서 다음과 같이 설명한다.

> 아브라함은 자기의 아내를 누이라고 소개했다. 이러한 아내-누이 개념은 창세기에만 나오는 것이다. 후리인(Hurrian)의 사회에서 독특한 법(제도)인 그것은 '아내-누이 관계'(wife-sistership)로 묘사될 수 있다. 다시 말하면 뉴지에서 누이 관계는 반드시 피로 연결된 어떤 것일 필요가 없었다. 왜냐하면 그것은 순전히 법적 신분을 가리킬 수 있었기 때문이다. 후리인 사회에서 결혼 관계는, 그의 아내가 자매라는 법적 신분을 동시에 가졌을 때는 실제적인 혈연 관계와 상관없이 가장 강하고 엄숙했다. 판례를 보면 결연된 누이인 아내에게는 더 큰 보호와 더 높은 사회적 지위를 주었던 것 같다. 이러한 증거를 보면 사라와 리브가 모두가 아내-누이의 특권을 소유한 자들로서 그들이 살았던 사회에서 독특한 존재들이었다. 족장들의 이야기는 이러한 독특한 제도를 신실하게 기록했고, 따라서 속이려는 의도가 없었다고 볼 수 있다.[10]

브론너는 지나치게 아브람을 두둔하는 편이다. 사실상 구약성경에서 하나님과의 관계(신앙)는 윤리를 초월한다. 그래서 구약성경의 저자들은 성경에 나오는 신앙의 인물들이 윤리적인 잘못을 저지른 데 대해서 그렇게 비판적이지 않다. 그럼에도 불구하고 아브람의 행위는 분명히 비판을 받을 만한 행위였는데, 그 이유는 아브람이 그렇게 말함으로써 하나님에 대한 신뢰의 부족을 나타냈기 때문이며, 또한 그러한 일로 인하여 아브람이 바로에게 책망을 받았기 때문이다(창 12:18, 19). 아브람이 바로에게 책망을 받았을 때 아브람의 변명이 없다. 이것은 아브람 자신이 아내를 누이라고 속인 것이 잘못이었음을 시인했다는 증거가 된다.

사람들마다 아브람의 누이동생(=아내)인 사래가 아름답다고 칭찬하므로, 바로가[11] 아브람과 사래를 궁으로 불러들였다. 과연 아름다

---

10) L. Bronner, op. cit., pp. 19, 20.

11) 바로는 사람의 이름이 아니라 하나의 직위에 대한 호칭이다. 바로는 '큰

운 여자였으므로 바로는 그녀를 후궁(?)으로 취하려고 했다. 그리고 아브람에게는 수많은 선물들(신부값)을 주었다. 그러므로 애굽에서 장사하면서 왕실로부터 많은 선물도 받았으므로 아브람은 거부가 되었다.

그러나 아내를 빼앗길 위기에 처했을 때 하나님의 간섭이 시작되었다. 심히 큰 재앙이 바로의 집(왕실)에 떨어졌다. 바로는 유례없는 재앙을 보고 아브람과 사래의 사이를 의심했다. 자기가 재앙을 당할 만한 큰 죄를 범한 것 같지 않았기 때문이다. 죄를 범하면(신을 불쾌하게 하면) 하나님이 진노하신다는 것쯤은 이방인(불신앙인)들도 알고 있었다. 그러므로 바로는 아브람을 불러 그를 책망하고 그의 아내를 돌려보낸다. 바로의 분노가 19절에 나타나 있다. "네 아내가 여기 있으니 이제 데리고 나가라." 이러한 간략한 표현은 바로의 분노를 나타낸다. 바로는 노하여 아브람을 애굽으로부터 추방했던 것이다. 이것 역시 하나님의 조치였다. 아브람은 애굽에 거주해서는 안 되었다.

이 12:10-20의 사건에서 강조점, 교훈을 주는 요소는 무엇인가?[12] 아무리 위험한 상황 중에서도 거짓말을 하면 안 된다는 것인가? 물론 아브람의 신앙의 결핍을 보여 주려는 의도가 본문에 숨어 있는 것은 사실이다. 그러나 이것은 창세기 저자의 의도를 간과한 것이다. 여기서 창세기 저자인 모세가 강조하고자 한 것은 "하나님이 자기 백성의 보호자가 되신다"는 것이다. 하나님은 아브람에게 하셨던 약속을 신실하게 이행하고 계셨던 것이다. 또 하나님은 장차 아브람과 그 아내

집'(great house)이란 의미를 가지고 있는데, 고왕국과 중왕국 동안에는 '왕실'을 의미했으나 18왕조 이후부터는 애굽 왕 자신의 호칭이 되었다.

12) 고재수, 구속사적 설교의 실제, 기독교문서선교회, 1987, 16쪽 이하; 그리고 김영철, 여호와 신실하신 우리 하나님, 여수룬, 1, 2권을 참고해 보라.

사래의 몸을 통하여 온 백성으로 복을 받게 하실 메시아가 탄생할 것이기에 그들을 보호하셔야 했다. 하나님은 아브람에게 신실하신 분이었다!

2. 롯과의 분리(13장)

아브람은 애굽에 거주하기 위하여, 즉 애굽에 오래 정착하기 위하여 애굽으로 내려갔었다. 그러나 하나님께서 여러 가지 사건을 일으키심으로써 그 곳에 오래 거주하지 못하도록 만드셨다. 아직은 애굽으로 가서 거주할 시기가 아니었기 때문이다. 아브람과 그의 아내는 약속의 땅에 거주해야 했다. 사실상 사래가 바로의 궁으로 불려간 일은 하나님의 섭리에 의하여 일어난 것이었다. 그래서 애굽에 더 이상 머무를 수 없었던 아브람 일행은 자기의 모든 재산을 가지고 애굽을 나와서 가나안 땅으로 다시 들어왔다. 아브람은 조카 롯과 함께 이전에 장막을 쳤던 벧엘과 아이 사이에 다시 장막을 쳤다. 그러나 옛날과는 상황이 달라졌다. 그들은 이미 옛날의 소그룹이 아니었던 것이다.

그들은 새로운 상황에 처해 있었는데, 곧 아브람과 롯이 모두 재산이 풍부해져 있었던 것이다. 오늘날의 재산은 돈으로서 그 돈을 은행에 저축해 두면 된다. 그러나 목축을 하는 자들에게 부라는 것은 양과 소, 그리고 약대, 말 등의 수가 많다는 것을 의미한다. 그런데 그들의 소유의 풍부함에 비해서 그들이 거주해야 했던 땅은 매우 비좁았다. 그들은 가나안 백성들 사이에 우거하는 자들로 살면서 가나안 사람들의 허락을 받아 땅을 빌려 써야 하는 형편에 처해 있었던 것이다. 비좁은 땅에 두 사람의 재산이 함께 어울려 있다고 생각해 보자. 그러한 상황은 누구나 짐작할 수 있는 것이었는데, 곧 아브람의 종들과 롯의 종들 사이에 자주 소유 문제로 갈등이 일어났다. 그렇다! 행복은 물질의 부유함에 있지 않다. 물질의 풍부가 가정 불화를 없애 주지 못한다. 가정 불화는 오히려 물질이 많음으로 일어났다.[13] 7절을 읽어 보라! "또 가나안 사람과 브리스 사람도 그 땅에 거하였는지라." 비좁은 그 땅에는 가나안 사람과 브리스 사람(이방인)도 살고 있었다. 그들의 눈에 싸우는 하나님의 택한 백성들이 어떻게 보였겠는가? 종들의 싸움이 주인들의 싸움으로 비화될 위기에 처해 있었다. 그리고 자칫하면 저들의 다툼으로 인하여 하나님의 영광이 가려질 위기에 처해 있었다.

아브람은 다른 민족들이 살고 있는 땅에 이주해 왔었다. 따라서 넓은 땅을 소유할 수 없었다. 그러므로 아브람과 롯이 얻은 재물들이 오히려 그들을 불편하게 했던 것이다. 그들은 자기들이 살고 있었던 주변의 땅을 마음껏 사용할 수 없었다. 그것들은 이미 그 곳에 거주하고 있었던 원주민들의 것이었으므로 땅의 일부분만을 얻어 임시 거주처로 삼고 있었을 뿐이다. 따라서 목초지가 부족한 것은 당연하다. 이 문제를 어떻게 해결할 것인가?

첫째, 원인 분석을 하라.

아브람과 롯 사이에는 세 가지 어려운 문제가 있었다.

a. 땅이 비좁다는 사실 – 이 문제는 해결하기가 어렵다. 다른 목초지를 구하여 서로 갈라질 수밖에 없다.

b. 세대 차이가 있다는 사실 – 어른과 젊은이 사이에 싸움을 하면 어려움에 처하는 쪽은 나이가 많은 편이다. 또한 나이가 많은 사람이

13) 데니스 레인, 아브람과 그의 하나님, 두란노, 1984, 60쪽 이하를 보라.

마음의 여유가 더 있는 법이다.

c. 영적 차이가 있다는 사실 – 많이 양보하고 너그러운 편이 영적으로 더 성숙한 편이다. 아브람은 영적으로 더 성숙한 사람으로서 너그럽고도 양보하는 미덕을 보여야 했다.

그리고 누가 이 일을 먼저 해결하려고 해야 하는가? 나이가 많은 사람이 먼저 나서야 한다. 영적으로 더 나은 쪽이 해결하려고 나서야 한다. 그래서 아브람은 나이가 많은 사람 답게, 그리고 영적으로 성숙한 사람답게 너그러운 제안과 양보를 베풀었다.

둘째, 주도권을 잡고 행동하라(화해/해결 방안).

a. 원칙에 입각하라 – 아브람은 "골육이므로 싸워서는 안 된다"는 원칙을 세웠다.

b. 사랑으로 문제를 해결하라 – 아브람은 롯을 사랑하여 양보하기로 결정했다. 사랑은 양보하고 주는 것이다. 참 신자는 물질의 손해를 입었을 때는 하나님이 보상해 주시기를 바라는 법이다.

셋째, 현실을 인정하라.

현실을 인정하지 않고 억지로 해결하려는 것은 지혜롭지 못하다. 언제까지나 아브람과 조카 롯이 함께 거주할 수는 없었다. 롯은 어찌할 수 없이 아브람을 떠나가야 하는데, 이것 역시 하나님의 섭리적 역사였다. 비록 롯이 아브람의 양자일지라도 롯은 아브람의 후사가 될 수 없었다. 아브람에게 주어진 그 많은 축복들은 아브람의 아들을 통하여 이루어질 것이었다.

넷째, 너그러운 제안을 하라.

아브람은 양보를 했다. 먼저 좋은 곳을 택하여 가라는 것이었다. 그리하여 롯은 물과 풀이 풍부한 동편을 택하고 그 곳으로 떠나갔다. 이러한 은혜로운 결정을 한 결과로 아브람은 가정 불화의 위기를 잘 해결했고, 결국 신앙의 성장을 가져오게 되었다.

1) 아브람과 롯의 선택의 차이(창 13:10-18)

(1) 롯

그는 일찍이 아브람을 따라 본토 친척 아비 집을 떠났다. 따라서 그는 믿음이 있는 사람이었다. 베드로후서 2:7, 8은 다음과 같이 기록하고 있다. "무법한 자의 음란한 행실을 인하여 고통하는 의로운 롯을 건지셨으니(이 의인이 저희 중에 거하여 날마다 저 불법한 행실을 보고 들음으로 그 의로운 심령을 상하니라)." 그러나 그는 결국 아브람을 떠나가야 했던 사람이었다. 그래서 하나님은 이 부유한 순간에 아브람과 롯을 분리시키신다.

롯은 아브람의 제안을 받아들여 먼저 자기가 정착할 곳을 찾기 위하여 이리저리 눈을 들어 본다. "눈을 들어 요단 들을 바라본즉"(10절). 그 곳은 물이 넉넉했고 "여호와께서 소돔과 고모라를 멸하시기 전이었는 고로 여호와의 동산 같고 에덴 동산 같았다." 외적인 모습이 좋았으므로 롯은 "요단 온 들을 택하고"(11절), "동으로 옮기니"(11절) 그들이 서로 떠났다. 또다시 동쪽으로 간 사실이 나타난다. 여기서 저자는 동편을 언급함으로써 롯이 동편으로 간 것이 위태로운 행위였음을 암시해 주고 있다.

그 다음에 기록된 내용은 "머무르며…소돔까지 이르렀더라"(12절)는 말씀이다. 소돔 사람에 대한 저자의 언급(위기에 대한 보충 설명)을 보라! "소돔 사람은 악하여 여호와 앞에 큰 죄인이었더라"(13절). 롯은 소돔 사람의 악함에 대해서는 관심을 두지 않았다. 자기를 풍요롭게 해줄 들만을 바라본 것이다. 즉 그의 마음에는 오직 물질만이 있었다. 롯이 택한 지역은 아마도 사해의 북단일 것이다.[14)]

창세기 저자는 롯의 위태로운 행위를 암시하기 위하여 "소돔 사람은 악하여 여호와 앞에 큰 죄인이었더라"고 설명한다. 가나안이나 소돔 성이나 죄악된 점에 있어서는 거의 차이가 없었다. 그러나 죄의 크기에 있어서는 소돔과 고모라가 가나안 족속들보다 훨씬 더 컸다. 하지만 인간 롯에게는 그것이 그렇게 큰 문제가 아니었다. 물질의 부유함이 그에게는 더 중요한 문제였다. 그래서 그는 아무런 거부감도 없이 그들 가운데 거주하면서 그들과 함께 살아가게 되었다.

(2) 아브람

"롯이 아브람을 떠난 후에"(14절)라는 문구는 몇 가지 사실을 시사해 준다. 롯은 아브람의 상속자로 내정되었던 인물이었을 텐데, 그가 아브람의 곁을 떠나갔다. 나중에 아브람은 자기의 종들 가운데 한 사람을 후사로 세웠다. 자기의 가장 가까운 혈육이 그의 곁을 떠나갔던 것이다. 그에게는 당연히 고독이 밀려왔을 것이다. 그 땅에는 가나안 족속들이 살고 있으나, 저들의 삶은 본받을 만한 것이 못되었고, 가까이 할 만하지도 못했다. 이때 하나님께서 아브람에게 계시의 말씀을 주셨다.

게다가 가나안 사람들이 이미 그 곳에 거주하면서 땅의 주인이 되어 있었다. 그는 그 땅에서 많은 땅을 소유할 수 없어 땅을 빌려 썼기 때문에 토지가 좁아서 롯과 헤어져야만 했던 것이다. 롯이 떠난 후에 아브람은 가야 할 곳에 대해서 주저하고 있었을 것이다. 그래서 하나님은 아브람에게 그가 지금 서 있는 땅을 아브람과 그 후손에게 주실

14) H. L. Ellison, 언약의 족장들, 차학순 역, 무림 출판사, 1991, 55, 56쪽.

것이라고 재차 약속해 주셨던 것이다.

"너는 눈을 들어…바라보라"(14절)는 말씀은 용기를 주는 말씀이다. 지금은 아브람에게 땅이 한 평도 없다. 그러나 그가 지금 바라보는 동서남북의 모든 땅을 바라볼 필요가 있는데, 그 곳을 하나님이 앞으로 그와 그의 후손들에게 주실 것이기 때문이다.

"보이는 땅을 주리니"(15절)라는 말씀은 아브람과 그의 후손들이 거할 땅이다. 땅은 지금이나 옛날이나 대단히 중요한 재산이다. 이러한 땅 소유가 하나님의 분명한 약속임을 주시하자. "미래는 너에게 있다"는 것이다. 그리고 후손에 대한 약속이 주어지고 있다(16절). 아브람에게 땅만을 약속하지 않으시고 떠나가 버린 사람을 아쉬워하지 말라고 하시면서 후손이 번성할 것까지 약속해 주신다. 육신의 자손이 전혀 없는 아브람에게 이 약속은 대단히 큰 의미가 있는 약속이었을 것이다. 새로운 터전이 아브람에게 주어졌다. 지금은 그 땅이 가나안 사람들의 것이다. 그러나 얼마 후에는 아브람의 땅이 될 것이다. 그리고 그 땅에는 아브람의 후손들이 수없이 많이 거주하게 될 것이다.

이러한 하나님의 약속에 대해 아브람은 믿음의 조상다운 반응을 했다. "장막을 옮겨…거하며"(18절). 그렇다, 그는 약속의 땅에 계속 거주하기 위하여 장막을 옮겨서 마므레 수풀에 거했다. 그리고 "여호와를 위하여 단을 쌓았더라"(18절). 그는 하나님께 경배하면서 살아갔다. 하나님의 약속을 받은 땅에 거주하는 것도 중요하고, 후손이 많아질 것이라는 사실을 믿는 것도 중요하다. 그러나 더욱 중요한 것은 지금 여기서 하나님을 경배하는 삶, 즉 예배하는 삶을 사는 것이다. 그것은 하나님과의 교제다. 후에 야곱은 에서를 피하여 도망하던 중 벧엘에서 하나님이 야곱과 함께 하시고 있다는 하나님의 계시를 받고 그 곳에서 경배했다. 요셉 역시 애굽으로 팔려가서 노예살이를 했으나 하나님이 함께 하시는 사람(하나님과 교제)으로서 살아갔다.

아브람이 단을 쌓은 역사(歷史)를 보라! 단을 쌓는 삶에 있어서 점진성이 있다: 창세기 12:7(세겜, 상수리나무 아래), 12:8(벧엘 동편, 즉 벧엘과 아이 사이), 13:4(벧엘과 아이 사이, 12:8), 13:18(롯과 이별한 후 하나님의 약속을 재확인 받고 나서) 그리고 22:9(이삭을 드리기 위하여)에서 제사는 절정을 이룬다.

15, 17절에서 반복하여 "내가…네게 주리라"고 말씀하신 사실을 보라! "손해본 것 같으냐? 내가 네게 보상해 주리라"는 뜻이다. 롯은 껍데기를 택했지만 아브람은 참으로 귀중한 것을 약속받았다. 하나님의 약속은 본질적이고도 알찬 것이다. 하나님의 약속은 피상적이지도, 또 가볍지도 않다. 주께서는 참으로 귀한 것을 약속해 주신다. 아브람이 롯에게 좋은 땅을 양보하고 언덕들이 바라다 보이는 땅에 남아 있을 때, 하나님은 그 땅 전체를 줄 것이라고 약속하신 것이다.

이 약속은 "지금은 없어도 걱정하지 말라"는 말씀이다. 지금을 보지 말라! 내일을 보라! 내일은 네가 가장 위대한 것을 소유할 것이다. 미래는 너에게 영광스러운 시대일 것이라는 것이다. 믿음은 무엇인가? 미래를 믿으면서 현실을 극복하는 것이다! 미래가 없으면 인간은 자포자기한다. 그러나 신자들에게는 아브람이 그러했던 것처럼 영광스러운 미래가 약속되어 있다.

아브람의 너그러움, 양보는 하나님의 보상을 받게 했다. 큰 사람은 큰 너그러움을 가지고 양보하면서 산다. 만일 우리가 세상 것을 양보하고 세상 것에서 너그러움을 가진다면, 하나님은 그보다 훨씬 더 큰 것으로 우리에게 보상해 주실 것이다.

우리는 본문에서 마태복음 5:9의 실제를 보게 된다. "온유한 자는 복이 있나니 저희가 땅을 기업으로 받을 것임이요."

2) 선택에 있어서 주의 사항

우리는 매 순간마다 선택을 하면서 살아간다. 아브라함에게서 우리는 문제가 생겼을 때 무엇을 선택해야 하는지를 배우게 된다. 다음 사항들은 선택을 해야 할 때 우리가 반드시 유념해야 할 사항들이다.

(1) 하나님의 영광과 사람(자기)의 영광이 대립될 경우에는 하나님의 영광을 택하라. 주위에 가나안 사람들이 있다.

(2) 나의 유익과 남의 유익이 대립될 때는 타인의 유익을 택하라. 하나님이 보상해 주실 것이다.

(3) 물질과 사람이 대립될 때는 사람을 택하라. 물질은 물과 같아서 우리에게서 떠나가지만, 사람은 천하보다 귀한 존재이며 하나님 앞에서 나의 변호자가 된다.

3. 연합군 대 연합군의 전쟁과 롯 구출(14장)

전쟁은 하나님의 주권에 의해서 일어나는 것이다. 여기에는 하나님의 보응의 손길이 들어 있다. 이스라엘의 역사상 많은 전쟁들이 있었는데, 때로는 패배하고 때로는 승리하기도 했다. 전쟁의 승패도 하나님에게 달려 있었다. 하나님께서 이 세상의 만사를 다스리시기 때문이다. 또 전쟁은 인간의 욕심에 의해서 일어나는 것이다. 남을 지배하려는 마음, 더 가지려는 욕심 때문에 일어나는 것이다. 하나님은 전쟁(싸움)을 통하여 한 국가나 개인을 벌하신다.

동방의 연합 세력과 서방의 연합 세력 간에 전쟁이 발발했다. 시날 왕 아므라벨, 엘라살 왕 아리옥, 엘람 왕 그돌라오멜, 고임 왕 디달은 동방의 연합군의 왕들이며, 소돔 왕 베라, 고모라 왕 비르사, 아드마 왕 시납, 스보임 왕 세메벨, 벨라 곧 소알 왕은 서방 연합 세력의 왕들이다.

시날, 엘라살, 엘람, 고임 등은 구 바벨론을 중심으로 한 연합 국가들을 가리킨다. 이들은 부족 국가들이었으나 서방 세력을 징치하기 위하여 연합 세력을 구축한다. 소돔, 고모라, 아드마, 스보임, 소알(벨라)은 지금의 사해 근처를 둘러싸고 있는 국가들이다. 그돌라오멜은 엘람 왕인데, 이 엘람이라는 나라는 셈 계통의 사람들로 구성되어 있었다. 그돌라오멜이 동방 연합 세력의 구심점을 이룬 것으로 보인다.

서방의 다섯 왕들은 그돌라오멜을 12년 동안을 섬겨 오다가 13년째에 아마도 공물을 드리지 않았던 것으로 보인다. 이는 아마도 아브람 가족이 가나안 땅에 닥친 기근으로 인하여 애굽으로 간 사건과 연결되는 사건인 것 같다. 다시 말해서 사해 바다 근처에 있던 다섯 국가가 기근으로 인하여 조공을 바치지 못했다는 것이다.

동방의 연합 세력은 북으로부터 요단강 줄기를 타고 군사를 이동해 오면서 주변국들을 치고 사해 근처에 운집한 다섯 나라에까지 쳐들어왔다. 원정군과 방어국 사이의 전쟁에서는 원정국에게 불리하게 되어 있다. 먼 길을 행군해 왔으므로 군사들이 지쳐 있기 때문이다. 그러나 전쟁의 상황을 보면 서방 국가의 왕들이 지리적으로 잘 알고 있는 싯딤 골짜기에서 역청 구덩이에 빠짐으로써 패배했다고 기록하고 있다(10절). 소돔 왕과 고모라 왕이 역청 구덩이에 빠졌으나, 사로잡히지는 않은 것 같다.

어쨌든 전쟁에서 실패는 하나님의 역사하심이었다. 서방의 국가들이 하나님 앞에서 악했으므로 하나님께서 저들을 1차적으로 징치하신 것이다. 동방의 연합 세력은 서방의 국가를 침략하여 약탈하고 사람들을 사로잡아 갔다.

서방의 연합군이 참패를 당하고, 소돔 성에 살던 롯도 잡혀갔다는 소식이 히브리 사람 아브람에게 들려왔다. 여기서 히브리인이라는 호칭이 처음으로 등장한다. 위에서 살펴본 바와 같이 아브람은 셈에서 아르박삿, 에벨로 이어지는 가문에 속해 있다. 히브리란 에벨에서 파생된 것으로 보인다. 동사 עָבַר는 '건너가다, 지나가다'라는 의미다. 아브람은 요단강을 건너온 사람으로 불렸던 것이다. 이 호칭은 하비루와 함께 당시 사회에서 아무런 안전한 지위를 가지지 못한 계층을 가리킨다.

이때 아브람은 '마므레의 상수리 수풀 근처'에 거하고 있었다(13절, 참고. 13:18). 마므레는 그 땅을 소유했던 소유주(족장?)였던 것으로 보이며, 그는 에스골과 아넬의 형제였다. 이들은 자기들의 땅을 빌려쓰고 있던 아브람의 성품과 그가 하나님으로부터 받은 축복을 보면서 아브람의 인격에 감화를 받고 그와 친근하게 지내 온 것으로 보이며, 그들은 서로간에 외부의 적들에 대해서 공동으로 대처하도록 동맹을 맺고 있었다(14:13). 아브람은 롯이 사로잡혔다는 소식을 듣고 자기 집에서 길리운 자 318인을 거느리고 자기의 생명을 내놓고 단까지 쫓아갔다. 물론 아넬, 에스골, 마므레도 자기 군사들과 함께 아브람의 군사 행동에 가담했다.

우리는 우리의 형제들이 위기에 처해 있을 때 어떻게 행동해야 하는가? 우리 주변의 사람들이 괴로운 일을 당하고 있다면, 우리는 모른

체해야 하는가? 이에 대한 답변이 아브람의 행동에 나타나 있다. 우리는 신자이지만 우리 자신들이 몸담고 살아가고 있는 사회에 책임을 지고 있는 사람들이다. 우리 사회의 책임은 우리의 책임이고, 우리 형제의 일은 나의 일이다.

아넬, 에스골, 마므레가 단순히 용병으로 가담을 했는가? 아니면 아브람의 집에서 길리운 자 318명에 합해진 군사들인가? 만일 단순한 용병으로 가담했다면 아브람이 구 바벨론을 공격할 때 사용된 군사들은 318명이 훨씬 넘을 것이다. 그럴 경우 아브람의 집에서 길리운 자 318명은 아브람의 종들의 규모로는 엄청나다고 할 수 있을 것이다. 그러나 만일 318명 가운데 아넬, 에스골, 마므레의 군사들이 포함된 것이라면 또 다른 문제가 생기는데, 이는 14절의 '집에서 길리고 연습한 자'라는 어구 때문이다.

길리운 자는 '아브람의 집에서 낳아 자라난 자'를 의미할 수도 있고, '아브람의 집에서 낳아 길리운 자와 아브람의 집에서 연습한 자 즉 용병'을 의미할 수도 있다. 전체의 분위기는 아브람의 집에서 길리운 자와 연습한 자가 같은 사람들인 것 같다. 그렇다면 구 바벨론을 공격할 때의 아브람의 군사력은 318명 이외에 아넬, 에스골, 마므레의 군사들이 포함된 상당수의 군사들이었을 것으로 생각되지만 확실치는 않다. 한편, 라쉬(Rashi)는 그들이 아브람과 함께 바벨론 동맹군을 공격하는 데는 직접 가담하지 않고 군사들이 공격할 때 아브람의 재산 및 가속을 지킨 것으로 해석하고 있다.[15] 이것 역시 확실치 않다.

군사들이 함께 행동한다면 빠르지 못하므로 군사들을 나누어서 빠르게 움직이도록 했다. 그리고 그들의 뒤를 쫓아간 아브람의 군대는

15) A. Cohen, *The Soncino Chumash*(I), p. 70.

동방의 연합군들을 야간에 기습하여 저들을 치고 빼앗긴 모든 것을 되찾은 뒤 저들이 가지고 있던 소유까지 탈취했다. 318명의 군사들이 어떻게 구 바벨론 연합군들을 파할 수 있었을까? 아마도 저들은 비록 연합군들이었지만, 그렇게 많은 숫자가 아니었던 것으로 보인다. 왜냐하면 자기들을 배반한 자들을 응징하기 위하여 군사를 보냈기 때문이다. 그럼에도 불구하고 아브람의 군사들은 저들의 숫자보다 훨씬 더 적었을 텐데, 하나님께서 승리하도록 해주신 것이다. 후에 아브람을 마중나온 멜기세덱이 하나님께서 아브람의 대적을 아브람에게 붙이셨다고 말하고 있기 때문이다(20절).

아브람이 전쟁에서 승리하고 돌아올 때 두 사람이 아브람을 맞이하러 나왔다. 즉 소돔 왕과 살렘 왕 멜기세덱이었다. 이 두 왕은 그 태도가 정반대였다.

1) 소돔 왕

소돔 왕은 아브람을 맞으며 "사람은 내게로 보내고 물품은 네가 취하라"고 말한다. 이 퉁명스러운 간략한 말은 소돔 왕의 인격을 엿보게 한다. 우선 그에게는 감사의 표시가 없다. 고대에는 전쟁에서 탈취하는 것은 사람이든 물건이든 탈취한 자의 것이다. 그러나 소돔 왕은 사람은 자기에게 보내라고 명령하듯 말한다. 그리고 물품은 네가 취하라고 말한다. 자기 것을 자기에게 먼저 주고 가질 것은 가져가라는 것이다.

이러한 불쾌한 발언에 대해서 아브람은 이번에도 역시 너그러운 응답을 한다. "네 말이 내가 아브람으로 치부케 했다 할까 하여 네게 속한 것은 무론 한 실이나 한 신들메라도 내가 취하지 아니하리라." 아브람에게는 가진 소유가 넉넉하다. 소돔 성의 것을 가지지 않아도 부유하다. 만일 아브람이 소돔의 물품을 가진다면, 그 다음에는 소돔 왕이 아브람을 자기들의 것으로 부자가 되었다고 비난할 것이므로 그러한 악한 말이 퍼지지 않도록 미연에 방지하고자 소돔의 물품들을 모두 되돌려 보냈다. 다만 아브람과 동맹하여 전쟁에 참가한 아넬, 에스골, 마므레의 군사들에게는 비용을 주어야 했으므로 그들의 것을 따로 떼어놓았다. 아브람은 재물보다 명예를 택했던 것이다.

잠언 22:1은 다음과 같이 기록하고 있다. "많은 재물보다 명예를 택할 것이요 은이나 금보다 은총을 더욱 택할 것이니라." 뿐만 아니라 아브람은 자기의 생명을 내놓고 행한 모든 수고가 소돔 왕과 그 백성들에게 무료로 지불되기를 원했다. 세상 관습은 전쟁에서 승리하여 탈취한 것은 모두 승리자의 것으로 되지만, 아브람은 그러한 세상의 관습을 따라 자기의 수고의 결과로 그러한 모든 재물들을 소유하기를 원하지 않았다는 것이다. 그는 적어도 하나님의 마음을 소유하기를 원한 사람이었다. 하나님께서 모든 인간들에게 모든 것을 무료로 나누어 주시듯, 아브람 역시 자기의 모든 수고를 무료로 제공하기를 원했다. 후에 우리는 예수 그리스도에게서 이러한 모습을 발견하게 된다. 이번에도 아브람은 주위의 인간들에게 사심 없는 너그러움을 나타내었다.

2) 살렘 왕 멜기세덱

살렘 왕 멜기세덱은 제3자의 인물이었으나 아브람을 따뜻하게 영접했다(창 14:18).

창 14:18-20, "살렘 왕 멜기세덱이 떡과 포도주를 가지고 나왔으니 그는 지극히 높으신 하나님의 제사장이었더라 그가 아브람에게 축복하여 가로되 천지의 주재시요 지극히 높으신 하나님이여 아브람에게 복을 주옵소서 너희 대적을 네 손에 붙이신 지극히 높으신 하나님을 찬송할지로다 하매 아브람이 그 얻은 것에서 십분 일을 멜기세덱에게 주었더라."

18절에서는 멜기세덱이란 인물에 대하여 기록하고 있고, 19절에서는 아브람을 축복한 사실을 기록하고 있으며, 20절은 하나님을 찬송한 내용을 담고 있다.

(1) 멜기세덱이란 인물

① 살렘 왕 멜기세덱은 성경의 역사 가운데 갑자기 뛰어들어온 사람이다. 그리고 사라진다. 그러므로 그는 신비에 싸인 인물이다.

② 그는 살렘 왕이다. 살렘은 평화라는 의미를 가지고 있다. 그러므로 멜기세덱은 평화의 왕이란 뜻이다.

③ 그의 이름은 멜기세덱이다. 멜기세덱은 말라크(왕)와 체덱(의)의 합성명사다. 그러므로 그는 의의 왕이다.

④ 그는 왕이요 동시에 지극히 높으신 하나님의 제사장이다. 지극히 높으신 하나님(엘-엘욘)은 당시 이방인들이 섬기는 가장 높으신 신을 가리키는 호칭이다. 그분은 아브람을 불러내신 그 하나님이셨다. 아브람은 멜기세덱의 제사장직을 인정하고 그가 자기에게 축복하자 그에게 자기가 얻은 것 중에서 십분의 일을 드렸다.

이러한 네 가지 사실로 인하여 멜기세덱은 신약성경 히브리서에서 영원한 제사장이요 동시에 왕이신 예수 그리스도의 예표로 말해지고 있다.

(2) 멜기세덱의 반차

시편 110:4에서 멜기세덱이란 이름이 등장한다. "여호와는 맹세하고 변치 아니하시리라 이르시기를 너는 멜기세덱의 반차(직제)를 좇아 영원한 제사장이라 하셨도다."

이 시는 여호와 하나님께서 영원한 대제사장이신 예수 그리스도의 제사장직에 대해 언급하신 예언적 시다. 멜기세덱의 반차는 무엇을 의미하는가? 멜기세덱의 왕-제사장이라는 직분을 좇아서 메시아께서도 왕-제사장이 되신다는 의미는 아니다. 왜냐하면 강조가 여호와께서 맹세하신 사실에 있기 때문이다. 그리고 이스라엘 역사상 왕-제사장의 흔적이 전혀 없기 때문이다. 히브리서 저자의 해석처럼 멜기세덱이 어미도 없고 아비도 없고 족보도 없으므로 그가 죽었으나 그의 직분이 다른 사람에게 넘어가지 않고 멜기세덱에게 영원히 제사장이라는 직분이 주어져 있는 것처럼, 예수 그리스도께서도 영원히 제사장으로 계신다는 뜻이다.[16)]

이렇게 그리스도의 제사장직이 영원한 것은 하나님의 맹세로 된 것이기 때문이다. 히브리서 7:20, 21은 다음과 같이 기록하고 있다. "또 예수께서 제사장 된 것은 맹세 없이 된 것이 아니니 저희는 맹세 없이 제사장이 되었으되 오직 예수는 자기에게 말씀하신 자로 말미암아 맹세로 되신 것이라 주께서 맹세하시고 뉘우치지 아니하시리니 네가 영원히 제사장이라 하셨도다."

이 본문에서 그리스도는 예수님 자신의 맹세에 의한 것이 아니라, 성부 하나님의 맹세에 의하여 그리스도께서 제사장이 되셨다는 것이다. 하나님께서는 레위와 그 자손들에게 영원히 제사장이 되라는 말씀은 하셨으나, 어떤 한 사람에게 맹세하면서 영원한 제사장이 될 것이라는 말씀은 하지 않으셨다. 하나님께서 레위와 그 자손에게 제사

16) cf. m. J. Paul, *The Order of Melchizedek*(WTJ49), 1987, pp. 195-211.

장의 직분을 주신 것은 먼 훗날 맹세로 직분을 주신 그 제사장이 오시기까지 잠정적으로 그분을 표방하거나 예표하도록 하기 위함이다.

그러나 이제 시편 110편 기자인 다윗은 하나님이 자기에게 계시를 통하여 장차 오실 왕이 제사장의 직분을 영원히 가지실 것이라는 사실을 알게 된 것이다. 그리하여 다윗은 장차 자기 뒤에 오실 자기의 후손인 영원한 왕이 영원한 제사장으로서 계실 것임을, 그리고 승리하시고 하나님의 보좌의 우편에 오르실 것임을 성령을 통하여 깨닫고 이 시를 기록한 것이다.[17)]

그래서 다윗은 그가 비록 자기의 후손이지만 그분을 자기의 '주'라고 소개하고 있는 것이다. "주(성부)께서 내 주(성자)에게 말씀하시기를…." 다윗의 주(예수 그리스도)는 다윗보다 훨씬 더 월등하신 분이므로 다윗은 그분을 자기 주라고 부르고 있는 것이다. 다윗의 주(아도나이)는 다윗의 구세주요 중보자시라는 의미를 가진다고 할 수 있다. 다윗은 다른 인간들과 같은 한 인간에 지나지 않았으나 다윗의 후손인 그분은 다윗과 그 백성들과 하나님 사이에 영원히 제사장으로서 계시는 분이다.

(3) 멜기세덱에 대한 히브리서 저자의 해석

히브리서 7:1-15은 멜기세덱에 대해서 다음과 같이 해석하고 있다.

> "이 멜기세덱은 살렘 왕이요 지극히 높으신 하나님의 제사장이라 여러 임금을 쳐서 죽이고 돌아오는 아브라함을 만나 복을 빈 자라 아브라함이 일체 십분의 일을 그에게 나눠 주니라 그 이름을 번역한즉 첫째 의의 왕이요 또 살렘 왕이니 곧 평강의 왕이요 아비도 없고 어미도 없고 족보도 없고 시작한 날도 없고 생명의 끝도 없어 하나님 아들과 방불하여 항상

17) F. Delitzsch, *Psalms III*, p. 186.

제사장으로 있느니라 이 사람의 어떻게 높은 것을 생각하라 조상 아브라함이 노략물 중 좋은 것으로 십분의 일을 저에게 주었느니라 레위의 아들들 가운데 제사장의 직분을 받는 자들이 율법을 좇아 아브라함의 허리에서 난 자라도 자기 형제인 백성에게서 십분의 일을 취하라는 명령을 가졌으나 레위 족보에 들지 아니한 멜기세덱은 아브라함에게서 십분의 일을 취하고 그 약속 얻은 자를 위하여 복을 빌었나니 폐일언하고 낮은 자가 높은 자에게 복 빎을 받느니라 또 여기는 죽을 자들이 십분의 일을 받으나 저기는 산다고 증거를 얻은 자가 받았느니라 또한 십분의 일을 받는 레위도 아브라함으로 말미암아 십분의 일을 바쳤다 할 수 있나니 이는 멜기세덱이 아브라함을 만날 때에 레위는 아직 자기 조상의 허리에 있었음이니라 레위 계통의 제사 직분으로 말미암아 온전함을 얻을 수 있었으면 (백성이 그 아래서 율법을 받았으니) 어찌하여 아론의 반차를 좇지 않고 멜기세덱의 반차를 좇는 별다른 한 제사장을 세울 필요가 있느뇨 제사 직분이 변역한즉 율법도 반드시 변역하리니 이것은 한 사람도 제단 일을 받들지 않는 다른 지파에 속한 자를 가리켜 말한 것이라 우리 주께서 유다로 좇아 나신 것이 분명하도다 이 지파에는 모세가 제사장들에 관하여 말한 것이 하나도 없고 멜기세덱과 같은 별다른 한 제사장이 일어난 것을 보니 더욱 분명하도다."

4. 아브람 언약 체결(15장)

"너희 대적을 네 손에 붙이신 지극히 높으신 하나님을 찬송할지로다"라고 말한 멜기세덱의 말은 분명히 옳았다. 여호와 하나님께서는 갈대아 우르에서 그를 불러내시고 그의 편이 되어 주실 것이라고 약속하신 대로 아브람이 어디를 가든, 또 무슨 일을 하든 그를 보호하고 도와주셨다. 구 바벨론 동맹군들과의 전쟁에서 아브람이 그들을 쳐부순 것은 아브람의 군대가 강했기 때문이 아니라, 구 바벨론 군대가 강함에도 불구하고 하나님께서 아브람으로 하여금 이기게 하셨기 때문이다.

아브람의 이 승리로 인하여 가나안 땅에서 아브람의 입지는 견고해졌고, 이제 그 누구도 아브람을 무시할 수 없게 되었다. 외관상으로는 모든 것이 잘 되어 가고 있었다. 그러나 내적으로는 아직도 해결되지 않은 문제가 있었다. 이 세상을 살아가는 동안에 문제가 전혀 없는 때는 없다. 우리 주변에서는 항상 문제들이 일어났다가 해결되고 또다시 문제가 일어난다. 중요한 것은 문제가 있을 때마다 하나님께서 개입하셔서 그 문제들을 해결해 주신다는 점이다. 이처럼 아브람에게는 아직도 해결되어야 할 문제가 있었던 것이다.

1) 하나님의 말씀

1절을 보자. "이후에 여호와의 말씀이 이상 중에 아브람에게 임하여 가라사대 아브람아 두려워 말라 나는 너의 방패요 너의 지극히 큰 상급이니라."

1절의 '이후에'는 전쟁이 있은 직후인가? 아니면 전쟁이 지나간 오랜 후인가? 이 때는 아브람이 동방의 연합군들을 무찌르고 돌아온 직후인 것임에 분명하다. 그 이유는 하나님께서 아브람에게 나타나셔서 두려워하지 말라고 말씀하신 것을 보아서 알 수 있다. 아브람은 자기가 동방의 연합군들을 무찌르고 왔기 때문에 그 연합군이 보복하기 위하여 더 많은 군사들을 이끌고 쳐들어올 것이라고 생각하여 두려워하고 있었던 것이다. 이것이 아브람을 내적으로 두렵게 만들었던 문제였다.

그에게 있었던 또 다른 문제는 그동안 여러 가지 사건들을 통하여 재산이 엄청나게 불어나고 가나안에서의 아브람의 입지가 견고해졌지만 그의 물질을 상속받고 노후를 맡길 후사가 없었던 것이다. 아브람에게 자기 몸의 소생 즉 후사가 없다면, 그의 성공과 번영은 아무런 의미가 없었다. 그의 재산은 타인에게 돌아갈 것이고, 하나님께서 그에게 약속하신 내용들은 수포로 돌아갈 것이었다. 히브리인들의 영생관은 신약성경의 영생관과 약간 차이가 있다. 그들은 한 인간이 자기의 분신인 자녀를 통하여 이 세상에서 영원히 살아간다고 믿었다. 그들의 영생 개념은 현세적인 것이었다. 그래서 자식은 그 어떤 재산보다 더 귀중한 존재였다. 그러나 하나님께서는 이상(환상) 가운데 나타나셔서 아브람에게 두려워 말라고 말씀하신다. 그리고 자신이 아브람의 방패요 지극히 큰 상급이 되심을 분명히 해주신다.

2) 아브람의 질문

아브람은 하나님이 자신의 방패가 되심을 깊이 인식하고 안심했다. 그러나 "너의 지극히 큰 상급이니라"는 선언에 대해서는 의아심을 가졌다. 그리하여 아브람은 다음과 같이 질문한다. "주 여호와여 무엇을 내게 주시려나이까? 나는 무자(無子)하오니 나의 상속자는 이 다메섹 엘리에셀이니이다…내게 씨를 아니 주셨으니…길리운 자가 나의 후사가 될 것이니이다."

이는 아이가 없는 부부가 아들을 양자로 들이는 당시의 관습을 보여 준다. 주전 2000년대의 문서들 가운데 누지 문서를 보면, 아이가 없는 부부가 양자를 들이면 그 양자는 자기의 양부모의 종이 되고 나중에 양부모의 재산을 상속받게 되어 있었다. 그리고 양부모의 재산을 상속받는 대신에 양부모가 늙었을 때 부모를 보살펴 드렸다. 후리

족(Hurrian)의 법(누지에서 발견됨)에 의하면 직접적인 상속자는 대리 상속자와 구별되었다. 나중에 본처의 소생이 나타나면 그가 상속자가 되는 것이다. 그런데 그 아브람의 양자가 엘리에셀이었다.

3) 아브람의 칭의

하나님께서 아브람에게 대답하신다. "그 사람은 너의 후사가 아니라 네 몸에서 날 자가 네 후사가 되리라." 그리고 하나님께서는 아브람을 끌고 밖으로 나가서 별들을 보여 주면서 실물 교육을 해주신다. "하늘을 우러러 뭇별을 셀 수 있나 보라…네 자손이 이와 같으리라." 성경에는 아브람 자손의 숫자와 하늘의 별의 숫자 비교가 여러 차례 나타난다. 다음 구절들을 보라: 22:17; 26:4; 출 32:13; 신 1:10; 28:62; 비교. 단 12:3.

이러한 하나님의 확증에 대해서 아브람은 믿음으로 반응한다. "아브람이 여호와를 믿으니"(וְהֶאֱמִן בַּיהוה, and he believed in Yahweh)라는 말은 그 약속을 믿었다는 말과 여호와 하나님 자신을 믿었다는 말을 동시에 의미한다. 하나님을 믿는다는 것은 하나님의 약속의 말씀을 믿는다는 뜻이다. 믿음이란 히브리어로 헤에민(הֶאֱמִן, 어근 אָמַן, trust)으로서 여기서 아멘이란 단어가 파생되었다. 아브람이 믿은 것은 후사가 자기의 몸을 통하여 태어나리라는 것과 그 후손을 통하여 온 인류가 구원을 받을 것이라는 사실, 그리고 더 나아가서는 그 후손들이 하늘의 별처럼 많을 것이라는 사실에 대한 믿음이다. 이 후손에 대한 믿음에는 하나님께서 장차 이 땅에 보내실 그 아들(아브람의 후손)에 대한 믿음이 포함되어 있다.

아브람의 믿음에 대해서 하나님은 "이를 그의 의로 여기시고"로 응답하신다. 하나님이 그를 의인으로 간주하셨다는 것이다. 바울은 이 사실에서 아브람이 믿음으로 말미암아 의롭다 함을 받았다고 증거하고 있다(롬 4장을 보라). 아브람은 여기서 의롭다 함을 받고 약 13년 후에 할례를 받으라는 명령을 받은 뒤 그와 온 가족이 할례를 받는다(창 17장). 할례는 믿음으로 말미암아 의롭다 함을 받은 사실을 인친 것이다(롬 4:9 이하).

그러므로 사람이 하나님 앞에서 의롭다 함을 받는 것은 할례를 통해서가 아니고 믿음으로 말미암아 된다. 따라서 하나님 앞에서 중요한 것은 할례를 받았느냐 받지 않았느냐가 아니라, 하나님을 믿는 믿음이다. 구약성경에 믿음으로 의롭다 함을 받는다는 사실을 기록하고 있는 첫 번째 본문이 이 곳이다. 신약 시대나 구약 시대나 사람이 하나님 앞에서 의롭다 함을 받는 것은 믿음을 통해서, 즉 그리스도를 믿는 믿음을 통해서다. 구약의 성도들도 신약의 성도들처럼 믿음으로 말미암아 의롭다 함을 받는다.

그러나 다른 한편, 히브리서 저자는 아브람이 믿음으로 말미암아 갈대아 우르에서 말씀에 순종하여 나왔다고 기록하고 있다. "믿음으로 아브라함은 부르심을 받았을 때에 순종하여 장래 기업으로 받을 땅에 나갈새 갈 바를 알지 못하고 나갔으며 믿음으로 저가 외방에 있는 것같이 약속하신 땅에 우거하여 동일한 약속을 유업으로 함께 받은 이삭과 야곱으로 더불어 장막에 거하였으니 이는 하나님의 경영하시고 지으실 터가 있는 성을 바랐음이니라"(히 11:8-10). 그렇다면 아브람의 믿음은 갈대아 우르에서 나왔을 때부터 있었다. 다른 한편, 야고보는 아브람이 이삭을 드림으로, 즉 행함으로 의롭다 함을 받았다고 말하고 있다(약 2:21).

히브리서 저자와 로마서에서의 바울의 평가 그리고 야고보의 해석의 차이점을 어떻게 해석해야 하는가? 아브람이 갈대아 우르를 떠난 것은 분명히 하나님을 믿는 믿음이 있었기 때문이다. 아브람은 그동안 하나님의 함께 하심과 보호를 경험하면서 살아왔다. 이제 또다시 아들이 없는 상황에서 그의 후손이 하늘의 별처럼 많아질 것이라는 하나님의 말씀을 믿음으로 받아들였다. 아브람의 믿음은 갈대아 우르에서 하나님의 말씀을 들음으로부터 출발하여 창세기 15장에서 꽃이 피었으며, 22장에서 이삭을 드림으로 믿음의 열매가 맺혔던 것이다(약 2:21).

아브람의 믿음은 바랄 수 없는 중에 바라고 믿는 믿음이었다(롬 4:18). 그의 믿음으로 아브람에게 주신 하나님의 약속의 말씀은 분명히 이루어질 것이었다. 이제 또다시 하나님은 그의 후손들이 거할 땅을 약속하신다. "나는 이 땅을 네게 주어 업을 삼게 하려고 너를 갈대아 우르에서 이끌어 낸(הוֹצֵאתִיךָ, 어근은 יָצָא) 여호와로라"(7절).

하나님께서 아브람을 갈대아 우르에서 불러내신 것은 가나안 땅을 아브람과 그의 후손에게 주시려는 목적에서였다. '이끌어 낸'이란 단어 야차(יָצָא)가 15:15에서 다시 나타난다. 이 단어는 또다시 출애굽기 20:2에서 나타난다. "나는 너를 애굽 땅 종 되었던 집에서 인도하여 낸(יָצָא) 너의 하나님 여호와로라." 그러므로 출애굽 사건은 아브람의 바벨론 탈출과 평행을 이루는 사건이다. 하나님이 아브람을 갈대아 우르(바벨론)에서 불러내셨던 것처럼, 하나님께서 이스라엘 백성들을 애굽으로부터 이끌어 내셨던 것이다. 그러므로 바벨론과 애굽은 모두 세상의 상징인 것이다(참고. 계 18:2 이하).

4) 언약 체결

아브람은 “나는 이 땅을 네게 주어 업을 삼게 하려고 너를 갈대아 우르에서 이끌어 낸 여호와로라”는 하나님의 말씀을 확인하고 싶었다. 그래서 또다시 “주 여호와여 내가 이 땅으로 업을 삼을 줄을 무엇으로 알리이까?”라고 묻는다. 그리고 하나님은 다시 다음과 같이 응답하신다. “여호와께서 그에게 이르시되 나를 위하여 삼 년 된 암소와 삼 년 된 암염소와 삼 년 된 숫양과 산비둘기와 집비둘기 새끼를 취할지니라”(9절). 이 말씀은 하나님과 아브람 사이에 언약을 체결하자는 뜻이었다. 곧 언약을 체결함으로 그 약속을 확실하게 하시겠다는 뜻이다.

고대 근동에는 두 종류의 언약이 있었다. 그 하나는 동등한 양자간의 언약이고, 다른 하나는 종주와 봉신 간의 언약이다. 성경에도 이 두 언약이 모두 나타난다. 종주와 봉신 간의 언약에 해당하는 것은 하나님과 아브람의 언약, 하나님과 이스라엘 백성의 시내산 언약, 다윗 언약 등이다. 동등한 양자간의 언약은 아비멜렉과 이삭의 언약(창 26:26-33), 라반과 야곱 사이의 언약(창 32:43-55) 등이다.

고대 근동에서는 양자간에 언약을 체결할 때 짐승을 쪼개고, 언약 맺을 당사자가 함께 그 쪼개진 짐승 사이를 지나간다. 그렇게 함으로써 양자는 서로간에 언약 관계에 들어가게 된다. 짐승을 둘로 쪼개고 그 사이를 지나간다는 것은 반드시 자기가 서약한 내용을 이행한다는 맹세의 표시다. 이러한 행동의 배후에는 “내가 약속한 이 언약의 조건들을 행하지 않으면 내 몸이 이 짐승처럼 쪼개어질 것이다”라는 맹세가 들어 있다.

짐승을 준비하라는 하나님의 명령이 무엇을 의미하는지를 이해한 아브람은 당시의 언약의 관습에 따라 짐승을 준비하고 그것들의 중간을 쪼갰다. “중간을 쪼개고 쪼갠 것을 마주 대하여 놓고….” 그러나 그 새는 쪼개지 않았다. 어떤 사람은 아브람이 새도 쪼개 놓아야 했는데 그렇게 하지 않았기 때문에, 아브람의 후손들(이스라엘 백성들)이 이방에서 객이 되고 애굽에서 400년 간을 압제당할 것이라는 하나님의 저주를 받게 되었다고 해석한다. 그러나 이러한 해석은 성경의 근거가 없을 뿐만 아니라 본 문맥과 전혀 어울리지 않고, 신학적으로도 옳지 않은 해석이다. 레위 제사를 통하여 볼 때, 새는 작은 짐승이므로 쪼갤 필요가 없기 때문이다(레 1:14-17).

11절에는 두려운 장면이 기록되어 있다. “솔개가 그 사체 위에 내릴 때에는 아브람이 쫓았더라.” 본 11절은 언약 파기자의 비참한 운명을 보여준다. 언약체가 되는 쪼개진 짐승을 새가 먹어 버릴 경우에 하나님과 아브람 사이의 언약은 체결되지 못하고 수포로 돌아간다. 그래서 그 언약체를 솔개가 먹으려고 내려왔을 때 아브람이 새를 쫓았던 것이다. 그리하여 결국 하나님과 아브람 사이에 언약이 이루어졌다. 만일 솔개가 그 언약 제물을 먹었다면 그 언약은 성립될 수가 없었을 것이다. 솔개가 먹는다 함은 곧 하나님과 언약이 이루어지지 못한다는 사실을 의미하는 것이다.

그 언약이 체결되지 않는다면 아브람의 후손들에게 땅에 대한 약속은 이루어질 가망이 없다. 언약을 체결하지 못하면 아브람의 후손들은 땅이 없이 나그네로 방황하다가, 죽은 다음에는 정상적으로 땅에 묻히지 못하고 시체가 거리나 야산에 버려져 짐승이 새에게 먹힘같이 저주받은 죽음을 맞이하게 된다는 것을 상징적으로 보여 주는 것이다. 언약을 파기할 시 언약 파기자는 쪼개어지는 것으로 그치지 않고 공중의 새에게 먹힘을 당할 것이다. 이것은 저주의 죽음, 지옥 형벌을 상징한다. 구약성경은 여러 차례에 걸쳐서 하나님의 말씀에 불순종하고 언약에 불충성한 자들에게 아브람 언약 당시의 표현 방식으로 저주를 내린다.

> 신 28:26, "네 시체가 공중의 모든 새와 땅 짐승들의 밥이 될 것이나 그것들을 쫓아 줄 자가 없을 것이며."
> 왕상 14:11, "여로보암에게 속한 자가 성에서 죽은즉 개가 먹고 들에서 죽은즉 공중의 새가 먹으리니 이는 여호와가 말하였음이니라 하셨나니."
> 왕상 16:4, "바아사에게 속한 자가 성읍에서 죽은즉 개가 먹고 들에서 죽은즉 공중의 새가 먹으리라 하셨더라."
> 왕상 21:24, "아합에게 속한 자로서 성읍에서 죽은 자는 개들이 먹고 들에서 죽은 자는 공중의 새가 먹으리라 하셨느니라 하니."
> 왕하 9:10, "이스르엘 지방에서 개들이 이세벨을 먹으리니 저를 장사할 사람이 없으리라 하셨느니라 하고 곧 문을 열고 도망하니라."
> 렘 7:33, "이 백성의 시체가 공중의 새와 땅 짐승의 밥이 될 것이나 그것을 쫓을 자가 없을 것이라."

한편 예레미야 34장을 보면 유다의 마지막 왕 시드기야는 노예 해방의 언약을 백성들과 더불어 하나님 앞에서 세웠다. 시드기야가 노예 해방의 언약을 세운 이유는 유다 나라가 심히 위태로운 상태에 있었으므로 뒤늦게나마 하나님 앞에 신실한 국가로 서기 위함이었다. 그리고 특별히 노예 해방의 언약을 새롭게 세운 것은 출애굽기 20-24장에 있는 언약 조항 가운데서(특히 21장) 백성들간의 율례의 첫 번째가 노예 해방의 율례였기 때문이다. 시드기야 왕과 방백들 모두가 이 언약을 이행하기로 굳게 맹세하고, 왕과 방백들 그리고 백성의 대표들이 쪼갠 고기 사이로 지나갔다.

그러나 얼마 후에 백성들은 스스로 세운 그 언약을 파기했다(렘

34:11). 즉 놓아 주었던 노비를 다시 끌어와서 노비를 삼았던 것이다. 그래서 하나님의 심판의 말씀이 예레미야에게 임했다. 34:13-22을 보라.

> "이스라엘 하나님 나 여호와가 이같이 말하노라 내가 너희 선조를 애굽 땅 종 되었던 집에서 인도하여 낼 때에 그들과 언약을 세워 이르기를 너희 형제 히브리 사람이 네게 팔렸거든 칠 년 만에 너희는 각기 놓으라 그가 육 년을 너를 섬겼은 즉 그를 놓아 자유케 할지니라 하였으나 너희 선조가 나를 듣지 아니하며 귀를 기울이지도 아니하였느니라 그러나 너희는 이제 돌이켜 내 목전에 정당히 행하여 각기 이웃에게 자유를 선언하되 내 이름으로 일컬음을 받는 집에서 내 앞에서 언약을 세웠거늘 너희가 뜻을 변하여 내 이름을 더럽히고 각기 놓아 그들의 마음대로 자유케 하였던 노비를 끌어다가 다시 너희에게 복종시켜서 너희 노비를 삼았도다 그러므로 나 여호와가 이같이 말하노라 너희가 나를 듣지 아니하고 각기 형제와 이웃에게 자유를 선언한 것을 실행치 아니하였은즉 내가 너희에게 자유를 선언하여 너희를 칼과 염병과 기근에 붙이리라 나 여호와의 말이니라 내가 너희를 세계 열방 중에 흩어지게 할 것이며 송아지를 둘에 쪼개고 그 두 사이로 지나서 내 앞에 언약을 세우고 그 말을 실행치 아니하여 내 언약을 범한 너희를 곧 쪼갠 송아지 사이로 지난 유다 방백들과 예루살렘 방백들과 환관들과 제사장들과 이 땅 모든 백성을 내가 너희 원수의 손과 너희 생명을 찾는 자의 손에 붙이리니 너희 시체가 공중의 새들과 땅 짐승의 식물이 될 것이며 또 내가 유다 왕 시드기야와 그 방백들을 그 원수의 손과 그 생명을 찾는 자의 손과 너희에게서 떠나간 바벨론 왕의 군대의 손에 붙이리라."

그들도 하나님처럼 쪼갠 고기 사이로 지나갔었다(18, 19절). 이것은 피뿌림과 같은 의미를 지닌다(출 19-24장, 왕하 23장 참고). 그것은 곧 계약 파기자의 운명을 보여 주는 것이다(창 15:11). 계약 파기자는 그의 몸이 쪼개어질 뿐만 아니라 공중의 새들에게 먹히우는 것이다. 그러므로 스스로 쪼갠 고기 사이로 지나면서 언약을 지키리라는 맹세를 하고서도 그 언약을 지키지 못한 시드기야와 그 백성들에게 언약 파기자의 죽음을 맞이하게 될 것이라고 하나님은 예레미야를 통하여 저주를 내리신다. 과연 그 저주와 같이 유다 백성들은 바벨론의 침입을 받아 처참한 죽임을 당하고, 저들의 시체는 길거리와 야산에 버려져 공중의 새들과 땅의 들짐승들에게 먹힘을 당했다.

사실상 구약의 백성들은 하나님의 모세 언약 조항들을 한 사람도 지킬 수 없었는데, 따라서 저들에게는 저주만이 남게 되었다. 그러나 한편 아브람의 언약을 볼 때 오직 하나님만이 쪼갠 고기 사이로 지나가셨으며, 그러므로 인간이 받아야 할 모든 저주를 하나님이 친히 떠맡으시겠다는 의도가 들어 있다. 특히 땅 및 후손과의 언약과 관련되어 그러하다.

아브람 언약 체결은 신약의 언약 체결과 깊은 연관성을 가지고 있다. 먼저 마태복음 26:28(눅 22:26)을 보면 예수 그리스도께서 제자들과 언약을 체결하신 사실을 기록하고 있다. 예수께서는 성만찬석에서 "이것은 죄사함을 얻게 하려고 많은 사람을 위하여 흘리는 바 나의 피 곧 언약의 피니라"고 말씀하셨다(마 26:28).

성만찬식은 주님이 제자들과 맺으시는 새 언약 체결 의식이었다. 예수께서는 제자들과 언약을 체결하시고, 그 실제 체결은 십자가에서 죽으심으로써 하셨다. 그 죽음은 많은 사람을 위하여 흘리는 죽음이었다. 예수님의 십자가에 달려 죽으심은 저주의 죽음이었다. "사람이 만일 죽을 죄를 범하므로 네가 그를 죽여 나무 위에 달거든 그 시체를 나무 위에 밤새도록 두지 말고 당일에 장사하여 네 하나님 여호와께서 네게 기업으로 주시는 땅을 더럽히지 말라 나무에 달린 자는 하나님께 저주를 받았음이니라"(신 21:22, 23).

예수께서 많은 이적을 행하시고, 말씀을 바르게 가르쳐 주시고, 그래서 백성들이 예수님을 메시아로 믿고 따르자, 대제사장들을 위시한 종교 지도자들은 예수를 죽이기 위하여 모의를 했는데, 그것이 십자가에 처형하도록 하자는 것이었다. 제사장들은 주님을 나무 위에서 죽게 함으로써 주님의 죽음이 많은 이에게 저주의 죽음이었음을 알게 하고, 또 그를 메시아로 믿고 따르지 못하게 하려는 의도에서 십자가에서 죽이도록 고집했었다. "사형을 당하여 저주의 죽음을 받은 자가 어떻게 메시아가 될 수 있는가? 그러므로 저주받은 예수는 메시아가 아니다"라는 논리를 만들어 내기 위하여 예수를 십자가에서 죽이도록 모의한 것이다.

대제사장들의 모의는 지극히 간교한 것이었다. 그러나 하나님은 창세 전부터 예수를 그 저주의 죽음으로 죽으시도록 계획하셨고, 그 저주의 죽음을 통하여 온 인류의 저주를 대신 받음으로써 온 인류의 죄가 사함 받도록 계획하셨다. 대제사장들의 간교한 계획은 이러한 하나님의 계획의 시행을 돕는 행위였다.

히브리서 9:15-20에서는[18] 예수님이 체결하신 언약에 대해서 다음과 같이 기록하고 있다.

> "[15]이를 인하여 그는 새 언약의 중보니 이는 첫 언약 때에 범한 죄를 속하려고 죽으사 부르심을 입은 자로 하여금 영원한 기업의 약속을 얻게 하려 하심이니라 [16]유언은 유언한 자가 죽어야 되나니 [17]유언은 그 사람이 죽은 후에야 견고한즉 유언한 자가 살았을 때에는 언제든지 효력이 없느니라 [18]이러므로 첫 언약도 피 없이 세운 것이 아니니 [19]모세가 율법대로 모든 계명을 온 백성에게 말한 후에 송아지와 염소의 피와 및 물과 붉은 양털과 우슬초를 취하여 그 책과 온 백성에게 뿌려 [20]이르되 이는 하나님이 너희에게 명하신 언약의 피라 하고."

히브리서 저자는 예수 그리스도를 가리켜서 새 언약의 중보라고 말

18) 이 본문의 해석에 대해서는 팔마 로벗슨, 예약신학과 그리스도, 김의원 역, 기독교문서선교회에서 참고한 것임.

씀하고 있다. 다시 말해서 하나님과 그 백성 사이에 언약이 체결되도록 친히 희생당한 언약체가 되셨다는 것이다. 구약 시대에 언약체가 되는 동물이 쪼개어지고 죽음으로써 양자간에 언약이 성립되었던 것처럼, 예수께서도 십자가에서 죽으심으로써 하나님과 그 백성 사이에 언약이 체결되었다는 것이다.

15절에서는 예수께서는 첫 언약 때에 범한 죄를 속하려고 죽으셨다고 기록하고 있다. 첫 언약은 모세 언약을 가리킨다. 모세 언약을 체결한 백성들은 율법의 조항들을 이행하지 못했다. 그래서 피 뿌리는 의식이 보여 준 바와 같이 피를 흘리고 죽어야 할(멸망 받아야 할) 운명에 처하게 되었다. 이 첫 언약은 이스라엘 백성들에게만 해당되는 것이 아니다. 하나님의 율법은 온 인류가 지켜야 할 하나님의 뜻이기 때문이다. 따라서 온 인류도 저주의 죽음을 죽어야 할 운명을 면할 수 없게 되었다. 그러나 그리스도께서 그 언약을 범한 백성들의 죄를 속하기 위하여(덮기 위하여) 대신 죽으신 것이다.

위의 히브리서 본문 15-17절에서 언약과 유언으로 번역된 단어는 모두 헬라어 디아데케(*διαθηκη*)를 번역한 것이다. 개역성경은 15절에서 이 단어를 언약으로 번역했는데, 갑자기 "유언은 유언한 자가 죽어야 되나니"라는 말씀이 뒤따라 나온다. 무엇 때문에 같은 단어가 언약이 아닌 유언이란 단어로 번역되었는지 얼른 이해가 안 간다. 앞에서도 말한 바와 같이 '유언'이란 헬라어로 디아데케(*διαθηκη*)라는 단어다. 이 단어는 '유언'을 의미하며, 또한 '언약'을 의미하기도 한다.

구약성경을 헬라어로 번역한 사람들은 구약성경에 나오는 언약(בְּרִית, 베리트)이란 단어를 번역하면서 고심을 했다. 왜냐하면 베리트는 하나님께서 인간과 체결하시는 일방적인 언약을 의미했기 때문이다. 당시 헬라어에는 언약이라는 의미를 가진 단어가 둘이 있었는데, 그 하나는 쉰데케(συνθηκη)였고, 다른 하나는 디아데케(διαθηκη)였다. 70인경 번역자들은 구약성경의 베리트(בְּרִית)에 해당하는 단어를 선택하는 가운데, 동등한 입장에서 체결하는 언약을 의미하는 쉰데케(συνθηκη)를 택하지 않고 일방적인 언약의 의미를 가진 디아데케(διαθηκη)를 택했다. 그래서 70인경에서는 구약성경의 베리트(בְּרִית)가 디아데케(διαθηκη)로 번역되었다.

그러나 여기서 문제가 나타나게 되었다. 디아데케(διαθηκη)는 비록 일방적인 언약을 의미하기는 하지만, 이 단어 속에는 유언이라는 의미가 더 강하게 들어 있기 때문이다. 그래서 이 단어 디아데케(διαθηκη)는 다른 번역본들 가운데서 유언(testament; 이 영어 단어에도 유언이라는 의미가 들어 있음)으로 번역되어 하나님의 언약을 말하고 있는 언약의 의미를 왜곡시키게 되었다.

그렇다면 과연 현대의 역본들 혹은 한글 개역성경이 16절과 17절에서 유언으로 번역한 그 번역이 옳은지를 살펴보는 것이 좋겠다.

(1) 죽음과 유언의 관계를 보자면, 유언자의 죽음은 그의 유언 내용을 효력 있게 한다. 죽음으로써 그 유언은 효력을 갖는다.

(2) 죽음과 언약의 관계에서 볼 때, 언약 파기자의 죽음은 언약을 세울 때 상징적으로 나타나 있다. 그리고 죽음의 서약이 없이는 언약이 수립되지 않는다. 언약 파기자의 죽음은 그 죽음 심판이 이루어질 때 그 역사적 실현이 이루어진다. 일단 계약이 이루어지면 그 계약을 파기했을 경우에 죽음은 불가피하다.

그러므로 죽음은 유언을 활성화시키고, 또한 죽음은 언약을 세우고 입증한다.

이제 히브리서의 본문으로 돌아가서, 히브리서 9:15에서 저자는 "첫 언약에서 범한 죄를 사하기 위하여 죽음이 일어났다"고 말하고 있다. 모세 언약을 파기한 모든 자를 위해서 범한 죄의 결과(저주)를 백성이 받지 않도록, 예수께서는 온 인류를 대신하여 죄를 짊어지고 죽으셨다.

그러나 유언자의 죽음은 그의 유언에 의해서 범한 죄를 없애 주지 못한다. 또 유언자의 죽음이란 것은 대신해서 죽는 죽음이 아니다. 그런데 그리스도의 언약적 죽음은 대신해서 죽는 죽음이다. 그래서 그리스도의 죽음은 첫 언약(모세 언약)의 파괴로 인한 저주로부터의 구원을 제공하는 것이다. 따라서 히브리서 9:15의 디아데케(*διαθηκη*)는 분명히 유언이 아니라 언약이다. 그러므로 15절은 올바르게 번역되었다.

그렇다면 히브리서 9:16, 17의 디아데케(*διαθηκη*)는 어떤 의미를 가지고 있는가? 히브리서 9:16 본문은 다음과 같다.

οπου γαρ διαθηκη θανατον αναγκη φερεσθαι του διαθημηνου

For where a covenant(is) the death of him covenanting must be offered.

(사역) 언약이 있는 곳에는 언약하는 자의 죽음이 제공되어야 한다.

(개역) 유언은 유언한 자가 죽어야 되나니

그리고 히브리서 9:17 본문은 다음과 같다.

διαθηκη γαρ επι νεκροις βεβαια, επει με ποτε ισκυει οτε ζη ο διαθεμενος

for a covenant is affirmed over(those) dead, since it never has force when he covenanting is living.

(사역) 이는 언약이 죽음 위에서 견고히 되기 때문이다. 그렇지 않고 언약한 자가 살았을 때에는 결코 효력이 없다.

(개역) 유언은 그 사람이 죽은 후에야 견고한즉 유언한 자가 살았을 때에는 언제든지 효력이 없느니라.

이러한 개역성경의 번역문을 따라 본문을 유언으로 읽을 경우에 문맥이 깨어지고, 그 의미를 이해하기 어렵게 된다.

신약에서 디아데케($\delta\iota\alpha\theta\eta\kappa\eta$)는 모두 32회 사용된다. 그 중에서 갈라디아서 3:15(유언, 언약 모두 번역이 가능함)만 제외하고는 모두 언약의 의미로 사용되었다. 갈라디아서 3:15도 사실상 언약으로 번역이 가능하다. 그 곳에서 한글 개역성경은 언약으로 번역했는데, 이것은 옳은 번역이다.

그러므로 전체 문맥을 보면 유언이라는 단어를 언약으로 번역해야 문맥이 이해하기 쉽고 또 그 뜻이 잘 통한다. 유언이라고 되어 있는 단어를 모두 언약으로 고쳐서 다시 읽어 보자. "[15]이를 인하여 그는 새 언약의 중보니 이는 첫 언약 때에 범한 죄를 속하려고 죽으사 부르심을 입은 자로 하여금 영원한 기업의 약속을 얻게 하려 하심이니라 [16]언약은 언약체가 죽어야 되나니 [17]언약은 그 사람이 죽은 후에야 견고한즉(확고하게 된즉) 언약체가 살았을 때에는 언제든지 효력이 없느니라 [18]이러므로 첫 언약도 피 없이 세운 것이 아니니 [19]모세가 율법대로 모든 계명을 온 백성에게 말한 후에 송아지와 염소의 피와 및 물과 붉은 양털과 우슬초를 취하여 그 책과 온 백성에게 뿌려 [20]이르되 이는 하나님이 너희에게 명하신 언약의 피라 하고."

본문에서 히브리서 기자는 그리스도께서 (1) 옛 언약 때에 범한 죄를 속하기 위하여 죽으셨고, (2) 동시에 새 언약을 세우기 위해 새 언약의 언약체로서 희생당하셨다는 것을 강조하고자 이 말씀을 하고 있다. 15절의 "그는 새 언약의 중보니"라는 문구가 이를 증거한다. 아브람 언약 체결 때처럼 하나님 자신이신 그리스도께서 육신이 되시고 홀로 희생을 당하심으로써 자기 백성과 언약을 체결하시고 자기 백성을 구원하시며 그 백성으로 하여금 천국을 기업으로 받게 하셨다. 이것은 전적으로 하나님께서 홀로 행하신 일이었다.

그래서 아브라함 언약에서 하나님이 홀로 쪼갠 고기 사이로 지나가셨던 것처럼, 새 언약에서도 인간들이 지은 죄까지 하나님 자신이 떠맡으시고 인류를 대신하여 홀로 저주 희생을 당하신 것이다. 하나님은 스스로 속죄 사역을 이루시고 인간들에게 죄사함과 구원을 선사하셨다. 그러므로 아브람 언약 체결 과정에서 우리는 장차 우리를 대신해서 희생을 당하실 그리스도의 희생을 보게 된다.

그 쪼갠 고기 사이로 횃불이 지나갔다. 이것은 하나님께서 타는 횃불의 모습으로 나타나셔서 홀로 지나가심으로써 언약을 체결하셨다는 것이다. 쪼갠 고기 사이로 지나갔다는 사실은 앞에서도 설명했거니와 언약을 파기했을 시는 쪼개진 동물처럼 자신이 쪼개어져도 좋다는 하나의 서약 행위였다. 하나님께서 이러한 저주의 맹세를 하시면서 스스로 이 언약에 자신을 속박하신 것이다. 다시 말해서 하나님께서는 스스로 언약 체결을 하시면서 틀림없이 아브람과 그의 후손들에게 가나안 땅을 주실 것이라고 약속하셨다.

하나님과 아브람 사이에 맺은 언약은 양방간에 맺어진 언약이라고 할지라도, 하나님께서 일방적으로 약속하신 것이고 또 하나님 자신이 언약한 내용을 그분 자신이 친히 지키실 것이므로 (아브람은 지킬 필요가 없다. 다만 하나님의 약속이므로 하나님이 지키시면 되는 것이다) 홀로 지나가신 것이다. 하나님께서는 자기의 사심을 가리켜 맹세하신 것이며, 거짓말하지 못하시는 이가 자기의 사심을 두고 맹세한 것이므로 반드시 무슨 일이 있어도 아브람과 하신 약속을 지키시리라는 것이다. 그렇게 하여 그 날에 하나님과 아브람 사이에 언약이 성립되었다. 그리고 그 땅을 주실 것임과 더불어 그 땅의 범위를 가르쳐 주신다: 아브람의 후손들이 점령할 지역은 애굽 강과 유브라데 강 사이, 곧 가나안의 일곱 족속의 땅이다.

그러나 하나님은 아브람에게 그의 자손이 이방에서 객이 되어 그들을 섬기다가 400년 후에 큰 재물을 이끌고 나올 것이며, 아브람은 장수하다가 평안히 죽을 것임을 말씀해 주셨다. 아브람의 자손이 400년간 이방에서 객이 되고 이방인을 섬기다가 그 후에야 애굽으로부터 나와서 가나안 땅에 정착하게 될 것인데, 그 이유는 아모리 족속의 죄악이 아직 관영치 않았기(כִּי לֹא־שָׁלֵם, for is shall not complete) 때문이다. 즉 아직 그들의 죄악이 극(완전)에 도달하지 않았기 때문이다.

가나안 족속들은 당시에 그 땅에서 축출되어야 할 정도로 부패된 백성들이었다. 그러나 그러한 부패된 족속들 가운데서도 아모리 족속의 죄만은 아직 극에 도달하지 않은 상태에 있었다. 하나님은 이방인을 그들의 땅에서 축출하셔도 무조건 축출하지 않으신다. 이 때로부터 400년 후에 아모리인의 죄악도 극에 도달해서 하나님께서 그들을 가나안 땅에서 축출하시게 되기까지 이스라엘은 애굽에 내려가서 고난을 당하는 가운데 하나의 국가로 성장해야 했다.

그렇다면 무엇 때문에 이스라엘이 애굽에서 고난(압제)을 당해야 하는가? 그들이 하나의 땅을 소유하기 위해서는 먼저 나그네로서 정처 없는 생활을 해야 했다. 먼저는 가나안 땅에서, 그리고 그 다음에는 애굽에서 나그네 생활을 해야 했다. 그와 같이 성도들은 하늘의 본향을 얻기에 앞서 이 세상에서 정처 없는 생활, 그리고 고난을 당하는 생활을 해야 한다. 애굽에서 이스라엘의 압제는 이러한 의미를 가지고 있다. 또한 그들은 자유민으로서 살아가기에 앞서서 종살이를 해야 한다. 어린 시절에는 자녀임에도 불구하고 모두가 복종하여 순종하는 삶을 살아야 한다. 후사라 할지라도 어릴 때는 후견인 아래 있어야 하는 것이다(갈 4:2).

애굽인이 이스라엘을 압제할 것이라는 말씀은 불의한 자가 의로운 자를 압제한다는 원리에 따른 것이다. 이러한 미래의 사건이 이미 이스마엘이 이삭을 희롱한 사건에서 암시되었다. 이스마엘은 애굽 여인의 아들이었다. 그리고 이삭은 약속을 따라 난 자녀였다. 애굽 여종의 아들인 이스마엘이 자유한 여인의 아들인 이삭을 희롱하고 괴롭게 했던 것처럼, 후에도 애굽인들은 자유하는 여자의 후손들을 괴롭힐 것이다(참고. 갈 4:1-7).

16절의 '사 대만에'의 '대'(代)란 히브리어는 도르(דּוֹר)로서 시기, 세대, 거주(period, generation, dwelling)를 의미한다. 그러므로 이 단어는 일생을 의미할 수 있으므로 13절의 '사백 년만에'와 상충되지 않는다.[19)]

5) 아브람 언약의 내용

아브람 언약은 두 번에 걸쳐서 주어진 것처럼 보인다. 한 번은 창세

---

19) *BDB*, p. 189; 키드너, 창세기, p. 170.

기 15장에서, 다른 한 번은 창세기 17장에서이다. 이 두 번에 걸쳐서 나타나는 언약은 자세히 보면 같은 내용이다. 15장에서는 언약의 체결과 약속을(약속에 대한 하나님 자신의 맹세), 17장에서는 언약의 확인(언약 백성들이 기억하고 행해야 할 의무를 이행)을 하고 있다. 그러므로 15장에서는 하나님께서 자신이 주신 언약의 말씀에 대해 맹세하신다는 의미로 홀로 쪼갠 고기 사이로 지나가시고, 17장에서는 백성들이 하나님의 언약을 기억하고 있어야 하므로 그들이 몸에 할례를 받음으로써 그 표를 지니고 있어서 하나님의 언약이 성취되는 여부를 확인하도록 하고 있다. 이는 그 후손들로 하여금 하나님의 신실하심을 믿도록 하기 위함이었다.

> 창 17:4, "내가 너와 내 언약을 세우니(אֲנִי הִנֵּה בְרִיתִי אִתָּךְ, 보라, 나는 나의 언약을 너와 세우노라) 너는 열국(많은 국가들)의 아비가 될지라."

하나님이 아브라함과 언약을 맺는다는 표현이 17장에서 세 번이나 등장한다(2, 4, 7절). 노아 언약이 그러하듯, 아브라함 언약은 아브라함 혼자에게 주신 것이 아니다. 그것은 그와 그의 후손들에게 주어진 것이다. 특히 17:7을 보라. "내가 내 언약을 나와 너와 네 대대 후손의 사이에 세워서 영원한 언약을 삼고 너와 네 후손의 하나님이 되리라."

(1) 씨(זֶרַע)

하나님께서 아브라함과 약속하시고 언약을 체결하신 내용 중 그 첫 번째 것이 씨에 대한 약속이다. 이러한 씨에 대한 약속과 더불어 다른 약속들도 주어진다.

① 우리는 그 씨 약속과 더불어 어떤 약속들이 주어졌는지도 살펴

볼 필요가 있는데, 그것들은 다음과 같다.

㉠ 아브람의 씨가 가나안 땅을 소유할 것이다(창 13:14, 15; 15:16, 18-21; 17:8; 22:17; 26:3, 4; 28:4; 35:12; 48:4). 가나안 땅은 아브라함이 갈대아 우르 땅을 떠나서 주님이 지시할 땅으로 왔던 초창기부터 아브라함에게 줄 것이라는 암시가 되었었다. 그 땅은 아브라함에게 주어질 것이지만, 그의 후손들에게 온전히 주어질 것이다.

㉡ 그 씨(후손)의 수효가 방대해질 것이다(창 13:16; 15:5; 22:17; 26:4; 28:3; 35:11, 12; 48:4). 하늘의 별처럼 많아질 것이라는 언급이 몇 번 나타나 있다. 후손이 많다는 사실은 고대 근동 사람들에게는 축복의 상징이었다. 사실상 산아제한을 하고 있는 현대에도 그것은 같은 축복이다.

㉢ 그들 가운데서 왕들이 나올 것이다(창 17:6, 16). 아브라함의 후손 가운데서 온 세상을 다스리는 그 왕이 나타나실 뿐만 아니라, 수많은 왕(군주)들이 나올 것이다. 아브라함의 후손들은 왕 같은 지위를 차지할 것이다.

㉣ 주께서 그들의 하나님이 되실 것이다(창 17:7, 8). 이러한 언약은 이스라엘과 맺으신 언약에서도 수차례 반복되는 내용이다. 하나님께서 모든 인류의 하나님이 되실 것이지만, 특별히 아브라함의 후손들의 하나님이 되심으로써 그들을 보호하시고 공급하시고 인도하실 것이다.

㉤ 그 후손들은 다른 사람들의 복의 근원이 될 것이다(창 12:2; 22:18; 26:4). '복의 근원'이라는 문구의 의미에 대해서는 창세기 12:2을 참고하라.

이러한 하나님의 약속들은 아브라함을 부르신 초창기부터 줄곧 아브라함에게 주어진 것이었다. 또한 그 약속들은 이삭, 야곱에게 세습적으로 주어진다.

② 아브라함의 씨(후손)는 누구인가?

아브라함의 육신의 자녀들인 이스라엘 백성들은 대대로 자기들이 아브라함의 자손들이라고 생각하고 있었다. 저들은 할례 의식을 행하는 것으로 아브라함의 후손이 될 모든 조건이 충족되었다고 생각했다. 그러므로 저들은 변화되어야 할 필요성을 느끼지도 않았다. 자기들 스스로 아브라함의 친 자손이라는 생각을 가지고 있던 백성들을 향하여 세례 요한은 다음과 같이 외쳤다. "그러므로 회개에 합당한 열매를 맺고 속으로 아브라함이 우리 조상이라 말하지 말라 내가 너희에게 이르노니 하나님이 능히 이 돌들로도 아브라함의 자손이 되게 하시리라"(눅 3:8).

요한은 어떻게 이렇게 과감하게 외칠 수 있었는가? 창세기 17장을 세밀히 검토해 보면 아브라함의 씨가 육체적 후손의 범위를 넘어선 후손을 암시하고 있음을 보게 된다.[20]

㉠ 씨에 대한 축복은 아브라함의 여러 육체적 후손이 있는 중에서 오직 한 명에게만 주어졌다.

㉡ '아브라함의 씨'가 그의 육체적 후손들 이외의 사람들도 포함했다는 것이 창세기 17:5에 나타난다.

> 창 17:5, "이제 후로는 네 이름을 아브람이라 하지 아니하고 아브라함이라 하리니 이는 내가 너로 열국의 아비가 되게 함이니라."

하나님께서는 아브라함을 열국의 아비가 되도록 계획하셨다. 그래

---

20) 다니엘 P. 풀러, 성경의 일관성, 은성, 382, 3쪽.

서 하나님께서 아브라함과 언약을 맺으셨던 것이다. 하나님께서 언약의 말씀을 구체적으로 주시는 17장에서 아브라함과 그의 후손과 가속들이 할례를 받으라는 지시를 하기에 앞서서 아브람의 이름을 아브라함으로 바꿀 것이라고 말씀하신다. 그러므로 이스라엘 백성들은 할례를 행할 때 이름을 짓는다. 아브람이란 '높으신 아버지'란 뜻이다. 아브라함은 '열국의 아버지'란 뜻이다. 아브라함 즉 '열국의 아비'를 의미하는 그 이름 속에 함축되어 있는 뜻은 그의 육체적 후손들만이 아브라함의 자손이 된다는 의미가 아니라 모든 열국들 가운데 아브라함의 자손이 있을 것이라는 의미다. 열국들이 아브라함이 받는 축복에 참예한다는 것을 가리키는 것이다.

그러므로 아브라함의 자손은 육체적 후손들만을 가리키지 않는다. 그런데 이러한 뜻을 알지 못한 육신적 이스라엘 자손들은 자기들만이 아브라함의 자손들이라고 자랑하고 있었으므로, 요한은 그들이 회개하고 하나님이 보내실 자를 전적으로 믿어야 아브라함의 후손들이 될 것이라고 외친 것이다.

그럼에도 불구하고 아브라함의 자손의 핵심은 이삭이 될 것이다. 왜냐하면 아브라함의 축복을 열국에 가져다 줄 그 씨는 이삭을 통해서만 나타날 것이기 때문이다.[21] 따라서 열국 백성들은 아브라함의 축복을 나누어 받아 아브라함의 참 자손들에게 접붙임을 받은 후손들이 될 것이다.

㉢ 아브라함의 집에 소속된 종들도 언약의 표징으로 할례를 받도록 했다. 그렇게 하여 그들도 언약의 축복을 누릴 수 있도록 하셨다.

21) 이삭을 통하여 아브라함의 그 씨가 나올 것이지만, 그로 인한 축복은 모든 열국 백성들이 받을 것이라는 뜻이 들어 있다.

③ 신약에서 씨(후손)의 정체

외관상으로 볼 때, 구약에서는 씨가 아브라함의 혈통상의 후손으로 제한되어 있는 것으로 보인다(참고. 창 3:15, 15:4 등). 그러나 씨 개념이 신약에 와서는 더욱 분명하게 드러난다.

㉠ 우선적으로 그 씨는 아브라함의 혈통상의 후손을 가리킨다(눅 1:55; 요 8:33, 37; 행 7:5, 6; 히 11:18). 그 후손은 일차적으로 아브라함으로부터 이삭으로, 그리고 야곱으로 이어지는 혈통상의 후손을 가리켰다. 이스라엘 백성들은 하나의 공동체로서 자신들을 그 한 공동체 속에 속한 단일체로 생각했다.

아브라함의 씨를 단수로 취급하는 구절은 창세기 21:12이다. "하나님이 아브라함에게 이르시되 네 아이나 네 여종을 위하여 근심치 말고 사라가 네게 이른 말을 다 들으라 이삭에게서 나는 자라야 네 씨라 칭할 것임이니라"(단수).

이 구절을 인용하고 있는 갈라디아서 3:16은 창세기 21:12에서 사용된 단수형을 단일 공동체로 해석하지 않고 한 인격체로 해석한다. "이 약속들은 아브라함과 그 자손에게 말씀하신 것인데 여럿을 가리켜 그 자손들이라 하지 아니하시고 오직 하나를 가리켜 네 자손이라 하셨으니 곧 그리스도라."

그러므로 이 씨는 예수 그리스도이시다(마 1:1; 행 3:25, 26; 갈 3:16). 동시에 하나님 자신이신 예수 그리스도께서는 혈통상의 아브라함의 후손들과 먼저 새 언약을 체결하셨으며, 그래서 참 아브라함의 후손들은 아브라함의 육신의 후손으로부터 먼저 나타났다.

그리고 "그 이삭(씨)에게서 나는 자라야 네(아브라함) 씨(자손)라 칭할 것임이니라"는 말씀에 따라 예수 그리스도를 믿어 그리스도 안에 거하는 사람만이 진정한 아브라함의 단일체로서의 그 후손이 된다.

㉡ 이 씨는 앞에서 말한 바와 같이 온 열국 가운데 있는 그리스도를 믿는 신자들을 포함하고 있다.

갈라디아서 3:29을 보면 복수로서의 아브라함의 후손들이 나타나는데, 이는 그리스도를 믿는 신자들을 가리킨다. "너희가 그리스도께 속한 자면 곧 아브라함의 자손이요 약속대로 유업을 이을 자니라." 복수로서의 씨들도 아브라함 언약의 내용 가운데 이미 예고되어 있었다(창 15:5). "그를 이끌고 밖으로 나가 가라사대 하늘을 우러러 뭇별을 셀 수 있나 보라 또 그에게 이르시되 네 자손이 이와 같으리라."

> 창 32:12, "주께서 말씀하시기를 내가 정녕 네게 은혜를 베풀어 네 씨로 바다의 셀 수 없는 모래와 같이 많게 하리라 하셨나이다"(복수).
>
> 창 48:4, "내게 이르시되 내가 너로 생육하게 하며 번성하게 하여 네게서 많은 백성이 나게 하고 내가 이 땅을 네 후손에게 주어 영원한 기업이 되게 하리라 하셨느니라"(복수).

그러므로 아브라함은 로마서 4:13-18에 의하면 우리(율법 아래 속한 유대인, 믿음 아래 속한 이방인)의 조상이다. 그래서 갈라디아서 3:7에서는 믿는 자들을 향하여 "믿음으로 말미암은 자들은 아브라함의 아들인 줄 알지어다"라고 선언하고 있다.

아브라함의 씨는 아브라함처럼 하나님을 신뢰하는 자들이라는 바울의 교리는, 이삭과 야곱에게 가장 중요했던 것이 하나님의 주권적 역사였다는 것에 대한 이해에서 나온 것이다.[22] 로마서 9:10-13에서 보는 대로 아브라함의 씨로 만드는 데 있어서 결정적 역할을 한 것은

22) 다니엘 풀러, 전게서, 384쪽.

하나님의 역사라는 것이다. 하나님 자신이 아브라함의 후손을 만드신다(참고. 눅 3:8).

"그러므로 회개에 합당한 열매를 맺고 속으로 아브라함이 우리 조상이라 말하지 말라 내가 너희에게 이르노니 하나님이 능히 이 돌들로도 아브라함의 자손이 되게 하시리라."

지금도 하나님께서는 자신이 미리 정하신 사람에게 성령을 부어 주셔서 회개하고 예수를 마음속에 모시도록 함으로써 아브라함의 후손을 만드신다. 이 참된 아브라함의 후손은 거듭난 사람들이다. 거듭난다는 말은 두 번 태어난다는 의미라기보다는 위로부터, 즉 하늘로부터 태어난다는 뜻이다. 이러한 새로 태어남에 대한 가르침을 사도 요한은 자기의 복음서에서 잘 표현했다. 아무리 아브라함의 육신의 자녀라고 할지라도, 그리고 아무리 율법에 충실할지라도 물과 성령으로 거듭나지 않으면 저는 아브라함의 후손이 될 수 없을 뿐만 아니라 하나님 나라를 볼 수도 없다(요 3:3, 5).

(2) 아브라함 언약의 두 번째 내용은 땅에 대한 약속이다.[23)]

① 땅은 약속을 통해서 주어졌는데, 특히 자손에 대한 약속과 함께 주어졌다.

창 12:1, "여호와께서 아브람에게 이르시되 너는 너의 본토 친척 아비 집을 떠나 내가 네게 지시할 땅으로 가라."

창 12:7, "여호와께서 아브람에게 나타나 가라사대 내가 이 땅을 네 자손에게 주리라 하신지라."

창 13:14-16, "롯이 아브람을 떠난 후에 여호와께서 아브람에게 이르시되 너는 눈을 들어 너 있는 곳에서 동서남북을 바라보라 보이는 땅을 내가 너와 네

23) 땅에 대한 이 부분은 엘머 A. 말텐스, 하나님의 계획, 김의원 역, 아가페 문화사, 1989, 140-163쪽으로부터 요약 정리하여 싣는다.

자손에게 주리니 영원히 이르리라."

창세기 15:18-21을 보면 땅을 주겠다고 하신 약속은 단순한 약속이 아니라 아브라함과의 언약 체결을 통하여 주어졌다. 그 언약은 씨에 대한 언약과 함께 주어졌다. 그러므로 땅은 그 씨와 긴밀하게 연결되어 있다. 만약 아브라함으로부터 그 씨(아브라함의 육신을 통하여 나타나는 후손)가 나타나지 않을 경우 아브라함에게 주어진 언약은 무용지물이 될 것이다. 그의 후손이 없다면 그 땅의 약속이 어떻게 이루어지겠는가? 그러므로 아브라함에게 후손을 얻는 것은 가장 중요한 문제였다. 그러나 여기서 아브라함은 실수를 범하게 된다. 땅이 하나님의 주권적인 방법으로 주어질 것처럼, 그 후손 역시 초자연적인 방법으로 주어질 것임을 미처 깨닫지 못했기 때문이다. 그래서 창세기 16장은 씨(후손)를 어떻게 얻느냐는 문제에 대해서 기록하고 있다.

창세기 17장에서 하나님은 다시 나타나셔서 중대한 말씀을 해주신다. 이 때는 아브라함이 99세 때였다. 즉 이삭을 사라의 태에 잉태할 시기였다. 그러므로 하나님은 먼저 그의 이름을 개명해 주신다. 그리고 언약을 세운다고 말씀해 주신다. 그분의 약속은 곧 언약의 말씀이기 때문에 하나님은 약속의 말씀을 해주시고 아브라함으로 하여금 그 언약을 체결했다는 증표로 할례를 행하도록 명령하신다(17:9-14).

7절은 아브라함과 그의 후손과 관련된 언약의 내용이다. "내가 내 언약을 나와 너와 네 대대 후손의 사이에 세워서 영원한 언약을 삼고 너와 네 후손의 하나님이 되리라."

그리고 8절은 가나안 땅을 줄 것이라는 언약의 내용이다. "내가 너와 네 후손에게 너의 우거하는 이 땅 곧 가나안 일경으로 주어 영원한 기업이 되게 하고 나는 그들의 하나님이 되리라.”

후손의 언약과 땅의 언약은 모두 영원한 언약으로 묘사되어 있다: ‘영원한 언약’(בְּרִית עוֹלָם 7절), ‘영원한 기업.’(אֲחֻזַּת עוֹלָם 8절).

※ 영원(עוֹלָם)에 대하여

영원(עוֹלָם)이란 어떤 의미를 가지고 있는가? 영원은 세 가지 의미를 가지고 있다.

(1) 시간의 연속성 또는 지속성을 의미한다.[24]

(2) 시기적으로 아주 멀거나 또는 이른 시기를 의미한다.

(3) 오래 전 또는 오랜 후를 가리킨다.

(1) 시간의 연속성 또는 지속성을 의미할 경우

전 1:4, “한 세대는 가고 한 세대는 오되 땅은 영원히 있도다.”

땅(הָאָרֶץ)과 영원(עוֹלָם)이 함께 등장한다. 땅은 영원히 존재한다(시 78:69; 104:5; 148:6). 인간은 가고 온다. 그러나 땅은 그대로 존재한다. 잠깐뿐인 인생이 보았을 때, 그 땅은 영원히 존재하는 것으로 보인다. 땅과 함께 시간은 영원히 고정되어 있다. 다만 그 정지된 시간 속에서 인생이 생각하는 시간의 흐름이 얼마간 지나면 인생은 시간 너머로 사라져 버린다. 인생은 시간 속으로 들어와 시간 너머로 사라져 버린다.

그런 면에서 볼 때, 인생은 풀과 다름이 없다(시 37:2; 90:5, 6; 103:15, 16). 인간이 풀과 같이 속히 시간 속에서 사라지는 것은 시공

24) K & B., p. 688.

간 속에 여호와의 기운이 불기 때문이다(사 40:6-8).[25] 땅은 공간이다. 그 공간 속에 시간이 나란히 존재한다. 따라서 이런 면에서 볼 때 시간은 공간적이라고 볼 수 있다. 공간적 시간 개념은 전도서 1:4; 이사야 40:6-8에 나타난다.

(2) 시기적으로 아주 멀거나 또는 이른 시기를 의미하는 경우, 혹은 오래 전 또는 오랜 후를 가리킬 경우

구약성경에서 영원(עוֹלָם)이란 단어는 과거와 미래를 교대해 가면서 사용되고 있다. 예를 들면 과거의 오랜 시기는 이사야 63:9, 11; 아모스 9:11; 미가 5:2(히. 5:1); 7:14; 말라기 3:4; 신명기 32:7; 이사야 44:7 등에 나타난다. 이 구절들에서 영원(עוֹלָם)은 과거에 경험된 사건이라 할지라도 그것이 셀 수 없는 오래 전의 일일 때 영원(עוֹלָם)이라고 했다.

영원(עוֹלָם)이 미래를 가리킬 경우에는 시간의 연속성을 나타낸다. 또는 끝없는 미래를 가리킨다. 그러므로 영원(עוֹלָם)은 과거와 미래를 모두 오가면서 묘사되고 있다. 인간의 기억이나 계산에 의해서 시간을 제한할 수는 없다. 인간의 기억은 한정되어 있어서 어느 정도의 시간 길이만 한정하고 계산할 뿐이다. 그러나 영원(עוֹלָם)은 인간의 시간 계산의 구역을 벗어난 부분이다.[26]

또한 영원(עוֹלָם)은 물질의 계속적인 존속(전 1:4; 시 78:69; 104:5; 148:6), 상태의 지속(사 25:2; 32:14; 렘 18:16; 25:9; 사 42:7; 시 81:16), 가문의 존속(시 49:12; 사 14:20; 삼상 13:13), 국가와의

25) 사 40:6-8에는 영원하신 하나님의 말씀과 유한한 인간이 대조되어 나타난다.
26) 종의 귀가 주인에 의하여 송곳으로 뚫렸을 경우(출 21:6; 신 15:17)에는 그가 살아 있는 모든 기간 동안 주인의 종이 된다. 즉 그에게 עוֹלָם은 그의 일평생을 의미한다(삼상 1:22).

관계 지속(겔 25:15; 35:15; 신 23:4)과 관련된다.

이와 같이 영원이란 인간이 계산할 수 없는 끊임없는 지속 기간을 의미한다. 그러나 특히 이 단어가 하나님에 대하여 사용될 때는 끝없는 기간을 가리킨다. 왜냐하면 하나님은 끝없이 영원히 존재하시는 분이기 때문이다.[27] 하나님은 시간을 초월하시는 분이다.

이스마엘은 하나님이 약속하신 가나안 땅을 소유하지 못할 것이다(17:18, 19). 그 땅을 소유할 사람은 이스마엘이 아닌 사라의 몸에서 태어난 아이로, 그 아이가 진정한 아브라함의 후손이요 아브라함의 약속을 포함한 기업을 상속할 아들이다. 그 아이에게 영원한 약속이 주어질 것이다. 영원한 약속이 그에게 주어진다는 것은 약속의 땅이 영원히 그에게 주어진다는 것이며, 또한 그와 그의 후손이 영원히 하나님의 백성이 된다는 것이다.

그런데 땅의 상속자는 불가능 속에서 탄생한다. 이삭이 하나님의 전능하신 역사에 의해서 태어나듯이 이삭과 그의 후손들 역시 전능하신 하나님의 이적적 역사에 의해서 그 땅을 소유할 것이다. 요컨대 그 땅의 소유는 전적으로 하나님의 손에 달려 있고, 또한 그분의 전능성

27) 하나님의 존재의 영원성: 창 21:33; 사 40:28; 신 32:40; 단 12:7; 출 3:15; 대하 33:7; 삼하 7:26; 대상 17:24; 시 72:19; 135:13; 89:53; 렘 31:3; 왕상 10:9 등. 하나님의 언약: 창 9:16; 17:7, 13, 19; 출 31:16; 레 24:8; 민 18:19; 삼하 23:5; 대상 16:17; 시 105:10; 사 24:5; 55:3; 61:8; 렘 32:40; 50:5; 겔 16:6; 37:26; 111:5; 삿 2:1; 출 31:17; 신 28:46. 하나님의 율법: 사 59:21; 시 119:16, 89; 144:152; 출 29:28; 30:21; 레 6:11, 15; 7:34; 10:5; 24 :9. 하나님의 약속들: 사 40:8; (다윗 언약) 삼하 7:13, 16(2), 25; 대상 17:12, 14, 23; 시 18:51; 삼하 22:51. 하나님과 그의 백성의 관계: 대상 29:18; 시 45:18; 85:6; 103:9.

에 달려 있다.

그러나 사라가 이삭을 낳은 후 땅을 소유하지 못한 상태에서 죽었다. 그리하여 아브라함은 자기의 죽은 자를 장사하기 위해 그 땅을 은 400세겔로 사야만 했다. 창세기 23:16-20(비교. 창 17:8)을 보라. "아브라함이 에브론의 말을 좇아 에브론이 헷 족속의 듣는 데서 말한 대로 상고의 통용하는 은 사백 세겔을 달아 에브론에게 주었더니 마므레 앞 막벨라에 있는 에브론의 밭을 바꾸어 그 속의 굴과 그 사방에 둘린 수목을 다 성문에 들어온 헷 족속 앞에서 아브라함의 소유로 정한지라 그 후에 아브라함이 그 아내 사라를 가나안 땅 마므레 앞 막벨라 밭 굴에 장사하였더라 (마므레는 곧 헤브론이라) 이와 같이 그 밭과 그 속의 굴을 헷 족속이 아브라함 소유 매장지로 정하였더라."

막벨라 굴은 아브라함과 그 후손들이 가나안 땅 전체를 완전히 소유하기 이전, 가나안 땅 전체에 대한 완전한 소유의 첫 열매였다. 아브라함은 장차 가나안 땅 전체가 자기의 소유(기업)가 될 것을 확신하고 그 땅의 일부를 샀을 것이다.

그 후 이삭의 결혼 기사에서 아브라함은 이삭의 신부감이 가나안으로 오고자 하지 않으면 이삭을 그 곳으로 데려가지 못하도록 못을 박았다. 아브라함은 그 땅이 하나님이 주신 땅이었음을 믿었기 때문이다. 그러므로 아브라함에게 땅 소유는 순전히 믿음에 의존한 것이었다.

창세기 26:3-4에서 하나님은 이삭에게 아브라함에게 주셨던 약속을 반복하시고 그 땅을 벗어나지 말도록 권고하신다. "이 땅에 유하면 내가 너와 함께 있어 네게 복을 주고 내가 이 모든 땅을 너와 네 자손에게 주리라 내가 네 아비 아브라함에게 맹세한 것을 이루어 네 자손을 하늘의 별과 같이 번성케 하며 이 모든 땅을 네 자손에게 주리니 네 자손을 인하여 천하 만민이 복을 받으리라." 이삭은 그 땅에 머물러야 한다. 만일 이삭이 그 땅에서 떠나가 다른 곳에 머무른다면 그 땅은 아브라함의 자손의 것이라는 소유권을 주장하기가 어려워질 것이다. 물론 그의 장자의 축복을 받은 야곱도 그 곳을 떠나지 말아야 한다.

그러나 후에 야곱은 땅 소유와 관련하여 위기를 맞는다. 그는 아버지 이삭이 거부이고 그 땅은 약속의 땅이건만 그 땅으로부터 아무것도 소유하지 못하고 도망을 가야 했다. 하지만 하나님은 도망가는 그에게 아브라함과 이삭에게 약속했던 그 땅을 주실 것을 약속하신다(창 28:3-4, 13-15; 35:9-12).

요셉은 그 땅에 큰 흉년이 들기 전에 애굽에 팔려 가 그 곳에서 총리가 되어 이스라엘 자손들이 거주할 땅을 확보하고 그들을 애굽에 머물러 살게 한다. 그러나 그 곳은 약속의 땅이 아니므로 언젠가는 나와야 하는 땅이다. 야곱은 이 사실을 언제나 기억하고 있었으므로 자신의 시신을 애굽에 장사하지 말고 가나안 땅의 선영(先塋)에 묻어 달라고 유언했다(창 47:29-30). 이러한 확신은 요셉에게도 있었다. 그 역시 이스라엘 자손이 출애굽할 것을 확신하고 출애굽하는 날 자기의 해골을 취하여 가서 선영에 장사해 주도록 유언했다. 그러므로 우리는 족장들에게서 땅에 대한 믿음과 소망을 발견할 수 있다.

한편, 그 땅을 소유하게 된 경위가 출애굽기로부터 시작하여 여호수아서에 기록되어 있다. 가나안 점령은 아브라함에게 약속하신 이러한 약속의 성취다(신 1:8; 6:10, 23). 가나안 땅의 경계는 창세기 15:18; 출애굽기 23:31; 민수기 34:1-10; 신명기 11:24; 여호수아 1:2-4

등에 나타난다. 그 곳의 경계는 애굽 강(홍해)에서 큰 강 유브라데까지, 그리고 서쪽으로는 지중해까지다.

그렇다면 이러한 가나안 땅의 정복이 여호수아 21:43-45에서 모두 성취되었는가? 다시 말해서 아브람에게 주신 약속이 여호수아를 통하여 모두 이루어졌는가?

> "여호와께서 이스라엘의 열조에게 맹세하사 주마 하신 온 땅을 이와 같이 이스라엘에게 다 주셨으므로 그들이 그것을 얻어 거기 거하였으며 여호와께서 그들의 사방에 안식을 주셨으되 그 열조에게 맹세하신 대로 하셨으므로 그 모든 대적이 그들을 당한 자가 하나도 없었으니 이는 여호와께서 그들의 모든 대적을 그들의 손에 붙이셨음이라 여호와께서 이스라엘 족속에게 말씀하신 선한 일이 하나도 남음이 없이 다 응하였더라."

엄밀한 의미에서 여호수아를 통하여 하나님이 약속하신 그 땅 전체를 소유한 것은 아니었다. 이스라엘이 여호수아의 지도하에서 얻은 땅은 아브람에게 약속하신 부분에 못 미치는 것이었다. 이 전 지역은 다윗 때에 와서야 점령하게 되었다. 다윗은 아브람 언약을 이루었다는 점에서 그리스도를 예표하는 인물이다. 다윗이 아브람에게 주신 약속의 땅을 모두 점령했다고 할지라도, 사실 신령하고 영원한 땅은 예수 그리스도에게 와서 아브람과 그의 후손에게 완전히 주어졌다.

② 땅은 하나님의 선물이다.

토지는 본래 여호와의 것이다. "토지를 영영히 팔지 말 것은 토지는 다 내 것임이라 너희는 나그네요 우거하는 자로서 나와 함께 있느니라"(레 25:23). 하나님께서는 그 모든 땅 가운데서 가장 중심이 되는 땅을 이스라엘에게 주셨다(출 6:8; 신 4:37, 38; 6:10, 11).

그러므로 이스라엘 백성들은 자기들 스스로의 힘으로 그 땅을 얻었다고 생각해서는 안 된다(신 8:17, 18). 오히려 그들은 그것을 소유할 자격이 없는 자들이었다(신 9:6). 그리고 그 땅을 차지할 만한 힘도 없었다. 그럼에도 불구하고 하나님께서는 자기의 기쁘신 뜻을 따라 가나안 일경을 이스라엘에게 주셨던 것이다.

③ 땅은 하나님의 축복을 상징한다.

이스라엘이 받을 땅이 젖과 꿀이 흐르는 땅으로 표현되었다(풍요). 오경의 다른 곳에서도 그와 같은 표현이 나타난다(출 3:8; 민 13:27; 신 6:3; 11:9). 또한 이스라엘이 땅을 소유한 사실을 안식을 얻는 것으로 표현했다(안식). 역시 오경의 다른 곳에서도 그와 같은 표현이 나타난다(신 12:9-10; 25:19; 수 21:43, 44). 이스라엘은 이러한 땅을 소유하여 풍요를 누릴 것이고, 안식을 얻어 평화롭게 살 것이다. 이것은 모두 하나님께서 그들에게 하사하신 것(선물)이었다.

④ 땅은 특별한 생활 양식을 요구한다.

민수기 35:34은 다음과 같이 말씀하고 있다. "너희는 너희 거하는 땅 곧 나의 거하는 땅을 더럽히지 말라 나 여호와가 이스라엘 자손 중에 거함이니라."

이스라엘이 거하는 그 땅은 곧 하나님이 거주하시는 곳이다. 왜냐하면 하나님께서 이스라엘과 언약을 세우시고 그들 중에 거하시기 때문이다. 그러므로 그 땅에서 여호와께 범죄하는 것은 곧 그 땅을 더럽히는 결과가 된다. 그 땅에서의 거주는 곧 그들과 하나님의 관계를 나타낸다. 만일 그 곳에서 범죄하여 그 땅을 더럽히면 그 땅이 그들을 토해 낼 것이다(신 9:4, 5). 그러므로 그 땅에 들어가서 그들은 하나님이 명하신 법도를 지켜야만 한다. 이스라엘이 지켜야 할 특별한 생활 양식에 대해서는 모세 언약 중 여러 법 조항 가운데 나타난다.

그렇지만 후에 이스라엘은 그 땅에서 지켜야 할 하나님의 법도를 지키지 못하고, 그 결과 바벨론 포로라는 위기를 맞게 된다. 이스라엘은 그 땅에서 살면서 그 땅을 소유하고 누리게 되는 법도를 지키지도 않았고 또 지킬 수도 없었다. 따라서 진정한 땅 소유는 그러한 방식을 가지고서는 소유하거나 누릴 수가 없었다. 하나님은 그의 약속의 신실성을 이행하기 위하여 그들을 추방하셨다가 다시금 그들에게 주시곤 했다.

바벨론 포로와 중간기 이스라엘의 역사와 주후 70년의 사건, 마사다 사건 등을 보라. 하나님께서는 아브람과의 언약을 신실하게 이행하셨기에 이스라엘에게 그 땅을 주셨던 것이다. 이 세상이 끝나는 그날까지 그리고 이스라엘이 그 어떠한 죄를 범했을지라도 하나님은 그들에게 그 땅(팔레스틴)을 소유하게 하실 것이다.

나아가서 그 땅(가나안 땅)은 영원한 복지(천국)에 대한 지상의 그림자였다. 이 땅에서 우리가 가진 땅이 없다고 해도 주님을 믿는 성도들(아브라함의 후손들)에게는 하나님이 약속하신 기업(천국)이 있다. 그래서 예수님께서는 전혀 다른 땅을 말씀하신다. “온유한 자는 복이 있나니 저희가 땅을 기업으로 받을 것임이요”(마 5:5). 땅은 전쟁이나 혹은 힘을 가지고 소유하는 것이 아니다. 하나님의 성품인 온유를 소유한 자가 땅을 소유한다.

또한 주님은 첫 음성에 “회개하라 천국이 가까왔느니라”(마 3:17; 막 1:14, 15)고 말씀하신다. 진정한 땅 소유는 하나님의 나라에 들어가는 것이다. 그 나라는 예수 그리스도께서 임재하신 곳이다. 그 곳이 진정한 약속의 땅이요, 풍요가 있는 곳이요, 천국의 안식을 누리는 곳이다. 구약에서도 그 땅은 하나님께서 이스라엘 백성들과 함께 거주하시는 곳이었다(레 25:23; 민 35:33, 34).

바울이 갈라디아 교회에게 하신 약속을 보라! 믿음을 소유하여 그리스도께 속한 자는 진정한 아브라함의 후손이요 약속을 소유한 사람으로서 약속대로 유업을 이을 자다(갈 3:29; 4:1-7). 성령으로 거듭난 사람은 하나님의 아들의 신분을 가진다. 그는 하나님의 나라(그 땅)를 현재 소유하고 있으니, 이는 하나님의 성령이 그의 속에 거하심으로 하나님의 임재 가운데 살고 있기 때문이다. 동시에 그는 장차 완전한 하나님의 나라에 들어가서 완전한 하나님의 임재 가운데 살 것이다.

계시록 21장을 읽어 보라!

> 계 21:1-4, "또 내가 새 하늘과 새 땅을 보니 처음 하늘과 처음 땅이 없어졌고 바다도 다시 있지 않더라 또 내가 보매 거룩한 성 새 예루살렘이 하나님께로부터 하늘에서 내려오니 그 예비한 것이 신부가 남편을 위하여 단장한 것 같더라 내가 들으니 보좌에서 큰 음성이 나서 가로되 보라 하나님의 장막이 사람들과 함께 있으매 하나님이 저희와 함께 거하시리니 저희는 하나님의 백성이 되고 하나님은 친히 저희와 함께 계셔서 모든 눈물을 그 눈에서 씻기시매 다시 사망이 없고 애통하는 것이나 곡하는 것이나 아픈 것이 다시 있지 아니하리니 처음 것들이 다 지나갔음이러라."

> 계 21:7, "이기는 자는 이것들을 유업으로 얻으리라 나는 저의 하나님이 되고 그는 내 아들이 되리라."

> 계 21:23-27, "그 성은 해나 달의 비췸이 쓸데 없으니 이는 하나님의 영광이 비취고 어린 양이 그 등이 되심이라 만국이 그 빛 가운데로 다니고 땅의 왕들이 자기 영광을 가지고 그리로 들어오리라. 성문들을 낮에 도무지 닫지 아니하리니 거기는 밤이 없음이라 사람들이 만국의 영광과 존귀를 가지고 그리로 들어오겠고 무엇이든지 속된 것이나 가증한 일 또는 거짓말 하는 자는 결코 그리로 들어오지 못하되 오직 어린 양의 생명책에 기록된 자들뿐이라."

(3) 아브라함 언약의 세 번째 내용은 "내가 너와 네 후손의 하나님이 되리라"(17:7)는 하나님의 약속이다.

이 하나님의 약속에는 적어도 네 가지의 내용이 함축되어 있다. ① 하나님께서 회복시키시리라는 것, ② 하나님께서 그와 그 후손과 교제하시리라는 것, ③ 하나님께서 아브라함과 그의 후손 가운데 임재하시리라는 것, ④ 그리고 하나님께서 아브라함과 그의 후손을 보호하시리라는 것이다. 하나님께서는 아브라함과 그의 후손에게 이러한 약속을 반드시 이행하실 것이다.

> 창 17:7, 8, "내가 내 언약을 나와 너와 네 대대 후손의 사이에 세워서 영원한 언약을 삼고 너와 네 후손의 하나님이 되리라 내가 너와 네 후손에게 너의 우거하는 이 땅 곧 가나안 일경으로 주어 영원한 기업이 되게 하고 나는 그들의 하나님이 되리라."

이것은 레위기 26:12에서 보다 완전한 형식으로 나타난다. "나는 너희 중에 행하여 너희 하나님이 되고 너희는 나의 백성이 될 것이니라."

이스라엘 백성이 하나님의 소유가 되고 제사장 나라가 되고, 또한 하나님이 이스라엘 백성의 하나님이 되시는 것은 아브라함 언약에 근거를 두고 있다.

하나님은 아브라함의 후손들인 이스라엘 백성들을 나의 백성이라고 말씀하신다. 다음 구절들을 보라.

> 출 3:7, "여호와께서 가라사대 내가 애굽에 있는 내 백성의 고통을 정녕히 보고 그들이 그 간역자로 인하여 부르짖음을 듣고 그 우고를 알고."
>
> 출 3:10, "이제 내가 너를 바로에게 보내어 너로 내 백성 이스라엘 자손을 애굽에서 인도하여 내게 하리라."
>
> 출 5:1, "그 후에 모세와 아론이 가서 바로에게 이르되 이스라엘 하나님 여호

와의 말씀에 내 백성을 보내라 그들이 광야에서 내 앞에 절기를 지킬 것이니라 하셨나이다."

출 6:7, "너희로 내 백성을 삼고 나는 너희 하나님이 되리니 나는 애굽 사람의 무거운 짐 밑에서 너희를 빼어낸 너희 하나님 여호와인 줄 너희가 알지라."

하나님은 이스라엘을 명실공히 자기의 이름으로 불릴 나라로 삼으려고 애굽에서 이끌어 내시고 시내산에서 율법을 주면서 그 언약의 말씀을 지키도록 하셨다. 하나님께서 아브라함의 후손인 이스라엘을 애굽의 압제에서 이끌어 내시고 시내산에서 계약을 체결하시고 자기 백성을 삼으셨다. 그러고 나서 그들 중에 임재하시기 위하여 성막을 지으라고 하셨다. 성막이 이루어졌을 때, 하나님께서는 그 성막 가운데 임재하셨다. 그리고 광야길을 가는 동안과 그들이 가나안 땅에 거하는 동안 이방의 세력들로부터 그들을 보호하신 것은 아브라함에게 약속하신 그 약속으로 인한 것이었다. 아브라함의 후손인 이스라엘은 하나님 백성이 되기 위해서 할 일이 없었다(무조건적).

그러나 일단 그의 백성이 된 사람은 그분의 말씀을 준행해야 한다(조건적). 마치 할례가 아브라함 언약 자손이라는 표시로서 그의 후손들이 반드시 시행해야 하는 것처럼, 언약 백성이 된 후손들은 하나님이 제시하신 말씀에 순응해야 하는 것이다. 그러나 이스라엘 역사를 보면 그들은 그 말씀을 지키지 못하여 그의 백성다운 백성이 되지 못했다. 그래서 새 언약을 세워 새로운 차원의 백성을 진정한 자기 백성으로 삼을 것을 말씀하신다.

렘 11:4, "이 언약은 내가 너희 열조를 쇠풀무 애굽 땅에서 이끌어 내던 날에 그들에게 명한 것이라 곧 내가 이르기를 너희는 나의 목소리를 청종하고 나의 모든 명령을 좇아 행하라 그리하면 너희는 내 백성이 되겠고 나는 너희 하나님이 되리라."

렘 11:10-11, "그들이 내 말 듣기를 거절한 자기들의 선조의 죄악에 돌아가서 다른 신들을 좇아 섬겼은즉 이스라엘 집과 유다 집이 내가 그 열조와 맺은 언약을 파하였도다 그러므로 나 여호와가 이같이 말하노라 보라 내가 재앙을 그들에게 내리리니 그들이 피할 수 없을 것이라 그들이 내게 부르짖을지라도 내가 듣지 아니할 것인즉."

이제 하나님이 육신을 좇아 난 백성을 자기 백성으로 삼지 않고 하나님이 친히 그 마음을 변화시켜서 자기 백성다운 백성으로 삼으실 것이다. 그러할 때에 그들은 진정한 하나님의 백성이 될 것이다. 그리고 그들의 왕은 그 본 백성 중에서 나타날 것이다.

렘 24:7, "내가 여호와인 줄 아는 마음을 그들에게 주어서 그들로 전심으로 내게 돌아오게 하리니 그들은 내 백성이 되겠고 나는 그들의 하나님이 되리라."

렘 30:18-22, "나 여호와가 말하노라 보라 내가 포로 된 야곱의 장막들을 돌이키고 그 거하는 곳들을 긍휼히 여길 것이라 그 성읍은 자기 산에 중건될 것이요 그 궁궐은 본래대로 거하는 곳이 될 것이며 감사하는 소리와 즐거워하는 자의 목소리가 그 중에서 나오리라 내가 그들을 번성케 하리니 쇠잔치 아니하겠고 내가 그들을 영화롭게 하리니 비천하지 아니하겠으며 그 자손은 여전하겠고 그 회중은 내 앞에 굳게 설 것이며 무릇 그를 압박하는 자는 내가 다 벌하리라 그 왕은 그 본족에게서 날 것이요 그 통치자는 그들 중에서 나올 것이며 내가 그를 가까이 오게 하므로 그가 내게 접근하리라 그렇지 않고 담대히 내게 접근할 자가 누구뇨 여호와의 말이니라 너희는 내 백성이 되겠고 나는 너희 하나님이 되리라."

그리하여 그들은 진정한 하나님의 백성이 될 것이다.

렘 31:1, "나 여호와가 말하노라 그 때에 내가 이스라엘 모든 가족의 하나님이 되고 그들은 내 백성이 되리라."

그 백성은 그들 마음속에 하나님의 율법이 새겨진 사람들이 될 것이다.

렘 31:33, "나 여호와가 말하노라 그러나 그 날 후에 내가 이스라엘 집에 세울 언약은 이러하니 곧 내가 나의 법을 그들의 속에 두며 그 마음에 기록하여 나는 그들의 하나님이 되고 그들은 내 백성이 될 것이라."

겔 11:20, "내 율례를 좇으며 내 규례를 지켜 행하게 하리니 그들은 내 백성이 되고 나는 그들의 하나님이 되리라."

그들은 자기들이 섬기는 하나님께 거룩한 백성으로 헌신하여 스스로를 더럽히지 않을 것이다.

겔 14:11, "이는 이스라엘 족속으로 다시는 미혹하여 나를 떠나지 않게 하며 다시는 모든 범죄함으로 스스로 더럽히지 않게하여 그들로 내 백성을 삼고 나는 그들의 하나님이 되려 함이니라 나 주 여호와의 말이니라 하셨다 하라."

겔 36:28, "내가 너희 열조에게 준 땅에 너희가 거하여 내 백성이 되고 나는 너희 하나님이 되리라."

겔 37:23, "그들이 그 우상들과 가증한 물건과 그 모든 죄악으로 스스로 더럽히지 아니하리라 내가 그들을 그 범죄한 모든 처소에서 구원하여 정결케 한즉 그들은 내 백성이 되고 나는 그들의 하나님이 되리라."

하나님의 진정한 백성들은 이전에 긍휼을 받지 못하던 백성이었으나 하나님의 긍휼로 인하여 하나님의 백성이 될 것이다.

호 2:23, "내가 나를 위하여 이 땅에 심고 긍휼히 여김을 받지 못하였던 자를 긍휼히 여기며 내 백성 아니었던 자에게 향하여 이르기를 너는 내 백성이라 하리니 저희는 이르기를 주는 내 하나님이시라 하리라."

그 백성은 이스라엘 한 국가에서만 나타나지 않고, 많은 나라들 가운데서 나타날 것이다.

슥 2:11, "그 날에 많은 나라가 여호와께 속하여 내 백성이 될 것이요 나는 네 가운데 거하리라 네가 만군의 여호와께서 나를 네게 보내신 줄 알리라."

그들이 진정한 예루살렘 백성이 될 것이다.

슥 8:8, "인도하여다가 예루살렘 가운데 거하게 하리니 그들은 내 백성이 되고 나는 성실과 정의로 그들의 하나님이 되리라."

신약으로 오면 이들은 예수님을 자신들의 왕으로 믿고 따르는 사람들이다. 그리고 그들은 하나님의 성령으로 거룩하게 되고 그들의 마음이 변화된 사람들, 즉 성령의 역사로 그들 마음속에 하나님의 법이 새겨진 사람들이다. 그들은 성령의 내주하심으로 인하여 성령께서 그들 마음속에 하나님을 나의 아버지라고 부르게 하신다. 그들은 스스로 성결한 생활을 한다. 그리하여 진정한 하나님 나라의 백성다운 백성이 된다.

계 21:3, "내가 들으니 보좌에서 큰 음성이 나서 가로되 보라 하나님의 장막이 사람들과 함께 있으매 하나님이 저희와 함께 거하시리니 저희는 하나님의 백성이 되고 하나님은 친히 저희와 함께 계셔서."

계 21:7, "이기는 자는 이것들을 유업으로 얻으리라 나는 저의 하나님이 되고 그는 내 아들이 되리라."

아브라함의 후손들이 육신의 후손이든 이방 백성이든 아브라함이 가졌던 믿음으로 말미암아 그의 후손이 되듯이, 아브라함에게 주어진 약속("내가 너와 네 후손의 하나님이 되리라"는 것)도 역시 아브라함의 영적 후손들을 향한 것이다. 이 약속은 믿는 우리 성도들을 향한 것이다.

5. 씨를 얻기 위한 인간적 시도(16장)

1) 이스마엘의 탄생

하나님께서 아브람에게 "그 사람은 너의 후사가 아니라 네 몸에서 날 자가 네 후사가 되리라"(창 15:4)고 약속해 주셨고, 아브람은 그 사실을 믿었다. 그러나 오랫동안 기다려도 그 하나님의 약속은 실행되지 않는 것 같았다. 기다려도 또 기다려도…. 믿음이란 무엇인가? 믿음은 하나님의 약속이 끝없이 지연되는 것처럼 보일 때라도 기다리는 것이다. 그러므로 믿음과 인내는 서로 관계가 깊다. 만일 믿음을 가졌을지라도 인내하지 못한다면 그 믿음은 약한 믿음이며, 그래서 연단을 받아 강해져야 한다.

본 장에는 아브람의 몸을 통하여 그의 후손이 하늘의 별처럼 많아지게 할 것이라는 하나님의 약속을 인간적인 수단으로 성취하려고 하는 방법이 나타나 있다. 아브람과 사라는 하나님의 때를 기다리지 못했다. 인내하지 못한 쪽은 사래였다. 사래는 자기의 몸에서 경수가 끊어진 것을 알고 소망이 없음을 깨닫고서, 당시의 관습에 의하여 씨받이를 통하여 아브람의 몸의 소생(아들)을 얻으려고 했다. 하나님께서 사래와 아브람 사이의 자녀가 아닌 아브람과 하갈을 통하여 얻은 아들을 통하여 자기의 언약을 이루실지도 모를 일이었다. 그래서 사래는 아브람에게 하갈을 취하라고 말한다.

> 16:2, "사래가 아브람에게 이르되 여호와께서 나의 생산을 허락지 아니하셨으니 원컨대 나의 여종과 동침하라 내가 혹 그로 말미암아 자녀를 얻을까 하노라 하매 아브람이 사래의 말을 들으니라."

인간의 결정에 의하여 아이를 가질 것인가? 아브람은 인간 곧 자기 아내의 말을 들었다. 그의 아내의 말이 하나님의 음성인가? 아니었다! 그것은 세상의 소리였다. 하와가 아담에게 선악을 알게 하는 나무의 열매를 먹으라고 주었을 때, 그것도 하나님의 음성은 아니었다. 간혹 믿음 있는 남성들이 아내들의 음성을 들음으로써 일을 그르치는 일이 있다. 아내의 말이라도 그것이 과연 하나님의 음성인지(하나님인지)를 검증해 보아야 한다. 목적은 결코 수단을 정당화할 수 없다. 그러므로 그것이 하나님의 방법인지를 검토해야 한다.

누지 토판들을 통하여 사래가 그 당시에 받아들여졌던 하나의 선택사항을 제안했음이 드러난다. 대리모(代理母)들이 허용될 수 있었으며 남편은 주로 스스로 선택을 했으나, 어떤 경우에는 한 예비된 소녀, 즉 대리 아내가 스스로 자녀들을 갖지 않아야 한다고 약속하는 혼전 동의 표를 가질 수도 있었다. 예를 들면, 누지 토판에 "만약 길림니누(Gilimninu, 신부)가 아이를 낳지 않을 것이라면, 길림니누는 셴니마(Shennima, 신랑)를 위하여 엔/룰루(N/Lullu) 땅(가장 좋은 종들을 얻었던 곳)의 한 여인을 택할 것이다"라는 기록이 있다.[28]

아브라함은 아마도 자기들의 고통스러웠던 애굽 방문 이후에 하갈을 사라에게 주었을 것이다. 하갈! 그녀는 애굽 여인으로 사래의 여종이었다. 사래는 자신이 잉태치 못함을 보고 그 여종을 아브람에게 주어 후손(씨)을 얻으려고 그에게 제안을 한다. 이 일은 그들이 가나안 땅에 온 지 10년 후(아브람 나이 85세)에 있었던 일이었다(창 16:3). 아브람이 하갈을 취하고, 하갈은 잉태한다. 자신이 잉태를 하자 하갈은 종의 신분을 잊고 교만해지기 시작했다. 여종의 위치를 지키지 못한 것이다.

사래가 그녀를 학대하자 그녀는 도망을 가다가 여호와의 사자를 만난다. 10절의 말씀을 보아 하갈은 아브람 언약이 자신의 몸을 통해서 이루어질 것으로 믿은 것 같다. 그러나 그녀는 자기의 위치를 지켜야 했다. 여호와의 사자의 "네 여주인에게로 돌아가서 그 수하에 복종하라"는 말씀은 인간들을 향하여 주신 상당히 중요한 말씀이다. 그 어느

28) C. Gordon 1940: 3. Alfred Hearth, recited from chap V-1.

인간도 그 수하에 복종하라는 말씀이 해당되지 않는 사람은 없는데, 이는 모든 인간이 권위 아래 살고 있기 때문이다.

그러나 그 아이는 하갈의 성격을 닮아 들나귀와 같이 살 것이며, 모든 형제의 동방(וְעַל־פְּנֵי , and over against, 얼굴을 맞대어, 대항하여), 즉 모든 형제를 대면하여 살 것이다. 이스마엘이란 '하나님이여 들으소서'란 의미다.

하갈에 대한 신학적 해석은 갈라디아서 4:21-31에 나타나 있다. 바울은 여기서 두 예루살렘을 말한다. 즉 (1) 물리적 예루살렘(시내산 근처)과 (2) 위에 있는 예루살렘(신령한 교회 곧 우리 어머니)이다.

물리적 예루살렘은 위에 있는 예루살렘의 지상적 상징물이다. 시내산과 예루살렘의 위치가 동일시되어 있다(갈 4:25). 바울은 이 물리적 예루살렘 출신이 노예 하갈이며 그녀가 율법 언약을 상징한다고 말하고 있다. 바울은 육신의 자녀(이스마엘)가 예루살렘(율법 언약 곧 하갈)으로부터 낳아졌다는 논리로 이어간다. 율법 언약에 속한 아들(육신을 따라 난 자녀 = 이스마엘)은 율법에, 곧 그 수하에 복종해야 하는 존재다. 그러므로 무엇인가 그를 다스리고 묶어 주고 제어하는 제도(법 질서)가 있어야 한다. 그래야만 그는 잘 살 수 있다.

이 제도에 온 인류가 소속되어 있다. 법의 테두리를 벗어나려고 하는 것이 인간이고 그것이 타락한 인간의 성품이다. 그러나 법의 테두리를 벗어나서 법을 지키지 않을 때 부정과 부패 그리고 사회의 혼란이 와서 나라와 사회는 비참한 상태에 빠진다. 법의 제재를 잘 받고 사는 나라가 1등 국가요 선진국이다. 그러므로 바울도 위에 있는 권세에 복종하라고 했다(롬 13:1 이하). 이와 같은 원리를 따라서, 여호와의 사자는 "네 여주인에게로 돌아가서 그 수하에 복종하라"고 하갈에게 말씀하고 있다. 아브람의 수하를 떠난 후에 그 이스마엘은 들나귀같이 살아갈 것이다(창 16:12).

이스마엘 곧 육신을 따라 낳은 아들은 자연적 육신의 결합으로 태어난 자연인을 상징한다. 그는 율법 언약을 상징하는 하갈의 아들이다. 율법을 통해서는 하늘의 유업을 이을 자가 될 수 없다. 다시 말해서 물리적 예루살렘을 통해서는 구원이 이루어질 수 없고, 하늘 기업을 얻을 수도 없다.

그러나 한편, 그보다 훨씬 더 탁월하게 우수한 것은 위에 있는 예루살렘 곧 교회다. 이는 하늘의 원리를 따르며 완전 자유를 가진 실체다. 이 나라와 이 나라 백성은 성령(하나님)이 지배한다. 이삭 곧 약속을 따라 이적으로 태어난 아들은 하나님의 이적으로 태어난 인간(성령으로 거듭난 사람)을 상징한다. 그러므로 창세기 21장에서 하나님은 이스마엘을 집에서 내어보내라고 명령하신다.

그러나 하나님께서 이스마엘을 완전히 버리신 것인가? 하나님께서는 인간의 불신 사회에 율법을 주시고 그 율법을 따라 불신 사회가 유지되게 하시듯, 이스마엘도 보호하시고 번성케 하실 것이다(창 16:10). 그리고 하갈의 아들을 이스마엘이라고 이름지으라고 하신다. 그 이유는 "여호와께서 네 고통을 들으셨기 때문"이라는 것이다. 하나님께서는 불신자들의 고통도 들으신다는 사실을 보여 주는 말씀이다. 그러나 이스마엘은 들나귀같이 될 뿐만 아니라, 모든 형제를 칠 것이다. 불신 사회의 특징이 물고 물리는 싸움임을 보여 준다(창 16:12).

하갈은 하나님을 '감찰하시는 하나님'이라고 칭했으며, 하나님이 나타나신 곳의 이름을 브엘라헤로이라고 이름짓는다. 그 뜻은 '나를 감찰하시는 생존자의 우물'이다. 하갈이 하나님의 이름을 언약적 이름인 여호와로 부르지 않은 점을 유의해야 할 것이다. 여호와는 언약 백성의 하나님을 지칭하는 반면에, 하나님은 모든 인간들에게 참되신 하나님을 지칭한다. 하갈 그녀는 불신자의 대표격이다. 1년 후(아브람 나이 86세)에 이스마엘이 태어났다.

6. 할례 언약(정체성 확립)(17장)

이제까지 된 일들을 되돌아보면, 아브람에게 하신 약속이 점점 구체화되어 가는 것을 발견하게 된다.[29] 12:1에서 하나님께서는 아브람에게 땅과 후손들과 언약 관계에 관해서 예고하셨다. 13:15을 보면 "보이는 땅을 내가 너와 네 자손에게 주리니 영원히 이르리라"고 약속하신다. 그리고 15:18에서는 그 땅의 경계선을 구체적으로 정해 주신다. "애굽 강에서부터 그 큰 강 유브라데까지 네 자손에게 주노니."

한편, 12:2에서는 아브람으로 하여금 큰 민족을 이루게 하겠다고 약속하신다. 13:16에서는 그의 후손이 땅의 티끌처럼 번성할 것이라는 약속을 주신다. 그리고 15:5에서는 그의 후손이 하늘의 별처럼 많을 것이라는 약속을 주신다. 16장에서는 그 후손 얻는 문제와 관련하여 아브람과 사래가 오해를 하여 하갈을 얻어 아들을 낳은 사실을 기록하고 있다. 그리고 본 17장에서 아브람으로 하여금 하나님의 계획을 구체적으로 알게 하신다.

아브라함의 나이 99세, 드디어 하나님이 약속하신 그 아이를 낳을 시기가 1년 전으로 다가왔다. 사래의 잉태가 이루어지고 약 1년 간 그

29) G. Wenham, *Genesis*, 16-50, p. 20.

녀는 아이를 밴 채 있어야 하므로 아이 출생에 대한 예고가 1년 전에 있어야 한다. 그래서 하나님이 그에게 예고하신 것이다.

16:16과 17:1 사이가 13년인 점을 주시하라. 하나님의 약속은 비록 잠잠할지라도 필히 이루어지고야 만다. 13년이 지나가는 사이에 아브라함과 사라는 아이에 대한 소망이 끊어졌음을 느껴야 했을 것이다. 인간이 무능해졌을 때, 하나님은 일하신다!

이러한 때에 하나님은 아브라함에게 모든 것을 하실 수 있는 '전능한 하나님'(엘 샤다이)으로 나타나신다. 전능한 하나님(אֵל שַׁדַּי, 엘 샷다이)이란 호칭은 엘(אֵל)과 샷다이(שַׁדַּי)로 구성되어 있는 호칭이다. 엘(אֵל)은 엘로힘(일반적인 '하나님'을 지칭함)과 달리 천지를 주관하시고 피조물로부터 초월하여 계시는 의미를 가지고 있는 호칭이다. 그리고 샷다이(שַׁדַּי)는 샤(שֶׁ, 그이, who)와 따이(דַּי, 충족한)의 합성어다.[30] 그러므로 우리는 엘 샤다이를 70인경의 번역을 따라서 '전능하신 하나님'으로 이해하는 것이 가장 무난할 것 같다.

하나님은 아브람에게 나타나셔서 가장 먼저 "너는 내 앞에서 행하여 완전하라"(1절)고 요구하신다. 아브라함은 이러한 축복을 소유하고 그 후손들을 통하여 이루어지도록 하나님 앞에서 행하여 완전(תָּמִים)해야 한다(1절). 노아는 여호와 앞에 완전(תָּמִים)했었다. 여기

30) 참고. 데렉 키드너, 창세기(틴델), 1994, 174쪽. 그러나 루폴드는 שָׁדַד(승리한, 전능한)에서 파생된 것으로 본다. 참고. 루폴드, 창세기(1), 크리스챤 서적, 1987, 443쪽; A. Cohen, p. 78. Maimonides은 '자아 충족적인 분'으로 해석한다. 그러나 어느 것이 정확한 의미인지는 확실하지 않다. 아마도 전능한 하나님으로 받아들이는 것이 가장 무난할 것 같다. 왜냐하면 문맥을 볼 때, 아브람이 자기 스스로 자녀를 낳을 수 없을 때 나타나 자기를 엘 샷다이로 소개하시고 있기 때문이다. 이 호칭은 후손과 관련되어 자주 나타나고, 약속하시고 이루실 분으로 나타난다. 참고. G. Wenham, op. cit., pp. 19, 20.

서 우리는 하나님의 축복의 선(line)을 발견하게 된다. 즉 아담 – 에녹 – 노아 – 아브라함.

이 완전케 됨이 어떻게 가능한가? 인간은 그 어떤 수단과 방법을 다 동원해도 완전할 수 없다. 다만 ① 주님을 의지함(믿음)으로써 ② 그리고 그분의 말씀을 순종함으로써 가능할 뿐이다. 아브람을 택하여 지극히 큰 복을 주려고 그와 언약하신 것은 전적으로 주님의 주권에 속한 것이요 무조건적이다. 그러나 이 축복을 받을 당사자인 아브람은 복을 받을 수 있는 사람이 되어야 하는데, 그러므로 아브람 언약은 조건적이기도 하다. 인간 아브람이 하나님이 이루실 일을 위하여 해야 할 일이 있는데, 그것은 완전하게 되는 것이다.

'완전'이란 히브리어로 탐(תָּם)으로서 흠이 없는 상태를 의미한다. 이것이 동물일 경우, 하나님이 받아들이실 만한 흠이 없는 동물을 가리킨다. 아브람은 하나님 앞에서(하나님의 존전에서) 행하여(walk) 완전해져야 한다. 이런 점에서 볼 때, 하나님이 주시는 모든 축복은 은혜로 얻는 것이지만, 그 배후에 우리의 책임이 전혀 없는 것이 아님을 알 수 있다.

이어서 "(그리고) 내가 내 언약을 나와 너 사이에 세워(אֶתְּנָה, 원형은 נָתַן, 주다) 너로 심히 번성케 하리라"고 말씀하신다. 4절에서 하나님이 "내가 너와 내 언약을 세우니(נָתַן)"라고 언급하신 것으로 보아 15장의 언약 체결의 연속임을 알 수 있다. 창세기 15장에서 하나님은 쪼갠 고기 사이로 지나가심으로써 언약을 세우셨었다(כָּרַת בְּרִית, 언약을 세우다, 참고. 창 15:18). 따라서 12장부터 이어온 아브라함의 생애 여정은 '그 땅과 후손'과 관련된 여정이었음을 알 수 있다.

아브라함의 후손은 번성할 것이다(2, 6절). 창세기 1:28을 상기하

라. 모든 인류에게 주어졌던 이 축복의 말씀이 언약을 통해서 이제 아브라함에게 주어지고 있다. 아브람의 후손은 번성하여 열국의 아비가 될 것이다. 그러므로 그의 이름도 마땅히 아브라함으로 바뀌어져야 한다. 그래서 하나님은 5절에서 아브라함의 이름을 바꿀 것을 명하신다. 하나님과 맺은 언약에 근거하여 이제 아브라함의 이름이 바뀌어짐을 보여 준다. 이는 아브라함의 정체를 언약을 소유한 정체로 바꾸는 것을 의미한다. 이름은 그 사람의 정체를 말하는 것이다.

하나님의 약속의 말씀은 계속 이어진다. "내가 너로 심히 번성케 하리니 나라들이 네게로 좇아 일어나며 열왕이 네게로 좇아 나리라." 이러한 약속은 아브라함 혼자에게만 이루어 주실 것이 아니고 그의 후손 전체에게 이루어 주실 것이다. 그래서 하나님은 이어서 명령하신다. "내가 내 언약을 나와 너와 네 대대 후손의 사이에 세워서 영원한 언약을 삼고 너와 네 후손의 하나님이 되리라 내가 너와 네 후손에게 너의 우거하는 이 땅 곧 가나안 일경으로 주어 영원한 기업이 되게 하고 나는 그들의 하나님이 되리라."

하나님의 언약을 받아 가지고 있는 사람과 그 후손은 마땅히 그 언약의 표를 지니고 있어야 한다. 그래서 또다시 하나님은 명령하신다. "그런즉 너는 내 언약을 지키고 네 후손도 대대로 지키라 너희 중 남자는 다 할례를 받으라 이것이 나와 너희와 너희 후손 사이에 지킬 내 언약이니라 너희는 양피를 베어라 이것이 나와 너희 사이의 언약의 표징이니라 대대로 남자는 집에서 난 자나 혹 너희 자손이 아니요 이방 사람에게서 돈으로 산 자를 무론하고 난지 팔 일 만에 할례를 받을 것이라 너희 집에서 난 자든지 너희 돈으로 산 자든지 할례를 받아야 하리니 이에 내 언약이 너희 살에 있어 영원한 언약이 되려니와 할례를 받지 아니한 남자 곧 그 양피를 베지 아니한 자는 백성 중에서 끊어지리니 그가 내 언약을 배반하였음이니라"(창 17:7-14).

아브라함의 후손들은 그의 후손이라는 표로서 모두 할례를 받아야 한다. 이방인이라도 그가 아브라함 후손의 집에 종노릇 할 경우, 아브라함의 후손이라는 표를 몸에 지니고 있기를 원하는 사람은 모두 할례를 받아야 한다. 그러므로 아브라함의 후손이 되어 그의 복에 참여하는 사람은 아브라함의 육체적인 후손만을 가리키지 않음을 알게 된다. 아브라함의 후손이라 할지라도, 할례 받지 않은 사람은 언약의 조항을 거부한 사람이므로 그는 더 이상 아브라함의 후손이 아닌 것으로 간주되어 언약 백성 중에서 끊어진다. 이것은 대가 끊겨진다는 의미도 들어 있을 뿐만 아니라 동시에 그를 아브라함의 후손으로 취급하지 않으리라는 것을 의미한다.

그러므로 할례는 언약 백성의 정체성을 확립하는 것이다. 이것은 단순히 육신을 베는 행위가 아니다. 보다 깊은 차원에서 마음의 할례를 상징하는 것이다. 그러므로 아브라함의 후손들은 육체에 할례를 행하면서 마음의 할례를 받을 것을 사모해야 한다. 물리적인 육체의 할례는 인간 스스로 할지라도, 마음의 할례는 하나님이 시행하신다(신 30:6). 이스라엘 대대로 아버지가 아들에게 할례를 행했다. 하나님께서 친히 사람의 마음에 할례를 행하셨다는 것은 그 사람이 하나님의 신령한 자녀가 되었다는 의미를 가진다. 그래서 마음에 할례를 받은 사람은 하나님을 아바 아버지라 부른다.

나아가서 마음의 할례를 행한 사람은 하나님의 명령에 따라 살아간다. 이러한 사실은 구약 시대에도 손으로 하지 아니하는 할례(참고. 골 2:11)가 있었음을 보여 준다. 그래서 선지자들은 마음에 할례를 행할 것을 강조한다(렘 4:4). 마음의 할례는 하나님의 말씀을 마음에 새기는 것과 같은 것이다(신 6:6).[31] 이것은 하나님의 성령으로 거듭나는 것을 가리킨다. 다시 말해서 할례는 신약 시대의 성령 세례를 상징하는 것이다.

사래 역시 그녀의 정체성과 함께 그 정체성을 함축하고 있는 이름이 달라져야 한다. 사래(שָׂרָי)에서 사라(שָׂרָה)로…. 사래나 사라는 다같이 공주 혹은 여주인(princess, mistress, in the sense of ruling)이란 의미를 지닌다. 그러나 사래는 '나의 공주'를 의미하고, 사라는 모두에게 '공주'를 의미한다.[32] 하나님은 사라가 아브라함에게 약속의 아들을 낳아 줄 것이라고 확실하게 말씀하신다(16절).

하나님께서 그에게 사라가 아이를 가질 것을 예고하시자 아브라함은 엎드려서 웃었다. 그리고 "이스마엘이나 하나님 앞에 살기를 원하나이다"라고 말한다. 하나님은 그가 웃었음으로 인하여 아이를 이삭이라고 이름을 지으라고 하신다. 그와 영원한 언약을 세우실 것인데, 그를 통하여 세워진 언약에 들어온 후손들은 모두 기쁨의 웃음을 웃을 것이다. 하나님은 이스마엘을 거절하시고 이삭과 그의 후손에게 영원한 언약을 세울 것을 말씀하신다. 인간의 계획에 의해서 낳은 아이는 하나님이 계획하시고 하나님의 주권에 의하여 이루어질 언약에서 자리를 차지할 수 없을 것이다. 이스마엘을 거절하심은 장차 이루실 하나님과 아브라함의 후손 사이의 언약의 성격을 미리 보여 주고 있다.

---

31) 다음의 구절들을 참고하라: 신 10:16; 11:18; 30:6, 13, 14; 렘 4:4; 9:25, 26; 31:32, 33.

32) A. Cohen, *Chumash*, p. 80. 그는 Rashi의 글을 인용하여 이같이 해석한다.

※ 할례의 의의

할례는 고대 사회에서 널리 행해지고 있었던 일이다. 특히 이집트, 에티오피아, 페니키아, 아라비아인들 사이에서 시행되고 있었다. 그러나 바벨론, 앗수르, 블레셋 등지에서는 이를 행치 않고 있었다. 어떤 이는 이 의식이 위생적인 이유에서 시작되었다고 주장하기도 하며, 종족이나 성년이 되는 입회식이었다고 하기도 하고, 또 어떤 이는 제사의 한 형태였다고 하기도 한다. 어떤 이는 그것이 제사의 한 형태로서 다산 신에게 바치는 재생산력의 제사요, 몸의 일부를 바치는 제사 의식이었다고 한다. 그러나 성경에 의하면 그것은 언약의 표로서 하나님의 명령이었다(창 17:11).

(1) 할례는 하나님과 언약 맺은 증표다(창 17:11).

히브리인 남자들은 난 지 8일 만에 이를 행함으로써 일평생 자신이 하나님의 언약 백성이 되었다는 표를 몸에 지니고 살았다. 할례를 행함으로써 그는 자신이 하나님과 언약 맺은 백성이라는 사실을 일평생 동안 되새기며 살아가는 것이다.

(2) 난 지 8일 만에 할례를 행하라는 것은 아이와 부모가 함께 계약에 참례했다는 사실을 보여 준다(창 17:12).

부모가 아이에게 할례를 행함으로써 그 아이는 부모가 하나님과 맺은 그 언약 관계에 들어가게 된다. 아브라함의 후손들은 대대로 할례를 행함으로써 그의 후손이 모두 아브라함 언약에 참여하게 되어 그가 받은 복을 나누어 갖는 것이다.

(3) 영원한 언약이다(창 17:13).

할례를 시행함에 있어서 지상에 아브라함의 자손들이 존재하는 한 그 후손들은 할례를 행해야 한다. 이스라엘 백성이 하나님의 언약 백성으로서 주님이 오시기까지 존재해야 하는 바와 같이 그들이 지상에 존속하는 한 그 언약의 표인 할례는 시행되어야 한다. 나아가서 아브라함의 신령한 후손인 신자들은 주님 오실 때까지 성령으로 마음에 할례를 받게 되는 경험을 하게 될 것이다.

(4) 할례는 깨끗해야 할 필요성을 보여 준다.

할례 의식은 부정한 것을 잘라낸다는 의미를 가지고 있다. 그러므로 할례를 받은 사람은 자신의 부정을 잘라내어 깨끗해져야 할 필요성을 인식하고 살아가게 된다. 그러므로 결국 할례는 거룩한 삶을 살 것을 요구한다. 할례를 행한 사람은 할례를 받지 않은 사람과 다른 삶을 살아야 할 것을 보여 준다.

(5) 할례에는 심판의 의미가 들어 있다.

부정한 부분을 잘라낸다는 것 자체가 심판을 표방하고 있다. 할례자는 불결한 부분을 잘라냄으로써 심판을 받았음을 암시한다.

(6) 난 지 8일 만에 행하라는 것은 인간이 날 때부터 깨끗해져야 하는 타락한 인간으로 태어났음을 보여 주는 것이다.

즉 사람은 날 때부터 죄인이라는 것이다.

(7) 부모가 아이에게 할례를 행함으로써 부모는 아이에게 할례 받은 자가 어떤 삶을 살아야 할 것인지 자신의 삶을 통해서 보여 주어야 함을 나타내 주고 있다.

부모는 자신이 할례 받은 몸으로서 자기의 아들에게 할례를 행한다. 그러므로 부모는 할례 받은 자가 어떻게 살아야 하는가를 보여 주면서 살아가야 한다. 부모는 자신의 삶을 통하여 자기 자녀에게 할례 받은 자의 삶을 보여 주게 된다. 그래서 자녀는 부모의 행실을 통하여 할례 받은 자로서의 삶을 배우게 되며, 자연히 그를 본받게 되는 것이다.

하나님은 지금까지 말씀해 오신 그 어떤 약속보다 더 분명하게 사라가 아들을 낳을 것이라고 예고하신다. 그러나 아브라함은 웃으면서 마음속으로 "백세 된 사람이 어찌 자식을 낳을까 사라는 구십 세니 어찌 생산하리요"라고 말한다. 아브라함은 사라가 아들을 낳을 것이라는 사실에 믿음의 약함을 드러낸다. 그래서 아브라함은 "이스마엘이나 하나님 앞에 살기를 원하나이다"라고 말한다. 그는 사라를 통하여 아기를 가질 수 없다고 결론지었다.

그러나 하나님께서는 다시 분명하게 사라가 아들을 낳을 것이라고 말씀하신다. "아니라 네 아내 사라가 정녕 네게 아들을 낳으리니 너는 그 이름을 이삭이라 하라 내가 그와 내 언약을 세우리니 그의 후손에게 영원한 언약이 되리라 이스마엘에게 이르러는 내가 네 말을 들었나니 내가 그에게 복을 주어 생육이 중다하여 그로 크게 번성케 할지라 그가 열두 방백을 낳으리니 내가 그로 큰 나라가 되게 하려니와 내 언약은 내가 명년 이 기한에 사라가 네게 낳을 이삭과 세우리라."

하나님은 사라가 낳을 아들의 이름까지 미리 지어 주신다. 그 이름은 이삭이다. 이삭이란 '웃음'이라는 뜻이다. 웃음(이삭)이라고 이름 지은 데는 세 가지 의도가 있을 것이다. ① 소망 없는 가운데서 아들을 낳았으므로 기쁨의 웃음을 웃는다는 의미에서, ② 아브라함과 사라의 믿음의 약함을 늘 상기하도록 하기 위해서, ③ 하나님은 능치 못하시는 것이 없다는 사실을 늘 상기하면서 살아가도록 하기 위해서이다.

그리고 하나님께서는 이삭과 언약을 세울 것이라고 말씀하신다. 그리고 이스마엘에 대해서도 그의 후손이 번성할 것임을 약속하시고 하늘로 올라가셨다. 이제 아브라함은 하나님의 명령을 따라 그와 그에게 속한 모든 가족들, 종들에게 할례를 행하도록 했다.

7. 이삭 예고와 아브라함의 중보기도(18장)

창세기 18장에서는 하나의 엄숙한 장면을 목격하게 되는데, 하나님의 사자 세 분이 아브라함을 방문하고 소돔 성을 방문한 것이다.

창세기 18:1은 다음과 같이 기록하고 있다. "여호와께서 마므레 상수리 수풀 근처에서 아브라함에게 나타나시니라 오정 즈음에 그가 장막 문에 앉았다가."

아브라함은 롯을 구출했던 당시에 살았던 곳에 여전히 살고 있다. 그가 마므레로부터 신임을 얻었을 뿐만 아니라, 아브라함이 그에게는 하나의 든든한 후원자로 보였기 때문에 계속하여 그 곳에서 살도록 허용된 것 같다. 아브라함에게 주어진 언약의 말씀을 따라 이제는 그 누구도 아브라함에게 땅을 내놓으라고 할 만한 사람이 없게 되었다. 그는 땅이 한 평도 없었고, 그래서 그 땅을 가나안 족속들에게 빌려서 정착하고 있었을지라도, 땅 소유자 이상으로 견고한 거주자가 되어 있었던 것이다.

하나님의 사자가 그에게 나타났을 때, 그는 장막문에 앉아 있었다. 때는 오정 즈음이었다. 아브라함이 거주하고 있던 장막은 일반적으로 두 칸으로 막아진 것이었는데, 안쪽은 안방으로 여인들이 주로 거주하는 곳이며, 바깥쪽은 남자들이 저주하는 곳으로 사랑방으로 사용되는 곳이다. 바깥쪽 방의 입구는 식구들이 활동하는 마당과 같은 역할을 했다. 그러므로 오늘날로 표현하자면, 아브라함이 자기 집 현관에 앉아 있다가 사자들을 발견한 것이다.

2절의 "사람 셋이 맞은편에 섰는지라"는 표현을 보아 사자들은 아브라함의 장막을 지나가던 길이 아니었음을 알 수 있다. 사람 셋은 아브라함을 방문하기 위하여 그 곳에 서 있었던 것이다. 그들은 첫눈에 보기에도 범상한 인물들이 아니었다. 손님 혹은 나그네를 대접하기를 즐겨하는 온화한 마음을 소유한 아브라함은 기쁘게 대접한다. 하나님의 사자들은 대접을 받고 사라가 잉태할 것을 예고한다(10절). 이 예고는 인간의 옷을 입은 하나님의 사자가 친히 예고한 것이다. 인간의 모습으로 나타나신 하나님의 사자는 일반적으로 제2위 하나님과 동일시되고 있다.

이러한 하나님의 사자의 예고에 대해 사라 역시 웃는다. 12절의 "내가 노쇠(老衰)하였고 내 주인도 늙었으니"란 말은 자기가 전혀 아들을 낳을 능력이 없음을 암시하는 말이다. 그녀는 아들을 낳는 일을 이미 포기한 상태에 있었다. 그래서 하갈을 아브라함에게 주어 아들을 낳도록 하지 않았던가! 그럼에도 불구하고 하나님의 사자가 사라가 아들을 낳을 것이라고 예고했을 때는 초자연적 방식을 통하여 아들을 낳을 것을 말씀한 것이다.

사라는 아브라함을 자신의 주인이라고 부르고 있다(벧전 3:6을 보라). 사라는 나이가 늙었음에도 불구하고 자기의 남편을 마음속으로 나의 주인이라고 높여 부르고 있다. 마음속으로부터 진심으로 남편을 존중하는 마음은 고운 마음이다. 어쨌든 자기 남편도 늙었으므로 자기들 부부는 아들을 가질 형편이 못된다고 생각했다. 사라는 아직도 하나님의 창조의 능력을 경험하지 못했으므로 이런 생각을 하게 된 것이다.

그러나 하나님의 사자는 "사라가 왜 웃으며 이르기를 내가 늙었거늘 어떻게 아들을 낳으리요 하느냐 여호와께 능치 못한 일이 있겠느냐 기한이 이를 때에 내가 네게로 돌아오리니 사라에게 아들이 있으리라"고 확고하게 말씀한다.

사자의 "여호와께 능치 못한 일이 있겠느냐?"(14절)라는 힐문조의 말은 사라가 '그것은 불가능하다'는 생각을 한 것으로 여겼기 때문일 것이다. 그러나 하나님에게 불가능은 없다(18:14). 사라는 곧 자기가 웃지 않았다고 변명했으나, 여호와의 사자는 사라가 웃었다고 확고하게 말씀하셨다. 이것은 사라의 믿음 없음을 수정해 주시기 위한 하나님의 사자의 배려였다.

16절은 사자들이 소돔으로 향했다고 기록하고 있다. 이는 그들이 이 세상을 방문한 것이 이중적인 목적이 있었음을 보여 준다. 그러나 이 세상을 방문한 보다 중요한 이유는 소돔을 멸망시키려는 것이 아니라 이삭이라는 아들을 낳을 것을 예고하는 일이었다. 왜냐하면 이삭을 통하여 온 인류의 축복(구원)이 주어질 것이기 때문이다.

17절의 "여호와께서 가라사대…"는 그들 중 한 분이 성육신하신 여호와 자신임을 시사하고 있다. 하나님은 이미 언약으로 말미암아, 그리고 그의 신실한 응답으로 인하여 하나님의 친구가 된 아브라함에게 자신의 비밀을 알리신다.

> 암 3:7, "주 여호와께서는 자기의 비밀을 그 종 선지자들에게 보이지 아니하시고는 결코 행하심이 없으시리라."

이 일을 이루기 위해서는 아브라함의 신실한 응답이 있어야 함을 보이신다. 하나님은 자신의 계획을 인간 아브라함에게 알리신다. 이는 아브라함의 중재에 의하여 그 계획이 변경될 수도 있음을 엿보게 한다. 아브라함에게 자기의 계획을 알려 주시는 이유를 18-19절에서 밝히고 있다. "아브라함은 강대한 나라가 되고 천하 만민은 그를 인하여 복을 받게 될 것이 아니냐 내가 그로 그 자식과 권속에게 명하여 여호와의 도를 지켜 의와 공도를 행하게 하려고 그를 택하였나니 이는 나 여호와가 아브라함에게 대하여 말한 일을 이루려 함이니라."

장차 아브라함을 통하여 세계 구속을 이룰 씨가 탄생할 것이다. 그리고 온 천하가 아브라함의 씨를 통하여 복을 받을 것이다. 그러나 아브라함의 후손들이라 할지라도 소돔과 고모라 성의 멸망의 원인은 알고 있어야 한다. 다시 말해서 아브라함의 육적 후손은 물론 그리스도를 믿는 영적 자손들까지도 소돔과 고모라의 멸망의 원인에 대해서는 알고 있어야 하며, 바르게 살아야 하나님의 보호와 축복 가운데 살아가지, 만일 아브라함의 후손들도 소돔과 고모라 백성같이 살아가게 된다면 그들도 역시 하나님의 혹독한 징벌을 피할 수 없다는 사실을 알리고자 말씀하신 것이다.

주님은 아브라함과 그의 권속들이 여호와의 도를 지켜 "의와 공도를 행하게 하려고" 아브라함과 그의 자손을 언약 백성으로 삼으신 것이다. 언약 백성들이라고 할지라도 죄를 범하게 되면 소돔과 고모라에게 내린 저주를 저들에게도 내리실 것이라는 암시가 들어 있는 것이다. 이것은 우리 아브라함의 신령한 자손이 된 우리에게도 중대한 의미를 지닌 말씀이다.

그리고 여호와의 사자는 이렇게 말씀하시고(18-19절) 자신이 소돔과 고모라의 죄악상을 친히 알아보려고 간다고 말씀하고 있다(20, 21절). 그런데 웬일인지 하나님의 사자(여호와)는 소돔으로 가기를 주저하는 것처럼 보인다.

22절은 "아브라함은 여호와 앞에 그대로 섰더니"라고 기록하고 있다. 히브리 맛소라 사본 성경은 이 본문이 서기관들의 수정 부분(티쿠네 쏘프림)이라고 난외주에 기록하고 있다. 본래는 "여호와께서 아브라함 앞에 여전히 서 있더니"라고 기록되었는데, 서기관들이 "아브라함이 여호와 앞에 그대로 섰더니"라고 바꾸어 놓았다는 것이다. 서기관들은 원문을 연구하고 수정하는 가운데 하나님에게 모욕이 되는 단어나 문구가 있으면 그것을 바꾸어서 하나님에게 모욕이 되지 않도록 문장을 고치는 일을 했다.[33)]

그러한 수정 문장 가운데 하나가 이 구절이다. 서기관들은 인간이 여호와 앞에 서 있다는 표현을 사용해야지 여호와께서 인간 앞에 서 있다는 표현을 사용하면 안 된다고 생각했다. 그러나 본문을 기록한 모세는 하나님을 모독하기 위해서 "여호와께서 아브라함 앞에 그대로 서 있더니"라고 기록한 것이 아니다. 사실이 그러했다. 이렇게 기록한 데는 하나님(성령)의 감동이 있었다!

이 문장 가운데 어떤 의미가 들어 있는가? 그 다음에 이어지는 아브라함의 중보기도를 볼 때, 여호와께서는 아브라함으로 하여금 중보기도를 하도록 그 앞에 머물러 서 계셨던 것을 알 수 있다. 창조주이신 그분은 자존심을 다 버리고 아브라함으로 하여금 소돔 성에 남아 있을 의인을 위한 중보기도를 하기를 바라면서 피조물 앞에 서 계신 것이다. 따라서 중보기도의 제안자는 여호와이시다. 그분은 그렇게도 타락한 성읍이라도 멸하기를 주저하셨다. 그들을 멸하지 않을 작은 조건이나 이유라도 발견하여 그 곳을 멸하지 않기를 바라시는 것이다. 그래서 그분께서는 아브라함에게 먼저 나타나서 인류를 구원할

33) Dennis F. Kinlaw, *Preaching in the Spirit*, Francis Asbury Press, 1982, pp. 41-44.

그 인물을 낳을 이삭을 낳을 것을 먼저 예고하시고, 그 다음에 소돔과 고모라의 멸망을 이행하려고 가시고 있는 것이다.

여기서 여호와의 사자는 스스로 여호와 자신과 동일한 분으로 말씀하시는 삼위 중 제2위 하나님이심에 틀림없다. 주님은 이 땅에 오셨다. 그분께서는 인류를 구원하시러 오셨지, 멸망시키러 오시지 않았다. 멸망보다는 구원이 그분의 우선적인 목적이었다.

롯은 분명히 구원받은 언약 백성이었다. 그는 하나님에 대한 참된 신앙을 가지고 아브라함을 따라왔다. 그러나 그는 세상의 물질도 더 많이 갖기를 원했다. 그래서 죄악이 포화 상태가 되어 있는 소돔도 개의치 않고 그 곳으로 가서 정착했던 것이다. 그럼에도 불구하고 그의 마음 가운데는 여전히 하나님을 향한 참된 신앙이 있었다. 이 롯은 전형적인 현대 기독교인의 모습을 반영하고 있다고 볼 수 있겠다.

아브라함은 이 롯을 위하여 하나님께 간구한다. 그리고 하나님은 답변하신다: 의인이 열 명 있다면 그 의인으로 말미암아 그 성을 사할 것이다. 하나님의 관심과 기쁨은 의인들에게 있다. 의인이란 신약적인 표현으로 주의 성령으로 거듭난 사람을 가리킨다. 즉 하나님과 바른 관계를 가진 사람을 가리킨다. 구약 시대에도 하나님의 성령으로 거듭났으므로 하나님의 기쁨은 그 안에 주의 성령이 거하시는 사람에게 있다. 그가 인간 세상에 살아 있는 한 하나님은 그 한 사람을 기뻐하시고 그 땅을 사하기를 기뻐하신다. 그리고 멸하기를 원치 않으신다. 예레미야 5:1을 보라. "너희는 예루살렘 거리로 빨리 왕래하며 그 넓은 거리에서 찾아보고 알라 너희가 만일 공의를 행하며 진리를 구하는 자를 한 사람이라도 찾으면 내가 이 성을 사하리라."

육신을 입고 오신 예수께서는 제자들을 두고 하늘나라로 가시기에 앞서서 성만찬석에서 제자들을 위한 중보기도를 장황하게 하셨다. 요한복음 17장은 제자들과 우리를 위한 사랑의 중보기도다. 우리는 지금 이러한 주님의 기도 덕분에 롯과 같이 약한 믿음을 가지고서도 끝까지 그 믿음을 잃지 않고 살아가고 있지 않은가? 예수께서는 지금도 하늘 보좌 우편에서 우리를 위하여 간구하고 계신다.

"이와 같이 성령도 우리 연약함을 도우시나니 우리가 마땅히 빌 바를 알지 못하나 오직 성령이 말할 수 없는 탄식으로 우리를 위하여 친히 간구하시느니라 마음을 감찰하시는 이가 성령의 생각을 아시나니 이는 성령이 하나님의 뜻대로 성도를 위하여 간구하심이니라"(롬 8:26-27). 성령이 그리스도의 영이심을 명심하라.

> 8:33-34, "누가 능히 하나님의 택하신 자들을 송사하리요 의롭다 하신 이는 하나님이시니 누가 정죄하리요 죽으실 뿐 아니라 다시 살아나신 이는 그리스도 예수시니 그는 하나님 우편에 계신 자요 우리를 위하여 간구하시는 자시니라".

그 옛날 아브라함 앞에 서 계시면서 아브라함으로 하여금 롯을 위하여 중보기도를 하라고 유도하셨던 여호와의 사자는 육신을 입고 인간으로 오셨을 때 역시 자기 백성들을 위하여 아버지께 중보기도를 드리셨다. 그리고 지금도 하나님 우편에서 우리를 위하여 간구하고 계신다.

8. 소돔의 멸망(19장)

아브라함의 조카 롯은 소돔 성을 택했고 자기의 많은 소유를 가지고 그 곳으로 가서 거주했다. 거기서 더 큰 물질을 벌어들일 작정이었다! 그러나 소돔 사람들은 악하여 여호와 앞에 큰 죄인들이었다. 죄의 삯은 사망이다. 그러므로 소돔 성 사람들은 멸망당할 것이었다. 영안이 흐렸던 롯은 그들의 운명을 깨닫지 못한 채 죄가 들끓는 그 성안에서 저들과 함께 살아갔다. 믿음이 있는 사람이었는데도…(벧후 2:7, 8).

롯은 평범한 인간의 모습으로 나타나신 여호와의 사자의 모습을 보고 그들이 평범한 사람들이 아님을 알아차렸다. 롯은 그들을 하나님의 사자로 파악한 것으로 끝나지 않고 일어나 영접하고 땅에 엎드려 절한다(1절). 그리고 사자들에게 "내 주여 돌이켜 종의 집으로 들어와 발을 씻고 주무시고 일찍이 일어나 갈 길을 가소서" 하고 자기 집으로 초청한다. "내 주여 돌이켜…"(2절)라는 롯의 말은 사랑과 호의를 나타내 준다. 그러나 사자들은 "아니라 우리가 거리에서 경야하리라"고 하면서 롯의 청을 거절한다. 아브라함의 청에는 쾌히 응했던 여호와의 사자들이 롯의 간청에는 거절한다. 그만큼 아브라함은 하나님의 사자들과 친근한 관계에 있는 사람이었고, 롯은 비록 의인이기는 했으나 하나님의 사자들에게는 거리가 있는 사람이었다.

소돔 성 사람들은 이 나그네들을 영접해 들이려 하지 않았다. 후에 사사기 19:15에 보면, 기브아 사람들도 인심이 좋지 못하여 나그네인 한 레위인과 그 첩을 자기 집으로 영접해 들이는 자가 없었다. 그리고 어느 노인이 그 레위인과 첩을 집으로 맞아들이고 저들을 대접하고 잠자리에 들려고 했을 때, 기브아 사람들 역시 저들을 상관하려고 하여 노인의 집을 에워쌌었다. 인간은 타락의 도가 더할수록 나그네를 영접해 들이지 않고, 오히려 방문한 나그네를 해치려고 하는 법이다. 소돔의 백성들과 기브아의 백성들은 그 죄의 정도가 동등했다.

"롯이 간청하매…"(3절)란 표현은 그의 마음이 미지근한 마음이 아닌 열정을 가진 마음으로 그들을 접대하려고 했음을 보여 주고 있다. 사자들이 집에 들어오자 롯은 식탁을 베풀고 무교병을 구웠다. 일반적으로 누룩을 넣어 하룻밤을 그대로 두었다가 가루가 부풀면 유교병을 구워 식사를 하는 것이 관례이지만, 그 날의 떡은 모두 떨어지고 그래서 즉시 떡을 굽느라고 무교병을 구운 것이다.

그들이 먹고 쉬고 있을 즈음에, 소돔 백성들이 그 집을 에워쌌다. '무론노소하고'라는 표현은 소돔 성의 악이 얼마나 심했는지를 시사해 준다. 미나아르 웨아드-자켄 콜-하암 미콰체(־זָקֵן כָּל־הָעָם מִקָּצֶה מִנַּעַר וְעַד)란 문장은 "마지막 남자에게 이르기까지 백성의 모든 어린 자로부터 늙은이까지"라고 직역할 수 있다.

그들이 롯의 집을 둘러싼 것은 어떤 의도가 있었기 때문이다. 그들이 하려는 의도가 5절에 나타나 있다. 그들은 집 주인인 롯에게 "이 저녁에 네게 온 사람이 어디 있느냐 이끌어내라 우리가 그들을 상관하리라"고 말한다. "우리가 그들을 상관하리라"는 말은 "우리가 그들을 알아보겠다"는 뜻이다. '알아본다'는 히브리어 단어는 야다(יָדַע)로서 '남녀가 동침하다'는 의미가 있다. 그들이 여호와의 사자를 알아보겠다고 말한 것은 자기들의 욕망을 그들에게 발산하겠다는 뜻이다.[34)]

나흐마니데스(Nachmanides)에 의하면 이방인을 자기들의 부유한 성읍에 머물게 하는 것을 근심하여 저들을 쫓아내겠다는 의도를 드러낸 것이라고 해석했는데, 이러한 해석은 '야다'에 대한 바른 해석이 아니다.[35)]

---

34) A. Cohen, *The Soncino Chumash*, p. 94.
35) Ibid.

소돔 성 사람들은 저들을 남색(동성애)하기 위하여 몰려온 것이다. 저들은 하나님의 거룩하고 흠이 없는 사자들을 색욕거리로 생각했던 것이다. 소돔 백성들은 젊은이와 늙은이를 막론하고 음욕이 가득했다는 사실을 보여 준다. 늙으면 마땅히 보다 경건해져야 하지만, 소돔 성의 사람들은 늙어서도 육욕이 여전했다. 이것이 육신적인 인간의 실상이다! 저들에게는 절제가 없었다.

롯은 자기 집에 온 이 범상치 않은 사람들에 대해서 보호해 주어야 할 상당한 책임을 느꼈다. 그리하여 롯은 밖으로 나가서 뒤로 문을 닫고 "내 형제들아 이런 악을 행치 말라 내게 남자를 가까이 아니한 두 딸이 있노라 청컨대 내가 그들을 너희에게로 이끌어 내리니 너희 눈에 좋은 대로 그들에게 행하고 이 사람들은 내 집에 들어왔은즉 이 사람들에게는 아무 짓도 하지 말라"고 애원한다. 이러한 롯의 애원은 저들에게 전혀 효과가 없었다.

소돔 성 사람들의 반응을 보자. "너는 물러나라 이 놈이 들어와서 우거하면서 우리의 법관이 되려 하는도다 이제 우리가 그들보다 너를 더 해하리라." 소돔 백성들은 폭력을 휘두르기를 서슴지 않는다. 법을 무시하고 폭력으로 모든 문제를 해결하려는 것이 소돔 백성들의 태도였다. 저들은 문을 깨치고 들어오려고 했다.

하나님의 사자들이 무능하게도 소돔 백성들의 포악한 행동에 시달려야 할 것인가? "그 사람들(여호와의 사자들)이 손을 내밀어 롯을 집으로 끌어들이고 문을 닫으며 문밖의 무리로 무론 대소하고 그 눈을 어둡게 하니 그들이 문을 찾느라고 곤비하였더라." 여호와의 사자들은 롯을 안으로 끌어들이고 문을 닫고 저들의 눈을 감기게 했다. 저들을 모두 죽일 수도 있었다. 그러나 사자들은 다음날 아침까지 참기로 하고 우선 저들의 눈을 감기는 일만을 했다.

여호와의 사자들은 롯에게 묻는다. "이외에 네게 속한 자가 또 있느냐 네 사위나 자녀나 성중에 네게 속한 자들을 다 성 밖으로 이끌어내라 그들에 대하여 부르짖음이 여호와 앞에 크므로 여호와께서 우리로 이 곳을 멸하러 보내셨나니 우리가 멸하리라."

롯이 나가서 자기 딸들의 사위들에게 이러한 사실을 말했다. "여호와께서 이 성을 멸하실 터이니 너희는 일어나 이 곳에서 떠나라." 그러나 사위들은 롯의 말을 농담으로 생각했다. 롯의 사위들은 멸망받을 인간들의 전형적인 모습이다.

드디어 심판의 날 아침이 되었다. 사자들은 롯을 재촉하여 빨리 소돔 성을 떠나라고 말한다. "일어나 여기 있는 네 아내와 두 딸을 이끌라 이 성의 죄악 중에 함께 멸망할까 하노라." 그러나 롯이 지체하고 있다. 그 호화로움과 자기가 투자한 자본들, 얽힌 이해 관계들, 또 가지고 가야 할 것들, 이런 것들로 인하여 지체할 수밖에 없었다. 롯은 여전히 물질에 대한 미련을 버리지 못하고 있는 것이다. "그러나 롯이 지체하매 그 사람들이 롯의 손과 그 아내의 손과 두 딸의 손을 잡아 인도하여 성 밖에 두니 여호와께서 그에게 인자를 더하심이었더라" (16절). 아브라함의 중보기도도 있었으나 하나님 자신의 인자를 더하심이 있었다.

여호와의 사자들은 롯의 식구들에게 경고한다. "그 사람들이 그들을 밖으로 이끌어 낸 후에 이르되 도망하여 생명을 보존하라 돌아보거나 들에 머무르거나 하지 말고 산으로 도망하여 멸망함을 면하라."

이에 롯은 사자들에게 말한다. "내 주여 그리 마옵소서 종이 주께 은혜를 얻었고 주께서 큰 인자를 내게 베푸사 내 생명을 구원하시오나 내가 도망하여 산까지 갈 수 없나이다 두렵건대 재앙을 만나 죽을까 하나이다 보소서 저 성은 도망하기 가깝고 작기도 하오니 나로 그곳에 도망하게 하소서 이는 작은 성이 아니니이까 내 생명이 보존되리이다."

이러한 롯의 요청에도 응하여 여호와의 사자들은 "내가 이 일에도 네 소원을 들었은즉 너의 말하는 성을 멸하지 아니하리니 그리로 속히 도망하라 네가 거기 이르기까지는 내가 아무 일도 행할 수 없노라"고 말씀한다.

여호와의 사자들이 어찌하여 롯에게 이러한 인자를 베풀어 주시고 있는가? 창세기 기록자는 나중에 29절에서 그 이유를 분명하게 밝히고 있다. "하나님이 들의 성들을 멸하실 때 곧 롯의 거하는 성을 엎으실 때에 아브라함을 생각하사 롯을 그 엎으시는 중에서 내어보내셨더라." 바로 이것이었다! 아브라함으로 하여금 중보기도를 하게 하셨던 여호와의 사자께서 그 중보기도를 들으시고 롯을 구출해 주셨던 것이다!

소돔과 고모라의 멸망! 그러나 그 곳만이 하나님의 진노의 대상이 아니었다. 스보임과 아드마도 함께 멸망당했다(신 29:23; 호 11:8; 참고. 창 14:2, 8). 사실상 소알도 그 진노의 대상에 속해 있었다. 그러나 한 사람 롯으로 말미암아 소알이란 곳은 유황불로 심판을 받지 않았다.

"롯의 아내는 뒤를 돌아본 고로 소금 기둥이 되었더라"는 시사하는 바가 많다. 롯의 아내는 아브라함의 조카 며느리(질부)였다. 아브라함의 신앙을 보고 살았을 것임에도 불구하고, 그리고 여호와의 사자들이 친히 전하신 말씀을 듣고서도 그녀는 세상 것에 대한 욕망으로 말미암아 사라지는 자기의 물건들을 아쉬워하면서 뒤를 돌아보았다. 그래서 그녀는 심판을 상징하는 소금 기둥이 되었다.

나중의 행위들을 볼 때, 롯의 딸들은 소돔의 영향을 많이 받았음을 알 수 있다. 학개 2:11-14을 보자. "나 만군의 여호와가 말하노니 너는 제사장에게 율법에 대하여 물어 이르기를 사람이 옷자락에 거룩한 고기를 쌌는데 그 옷자락이 만일 떡에나 국에나 포도주에나 기름에나 다른 식물에 닿았으면 그것이 성물이 되겠느냐 하라 학개가 물으매 제사장들이 대답하여 가로되 아니니라 학개가 가로되 시체를 만져서 부정하여진 자가 만일 그것들 중에 하나를 만지면 그것이 부정하겠느냐 제사장들이 대답하여 가로되 부정하겠느니라 이에 학개가 대답하여 가로되 여호와의 말씀에 내 앞에서 이 백성이 그러하고 이 나라가 그러하고 그 손의 모든 일도 그러하고 그들이 거기서 드리는 것도 부정하니라." 죄는 전염성이 아주 강하다! 롯의 딸들은 이렇게 전염성이 강한 죄에 오염되었고, 그러한 부패성을 따라 행동했다.

롯은 더 부하려고 소돔 성으로 갔으나 결국은 그 곳에서 자기가 가져갔던 재산, 아내, 명예까지 모두 잃어버렸던 것이다.

9. 아브라함의 두 번째 거짓말(20장)

20:1은 다음과 같이 시작되고 있다. "아브라함이 거기서 남방으로 이사하여 가데스와 술 사이 그랄에 우거하며." '거기서'란 마므레 상수리 근처를 말한다. 아브라함은 오랫동안 그 곳에 거주했었다. 그런데 그는 그 곳을 버리고 남방으로 이사하여 그랄에 거주한다. 그랄은 이스라엘의 남방 네게브 지역으로 사해 바다 바로 서쪽이다. 다시 말

해서 소돔과 고모라 성이 있는 건너편이다. 그가 그 곳으로 이주해 간 이유는 밝혀져 있지 않다.

이번에도 아브라함은 애굽으로 내려갔을 때처럼 자기 아내 사라를 누이라고 했다. 그랄을 다스리던 도시국가 왕 아비멜렉은 사라의 아름다움을 보고 자기 아내로 취하게 되었다. 아비멜렉이란 이름은 '나의 아버지, 왕'이란 뜻이다. 어쩌면 이 이름은 '바로'와 같이 왕의 호칭일 것이다. 사라의 나이가 89세였음에도 불구하고 그녀의 아름다움은 젊은 시절에 비하여 결코 못하지 않았던 것이다.

아비멜렉이 아브라함의 아내를 취하자, 하나님께서 꿈에 나타나셨다. 애굽 왕 바로가 사라를 취했던 때와 비교하면 대조가 된다. 애굽 왕 바로가 사라를 취했을 때는 하나님께서 애굽에 재앙을 내리셨었다. 그러나 이번에는 재앙을 내리지 않고(다만 여인들의 태만을 닫으셨음, 참고. 18절), 하나님이 친히 꿈에 나타나신 것이다. 한 가지 놀라운 사실은 하나님께서 언약 백성이 아닌 아비멜렉의 꿈에 나타나서 그와 중보자가 없이 직접 대화를 나누셨다는 사실이다. 이러한 사실은 유례 없는 일이다. 그 다음의 문맥을 볼 때 아비멜렉이 상당히 경건한 이방인이었음을 알게 되는데, 이러한 그의 경건으로 말미암아 아비멜렉이 남의 아내를 취했음에도 불구하고 재앙을 받지도 않고 하나님과 대화까지 한 것으로 보인다.

하나님께서는 아비멜렉에게 "네가 취한 이 여인을 인하여 네가 죽으리니 그가 남의 아내임이니라"고 하신다. 아비멜렉은 자기에게 죄가 없었으므로 오히려 당당하게 다음과 같이 되묻는다. "주여 주께서 의로운 백성도 멸하시나이까 그가 나더러 이는 내 누이라고 하지 아니하였나이까 그 여인도 그는 내 오라비라 하였사오니 나는 온전한 마음과 깨끗한 손으로 이렇게 하였나이다.” 이에 대해서 하나님께서도 인정하신다. “네가 온전한 마음으로 이렇게 한 줄을 나도 알았으므로 너를 막아 내게 범죄하지 않게 하였나니 여인에게 가까이 못하게 함이 이 까닭이니라 이제 그 사람의 아내를 돌려보내라 그는 선지자라 그가 너를 위하여 기도하리니 네가 살려니와 네가 돌려보내지 않으면 너와 네게 속한 자가 다 정녕 죽을 줄 알지니라.”

이러한 하나님의 말씀은 상당히 놀랍다. 하나님께서 아비멜렉의 의를 인정하셨다는 것이고, 그럼에도 불구하고 사라를 돌려보내지 않으면 죽을 것이라는 경고의 말씀이다. 또한 잘못한 아브라함이 오히려 그를 위하여 기도해 주어야만 그가 살 것이라는 말씀이다. 무엇보다도 하나님께서 아비멜렉의 행위를 ‘온전한 마음’이라고 표현하고 있다는 것이다. ‘온전한’(5, 6절)이란 표현은 지극히 경건한 사람에게 사용하는 용어다. 이 ‘온전’(תָּם, 탐)이란 단어는 노아에게, 아브라함에게(17:1) 그리고 욥에게 대해서(욥 1:1, 7; 2:3) 사용되었었다.

아비멜렉은 하나님을 알지 못하고 그분을 섬기지 않는 사람이었으나 대단히 경건하게 살았음에는 틀림없다. 여기서 아브라함과 아비멜렉을 대조할 필요가 있겠다. 아비멜렉은 하나님과 언약을 맺은 사람이 아니고, 아브라함은 하나님과 언약을 맺은 사람이다. 아비멜렉은 경건한 사람이었다고 인정받고 있고, 아브라함은 이방인에게 거짓말을 하고 있다. 아브라함은 “이 곳에서는 하나님을 두려워함이 없으니 내 아내를 인하여 사람이 나를 죽일까 생각하였음이요”라고 말함으로써 그 곳에 사는 모든 사람이 하나님을 두려워(경외)하지 않은 것처럼 말하고 있으나, 실제로 그랄 왕 아비멜렉은 경건한 사람이었다는 것이다. 아비멜렉은 하나님에게 자기의 온전함을 스스로 밝힐 정도로

당당한 의로운 사람이었으나, 아브라함은 그 곳 사람들을 두려워한 사람이었다.[36]

의로운 아비멜렉이 밤에 일어나서 자기 신복들을 불러 그러한 사실을 알려 주었을 때, 그들은 심히 두려워했다. 아브라함이 비록 거짓말을 했을지라도 그는 하나님과 언약을 맺은 하나님의 사람이었다는 것이다. 이러한 사실을 볼 때, 구약의 성도들에게 신앙(하나님과의 관계)은 윤리를 뛰어넘는다는 사실을 알 수 있다.

신복들을 불러서 그러한 사실을 알린 후에, 아비멜렉은 아브라함을 불러서 책망을 했다. 아브라함은 이번에는 자기의 심정을 솔직하게 털어놓는다. "이 곳에서는 하나님을 두려워함이 없으니 내 아내를 인하여 사람이 나를 죽일까 생각하였음이요 또 그는 실로 나의 이복누이로서 내 처가 되었음이니라 하나님이 나로 내 아비 집을 떠나 두루 다니게 하실 때에 내가 아내에게 말하기를 이후로 우리의 가는 곳마다 그대는 나를 그대의 오라비라 하라 이것이 그대가 내게 베풀 은혜라 하였었노라."

아비멜렉은 사후 문제를 모두 깨끗하게 해결하기 위하여 경건한 사람다운 행동을 했다. "아비멜렉이 양과 소와 노비를 취하여 아브라함에게 주고 그 아내 사라도 그에게 돌려보내고 아브라함에게 이르되 내 땅이 네 앞에 있으니 너 보기에 좋은 대로 거하라 하고 사라에게 이르되 내가 은 천 개를 네 오라비에게 주어서 그것으로 너와 함께 한 여러 사람 앞에서 네 수치를 풀게 하였노니 네 일이 다 선히 해결되었느니라 아브라함이 하나님께 기도하매 하나님이 아비멜렉과 그 아내와 여종을 치료하사 생산케 하셨으니 여호와께서 이왕에 아브라

36) 참고. Walter Brueggemann, *Genesis* (Interpretation), 1982, p. 178.

함의 아내 사라의 연고로 아비멜렉의 집 모든 태를 닫히셨음이더라."

아비멜렉이 취한 행동은 놀라운 것이었다. 우선 그에게 양, 소, 노비, 은 1,000개 등 재물을 주었다는 것이다. 그리고 사라를 돌려보냈다. 또한 자기들이 점령하고 있는 땅을 마음대로 점령하고 살도록 허락했다.

이것은 놀라운 배려다. 그가 이렇게 아브라함을 배려한 것은 그가 그만큼 경건했다는 사실을 보여 준다. 칼빈은 이 사건을 "인간의 허약과 하나님의 은혜"라는 말로 정곡을 찔러 표현했다. 아비멜렉이나 아브라함이나 약한 점에서는 모두 같다. 그러나 하나님의 은혜는 그러한 인간들의 약점을 뛰어넘어 역사하신다. 하나님께서는 자기의 언약 백성이 어떤 환경에 처해 있더라도 보호하신다. 그리고 특별히 하나님께서 사라를 보호하신 것은 그가 하나님의 약속의 자녀를 낳을 여인이었기 때문이다. 아비멜렉은 이방 군주다. 하나님의 구속사를 훼방놓을 뻔했다. 그러나 하나님께서는 그를 죽이지 않고 경고하심으로써 무고한 인간 생명을 보호하고 살리기를 기뻐하신 것이다. 비록 하나님을 믿지 않은 무가치한 인간일지라도, 하나님은 한 사람의 생명을 귀히 여기신다.

10. 이삭의 탄생과 축출된 이스마엘(21장)

21장은 앞 장으로부터 분리되는 것처럼 보인다. 그러나 거기에는 사상적인 흐름이 있다. 20장에서 우리는 인간은 비록 부족하고 하나님의 뜻에 전적으로 순응하거나 도덕적 순수성을 유지함에 있어서 약점을 가지고 있을지라도, 하나님께서는 자신이 택하시고 자신과 언약을 맺은 아브라함을 보호하시고 그와 함께 하신다는 사상을 읽어 볼 수 있었다. 그러한 사실에서 우리는 모든 일을 이루어 가심에 있어서 하나님께서 주도권을 잡고 모든 일을 자기가 계획한 대로 이루어 가신다는 진리를 알게 된다. 그렇다! 세상의 모든 사건들과 인간사는 하나님께서 자기의 뜻을 따라 자기의 계획대로 친히 이루어 가시는 역사다.

우리는 또다시 1절을 살펴보아야 할 필요가 있는데, 거기에는 다음과 같이 기록되어 있다. "여호와께서 그 말씀대로 사라를 권고하셨고 여호와께서 그 말씀대로 사라에게 행하셨으므로 사라가 잉태하고 하나님의 말씀하신 기한에 미쳐 늙은 아브라함에게 아들을 낳으니…." 여기서 주시해야 할 단어가 '말씀대로'(אָמָר), '권고하셨고'(פָּקַד), '말씀하신 대로'(דִּבֵּר, 약속하신 대로), '행하셨으므로'(יַּעַשׂ, 원형은 עָשָׂה, 행하다, 만들다)이다. 이 단어들이 드러내 주고 있는 뜻은 이삭의 태어남이 하나님의 말씀과 약속에 근거한 것이고, 자연적 과정을 통하여 얻어진 아들이 아니라는 것이다. 그리고 이삭의 태어남이 전적으로 하나님께서 행하신 일이라는 것이다.

이삭은 아브라함의 육신의 아들이기는 하지만, 그 성격상 인간의 힘으로 할 수 없는 상태에 있을 때 하나님의 역사로 태어나게 된 아들이다. 이 아들은 아브라함에게 주어진 약속들과 긴밀하게 연결되어 있다. 아브라함의 약속이 모두 이루어지려면 반드시 아브라함의 육신의 아들이 하나님의 역사로 태어나야 한다. 그래서 이 일을 위하여 하나님께서는 반복하여 후손에 대한 말씀을 해 오신 것이다. 그리고 하나님이 친히 이 아들을 낳도록 역사하신 것이다. 이삭의 탄생은 자연적 과정을 통하여 이루어진 것이 아니었다.

그것은 전적인 하나님의 역사였다. 인간 부부는 아기를 생산할 능력이 없었다. 거기에는 하나님의 창조의 역사가 있었다. 우리는 이삭이란 아기가 사라의 몸에 잉태되는 과정에 대해서는 알지 못한다. 어쨌든 늙어서 경수가 끊어진 사라가 아기를 잉태했다는 것은 거기에 하나님의 초자연적인 역사가 있었다는 것을 의미한다. 하나님은 자기의 뜻을 이 세상에서 이루어 가시는 하나님이시다.

이삭의 탄생은 갑작스럽게 이루어진 일이 아니었다. 이삭이 태어나기 1년 전에 하나님의 사자들의 예고가 있었다. 예수께서 마리아의 몸에서 잉태하실 때 역시 천사들의 예고가 있었다. 마리아가 잉태한 것도 하나님의 성령(능력)에 의하여 이루어진 이적이었다. 이삭과 예수님의 이러한 평행적 관계 때문에 이삭은 예수님의 조상이면서 동시에 그분의 모형이다.

여기서 우리는 아브라함의 믿음에 대한 바울의 설명을 살펴볼 필요가 있다. "하나님은 죽은 자를 살리시며 없는 것을 있는 것같이 부르시는 이시니라"(롬 4:17). 바울은 이삭의 탄생을 무로부터의 창조에 비유한다. 또한 죽은 자의 부활에 비유한다. 그래서 케제만(Ernst Käsemann)은 (죽은 자로부터의) 부활, (오직 은혜로 말미암은) 칭의, (무로부터의) 창조는 모두 같은 실체에 관한 증언(affirmation)이라고 주장했다.[37)]

아브라함과 사라는 하나님의 사자의 지시를 따라 아들의 이름을 이삭이라고 지었다. 이삭이란 '웃었다'는 의미다. 아브라함과 사라가 아들을 낳을 것이라는 사자의 예고를 듣고 웃었기 때문에 이러한 이름이 붙여졌다. 그러나 다른 한편, 이삭의 탄생은 주변에 웃음을 선사하

37) Brueggemann, op. cit., p. 181.

는 것이었다. 이삭의 탄생은 가족 전체에게도 웃음을 가져다 준 사건이었고, 먼 훗날 아브라함의 영적 후손인 우리들에게도 웃음을 가져다 줄 사건이다. 그에게서 그 아들 예수가 탄생할 것이니 이삭의 탄생은 곧 예수 그리스도의 탄생의 보증이었다. 예수 그리스도 때문에 우리는 울 수밖에 없는 세상에서 기쁨의 웃음을 웃는다.

21:6, 7에는 이삭을 낳은 사라의 말이 기록되어 있다. "사라가 가로되 하나님이 나로 웃게 하시니 듣는 자가 다 나와 함께 웃으리로다 또 가로되 사라가 자식들을 젖 먹이겠다고 누가 아브라함에게 말하였으리요 마는 아브라함 노경에 내가 아들을 낳았도다 하니라." 사라는 자식을 낳지 못하는 수치를 비로소 벗었다. 그리고 이제 자신 있게 말한다. "하나님이 나로 웃게 하시니 듣는 자가 다 나와 함께 웃으리로다."

아브라함은 이삭을 낳은 지 8일 만에 할례 의식을 행한다. 그리고 젖을 떼는 날에 큰 잔치를 베풀었다. 그날 적어도 17세 이상이 되었을 이스마엘은 이삭을 희롱했는데, 이것이 사라를 대단히 노하게 했고, 사라는 이스마엘을 내어쫓으라고 아브라함에게 요구했다. '희롱'은 단순한 장난이 아닐 것이다. 메착헤크(מְצַחֵק)는 '놀다', '운동하다', '비웃다', '조롱하다', '모욕하다' 등을 의미한다.[38] 아마도 이스마엘은 이삭의 탄생으로 인하여 상속권을 상실하자, 그에 대한 적대감과 질투심을 가졌을 수도 있다. 부모의 사랑을 독차지하던 상황이 이삭의 탄생으로 인하여 완전히 반전되어 버렸기 때문일 것이다. 이러한 상황을 생각할 때, 이스마엘이 이삭을 심하게 핍박했을 것이라는 사실을 알 수 있다. 갈라디아서 4:29은 다음과 같이 기록하고 있다. "그러나

38) B. Davidson, op. cit., p. 643, item צָחַק.

그 때에 육체를 따라 난 자가 성령을 따라 난 자를 핍박한 것같이 이제도 그러하도다."

이 장면을 보고 심한 모멸감을 느낀 사라는 하갈과 이스마엘을 집에서 내어쫓으라고 요구한다. 그러나 그 당시 사회의 법을 따르면, 본처 소생이 태어났을지라도 먼저 있던 첩과 그의 아들을 그 집에서 내어쫓을 수 없었다. 그래서 사라의 요구가 아브라함에게 깊은 근심이 되었다. 하나님께서는 고민에 빠진 아브라함에게 "네 아이나 네 여종을 위하여 근심치 말고 사라가 네게 이른 말을 다 들으라 이삭에게서 나는 자라야 네 씨라 칭할 것임이니라 그러나 여종의 아들도 네 씨니 내가 그로 한 민족을 이루게 하리라 하신지라"고 말씀하신다(21:12-13).

하나님께서는 약속의 자녀의 기업에 약속을 받지 못한 자녀를 가입시키지 못하도록 하셨다. 그분은 자기 백성을 철저히 분리하여 자기 백성으로 삼으시고 그 백성에게 특별한 은총을 베푸실 것이다. 그러나 하나님은 여전히 이스마엘에게도 큰 관심을 보이신다. 하나님은 이스마엘도 큰 민족으로 성장하도록 배려하실 것이다.

이러한 사실에 대하여 바울은 갈라디아서 4:28-31에서 또다시 다음과 같이 설명하고 있다. "형제들아 너희는 이삭과 같이 약속의 자녀라 그러나 그 때에 육체를 따라 난 자가 성령을 따라 난 자를 핍박한 것같이 이제도 그러하도다 그러나 성경이 무엇을 말하느뇨 계집종과 그 아들을 내어쫓으라 계집종의 아들이 자유하는 여자의 아들로 더불어 유업을 얻지 못하리라 하였느니라 그런즉 형제들아 우리는 계집종의 자녀가 아니요 자유하는 여자의 자녀니라." 여기서 바울 사도가 말하고자 하는 사실 몇 가지를 살펴보도록 하자.

(1) 약속의 자녀는 약속을 받지 못한 자녀에게 핍박을 받는다는 것.

이러한 사실은 이스마엘이 이삭을 핍박한 사실에서 유비적으로 나타난 사실이다. 믿는 자는 천국을 소유한 자요, 천국을 소유할 자다. 그래서 천국을 소유하지 못한 사람들(불신자)로부터 핍박을 받을 것이다.

(2) 계집종은 내어쫓아야 한다는 것.

이 사실은 천국 기업 공동체에서 유업을 잇지 못할 자는 내어쫓아야 한다는 것이다. 그러나 이것은 쉽지 않다. 현 세상에서 교회 공동체 안에는 피할 수 없이 가라지와 알곡이 섞여 있다고 주님은 비유를 통하여 말씀하셨다. 가라지를 천국 공동체로부터 내어쫓는 일은 그 날에 가서야 있을 것이다. 그럼에도 불구하고 지상의 하나님의 나라인 교회 공동체는 전 신자 알곡 만들기 운동을 해야 하고, 자체 정화에 힘써야 한다. 자체 정화는 사람을 내어쫓는 것을 의미하는 것이 아니라, 세속 세력이 교회 안에 들어오지 못하도록 막는 것이다.

한편, 바울은 교회 안에서 지극히 악한 자가 있으면 내어쫓으라고 명령했다. “외인들은 하나님이 판단하시려니와 이 악한 사람은 너희 중에서 내어쫓으라”(고전 5:13).

아브라함은 하나님의 지시를 따라 아픈 마음을 억제하고 하갈과 이스마엘을 집에서 내어보낸다(14절). 그는 떡과 물 한 가죽 부대를 하갈의 어깨에 메워 주고 집에서 나가도록 했다. 그것은 너무나 야박한 것 같아 보인다. 인간사에서 그러한 일은 비난받아 마땅한 일이며, 아브라함이 그렇게 행동하지 말았어야 한다고 말할 수도 있겠다. 그러나 내부 사정을 알지 못하는 사람들은 아브라함을 비난하고 욕할 수 있겠으나, 하갈을 집에서 내보내는 일은 하나님께서 지시하신 일이었다.

그래서 하갈은 17세 정도 되는 아들 이스마엘을 데리고 남방으로 내려갔다. 브엘세바는 가나안 땅의 최남단에 위치해 있다. 그 곳은 블레셋 땅과 인접한 지역이기도 하다. 그 곳에서 정처없이 방황하던 중 물이 다 떨어졌다. 물을 구하지 못하면 광야에서 죽어야 한다. 한 아이의 어머니로서 그녀는 자신보다 자기 아들을 더 걱정했다. 아이가 물을 먹지 못해서 쓰러진 것처럼 보인다. 하갈은 "자식의 죽는 것을 참아 보지 못하겠다"고 하며 활을 쏘면 닿을 만큼의 거리에 가서 그 아이를 마주 바라보고 방성대곡했다.

하나님께서 목말라하는 아이의 괴로움을 보시고 사자를 통하여 하갈에게 나타나셔서 "일어나 아이를 일으켜 네 손으로 붙들라 그로 큰 민족을 이루게 하리라"고 말씀하신다. 그리고 하나님께서 하갈의 눈을 밝혀 주셔서 그녀는 우물을 발견하고 물을 떠다가 아이에게 마시도록 하고 이스마엘은 살아난다. 이스마엘은 성장하여 애굽 여인과 결혼하고 바란 광야에 거주하는데, 그 곳은 시내산 근처다.

한편, 어느 날 아브라함에게 그랄 왕 아비멜렉과 그 군대장관 비골이 찾아와서 거짓되이 행치 말자고 말하면서 서로 언약을 맺자고 요청한다. 이러한 요청은 이전에 아브라함을 보호하시는 하나님의 손길을 경험한 아비멜렉으로서는 당연한 것이었다. 그는 하나님을 믿지는 않았으나 의로운 사람으로서 과거에 아브라함에게 후대한 경험이 있었다. 그래서 그는 하나님의 보호 아래 있는 아브라함과 동맹을 맺어 놓으면 다른 부족국가가 쳐들어올지라도 걱정이 없을 것이라고 판단하고 이러한 요청을 한 것이다.

그러나 아브라함은 자기가 판 우물을 아비멜렉의 수하 백성들이 빼앗아간 사실에 대해서 아비멜렉을 책망했다. 아비멜렉은 그러한 사실을 알지 못하고 있었다고 하며 다시 돌려주겠다는 약속을 하고, 아브라함은 언약(동맹)의 증표로서, 그리고 자신이 그 우물을 팠으므로 자신의 소유라는 증거로서 아비멜렉에게 일곱 암양 새끼를 주었다. 그리고 이전에 하갈이 헤맸던 그 브엘세바 지역에서 오래 거주했다. 그 곳에서도 역시 아브라함은 '영생하시는 여호와의 이름'을 불렀다. 아브라함은 가는 곳마다 여호와의 이름을 부르면서 그분을 생각하고 그분을 바라보고 그분을 의지하며 살아갔다. 이러한 삶이 진실된 신자의 삶이다.

11. 최후의 시험(22장)

본 장에는 아브라함에 대한 시험이 기록되어 있다. 본 장은 아브라함의 부르심(창 12:1-4상)과 한 쌍을 이룬다. 22:18에서 12:3의 약속이 재확인된다.[39] 비록 이 장 다음에 아브라함의 삶에 대한 기사가 기록되어 있을지라도 본 사건은 아브라함의 생애에서 절정을 이루는 사건이다. 하나님께서는 그동안 아브라함에게 축복하겠다고 하시면서 실제로 그의 생애를 주관하시고 보호해 오셨다. 그뿐 아니라 그의 후손을 통하여 하늘의 별처럼 많은 백성이 나오고 많은 민족이 그에게서 나오게 하실 것이라고 약속하셨다. 한편으로는 육체를 따라 이스마엘이 태어났고, 한편으로는 약속을 따라 언약의 씨인 이삭이 태어났다(21장). 그리고 아브라함을 통하여 온 인류가 축복을 받을 것이

39) Breuggemann, *Genesis* (Int), p. 185.

라고 했는데, 그의 생애 가운데 아브라함을 통하여 이웃이 복을 받고 아브라함에게 해를 주려고 하는 사람에게는 하나님께서 재난을 주셨다.

이제 그보다 더 큰 아브라함을 통한 인류의 축복이 이삭을 통하여 주어지게 될 것이다. 언약을 체결한 사실과 할례를 행한 사실 등이 모두 이삭과 연결된다. 이제 이삭을 낳았다! 그러나 그것이 최종착 지점이 아니었다. 아브라함은 이삭을 통하여 시험을 치러야 했다. 그 시험은 구속 역사상 가장 중요한 시험 중에 하나임을 유념해야 할 것이다.

이 가장 중요한 시험이 아브라함이 하갈과 이스마엘을 집에서 내쫓은 후에 주어졌다는 사실을 주시하자. 1절은 다음과 같이 시작된다.

> "이 일 후에 하나님이 아브라함을 시험하시려고 그를 부르시되 아브라함아 하시니 그가 가로되 내가 여기 있나이다."

'이 일 후에'는 아브라함이 이스마엘을 내쫓은 후이다. 그리고 아비멜렉이 아브라함과 화해를 청해 온 시기 이후다. 이 때는 이삭이 십대 소년이었을 때임에 틀림없다. 창세기 저자는 "하나님께서 아브라함을 시험하시려고 부르셨다"고 기록하고 있다. 하나님은 시험하실 때 가벼운 시험을 하지 않으신다. 이 시험은 구속 역사상 아주 중요한 의미를 지닌 시험이다. 그러므로 이 시험을 '하나님께서 단순히 무엇인가를 알아보려는 가벼운 시험' 정도로 이해해서는 안 될 것이다. 이 시험은 인류 전체와도 연결되어 있는 중대한 시험이다.

아브라함을 부르시는 하나님의 음성이 들려온다. 아브라함은 그분의 음성에 순종의 태도를 가지고 응답한다. "제가 여기 있나이다." 아담은 하나님이 에덴을 거니시는 음성을 듣고 두려워하여 숨었다. 그러나 아브라함은 그분의 음성에 선뜻 응답한다. 언제라도 주님이 부르실 때 즉시 "제가 여기 있나이다"고 응답할 수 있는 사람은 복된 사람이다.

> 창 22:2, "여호와께서 가라사대 네 아들 네 사랑하는 독자 이삭을 데리고 모리아 땅으로 가서 내가 네게 지시하는 한 산 거기서 그를 번제로 드리라."

모리아(מֹרִיָּה)란 라아(ראה, '보다, 준비하다, 감지하다, 경험하다', 니팔형: '보여지다, 나타나다, 준비되다')에서 파생된 단어로서 '여호와께서 보이신 장소', '여호와께서 임재하신 장소' 혹은 '여호와께서 준비하신 장소'란 뜻이다.[40] 하나님은 아브라함이 나이 많아서 낳은 아들 이삭, 게다가 독자인 이삭을 바치라고 명령하신다. 바치는 방법이 명시되어 있는데, 곧 번제다. 번제는 산 채로 바치는 것이 아니라 죽여서 피를 땅에 쏟고 똥은 버리고 내장과 모든 부분을 불로 태워 바치는 것이다. 사람을 그렇게 바치라고 하신다. 또한 자기가 사랑하는 아들을 그렇게 바치라고 하신다.

'내가 네게 지시하는 한 산'이란 말씀은 12:1의 '내가 네게 지시할 땅'을 생각나게 한다. 창세기 12장에서 하나님이 아브라함을 부르신 것은 사실상 모리아 땅의 한 산까지 나아가는 것을 의미했다. 아브라함은 자기의 독자 이삭과 함께 모리아 산까지 올라가야 했다. 그 곳이 그가 가야 했던 최후의 장소였다. 그 곳은 후에 예루살렘 성전이 세워진 곳, 그리고 그 후에는 하나님의 독생자 예수께서 십자가를 지고 희생을 당하신 곳이었다. 아브라함의 후손들인 성도들은 하나님의 부르

---

40) 사마리아 오경에는 모레아 땅(המוראה)으로 되어 있다. 이 곳은 세겜 근처다. 아마도 그리심 산 예배를 정당화하기 위해서 그렇게 한 것 같다. 참고. 김경래, 사본을 통해서 보는 성경, 1997, 84쪽. cf. BHS, Gen. 22:2.

심을 받고 나서 골고다까지 나아가야 한다. 그 곳이 우리가 나아가야 할 종착 지점이다.

하나님께서는 "그(이삭)를 번제로 드리라"고 명령하신다. 우리가 이 명령을 잘못 생각한다면, 하나님이 이방인들이 생각하는 것처럼 유아 번제를 요구하시는 분으로 이해할 것이다. 그러나 성경은 하나님이 유아 번제를 가증히 여기신다고 말씀하고 있다(레 18:21; 20:2; 신 12:31; 18:10). 그런데 왜 하나님은 아브라함에게 이삭을 번제로 바치라고 명령하셨는가?

본 장의 전후 문맥과 성경 전체를 볼 때, 이는 두 가지 목적을 가졌다고 생각된다.

첫째로, 아브라함에게 이삭은 나이 많아서 낳은 독자로서 그가 지극히 사랑하는 아들이었으므로 바치라고 하신 것이다. 하나님은 인간들이 하나님 제일주의로 살기를 바라신다. 예수께서는 마태복음 10:37-39에서 다음과 같이 말씀하셨다. "아비나 어미를 나보다 더 사랑하는 자는 내게 합당치 아니하고 아들이나 딸을 나보다 더 사랑하는 자도 내게 합당치 아니하고 또 자기 십자가를 지고 나를 좇지 않는 자도 내게 합당치 아니하니라 자기 목숨을 얻는 자는 잃을 것이요 나를 위하여 자기 목숨을 잃는 자는 얻으리라."

인간은 보이지 않는 하나님보다 보이는 자기 혈육, 특히 자기의 자식을 더 사랑하려는 경향이 있다. 그러므로 하나님은 아브라함이 하나님 자신을 얼마나 신뢰하고 사랑하는지를 증명해 보이기를 원하신 것이다.

둘째 목적은 첫째 목적과 깊이 연관되어 있는데, 하나님은 이미 자기의 사랑하는 독자 예수 그리스도를 이 땅에 보내 주셔서 희생 제물이 되게 하여 온 인류(아브라함 포함)를 구원하시려는 뜻을 가지고 계셨다. 하나님은 주려는 의도를 가지셨을 때 바치라고 명령하신다. 이러한 하나님의 마음과 아브라함의 마음이 일치하는지를 보고자 하신 것이다. 만일 하나님과 아브라함 사이에 마음의 일치가 이루어진다면, 즉 아브라함이 이 시험에 합격하여 하나님의 마음과 일치됨을 보인다면, 하나님께서는 기쁨으로 자기의 독생자를 이 세상에 보내실 것이었다. 그래서 우리는 아브라함을 믿음의 조상이라고 부른다.

하나님은 이삭을 지적하면서 "네 아들 네 사랑하는 독자 이삭"이라고 강조적인 어투로 말씀하신다. 이러한 어투 가운데서 우리는 하나님의 독생자와 이삭 사이에 평행 관계가 있음을 보게 된다. 아브라함에게 이삭은 사랑하는 아들이었고 독자였다. 하나님에게도 예수 그리스도는 역시 사랑하는 아들이셨고 독자였다(요 1:18; 3:16; 마 3:16, 17 등). 하나님께서는 예수께서 지상에 계시는 동안 "너는 내 아들이라 내가 너를 사랑하노라"고 몇 차례 말씀하셨다. "예수께서 세례를 받으시고 곧 물에서 올라오실새 하늘이 열리고 하나님의 성령이 비둘기같이 내려 자기 위에 임하심을 보시더니 하늘로서 소리가 있어 말씀하시되 이는 내 사랑하는 아들이요 내 기뻐하는 자라 하시니라."

하나님께서는 장차 죄인 된 인간들을 구원하시기 위하여 자기의 사랑하는 독자 예수 그리스도를 이 땅에 보내서 희생 제물이 되게 하시려는 뜻을 가지고 계셨다. 하나님은 자신의 이러한 마음과 아브라함의 마음이 일치하는지 알아보기를 원하셨다. 그래서 하나님은 아브라함에게 아들을 번제로 바치라고 하신 것이다.

창 22:3, "아브라함이 아침에 일찍이 일어나 나귀에 안장을 지우고 두 사환과 그 아들 이삭을 데리고 번제에 쓸 나무를 쪼개어 가지고 떠나 하나님의 자기에게

지시하시는 곳으로 가더니."

아브라함이 하나님을 유아번제를 받기를 원하시는 분으로 이해하지는 않았을 것이나, 하나님이 마치 그것을 요구하시는 것처럼 보였기에 그 명령에 순종하려고 아침에 일찍 일어나서 준비하고 떠난 것이다. 논리적으로, 이성적으로 맞지 않는 것처럼 보이는 명령이라고 할지라도 그것이 하나님의 명령이라고 확인된다면 철저하게 순종하려는 마음이 아브라함에게는 있었다. "아브라함이 아침에 일찍이 일어나"라는 문구를 볼 때, 아브라함은 하나님의 명령에 순종하기를 주저하지 않았음을 알 수 있다.

그에게는 마음의 아픔이 없었을까? 그는 하나님을 사랑하는 마음과 아들 이삭을 사랑하는 마음 사이에서 갈등하지 않았을까? 아브라함은 이미 이삭을 낳을 때부터 자신이 전혀 아이를 낳을 수 없는 처지임에도 불구하고 이삭을 낳게 해주시는 것을 체험했으므로 이삭을 바칠 수가 있었다. "전혀 낳을 수 없는 중에 이 아들을 주신 하나님이 더 늙은 다음에는 이삭말고 다른 아들을 주시지 않겠는가?" 이것이 아브라함의 마음속에 있는 생각이었으리라고 생각된다. 게다가 아브라함에게 하나님은 절대자였다. 따라서 그분의 명령도 절대적인 명령이었다.

아브라함이 자기 부인 사라에게 이삭을 모리아 산으로 데리고 가서 바치고 오겠다는 말을 했는지의 여부는 기록되어 있지 않다. 아브라함은 사라에게 알리지 않고 이삭과 함께 모리아로 갔을까? 아니면 사라에게 알렸는데 사라가 그것을 묵인하거나 허락했을까? 이 문제에 대해서는 성경이 침묵을 지키고 있으므로 가부간 말을 하지 않는 것이 좋겠다. 다만 그럴듯한 추측은 사라에게 자세한 내용은 밝히지 않은 채 단순하게 모리아 산에서 아이와 제사하고 돌아오겠다고 말한 것 같다. 아브라함은 5절에서 산 아래까지 따라간 종들에게도 그러한 세부적인 말을 하지 않았다.

창 22:4, "제삼일에 아브라함이 눈을 들어 그 곳을 멀리 바라본지라."

아브라함이 바라본 곳은 하나님께서 2절에서 지시하신 모리아 땅의 한 산이었다. 아브라함은 심각한 마음으로 그 곳을 바라보았을 것이다. 그러나 아브라함이 그 곳이 어떤 곳인지 알았을까? 키드너(D. Kidner)에 의하면 그 곳은 갈보리 근처였다. 아마도 아브라함은 그 곳을 바라보면서 '저 곳에서 내 사랑하는 독자 이삭이 내 손에 죽임을 당하고 불에 살라 죽어 하나님에게 바쳐지겠구나!'라고 생각했을 것이다. 그 곳은 후에 하나님의 아들이 온 인류를 대신하여 희생당하실 장소였다!

창 22:5, "이에 아브라함이 사환에게 이르되 너희는 나귀와 함께 여기서 기다리라 내가 아이와 함께 저기 가서 경배하고 너희에게로 돌아오리라 하고."

아브라함은 이삭과 함께 다시 돌아올 것으로 분명히 믿었다. 하나님께 대한 그의 믿음은 12장에서 출발하여 17장에서 꽃이 피었고, 본문에서 열매로 나타난다. "네 후손이 하늘의 별처럼 많을 것이다"라는 하나님의 약속에 대한 철저한 신뢰(믿음)가 그로 하여금 이삭을 드리게 했다. 야고보서 2:21을 보라. "우리 조상 아브라함이 그 아들 이삭을 제단에 드릴 때에 행함으로 의롭다 하심을 받은 것이 아니냐 네가 보거니와 믿음이 그의 행함과 함께 일하고 행함으로 믿음이 온전케 되었느니라."

히 11:17-19, "아브라함은 시험받을 때에 믿음으로 이삭을 드렸으니 저는 약속을 받은 자로되 그 독생자를 드렸느니라 저에게 이미 말씀하시기를 네 자손이라 칭할 자는 이삭으로 말미암으리라 하셨으니 저가 하나님이 능히 죽은 자 가운데서 다시 살리실 줄로 생각한지라."

아브라함은 자기가 하는 일이 주의 뜻을 따르는 일인데 그의 종들로 인하여 방해받기를 원치 않았다. 그래서 그는 사환들을 산 아래 남겨 놓았다. 이러한 사실 가운데 아브라함의 믿음의 성격이 나타난다. 그는 하나님의 말씀을 순종함에 있어서 철저했다.

창 22:6, "아브라함이 이에 번제 나무를 취하여 그 아들 이삭에게 지우고 자기는 불과 칼을 손에 들고 두 사람이 동행하더니."

이 광경을 상상해 보라. 제사드리는 자와 희생 제물이 함께 걸어 올라가고 있다.[41] 이사야 53:7, 10에서 이와 비슷한 모습을 발견하게 된다. 이삭은 자기가 희생되어 죽을 나무를 지고 모리아 산으로 올라가고 있다. 이것은 성자께서 자신이 못 박혀 돌아가실 나무 십자가를 친히 지고 골고다 길을 오르시는 장면과 흡사하다(요 19:17). 성자께서 십자가를 지고 골고다 길을 오르실 때, 아버지 하나님께서 그와 함께 가고 계셨다. 이 일은 이삭이 나무를 짊어지고 올라간 그 똑같은 장소에서 그보다 약 2000년 후에 일어났다.

창 22:7, "이삭이 그 아비 아브라함에게 말하여 가로되 내 아버지여 하니 그가 가로되 내 아들아 내가 여기 있노라 이삭이 가로되 불과 나무는 있거니와 번제할 어린양은 어디 있나이까?"

이 얼마나 정다운 부자간의 대화인가! 그들은 그렇게도 사랑하는 사이였다. 이 침묵을 깨뜨리는 질문은 전혀 눈치채지 못하는 이삭이

41) D. Kidner, 창세기(TOTC), p. 196.

부친 아브라함에게 던진 것이다. "불과 나무는 있거니와 번제할 어린 양은 어디 있나이까?" 이러한 부자간의 대화는 독자들에게 그 상황에 대해 곰곰이 생각케 하고 주의를 환기시키는 역할을 한다.

> 창 22:8, "아브라함이 가로되 아들아 번제 할 어린양은 하나님이 자기를 위하여 친히 준비하시리라 하고 두 사람이 함께 나아가서."

'친히 준비하시리라'(יִרְאֶה־לּוֹ)는 '그가 보실 것이다' 혹은 '그가 보이실 것이다'란 뜻인데, '그가 준비하실 것이다'로도 번역된다. 아브라함은 이 질문에 답하여 하나의 위대한 예언을 하게 된다. 즉 그는 무의식중에 모리아 산에 준비되어 있을 한 숫양을 예언하고 있다. 그러나 또한 멀리는 2000년 후에 바로 그 곳에 준비될 하나님의 어린양을 예언하고 있는 것이다.

> 히 11:19, "저가 하나님이 능히 죽은 자 가운데서 다시 살리실 줄로 생각한지라 비유컨대 죽은 자 가운데서 도로 받은 것이니라."

아브라함은 가깝게는 이삭의 죽음과 부활을, 멀리는 하나님의 어린양의 죽음과 부활을 바라보고 믿은 것이다.

'두 사람이 함께 나아가서'는 이삭이 자기가 희생 제물이 될 것을 알지 못하고 아버지와 함께 올라간 것을 말한다. 그러나 그들은 한마음으로 올라간다(Rashi).[42]

> 창 22:9, "하나님이 그에게 지시하신 곳에 이른지라 이에 아브라함이 그 곳에 단을 쌓고 나무를 벌여놓고 그 아들 이삭을 결박하여 단 나무 위에 놓고."

이삭이 아버지 아브라함의 뜻과 하늘 아버지의 뜻에 동의하지 않았

42) A. Cohen, op. cit., p. 110.

다면 그는 결박을 당하지도, 또 나무 위에 얹혀지지도 않았을 것이다. 이삭의 순응 행위는 하나님의 아들(예수)의 행위와 동등한 것이다. 그러므로 이삭은 오실 그리스도의 예표다. "사람의 모양으로 나타나셨으매 자기를 낮추시고 죽기까지 복종하셨으니 곧 십자가에 죽으심이라"(빌 2:8).

창 22:10, "손을 내밀어 칼을 잡고 그 아들을 잡으려 하더니."

이 순간 아브라함에게는 이삭이 이미 이 세상 사람이 아니었다. 마음으로부터 이미 하나님의 명령을 실행한 것이다.

창 22:11, "여호와의 사자가 하늘에서부터 그를 불러 가라사대 아브라함아 아브라함아 하시는지라 아브라함이 가로되 내가 여기 있나이다 하매."

여호와의 사자가 사람의 모습으로 나타나셨는지는 분명치 않으나 그는 하나님 자신임에 틀림없다. 흔히 그분을 제2위 하나님이라고 한다. 두 번 반복하여 이름을 부른 것은 사랑의 부르심일 수도 있고(Rashi), 혹시 그의 아들을 죽일까 보아서 급히 부르는 것일 수도 있다(A. Ibn Ezra). 후자가 더 옳을 것이다. "내가 여기 있나이다"는 아브라함이 여전히 순종의 태도를 가지고 있음을 보여 준다.

창 22:12, "사자가 가라사대 그 아이에게 손을 대지 말라 아무 일도 그에게 하지 말라 네가 네 아들 네 독자라도 내게 아끼지 아니하였으니 내가 이제야 네가 하나님을 경외하는 줄을 아노라."

그 아이에게 손을 대지 말라고 명령하신 것으로 보아 하나님은 이방인들이 생각한 것처럼 유아 번제를 원하시는 분이 아님을 확실히 알 수 있다. 인간 번제는 하나님의 아들의 희생만으로 충분하다. 그 이외의 희생은 하나님이 가증히 여기시는(미워하시는) 것이다. 어떻게 인간의 뜻에서 나온 열심적 인간 희생이 하나님의 마음을 달랠 수 있겠는가? 다만 인간의 하나님을 향한 마음만을 전할 수 있는 것이다.

그럼에도 불구하고 하나님은 인간 아브라함의 아들을 희생시키는 일을 원치 않으신다. 하나님께서는 인간의 마음을 아시기 때문이다. 하나님의 외아들이 희생당하는 것으로 충분하다. 그 이외의 어떠한 하나님을 위한 희생이라도 그것은 가증한 희생이 된다. 왜냐하면 그 희생자가 죄 있는 자이기 때문이다.

그래서 하나님은 '멈추라'고 하신다. 그러나 자신의 아들이 십자가에 달리실 때는 멈추라고 하셨는가? 하나님의 독생자가 십자가에서 죽으실 때, 하늘의 아버지께서는 아들의 목숨이 끊어지기까지 멈추라고 명령하지 않으셨으며, 결국은 그 아들을 온 인류를 대신하여 희생시키셨다.

그러므로 하나님의 사랑은 인간의 하나님 사랑을 뛰어넘는다. 그러나 아브라함이 자기의 사랑하는 독자 이삭을 하나님께 번제로 드리려 한 것은 하나님의 마음과 일치한 것이었다. 그렇게 하여 아브라함의 하나님 경외심은 입증되었다. 이 아브라함의 희생은 하나님으로 하여금 후에 자신의 독생자를 이 땅에 희생 제물로 보내시려는 하나님의 희생적 사랑과 일치되었다.

그래서 아브라함은 예수 그리스도를 믿어 구원받은 자들의 조상이 될 만하다. 성경은 '아브라함의 품에 안겼다'는 표현을 천국에 들어갔다는 의미로 사용하고 있으며, '아브라함의 자손'을 천국 백성 혹은 영생을 얻은 백성의 의미로 사용한다(눅 19:1-10, 삭개오; 눅 16:19-31). 구원사에 있어서 아브라함의 위치는 그만큼 높다.

창 22:13, "아브라함이 눈을 들어 살펴본즉 한 숫양이 뒤에 있는데 뿔이 수풀에 걸렸는지라 아브라함이 가서 그 숫양을 가져다가 아들을 대신하여 번제로 드렸더라."

하나님이 온 세상을 위하여 독생자를 보내시는 것은 2000년 후에 이루어질 일이다. 그래서 지금 하나님께서는 숫양을 그 곳에 준비해 놓으셨다. 모세는 하나님의 뜻을 따라 제사 제도를 세웠다. 그래서 그 독생자가 오셔서 희생을 치르기까지 그분 대신 정결한 짐승인 소와 양이 희생 제물이 되어 그분의 오심과 희생을 미리 보여 주어야 했다.

창 22:14, "그 땅 이름을 여호와 이레라 하였으므로 오늘까지 사람들이 이르기를 여호와의 산에서 준비되리라 하더라."

여호와 이레(יְהוָה יִרְאֶה)의 이레(יִרְאֶה)는 모리아(מֹרִיָּה)와 같은 어근에서 온 말이다. 이 두 단어는 각각 '하나님께서 준비하신다' 혹은 '준비하실 희생양' 그리고 '준비하실 장소'를 가리킨다. 사람들은 그 깊은 뜻을 알지 못하고 이 말을 했을 것이다. 그러나 그것은 신자들에게는 놀라운 예언의 말씀이다. 특히 구약의 성도들에게는 '여호와의 산에서 준비되리라'는 말씀을 통해서 장차 오셔서 희생당하실 하나님의 어린양을 바라보며 기다리게 하는 역할을 해주었다.

아브라함은 하나님을 사랑했으므로 이삭을 바칠 수 있었고, 하나님이 생명의 근원 곧 창조주이심을 믿었기에, 그리고 그분 자신과 그분의 약속을 믿었기에 바칠 수 있었다. 하나님에 대한 사랑과 믿음이 이러한 신앙적 행동을 하게 했다.

12장에서는 믿음의 출발을, 15장에서는 하나님의 약속을, 16장에서는 그분의 약속을 어떻게 실현할 것인가에 대한 인간적인 노력을, 17장에서는 자기 몸에서 후손이 태어날 것이라는 약속을 믿음을, 18장에서는 이삭 탄생의 구체적 약속을, 21장에서는 이삭(그 후손)의 탄생과 육신의 결정체인 이스마엘의 축출을, 22장에서는 이삭을 바침을 기록하고 있다. 아브라함의 생애가 후손과 관련되어 있다는 사실을 주시하라. 후손에 대한 소망은 이스라엘 족속의 유일한 소망이었다. 그 후손은 아브라함 자손들에게 모든 것을 가져다 줄 것이다.

> 창 22:17, "내가 네게 큰 복을 주고 네 씨로 크게 성하여 하늘의 별과 같고 바닷가의 모래와 같게 하리니 네 씨가 그 대적의 문을 얻으리라."

'내가 네게 큰 복을 주고'는 직역하면 '내가 네게 축복으로 축복할 것이다'(in blessing I will bless thee)로서 이것은 이중적 축복이다. '내가 네게 큰 복을 주고'는 그가 받은 복이 현세와 내세에 가장 큰 복이 될 것이라는 사실을 시사한다. 아브라함이 받은 복은 지극한 복인데, 곧 세상에서도 잘되며 영원한 세계에서도 구원받은 신령한 백성들 가운데 가장 복된 위치를 차지할 것이라는 것이다.

'네 씨로 크게 성하여'는 물리적, 영적 후손의 놀라운 번성을 의미한다. 아브라함의 물리적 후손은 다른 사람의 추종을 불허할 것이다. 그의 후손은 하늘의 별과 같이, 바닷가의 모래와 같이 번성할 것이다. 뿐만 아니라 그 영적 후손은 그보다 더 많을 것이다. 우리 믿는 신자들이 모두 아브라함의 후손으로 지칭된다.[43)]

"네 씨가 그 대적의 문을 얻으리라"는 말씀은 이중적 의미를 가지고 있다. (1) 아브라함의 자손들인 이스라엘 족속들은 가나안의 일곱 족속을 물리치고 거기에 거주하게 될 것이다. 즉 이스라엘이 가나안 땅의 대적의 문과 도성을 점령할 것이다.[44)] (2) 그러나 다른 한편 아

---

43) 마 8:11; 눅 13:16; 16:22; 19:9; 갈 3:7, 29; 히 2:6.

44) Keil, Murphy의 주장. cf. Thomas Whitelaw, *Genesis* (Pulpit), p. 285.

브라함의 후손인 메시아께서 원수 마귀의 세력을 꺾으시고 마귀에게 매여 있는 자들을 놓아 줌으로써 많은 아브라함의 후손들이 생겨날 것이다.

18절에서는 복이 한층 극대화된다. "또 네 씨로 말미암아 천하 만민이 복을 얻으리니 이는 네가 나의 말을 준행하였음이니라 하셨다 하니라."

"네 씨로 말미암아 천하 만민이 복을 얻으리니"라는 말씀은 온 인류가 아브라함의 후손(메시아)을 통하여 이 놀라운 축복의 자리에 들어감을 가리킨다. 이 세상의 온 인류는 아브라함의 후손인 메시아 때문에 풍요를 누리고 하나님의 공급하시는 은혜를 누린다. 더 나아가서 아브라함의 후손인 메시아를 통하여 인류는 하나님의 구원을 경험하고 본질적인 축복인 천국을 소유한다.

지금까지 "너를 축복하는 자에게는 내가 복을 내리고 너를 저주하는 자에게는 내가 저주하리니 땅의 모든 족속이 너를 인하여 복을 얻을 것이니라"(창 12:3)는 말씀대로 하나님께서는 아브라함과 함께 하셨고, 그를 보호해 주셨으며, 아브라함에게 축복하는 자는 복 주시고 아브라함을 대적하는 자와 저주하는 자에게는 저주를 내리셨다. 그의 생애가 이것을 증거한다. 그러나 여기서는 그러한 축복이 씨(후손)에게 연결된다. 아브라함을 통하여 그의 이웃들이 복을 받은 것처럼 아브라함의 후손을 통하여 온 인류가 복을 받게 될 것이다.

"이는 네가 나의 말을 준행하였음이니라." 하나님의 말씀에 대한 준행(순종)은 저자 모세가 처음부터 강조해 온 주제다. 그가 이와 같은 큰 복을 받게 된 것은 그가 하나님의 말씀에 100퍼센트 순종했기 때문이다.

아담이 불순종하여 그의 후손인 온 인류에게 저주가 나타났다. 에녹이 하나님과의 동행(순종이 함축됨)으로 말미암아 죽지 않은 채 하늘나라로 올리워 갔다. 노아는 하나님의 말씀에 순종함으로써 죽을 자리에서 살아났다. 이제 아브라함이 순종함으로써 그 자신이 복을 받은 것은 물론, 그의 후손을 통하여 온 인류가 복을 받게 된다. 오경의 대 주제는 순종이다. 인간은 필연적으로 하나님의 명령에 순종해야 할 위치에 있으며, 하나님 말씀에 순종할 때 인간은 복을 받는다.

아브라함은 모리아 산에서의 경험을 하고 난 후에 이삭과 함께 산에서 내려오고 산 아래 있는 사환들과 함께 브엘세바 자기 집으로 돌아온다.

이 사건 다음에 우리는 리브가의 족보(22:20-24)를 읽게 되는데, 이 족보는 이삭의 아내 리브가의 족보를 알리려는 의도에서 기록한 것이다. 이 리브가의 족보는 아브라함의 후손과 긴밀한 관계를 가지고 있다.

12. 사라의 죽음, 장사(23장)

사라는 127세를 살고 죽는다(1절). 아브라함은 사라를 잃은 슬픔에 많이 울었다. 그러나 잃은 사람은 되돌아올 수 없다. 아브라함은 일어나서 자기의 죽은 아내를 매장해 줄 장지를 구해야 했다. 그는 가나안 원주민인 헷 사람을 찾아갔다. 그들이 그 땅의 주인이었기 때문이다. 그리고 그들에게 매장지를 팔 것을 요청했다.

아브라함은 이방에서 온 나그네로서 그 본토에서 거주했던 가나안 사람들에게 하나님의 방백으로 인정되었다(6절). 그래서 그들은 사라를 위한 매장지를 값없이 제공하려 했다. 헷 족속이 세 번이나 그 굴을 무료로 제공하려고 한 사실을 주목하라(6, 11, 15절). 아브라함은 막벨라 굴을 그에 해당되는 땅 값을 지불하고 샀다(16절). 아브라함은 후에 있을 일을 대비하여 그렇게 한 것이다. 만일 후에 에브론의 마음이 변하여 그 땅이 본래 자기의 땅이었다고 주장하면 아브라함은 권리 주장을 할 수 없게 된다. 사람의 마음은 믿을 수가 없다.

이렇게 땅을 삼으로써 가나안 땅 중 그 일부가 최초로 아브라함과 그 후손의 소유가 되었다. 하나님께서 가나안 땅을 아브라함에게 주시겠다는 언약이 최초로 성취되었다. 그러나 그 완전한 성취가 있기까지는 그 땅을 돈으로 사야만 했다. 본문은 나흐마니데스(Nachmanides)의 견해처럼, "네 이름을 창대케 하리니"라는 하나님의 언약이 그의 생애 동안에 성취된 것을 보여 주기도 한다.[45]

본문은 족장들이 어디에 묻혀 있는지를 가리켜 주고 있는데, 후에 이스라엘 자손은 그 곳을 매우 존중하여 그 곳에서 중요한 행사를 거행한다.[46]

'헤브론'은 예루살렘 남남서쪽 25마일 지점에 위치해 있다. 옛 이름은 기럇 아르바(23:2)인데 모세가 기록할 당시에는 헤브론이었지만 마므레(23:19)는 가나안인들이 후에 부른 이름인 것 같다. 그 곳에 리브가, 레아, 이삭(이삭은 헤브론에 거주한다), 야곱 등이 묻힌다(창 35:27-29; 49:31; 50:13). 이 곳은 후에 갈렙의 소유가 되지만 도피성으로 지정된다. 다윗은 후에 이 곳에 정착하게 되고, 온 이스라엘의 왕으로 기름부음을 받기 전에 7년 동안 유다를 다스린다. 후에 다윗

45) A. Cohen, p. 121.
46) 참고. 민 13:22; 수 14:15.

이 예루살렘으로 천도를 했고, 압살롬은 반역을 할 때 헤브론에서 스스로 왕으로 등극하는데, 자신의 지위를 확고히 하기 위하여 이 곳을 택한 것 같다. 후에 모하멧은 이 곳에서 천국으로 여행을 했다고 하여 이 곳을 성지화했다.

13. 이삭의 아내 리브가를 얻게 된 과정(24장)

이 장은 창세기에서 가장 긴 장(章)이다(67절). 본 장은 이삭이 리브가의 아내를 얻게 되는 과정을 세밀히 기록하고 있다. 아브라함이 시험에 합격하고 축복을 받은 후 사라가 죽어 가나안인들로부터 매장지를 구하여 장사한다. 그러고 나서 갑자기 이삭의 신부를 구하는 장면이 나타나는데, 언뜻 보면 앞뒤가 연결되지 않는 것처럼 보인다.

그러나 본 장은 앞 장들과 아주 긴밀하게 연결되어 있다. 아브라함은 모리아 산에서의 경험을 하고 하나님의 사자로부터 다음과 같은 축복의 말씀을 받는다. "내가 ① 네게 큰 복을 주고 ② 네 씨로 크게 성하여 하늘의 별과 같고 바닷가의 모래와 같게 하리니 ③ 네 씨가 그 대적의 문을 얻으리라 ④ 또 네 씨로 말미암아 천하만민이 복을 얻으리니 이는 네가 나의 말을 준행하였음이니라 하셨다 하니라"(창 22:17-18).

하나님의 사자의 축복의 내용 가운데 아브라함의 후손(씨)과 관련된 복이 세 개 항목이나 된다. 아브라함의 씨는 이삭이다. 이삭을 통하여 아브라함의 후손은 번성할 것이며(물론 아브라함의 다른 아들들을 통하여 후손이 많아지는 것도 포함됨), 이삭의 후손을 통하여 천하가 복을 받는 일이 일어날 것이다. 이러한 축복과 관련하여 본 장은 이삭이 어떻게 결혼하여 자녀를 낳았는지를 보여 주려는 의도를 가지고 기록된 것이다.

본 장은 네 부분으로 나누어지므로 각 단락별로 살펴보는 것이 좋겠다.[47]

1) 가나안에서 아브라함과 그의 종(1-9절)

본 단락에서 우리는 아브라함의 신앙의 모습을 엿보게 된다. 1절은 여호와께서 아브라함의 노년에 이르기까지 그의 범사에 복을 주셨다고 기록하고 있다. 하나님을 향한 순종과 충성과 사랑으로 인하여 그는 여호와 하나님으로부터 영육간의 큰 복을 받게 되었다. 오늘날 아브라함의 후손인 우리도 아브라함과 같은 순종과 충성 그리고 사랑을 가진다면 그러한 복을 받을 것임에 틀림없다.

어느 날 아브라함은 '자기 집 모든 소유를 맡은 종'을 불러서 그의 손을 자기 환도뼈 밑에 넣으라고 지시한다. '자기 집 모든 소유를 맡은 종'이란 문구는 그 종의 충성스러운 모습을 엿보게 한다. 주인이 자기의 종을 100퍼센트 믿을 때 자기의 모든 소유를 맡긴다. 주인이 보기에 그 종이 주인 자신처럼 생각되기 때문에, 즉 종의 생각과 결정이 주인의 생각과 결정에 꼭 들어맞기 때문에 자기 집의 모든 소유를 맡기는 것이다.

요셉은 보디발의 집에서 이와 같은 충성스러운 종이 되었다(창 39:4, 6). 그리고 요셉은 애굽 왕 바로에게도 그와 같은 모습으로 비쳐졌으므로 바로는 애굽의 모든 관할권을 요셉에게 위임한 것이다. "충성되고 지혜 있는 종이 되어 주인에게 그 집 사람들을 맡아 때를 따라

---

47) cf. G. Wenham, *Genesis,* 16-50, p. 138.

양식을 나눠 줄 자가 누구뇨 주인이 올 때에 그 종의 이렇게 하는 것을 보면 그 종이 복이 있으리로다 내가 진실로 너희에게 이르노니 주인이 그 모든 소유를 저에게 맡기리라"(마 24:45-47)는 말씀은 주님을 믿는 성도들이 믿음의 싸움을 다 싸우고 하나님 앞에 갔을 때 주께서 우리에게 주실 특권을 암시해 주고 있다.

웬함(Wenham)은 이 종이 15:22에 나타난 엘리에셀은 아닐 것이라고 말하지만,[48] 그의 이름이 밝혀져 있지 않으므로 적극적으로 말할 수는 없을 것 같다. 본 절의 '환도뼈'는 생식기에 대한 완곡어로서 당시에는 흔히 종이 주인의 명령을 수행하겠다는 복종의 표시로 그 주인의 허벅지에 손을 넣고 맹세했다. 이는 할례와 관계가 있다. 아브라함은 자기의 아들의 후손을 낳을 자부를 택함에 있어 그 일을 하나님의 계획을 이룰 성스러운 일로 생각하고 종으로 하여금 환도뼈에 손을 대고 맹세하라고 한다.

이러한 행위는 고대 근동의 관습을 보여 주는데, 고대 근동에서는 성스러운 서약이나 맹세를 할 경우, 그 성스러운 대상을 잡고 맹세한다. 그 종은 '하늘의 하나님, 땅의 하나님이신 여호와'로 맹세하라는 지시를 받는다. 아브라함은 여호와 하나님께서 초월하신 하나님이시며 동시에 역사(인간사) 가운데, 즉 세상 가운데 내재하시는 하나님이시라는 사실을 분명하게 인식하고 있었던 것이다.

아브라함이 충성된 종으로 하여금 엄숙하게 맹세하라는 내용은 "너는 나의 거하는 이 지방 가나안 족속의 딸 중에서 내 아들을 위하여 아내를 택하지 말고 내 고향 내 족속에게로 가서 내 아들 이삭을 위하여 아내를 택하라"는 것이었다. 가나안 족속과 결혼하지 말라는 명

48) Ibid., p. 141.

령은 율법 가운데서 다시 반복된다(출 34:16; 민 25; 신 7:3). 아브라함이 이렇게 지시한 것은 가나안 족속들이 당시에 얼마나 부패했는가를 친히 보았기 때문이다.

자부 될 여자가 가나안 지역으로 오고자 아니하면 어떻게 할 것인가(5절)? 그래서 그 종은 확신을 가지지 못하고 아브라함에게 그럴 경우 어떻게 할 것인가를 묻는다. 아브라함은 분명하게 잘라서 말한다. 아브라함은 이미 하나님의 부르심을 받아 그 곳을 떠나왔었다. 그러므로 자기의 아들 이삭을 그 곳으로 다시 가게 할 수는 없었다. 만일 그 여자가 따라오지 않으려고 할 때는 하나님의 부름에 거절한 것이 되므로 그 여자를 포기하도록 명령하고 있다. 그는 자기가 갈대아 고향 땅에서 하나님의 부르심을 받고 가나안 땅으로 온 것을 상기시키면서, 하나님께서 틀림없이 아들의 아내도 자기를 따라 이 곳으로 오도록 하실 것이며, 자부를 구하는 길에 하나님의 사자를 통하여 그 종을 안내해 줄 것임을 확신시켜 주고 있다(7절).

2) 우물가에서 리브가와 그 종(10-27절)

종이 리브가를 만나는 이 단락은 12-14절(종의 기도)과 26-27절(종의 찬양의 기도)이 그 에피소드(15-25절)를 감싸는 인클루시오를 형성하면서 아름답게 배열되어 있다.

(1) 종의 기도(12-14절)

종은 준비된 약대 열 필을 가지고 여행에 쓸 경비와 양식 그리고 신부 가정에 지불할 선물(신부값)을 싣고 떠났다. 그는 나홀이 거처하는 성에 이르렀다. 사람을 만나서 소식을 물어 볼 수 있는 곳이 우물가이므로 그 종은 우물가에 약대들을 풀어 놓았다. 종은 하나님에게 자기 주인의 신부감을 인도해 주실 것을 간절히 구한다.

그 종이 기도한 내용을 살펴보자.

> 창 24:12-14, "그가 가로되 우리 주인 아브라함의 하나님 여호와여 원컨대 오늘날 나로 순적히 만나게 하사 나의 주인 아브라함에게 은혜를 베푸시옵소서 성중 사람의 딸들이 물 길러 나오겠사오니 내가 우물 곁에 섰다가 한 소녀에게 이르기를 청컨대 너는 물 항아리를 기울여 나로 마시게 하라 하리니 그의 대답이 마시라 내가 당신의 약대에게도 마시우리라 하면 그는 주께서 주의 종 이삭을 위하여 정하신 자라 이로 인하여 주께서 나의 주인에게 은혜 베푸심을 내가 알겠나이다."

첫째로, 종은 아브라함의 하나님을 '여호와'로 부르고 있다. 어떤 사람은 출애굽기 6:4("내가 아브라함과 이삭과 야곱에게 전능의 하나님으로 나타났으나 나의 이름을 여호와로는 그들에게 알리지 아니하였고")의 말씀에 근거하여 종이 말하고 있는 이 구절이 출애굽 사건 이후에 기록된 것이라고 생각하나, 이 문맥의 고대성으로 인하여 그것은 정당화될 수 없고, 족장들이 하나님의 이름을 여호와로 알고 있었다는 사실을 증거해 준다. 여호와란 칭호에 대해서는 출애굽기에서 보다 자세히 다루게 될 것이다. 어쨌든 그 종은 하나님의 내재성을 함축하고 있는 여호와라는 호칭을 부르면서 그 하나님에게 기도하고 있다.

둘째로, 이 기도 가운데서 '은혜'(헤쎄드)라는 단어를 두 번이나 반복해서 말하고 있다. 종이 구하고 있는 것은 이삭의 신부감을 발견하는 일인데, 이것을 아브라함에게 은혜를 베푸는 일로 묘사하고 있다는 것이다. 잠언 19:14 말씀처럼 '슬기로운 아내'는 여호와께로서 말미암는다. 더구나 아브라함의 후손을 통하여 온 인류가 복을 받게 될 것인데, 그 귀한 후손을 낳아 줄 아내는 하나님께서 주셔야 하며, 그것은 아브라함에게 베푸시는 하나님의 은혜인 것이다. 그뿐 아니라 한 사람을 가족 구성원으로 맞아들이는 일은 하나님의 은혜에 속하는 일이다.

셋째로, 종은 하나님께서 그 신부감을 자기에게로 인도해 달라고 하면서 그 사람이 누구인지 발견케 해 달라고 기도한다. 그 신부감을 발견하는 방법은 자기의 조건을 제시하는 것이다. 만약 물 항아리를 들고 물을 길러 오는 처녀에게 물을 마시게 해 달라고 요청할 때, 그 사람에게 물을 제공할 뿐만 아니라 약대들에게도 자원해서 물을 마시게 한다면 그 처녀는 이삭의 신부감인 줄로 믿겠다는 것이다. 이러한 기도 방식은 하나님의 인도를 구하는 자에게는 표준적인 기도라고 할 수 있다.

(2) 리브가를 만남(15-25절)

'말을 마치지 못하여서'는 하나님께서 리브가를 기도와 때를 같이 하여 그 곳으로 보내셨다는 것을 보여 준다. 사실상 본문에는 하나님께서 직접 보내셨다는 언급이 전혀 없다. 다만 일이 순조롭게 되어 가는 과정만이 기록되어 있을 뿐이다. 그러나 하나님께서는 이적이나, 하나님께서 특별히 개입하신다는 어떤 표식이 없이 평범한 일상 생활 가운데서 보이지는 않으나 확실하게 인간사에 개입하고 인도하신다. 역사와 인간사 가운데 개입하신 하나님의 손길을 발견하는 사람이 역사를 바르게 인식하고 바르게 기록할 수 있다.

리브가는 이상적인 조건을 갖춘 여성이었다(15-16절). 그리고 하나님께서 보내신 여성이라는 사실이 리브가의 행동을 통하여 나타나게 된다. 종은 리브가에게 가서 물을 달라고 요청한다. 리브가는 종이 물을 먹도록 허락하고, 곧 이어 종이 기도한 바와 같이 그의 약대들에게도 물을 마시게 하겠다고 하며 물을 길어서 10마리의 모든 약대들에게도 물을 마시도록 해주었다. 이러한 모습은 종이 기도한 내용과 완전히 일치한 행동이었다. 사람에게만 물을 마시게 하지 않고 10마리의 모든 약대들에게도 물을 마시도록 길러 주는 행위는 너그러움, 그리고 약하고 지친 존재에 대한 애정 어린 배려의 행위요 아름다운 행위였다.

처녀가 이러한 마음을 가지고 있다면 그녀는 틀림없이 훌륭한 성품을 가진 여성이다. 이제는 그녀의 신원을 확인하는 일만이 남았다. 종은 반 세겔 금고리, 10세겔 손목고리 한 쌍을 주면서 그가 누구인지를 물었다. 그리고 유숙할 수 있는 곳이 있느냐고 물었다. 리브가는 자기를 “밀가가 나홀에게 낳은 아들 브두엘의 딸”이라고 소개한다. 그리고 유숙할 곳도 있다고 말한다. 소돔과 고모라 사람들이 나그네를 접대하지 않는 못된 행습과는 달리 리브가는 기꺼이 자기 집에서 유숙하게 하고자 하는 마음을 가지고 있었다.

(3) 종의 찬양(26-27절)

리브가의 신원을 확인한 종은 머리 숙여 여호와께 경배하고 여호와를 찬미한다. “이에 그 사람이 머리를 숙여 여호와께 경배하고 가로되 나의 주인 아브라함의 하나님 여호와를 찬송하나이다 나의 주인에게 주의 인자와 성실을 끊이지 아니하셨사오며 여호와께서 길에서 나를 인도하사 내 주인의 동생 집에 이르게 하셨나이다 하니라.” 그 내용은 물론 하나님의 신실하심을 찬양하는 내용이었다. 이것은 하나님의 인도를 체험한 사람의 고백이요 찬양이다.

3) 리브가의 집에서의 협상(28-61절)

(1) 종이 그 집에 감(28-32절)

리브가는 종이 하는 행동을 보고 당연히 놀랐을 것이다. 그래서 그녀는 자기 집으로 달려가서 가나안 땅으로 갔던 아브라함의 종에 관한 이야기를 말해 주었다. 리브가의 말을 들은 그녀의 오라비 라반은 그 소식을 듣고 또 아브라함의 종이 건네준 보물들을 보고 우물로 달려가서 그 종을 만나보게 되었다. 어쩌면 라반은 리브가에게 준 보물(금고리와 손목고리)을 보고 부유한 집안인 것으로 알았을 것이다. 그래서 그 종을 대대적으로 환영했던 것이다.

(2) 종이 자기의 임무를 설명함(33-49절)

종은 먹고 쉬는 일보다는 오직 자기 주인 아브라함이 자기에게 맡긴 임무를 이행하는 일에 주된 관심을 가지고 그 집에 들어서자 곧 자기가 이 곳으로 온 자초지종을 진술하기 시작한다. 그리고 최후로 리브가를 자기 주인 이삭의 아내로 맞아들이려는 하나님의 인도하심이 확인되었으므로 가부를 말해 달라고 요청했다.

(3) 제안이 받아들여짐(50-53절)

아마도 라반이 그 집안의 실질적인 가장이었던 것으로 보인다. 그래서 라반이 리브가의 혼사 여부를 결정하는 권한을 가진 것처럼 말한다. "라반과 브두엘이 대답하여 가로되 이 일이 여호와께로 말미암았으니 우리는 가부를 말할 수 없노라 리브가가 그대 앞에 있으니 데리고 가서 여호와의 명대로 그로 그대의 주인의 아들의 아내가 되게 하라." 이로써 아브라함의 종은 이삭의 아내를 발견하는 임무가 완료되었음을 인식하고 땅에 엎드리어 여호와께 경배를 드렸다. 그러고 나서 종은 꾸미기 위한 은금 패물과 의복을 리브가에게 주고 그 어미와 오라비에게 보물(신부값)을 주었다.

(4) 리브가와 종이 떠남(54-61절)

그날 밤을 그 집에서 보낸 종은 그 이튿날 가나안 땅으로 돌아가겠다고 그 집 사람들에게 말한다. 본래 신부 집에서 일주일 이상 혼인 잔치를 치르고 신랑집으로 가는 관습이 있으므로 라반과 그 어미는 열흘 후에 출발할 것을 요청한다. 그러나 종은 궁금해할 아브라함을 생각하여 하루라도 빨리 출발하고자 곧 출발하겠다고 말한다.

결국 신부가 그렇게도 졸지에 자기의 본가를 떠나서 가고자 하겠는가 물어 보기로 하고 리브가의 의사에 맡기기로 했다. 놀랍게도 리브가는 즉시 떠나가겠다고 응답했다. 리브가의 마음속에 가나안 땅으로 즉시 떠나겠다는 마음을 주신 것은 하나님의 감동에 의한 것이다. 아브라함이 하나님의 말씀을 듣고 순종하여 가나안 땅으로 왔듯이, 리브가 역시 하나님의 부르심이 있음을 확신하고 즉시 하나님의 뜻을 따라 가나안 땅으로 출발하려고 한 것이다. 그리하여 저들은 리브가에게 축복하고 리브가와 종을 떠나게 허락한다.

본문에 나오는 아브라함의 종은 자기 주인에게 충성을 다한 것을 보게 된다. 그 종은 자기의 평안, 휴식, 즐거움보다는 자기에게 맡겨진 사명에 총집중하고 행동하고 있다. 우선 우리는 이 종의 모습을 통해서 이 땅에 종의 모습을 가지고 오신 예수 그리스도의 모습을 엿보게 된다. 그분은 본래 하나님의 본체시나 하나님과 동등됨을 취할 것으로 여기지 아니하시고 종의 모습을 가지고 육신을 입고 오셔서 육신의 제약을 받으면서 사셨다. 그리고 율법에 순종하시고 죽기까지 복종하셨다. 예수님과 바울 사도는 종의 모습에 대해서 여러 교훈들을 주셨다. 마태복음 21:34-36; 누가복음 12:37-48; 16:10-13; 17:

10; 에베소서 6:6; 고린도전서 4:1-3을 살펴보기 바란다.

여기에 나오는 종은 행동하기 전에 기도하는 사람이었고, 기도가 실현되었을 때 여호와 하나님을 찬양하는 사람이었다. 또한 그는 하나님께서 모든 세상사를 인도하시고 그를 의지하는 사람들의 길을 인도하신다는 사실을 믿고 있었다. 아브라함과 그 종의 신앙은 일치된 신앙이었다. 그들은 하나님께서 이 세상 역사에 적극적으로 개입하시고 섭리적으로 모든 일을 인도하시면서 자기의 뜻을 이루어 가신다고 믿었다. 요셉의 일생은 이러한 하나님의 섭리적 인도하심을 여실히 보여 주고 있다.

4) 가나안에서의 이삭, 리브가 그리고 종(62-67절)

이삭은 저물 때에 들에 나가 묵상하고 있었다. 여기서 이삭의 경건성을 엿볼 수 있다. 이삭은 약대들이 오는 것을 보고 그 곳으로 나아간다. 리브가는 그가 자기 신랑이 될 이삭이라는 사실을 알자 면박을 써서 자기 얼굴을 가린다. 중동 지역의 전통은 여인들이 타인 앞에서 면박을 쓰는 것이기 때문이다. 이삭은 종을 통하여 자초지종을 다 듣고 리브가를 맞이하여 아내로 삼고 그녀를 사랑했으며 모친 사라를 잃은 슬픔을 위로 받았다.

"사라의 장막에 들이고"라는 표현은 리브가가 실질적인 안주인이 되었다는 사실을 보여 준다. 아브라함이 살아 있었는지 죽었는지는 확신할 수 없지만, 종이 와서 이삭에게 보고한 사실이나 이삭이 사라의 장막에 리브가를 들인 사실은 이삭이 아브라함의 후계자로서 이미 이 부족의 족장이 되었다는 것을 암시한다.[49]

---

49) G. Wenham, *Genesis*, 16-50, p. 153.

이상과 같은 이삭의 결혼 기사는 고대 근동의 결혼 관습을 여실히 드러내 주는 역할을 한다. 그들의 결혼은 한편으로 하나님(신)의 인도를 따르면서 한편으로는 중매 결혼이다. 오늘날의 결혼 방식은 결혼 당사자들 사이에 애정(연애)으로 말미암은 결혼이지만, 사실상 외적인 조건을 중시하고 철저히 이기적인 차원에서 하는 결혼이 많다. 부부간의 애정이라는 것에는 많은 이기적인 조건들이 포함되어 있다. 결혼 생활을 하는 과정에서 그 이기적인 조건들이 채워지지 않을 때, 그 결혼 관계를 맺어 주었던 애정은 쉽게 사라지고, 그래서 사람들은 쉽게 이혼하는 것이다. 이 시대는 그만큼 인본적인 시대다.

이삭의 결혼 기사는 아브라함의 후손들이 가나안 여인들과 혼인을 해서는 안 되고, 근족끼리 혼인을 해야 한다는 사실을 지적하고 있다. 후에 이삭의 아들 야곱 역시 결혼하기 위하여 아람에 있는 라반의 집으로 갔다. 이러한 결혼 전통에 의하여 모세는 하나님의 지시를 따라 가나안 여인들과 혼인을 금할 것을 규정했다(출 34:16; 신 7:3). 역사서들과 선지서들 역시 이방인들과의 혼인을 금하고 있다.[50]

사도 바울은 이러한 법칙을 따라 그리스도인들이 믿지 않은 자들과 결혼하지 말 것을 명령하고 있다. "아내가 그 남편이 살 동안에 매여 있다가 남편이 죽으면 자유하여 자기 뜻대로 시집갈 것이나 주 안에서만 할 것이니라"(고전 7:39). "너희는 믿지 않는 자와 멍에를 같이 하지 말라 의와 불법이 어찌 함께 하며 빛과 어두움이 어찌 사귀며 그리스도와 벨리알이 어찌 조화되며 믿는 자와 믿지 않는 자가 어찌 상관하며 하나님의 성전과 우상이 어찌 일치가 되리요 우리는 살아 계신 하나님의 성전이라 이와 같이 하나님께서 가라사대 저희 가운데

50) 삿 3:6; 14:3; 왕상 11:1-2; 스 10; 느 13:23-27; 말 2:11.

거하며 두루 행하여 나는 저희 하나님이 되고 저희는 나의 백성이 되리라 하셨느니라 그러므로 주께서 말씀하시기를 너희는 저희 중에서 나와서 따로 있고 부정한 것을 만지지 말라 내가 너희를 영접하여 너희에게 아버지가 되고 너희는 내게 자녀가 되리라 전능하신 주의 말씀이니라 하셨느니라"(고후 6:14-18).

2장

이삭 | 25-27장

아브라함에 대한 기사와 이삭에 대한 기사는 서로 겹쳐서 기록되어 있다. 족장들에 대한 창세기의 기록은 성격상 서로 겹치는 방식으로 기록되어 있다. 그래서 우리는 25-27장을 이삭에 대한 기사 부분으로 분류하고 이 부분을 연구해 나가려 한다.

1. 아브라함의 후예(25:1-11)

스파이서(Speiser)는 아브라함이 자기 종을 메소보다미아로 보내고 나서 죽은 것으로 보이기 때문에 25장에 기록된 그두라와의 결혼과 자녀를 낳은 기사를 잘못 배치된 것으로 생각한다.[1] 그러나 저자 모세는 자기가 기록한 내용을 보충하기 위하여 중요한 24장을 기록한 후에 아브라함의 나머지 후손들에 대해서 기록하고 있는 것이다. 그러므로 본문이 이 곳에 위치해 있는 것은 당연하다.

1절에는 "아브라함이 후처를 취하였으니 그 이름은 그두라라"고 기

1) E. A. Speicer, *Oriental and Biblical Studies*, Uni. of Pennsylvania, p. 189. recited from Wenham, p. 158.

록되어 있다. 아브라함은 이삭을 낳았을 때 이미 죽은 자와 방불한 사람이었다고 기록되었는데(롬 4:19), 여기서 또다시 아브라함이 결혼한 사실을 기록하고 있는 것은 좀 이상하다. 그리고 아브라함의 나이가 많은 상태에서 후처를 취했다는 것은 더욱 이상하다. 그래서 어떤 이는 그두라가 하갈을 가리킨다고 주장한다. 역대상 1:32에 보면 "아브라함의 첩 그두라의 낳은 아들은"이라는 표현이 나온다. 첩이란 히브리어 단어는 필레게쉬(פִּלֶגֶשׁ)로서 글자 그대로 첩을 의미한다(7절 참고). 그래서 그두라가 아브라함이 취한 첩이었다고 주장하고, 그녀가 하갈이었다는 것이다.

또 다른 추측은 사라가 아직 살아 있을 때 그두라라는 첩을 취했다는 주장이다. 이러한 주장은 그럴듯한 추측이라고 할 수 있다. 어쩌면 심히 거부이면서 동시에 한 대가족의 족장이 첩을 취한 일은 아브라함이 아직도 신앙인으로서 수치스런 일을 행했다고 말할 수도 있겠다.

잠시 아브라함과 이삭의 나이와 관련된 사실을 살펴보자. 사라는 90세에 아들 이삭을 낳았다. 그리고 127세에 죽었다. 그리고 이삭은 40세에 결혼했다(창 25:20). 그러므로 사라가 죽은 지 4년 후에 이삭이 결혼한 것이다. 그렇다면 아브라함이 사라가 아직 살아 있을 때, 즉 이삭을 낳고 난 직후 어느 때에 그두라라는 첩을 취했을 가능성이 있다. 왜냐하면 4년 동안에 그두라라는 후처를 취하여 아브라함이 그렇게도 많은 서자들을 낳았으리라는 것은 상상할 수 없기 때문이다. 그러므로 아브라함이 사라가 아직 살아 있을 때 첩을 취했을 텐데, 이러한 첩을 취하는 행위는 성경 전체의 사상과 일치하지 않는다. 그럼에도 불구하고 하나님은 그의 불경건(불법적 결혼)을 통해서 그의 후

손을 번성케 하셨다고 볼 수도 있다.[2)]

만일 이러한 주장도 받아들이기 어렵다면, 아브라함이 사라가 죽은 (아브라함의 나이 137세) 후에 그두라를 취했을 것이라고 볼 수도 있다. 아브라함이 175세에 죽었으므로 약 38년 동안을 후처를 통하여 서자들을 낳았을 수도 있다. 반하우스(D. G. Barnhouse)는 아브라함이 이전에 성적 불능 상태였다가 나중에 하나님이 그의 불능을 치유해 주셔서 이삭도 낳았고, 사라가 죽은 후에는 그두라라는 여인을 후처로 맞이하여 아들들을 낳았다고 생각한다.[3)]

이러한 의견이 보수적인 입장의 사람들에게는 호소력이 있지만, 그래도 그두라를 '첩'으로 묘사하고 있는 구절(대상 1:32과 창 25:7)을 볼 때 받아들이기 어려운 점이 있다.

아브라함의 후손들은 다음과 같다.

아브라함 : 사라(사래) – 이삭
하갈 – 이스마엘
그두라 – 시므란, 욕산, 므단, 미디안, 이스박, 수아
욕산 – 스바, 드단
드단 – 앗수르 족속, 르두시 족속, 르움미 족속
미디안 – 에바, 에벨, 하녹, 아비다, 엘다아

2) 칼빈, 창세기 주석(2권), 성서원, 1999, 92, 93쪽.
3) Donald G. Barnhouse, *Genesis*(2), Zondervan, 1970, p. 36.

아브라함은 자기의 서자들 모두에게 재산을 나누어 주었으며, 이삭에게는 자신의 모든 것을 주었다(5, 6절). 이스라엘의 결혼 관습에 따르면 재산을 나누어 주는 정식 부인이 있고, 재산을 나누어 주지 않고 단지 잠자리만을 같이 하는 첩(종의 신분)이 있다. 그러나 아브라함은 그 신분에 관계없이 자기의 재산을 나누어 줌으로써 후손들의 장래를 보장해 준 것을 보게 된다. 그리고 아브라함은 서자들로 하여금 이삭에게서 떠나 모두 동방으로 가게 한다. 아브라함은 이삭과 서자들이 함께 섞여 살기를 원하지 않았던 것으로 보인다. 여기서 다시 동방이란 표현이 나타난다. 하나님의 택함을 받지 않은 서자들은 모두가 동방으로 나아갔다. 오늘날 이스라엘 국가의 동방이 복음을 전혀 받아들이지 않는 회교 국가라는 점을 유념하자.

이러한 족보는 이스라엘이 그 주변 국가들로부터 동떨어진 백성들이 아니라 그들과 형제 국가라는 사실을 시사해 준다. 이스라엘 족속은 인접한 국가들과 서로 사랑의 관계를 유지하면서 살아야 하는 민족이었다.

이러한 족보의 기록은 아브라함의 후손을 하늘의 별처럼 많게 해주시겠다는 하나님의 축복을 생각나게 한다. 하나님께서는 끝까지 아브라함에게뿐만 아니라 그의 이삭은 물론 여타의 후손들에게도 자기의 신실성을 나타내 보이실 것이다.

창세기 25:7-11은 다음과 같이 기록하고 있다. "아브라함의 향년이 일백칠십오 세라 그가 수가 높고 나이 많아 기운이 진하여 죽어 자기 열조에게로 돌아가매 그 아들 이삭과 이스마엘이 그를 마므레 앞 헷 족속 소할의 아들 에브론의 밭에 있는 막벨라 굴에 장사하였으니 이것은 아브라함이 헷 족속에게서 산 밭이라 아브라함과 그 아내 사라가 거기 장사되니라 아브라함이 죽은 후에 하나님이 그 아들 이삭에게 복을 주셨고 이삭은 브엘라해로이 근처에 거하였더라."

모세는 아브라함이 죽을 때의 나이를 175세로 기록하고, 그의 죽을 때의 상황을 기록하고 있다. "그가 수가 높고 나이 많아 기운이 진하여 죽었다"는 기록은 아브라함이 좋은 나이에 충분히 살 만큼 살고 죽었다는 것이다. 성경에는 때때로 악인이 장수한다는 불평이 나오기도 하고 죄인이 신자보다 더 부유하고 건강하게 산다는 표현도 나타난다. 그러나 악인들의 장수, 건강, 복은 외적 · 물리적인 것이지 내적 · 영적인 것은 아니다. 그들은 고통과 알력과 갈등 가운데 마음 편할 날이 없이 살아가지만, 하나님이 택하신 백성은 마음의 평안과 즐거움을 누리고 확실한 소망 가운데서 살아가는 것이다.

이스마엘이 아브라함의 집에서 쫓겨나 살았지만 아브라함이 그가 나간 가나안 땅의 남방(브엘세바)에서 오랫동안 거주한 것을 볼 때(22:19을 보라), 이스마엘은 집을 떠났으나 계속하여 아브라함과 관계를 유지하며 살아왔던 것으로 보인다. 그래서 이스마엘은 자기의 부친 아브라함이 죽었을 때 이삭과 함께 아브라함을 장사해 드렸다.

이삭은 브엘라헤로이 근처에 살았는데 이 곳은 가나안 남부 지방이고, 하갈이 애굽으로 내려가기 위하여 헤매던 곳이며, 이스마엘이 사는 근처다.

2. 이스마엘의 후예(25:12-18)

이스마엘 – 느바욧, 게달, 앗브엘, 밉삼, 미스마, 두마, 맛사, 하닷, 데마, 여둘, 나비스, 게드마

이 족보는 하갈이 아브라함에게서 낳은 이스마엘의 후손들을 열거하고 있다. 본문도 역시 자기 언약을 신실하게 이행하시는 하나님의 신실성을 보여 준다(창 16:10; 17:20; 21:13을 보라). 하나님께서 자기의 특별한 소유로 택하지 않은 자들을 축복하셨다면, 그리고 저들을 돌보고 먹이신다면, 자기의 택하신 자들은 더욱 번성케 하시고 보호하시고 필요한 것들을 공급하지 않으시겠는가?

3. 에서와 야곱(25:19-34)

본문에 이삭과 리브가 사이에 태어난 아들들에 대한 흥미 있는 에피소드가 나타나 있다. 먼저 리브가가 결혼 후 상당한 기간이 지났음에도 불구하고 자녀를 갖지 못했다고 기록되어 있다. 이삭은 자기 아내를 위하여 하나님에게 간구했다. 결혼을 하면 자동적으로 자녀를 낳는 것 같지만, 사실 자녀는 하나님께서 주신다. "자식은 여호와의 주신 기업이요 태의 열매는 그의 상급이로다 젊은 자의 자식은 장사의 수중의 화살 같으니 이것이 그 전통에 가득한 자는 복되도다 저희가 성문에서 그 원수와 말할 때에 수치를 당치 아니하리로다"(시 127:3-5).

자녀는 분명히 하나님이 주신 기업이다. 그 자녀가 잘되느냐 안 되느냐에 따라서 그 사람의 만년이 행복하기도 하고 불행하기도 하다. 더구나 후손은 하나님의 약속이 이루어져 가는 도구로서의 의미를 지닌다. 그러므로 자녀를 위하여 기도하는 것은 필수적인 일이고, 그 자녀들이 하나님을 잘 섬기며 살아가도록 기도하는 것도 필수적이며, 자녀를 자기의 신앙의 행실을 통해서 잘 가르치는 것도 대단히 중요한 일이다.

이삭의 기도 응답으로, 하나님께서는 리브가로 하여금 잉태케 하신다. 리브가가 쌍둥이를 잉태했는데, 아이들은 태 속에서 서로 싸운다. 리브가는 하나님을 믿는 신앙의 여인이다. 그래서 여호와께 그들의 운명에 대해서 물었고, 하나님께서는 다음과 같이 응답하신다.

> 창 25:23, "두 국민이 네 태중에 있구나 두 민족이 네 복중에서부터 나누이리라 이 족속이 저 족속보다 강하겠고 큰 자는 어린 자를 섬기리라."

여기에 하나님의 예정이 나타나 있다. 하나님께서 이미 저들의 운명을 정하셨다는 것이다. 저들이 영적인 것을 사모하는 것, 그래서 그 사모하는 것을 받는 것은 이미 하나님께서 그렇게 하려고 정하신 것이라는 것이다. 자녀들이 부모를 통하여 세상에 태어날지라도 그들의 운명은 하나님께서 정하신 대로 된다.

로마서 9:10-13은 하나님께서 야곱을 미리 정하신 예정에 대해서 다음과 같이 기록하고 있다.

> "이뿐 아니라 또한 리브가가 우리 조상 이삭 한 사람으로 말미암아 잉태하였는데 그 자식들이 아직 나지도 아니하고 무슨 선이나 악을 행하지 아니한 때에 택하심을 따라 되는 하나님의 뜻이 행위로 말미암지 않고 오직 부르시는 이에게로 말미암아 서게 하려 하사 리브가에게 이르시되 큰 자가 어린 자를 섬기리라 하셨나니 기록된 바 내가 야곱은 사랑하고 에서는 미워하였다 하심과 같으니라."

이러한 사실을 들어 알게 된 리브가는 이러한 저들의 운명을 마음 속 깊이 간직했을 것이고, 그래서 리브가의 애정이 남달리 야곱에게 기울어진 것으로 보인다. 어쨌든 때가 되었을 때 리브가가 쌍둥이를 낳았는데, 그때 이삭의 나이는 60세였다(26절).

야아카브 에사우(בַּעֲקֵב עֵשָׂו, 에서의 발꿈치를)…야콥(יַעֲקֹב, 야곱이)(26절). 그래서 이름을 야곱이라고 지었다. 그러므로 야곱의 이름에는 '그가 너의 뒤에서 보호하시는 자가 될 것이다' 혹은 '하나님이여 보호하소서'라는 의미가 들어 있다. '속이는 자'라는 의미는 에서가 야곱을 비난하기 위하여 그렇게 말한 것이다.

에서는 사냥꾼이었다. 즉 야성적이고 활발한 사람이었다. 에서가 사냥해 온 동물의 고기를 좋아했으므로 이삭은 에서를 사랑했다. 이삭이 에서를 사랑한 것은 순전히 육신적인 동기에서였다. 먹을 것을 가져다 주므로 사랑했다는 것이다. 이러한 이삭의 사랑은 순수한 것이 못되었다.

그러나 야곱은 종용한 사람이었다. 창세기 25:27은 다음과 같이 기록하고 있다. "그 아이들이 장성하매 에서는 익숙한 사냥꾼인고로 들 사람이 되고 야곱은 종용한 사람(אִישׁ תָּם, 이쉬 탐)인 고로 장막에 거하니." 이쉬 탐(אִישׁ תָּם)이란 문구는 직역하면 '완전한 사람'이란 뜻이다. 즉 흠이 없는 사람이란 뜻이다.

다시 말해서 에서는 들 나귀처럼 야성적으로 밖으로 나다니면서 사냥하는 일을 하는 사람이었으나, 야곱은 육체적으로만 발달한 에서에 비하여 여러 면으로 잘 발달한, 즉 육체적으로나 영적으로나 정신적으로 골고루 발달한 온전한 사람이었다는 뜻이다. 하나님이 원하시고 복 주시고 사용하실 사람은 온전한 사람이다. 만일 하나님께서 사용하시려는 사람이 온전하지 못하면 그 사람은 고난을 통하여 온전하게 하시고, 그 고난을 통과한 후에 온전해질 때 그를 사용하신다.

야곱이 '완전한 사람'이라고 묘사되어 있지만, 사실상 그것은 야곱의 현재의 모습은 아니었다. 어쩌면 창세기 저자가 야곱의 미래의 모습을 소급하여 적용한 말인지도 모른다. 왜냐하면 야곱은 자기의 거룩한 야망을 이루기 위하여 속이는 일을 서슴지 않았기 때문이다. 야곱의 완전하지 못한 성품은 수많은 시련과 역경을 통하여 다듬어져야 했다. 후에 바로 앞에서 한 야곱의 자기 소개는 수많은 고난과 역경이 있었음을 표현한 것이다. "바로가 야곱에게 묻되 네 연세가 얼마뇨 야곱이 바로에게 고하되 내 나그네 길의 세월이 일백삼십 년이니이다 나의 연세가 얼마 못되니 우리 조상의 나그네 길의 세월에 미치지 못하나 험악한 세월을 보내었나이다 하고"(창 47:8, 9).

사람은 고난을 통하여 다듬어지는 법이다. 그러므로 고난을 피할 것이 아니고, 기쁨으로 통과해 나가야 할 것이다. "그들이 자기 죄와 그 열조의 죄와 및 그들이 나를 거스린 허물을 자복하고 또 자기들이 나를 대항하였으므로 나도 그들을 대항하여 그 대적의 땅으로 끌어갔음을 깨닫고 그 할례 받지 아니한 마음이 낮아져서 그 죄악의 형벌을 순히 받으면 내가 야곱과 맺은 내 언약과 이삭과 맺은 내 언약을 생각하며 아브라함과 맺은 내 언약을 생각하고 그 땅을 권고하리라 그들이 나의 법도를 싫어하며 나의 규례를 멸시하였으므로 그 땅을 떠나서 사람이 없을 때에 땅이 황폐하여 안식을 누릴 것이요 그들은 자기 죄악으로 형벌을 순히 받으리라 그런즉 그들이 대적의 땅에 거할 때에 내가 싫어 버리지 아니하며 미워하지 아니하며 아주 멸하지 아니하여 나의 그들과 세운 언약을 폐하지 아니하리니 나는 여호와 그들의 하나님이 됨이라"(레 26:40-44).

어느 날 야곱은 집에서 별미인 팥죽을 쑤었다. 에서는 이 날도 고기를 얻기 위하여 사냥을 나갔다. 열심히 사냥을 하고 배가 고파서 돌아온 에서의 눈앞에 팥죽이 보였으므로 정신이 없었다. 그러나 야곱은 그 기회를 놓치지 않았다. 맛있는 팥죽을 제공하는 대신에 '장자의 명분'을 자기에게 팔 것을 요구했다. 장자의 명분을 오늘날('먼저'란 의미가 들어 있음) '팔라'(מִכְרָה, 미크라)는 말은 강조적 명령형이다. 야곱이 그만큼 장자의 명분을 갖기를 원했다는 것을 나타내 주고 있다.

사실상 야곱의 편에서 보면 같은 날에 태어난 자신이 에서에게 장자의 명분을 빼앗기고 장자권을 놓친 것은 엄청난 손실이었다. 그 장자권은 아브라함과 이삭으로 이어지는 축복의 후사가 된다는 것을 의미했다. 이 후사에 대한 축복은 실로 엄청난 축복이다. 장자가 된다면 아브라함에게 주어진 하나님의 언약(메시아 언약을 포함)이 자기를 통하여 모두 이루어질 것이다.

물론 장자권에는 부모의 재산을 모두 물려받는 특권도 들어 있다. 아브라함은 이미 자기의 모든 재산을 이삭에게 물려 준 바 있다. 그러나 서자들에게는 어느 정도의 재물을 주어 이삭을 떠나가서 살도록 했었다(창 25:5, 6). 그리고 이삭의 아들로서 야곱은 장자가 받을 재산을 계산하고 있었을 것이다. 게다가 장자는 한 가문의 대표자가 된다. 그것은 영광스러운 지위다. 그러므로 야곱은 모든 수단을 동원해서라도 장자권을 차지하고 싶었다.

그러나 사실상 야곱이 장자권을 가질 것이라는 사실은 이미 그가 태중에 있을 때 자기 어머니에게 미리 예고되었었다. 이러한 내용은 물론 야곱에게 전달되었을 것이다. 그러한 사실을 알고 있는 야곱은 이 시점에서 그렇게 간교한 방법을 사용하지 말아야 했을 것이다. 그러나 간교하게도 그는 팥죽 한 그릇에 그 귀한 장자의 명분을 팔라고 강력하게 요구한다.

한편 성경은 야곱의 이러한 행위를 정죄하는 듯하나, 사실상 성경이 비난하는 쪽은 에서다. 34절은 야곱보다는 에서를 비난하고 있다.

"야곱이 떡과 팥죽을 에서에게 주매 에서가 먹으며 마시고 일어나서 갔으니 에서가 장자의 명분을 경홀히 여김이었더라." 에서가 하나님의 나라의 기업을 잇지 못할 사람이라는 사실이 여기에 결정적으로 나타난다.

먼저 그는 '익숙한 사냥꾼'이었다. 창세기 10:8, 9에서 모세는 특별히 니므롯을 설명해 주고 있다. "구스가 또 니므롯을 낳았으니 그는 세상에 처음 영걸이라 그가 여호와 앞에서 특이한 사냥꾼이 되었으므로 속담에 이르기를 아무는 여호와 앞에 니므롯 같은 특이한 사냥꾼이로다 하더라." 창세기에서 오직 두 사람만 사냥꾼이라는 칭호를 가지고 있는데, 그들은 니므롯과 에서다. 니므롯은 세상에 처음 있는 영걸이었다. 그는 세상적인 사람이었고, 세상에서 잘난 사람이었다. 에서 역시 사냥꾼으로서 육신이 건장한 인물이었다. 그들 모두 주로 들판에서 활동했는데, 들판은 세상을 상징한다(마 13:38). 그러므로 에서는 정형적인 세상적 인물이다.

둘째로, 에서의 별명은 아담과 자음(子音)이 같다. 에돔이란 별명을 누가 붙여 주었는지는 분명치 않다. 어쨌든 모음부호만 바꾸면 אֱדֹם(에돔)은 אָדָם(아담)이 된다. 아담은 불순종하고 타락했으나 하나님의 은혜로 하나님을 만나 뵙고 영생을 약속받았다(창 3:15 이하). 에서를 에돔이라고 한 이유는 날 때부터 땅의 색깔을 가지고 태어났기 때문에 붉은 흙의 색깔을 따라 에돔이라고 했을 수도 있다. 특히 붉은 팥죽 한 그릇에 장자의 명분이라는 귀한 것을 팔아 넘겼으므로 그는 에돔이라고 불린다. 어쨌든 에돔(에서)은 장자의 명분을 경홀히 여김으로써 구속의 은총을 상실했다.

셋째로, 에서는 먹는 것을 삶에서 가장 중요한 일로 생각했다. 그가 한 말이 그의 생각을 잘 나타내 준다. "에서가 가로되 내가 죽게 되었으니 이 장자의 명분이 내게 무엇이 유익하리요"(32절). 에서는 심히 배가 고팠는데 그 배고픔을 참지 못하고 말한다. '내가 죽게 되었으니'라는 히브리어 문구를 직역하면 '내가 죽음에게로 내려가고 있다'는 뜻이다. 그는 육신이 배고픔으로 죽어 가고 있으니 먹어야 살 수 있겠다는 것이다. 그러므로 장자권은 나에게는 이 시점에서 중요한 것이 아니라는 것이다.

그래서 식탁 교육은 가장 기본적이고도 중요한 교육 내용이다. 식탁에서 식사 교육을 잘 받지 못한 사람은 쓸모없는 사람이 된다. 34절은 속인 야곱보다는 장자권을 경멸한 에서를 비난하고 있다. 한마디로 에서는 육신적인 사람이었다. 하나님의 입장에서는 윤리나 도덕보다 하나님 자신을 찾고 하나님에게 속한 것을 소중히 여기는 사람을 더 기뻐하신다. 골로새서 3:1-4은 에서에게 적용되는 말씀이다. "그러므로 너희가 그리스도와 함께 다시 살리심을 받았으면 위엣것을 찾으라 거기는 그리스도께서 하나님 우편에 앉아 계시느니라 위엣것을 생각하고 땅엣것을 생각지 말라 이는 너희가 죽었고 너희 생명이 그리스도와 함께 하나님 안에 감취었음이니라 우리 생명이신 그리스도께서 나타나실 그 때에 너희도 그와 함께 영광 중에 나타나리라."

야곱은 에서에게 만약 장자권을 자기에게 팔 것이라면 '맹세하라'고 요구한다. 이것은 장자권이 자기의 것이고, 앞으로 영원히 타인에게 넘어가지 않도록 하기 위한 방책이다. 야곱은 이 시점에서 비난받아야 하지만, 그는 좋은 쪽을 택했다! 다시 말하지만, 창세기 저자는 속인 야곱을 비난하기보다는 장자권을 경홀히 여긴 에서를 비난하고 있다(창 25:34).

신약성경은 에서에 대해서 다음과 같이 평가한다. "음행하는 자와 혹 한 그릇 식물을 위하여 장자의 명분을 판 에서와 같이 망령된 자가 있을까 두려워하라"(히 12:16). '망령된 자'라는 단어는 베벨로스($\beta\epsilon\beta\eta\lambda o\varsigma$)인데, '문이 열려 있어서 누구나 들어갈 수 있다'는 의미를 가지고 있으며, 따라서 신성을 더럽히는 자, 비종교적인 자, 거룩하지 못한 자를 의미한다.

4. 이삭의 번창(26장)

이삭 때에 또 흉년이 들었다(1절). 그래서 이삭은 그 흉년을 피하여 남방으로 점점 내려가다가 블레셋 땅, 그랄까지 이르렀다. 그러나 점점 내려가 애굽까지 가려는 이삭의 의도를 알고 하나님은 이삭에게 나타나 그 곳으로 내려가지 말 것을 명하셨다.

> 창 26:2-5, "애굽으로 내려가지 말고 내가 네게 지시하는 땅에 거하라 이 땅에 유하면 내가 너와 함께 있어 네게 복을 주고 내가 이 모든 땅을 너와 네 자손에게 주리라 내가 네 아비 아브라함에 맹세한 것을 이루어 네 자손을 하늘의 별과 같이 번성케 하며 이 모든 땅을 네 자손에게 주리니 네 자손을 인하여 천하 만민이 복을 얻으리라 이는 아브라함이 내 말을 순종하고 내 명령과 내 계명과 내 율례와 내 법도를 지켰음이니라."

이러한 하나님의 말씀은 아브라함에게 나타나서 말씀하셨던 최초의 말씀(창 12:1-3)을 연상케 한다. 이삭의 신앙은 이 말씀을 통하여 시험받게 될 것이다. 순종이냐, 불순종이냐? 과거에 아브라함에게 순종을 요구하신 하나님은 또다시 순종을 요구하신다. 오경 전체를 통하여 순종을 요구하신 사실이 나타나 있다. 순종의 요구에 이어 순종할 때 주어질 축복이 약속되어 있다. 이삭이 받을 축복은 아브라함의 순종에 근거하고 있다.

이삭이 순종해야 할 내용은 아브라함처럼 가나안 땅에 거주하는 것이다. 지금은 애굽으로 내려갈 시기가 아니다. 왜냐하면 가나안 땅이 족장들이 거주하던 땅으로서 역사적 장소가 되어야 하기 때문이다. 그 곳에서 애굽으로 내려가 거주하면 이스라엘 자손들은 애굽을 하나님이 주신 땅으로 오해할 수 있다. 후에 애굽에 내려가서 거주하게 될 것이지만, 지금 이삭과 야곱은 하나님이 영구히 이스라엘 백성들에게 주실 가나안 땅에 거주해야 한다.

하나님께서는 이어서 말씀에 순종할 때 주어질 복을 약속하신다.

(1) "이 땅에 유하면 내가 너와 함께 있어 네게 복을 주고."

하나님이 함께 해주시겠다는 말씀에 유의하자. 모든 복은 하나님이 함께 하심을 통하여 임하게 된다. 임마누엘의 복은 복 중에서 가장 큰 복이고 근본적인 복이다. 하나님의 임재와 더불어 모든 것이 함께 따라온다.

(2) 네게 복을 주고

(3) 내가 이 모든 땅을 너와 네 자손에게 주리라

(4) 내가 네 아비 아브라함에 맹세한 것을 이루어 네 자손을 하늘의 별과 같이 번성케 하며 이 모든 땅을 네 자손에게 주리니

(5) 네 자손을 인하여 천하만민이 복을 얻으리라

이삭에게 이러한 복을 주시는 이유가 마지막으로 언급되어 있다. "이는 아브라함이 내 말을 순종하고 내 명령과 내 계명과 내 율례와 내 법도를 지켰음이니라." 하나님은 먼저 아브라함을 택하여 부르시고 명령하셨으며, 아브라함은 하나님의 말씀에 신실하게 응답했다.

그 결과로 그의 후손들을 하나님의 소유 된 백성으로 삼으시고 아브라함에게 주신 약속을 그들에게 이루어 주시려고 위의 약속을 주신 것이다.

이삭은 자신에게 주신 이 말씀을 따라 아브라함의 신앙을 이어받아 그랄 땅에서 더 이상 애굽으로 내려가지 않고 그 곳에 머무른다. 그러나 인간의 약점이 드러난다. 자기의 아내 리브가를 누이로 속인 것이다. 즉 당시 사회의 위험을 느낀 그는 아내의 아름다움으로 인하여 생명을 잃을 것을 염려한 것이다. 그러나 하나님께서 그를 보호하실 것을 어찌하여 믿지 못했을까? 이삭의 거짓말이 옳지 못한 일이라기보다는 하나님의 보호를 의지하지 않는 불신앙이 더 옳지 못한 것이다.

아브라함 초기의 연약한 신앙처럼 이삭도 믿음이 연약했다. 두려움은 불신앙의 결과다(7절). 그럼에도 불구하고 하나님은 이삭을 보호하셨으니, 리브가가 이삭의 아내인 것을 그랄 왕 아비멜렉으로 하여금 알게 하신 것이다. 이삭이 아내 리브가를 껴안은 것은 단순히 안은 것이 아니라 애무에 해당하는 것이다. 그러므로 아비멜렉은 리브가가 이삭의 아내임을 알게 된 것이다. 아비멜렉은 이삭을 질책한다. 아브라함과 사라 사이는 실제로 남매 관계였지만, 이삭과 리브가 사이는 그렇지 않았다. 그러므로 그것은 엄연한 거짓말이었다. 아비멜렉은 이삭을 질책하고 저들을 보호하기 위한 조치를 취한다. 아비멜렉의 조치(26:11)에서 우리는 하나님의 보호의 손길을 발견하게 된다. 잠언의 말씀은 이 경우에 합당하다. "왕의 마음이 여호와의 손에 있음이 마치 보의 물과 같아서 그가 임의로 인도하시느니라"(잠 21:1).

이삭의 아내에 대한 아비멜렉의 조치는 훌륭한 것이었으나, 이삭이 물질이 풍부해진 것에 대해서는 시기심이 일어났다(26:14-16). 특히

16절의 아비멜렉의 말은 그의 시기심을 분명하게 보여 준다. "아비멜렉이 이삭에게 이르되 네가 우리보다 크게 강성한즉 우리를 떠나가라."

그 곳에서 우물로 인하여 블레셋 사람들과 갈등을 겪었으나 이삭은 반복하여 양보를 하고 브엘세바로 올라온다. 이삭은 아직도 가나안 땅에서 거주할 만한 땅을 가지고 있지 못했다. 막벨라 굴과 그 주변 땅으로는 모든 가산을 수용할 수가 없었다. 이삭 역시 가나안 땅에서 나그네였다. 그때 하나님은 그에게 다시 나타나셔서 약속을 주신다. 26:24을 보라.

> "그 밤에 여호와께서 그에게 나타나 가라사대 나는 네 아비 아브라함의 하나님이니 두려워 말라 내 종 아브라함을 위하여 내가 너와 함께 있어 네게 복을 주어 네 자손으로 번성케 하리라 하신지라."

이삭의 번성을 보고 아비멜렉과 그의 친구 아훗삿은 그것을 하나님이 함께 하시는 표시로 보았고(26:28) 이삭을 두려워하여 와서 그에게 화친을 청한다. 싸우거나 다투지 않고 양보하고 피했어도 하나님께서는 그 땅의 원주민들에게 이삭을 부러워하고 두려워하는 마음을 갖게 하셨다. 26:3에서 하나님이 함께 하시겠다고 하신 약속이 실현된 것이다.

> 창 26:28-29, "그들이 가로되 여호와께서 너와 함께 계심을 우리가 분명히 보았으므로 우리의 사이 곧 우리와 너의 사이에 맹세를 세워 너와 계약을 맺으리라 말하였노라 너는 우리를 해하지 말라 이는 우리가 너를 범하지 아니하고 선한 일만 네게 행하며 너로 평안히 가게 하였음이니라 이제 너는 여호와께 복을 받은 자니라."

한편 창세기 26:34, 35을 보면 "에서가 사십 세에 헷 족속 브에리의 딸 유딧과 헷 족속 엘론의 딸 바스맛을 아내로 취하였더니 그들이 이삭과 리브가의 마음의 근심이 되었더라"고 했다. 에서에게서 우리는 육신적인 요소들을 발견하게 되는데, 다음의 몇 가지 이유에서이다.

(1) 이삭의 장남인 에서는 이방 여인들(헷 족속 브에리의 딸 유딧, 헷 족속 엘론의 딸 바스맛)과 결혼을 했는데, 그것이 부모의 근심이 되었다. 헷 족속은 심히 부패한 족속들이었다. 아브라함은 자기의 자부를 구하기 위하여 가나안 여인을 데려오는 것을 금지했었다. 그 이유는 가나안 족속들이 심히 부패한 족속들이었기 때문이다.

창세기 15:16에서 모세는 "네 자손은 사대 만에 이 땅으로 돌아오리니 이는 아모리 족속의 죄악이 아직 관영치 아니함이니라 하시더니"라고 기록하고 있다. 가나안 족속들은 심히 부패한 백성들이었고, 아브라함이 살던 시대에도 그 죄악의 도가 지나쳐서 하나님께서는 가나안 백성들을 그 곳으로부터 축출시키고 아브라함의 후손을 그 곳에 심으려는 계획을 하셨다. 그러나 가나안의 일곱 족속들 가운데서 유일하게 아모리 족속만 아직 죄악의 정도가 멸망시킬 정도로 충만히 차지는 않았던 것이다. 앞으로 400년 후면 저들도 다른 가나안 족속들처럼 죄가 극에 도달할 것이고, 그 때는 이스라엘 족속이 애굽으로부터 나와서 저들을 축출하고 가나안 땅에 정착할 것이다.

이러한 가나안 사람들의 부패를 잘 알고 있었던 아브라함은 이삭의 아내를 자기의 동족 가운데서 구하기로 마음먹었던 것이다. 그러므로 에서가 가나안 여인을 취했다는 것은 육신적인 안목만 가지고, 육신적인 목적을 성취하기 위해서 저들을 아내로 맞아들였다는 결론에 이르게 된다. 에서는 조부(아브라함)의 그러한 뜻과 하나님의 뜻을 전혀 이해하지 못했다. 아니, 이해하려고 들지도 않았다.

(2) 에서가 육신적인 사람이었다는 사실은 축첩을 했다는 사실에서도 엿볼 수 있다. 야곱이 하란에서 네 아내를 거느리게 된 것은 자기의 의도가 아니었다. 그는 라반에게 속아서 레아와 결혼하고, 자기가 사랑하던 라헬을 얻기 위하여 어쩔 수 없이 또다시 그녀와 결혼할 수밖에 없었다. 그러나 에서는 육신적인 사람이었음이 처음부터 드러나는데, 유딧과 바스맛이란 두 가나안 여인을 자기 아내로 맞아들인 것이다.

(3) 에서는 부모의 허락 없이 아내를 얻었다. 즉 그는 부모가 원치 않은 결혼을 한 것이다. "그들이 이삭과 리브가의 마음의 근심이 되었더라"는 것은 ① 그들이 불신앙인들이었다는 것, ② 그들이 가정 불화의 원인이 되었다는 것인데, 아마도 그들은 서로를 흉보고, 질시하고, 재산을 탐내고 했을 것이다. 이삭의 재산이 어느 정도인지는 성경을 통해서 잘 알 수 있다. 그 가나안 며느리들은 역겨울 정도로 돈에 눈이 어두웠고, 상대방을 흉보고 이간질하고 노골적으로 싸웠을 것임에 틀림없다. ③ 부모에게 불순종하는 제멋대로인 며느리가 되었다는 것이다. 가나안 여인들은 부모를 공경할 줄도 몰랐고, 무시하거나 혹은 멸시했을 것이다.

리브가는 나중에 27:46에서 자기의 마음을 다음과 같이 드러내고 있다. "리브가가 이삭에게 이르되 내가 헷 사람의 딸들을 인하여 나의 생명을 싫어하거늘 야곱이 만일 이 땅의 딸들 곧 그들과 같은 헷 사람의 딸들 중에서 아내를 취하면 나의 생명이 내게 무슨 재미가 있으리이까." 리브가는 그 며느리들 때문에 죽고 싶을 정도였다.

그런데 이를 본 에서는 또다시 첩을 두었다. "에서가 본즉 이삭이 야곱에게 축복하고 그를 밧단아람으로 보내어 거기서 아내를 취하게 하였고 또 그에게 축복하고 명하기를 너는 가나안 사람의 딸들 중에서 아내를 취하지 말라 하였고 또 야곱이 부모의 명을 좇아 밧단아람으로 갔으며 에서가 또 본즉 가나안 사람의 딸들이 그 아비 이삭을 기쁘게 못하는지라 이에 에서가 이스마엘에게 가서 그 본처들 외에 아브라함의 아들 이스마엘의 딸이요 느바욧의 누이인 마할랏을 아내로 취하였더라"(창 28:6-9).

5. 이삭의 축복(27장)

> 창 27:2-4, "이삭이 가로되 내가 이제 늙어 어느 날 죽을는지 알지 못하노니 그런즉 네 기구 곧 전통과 활을 가지고 들에 가서 나를 위하여 사냥하여 나의 즐기는 별미를 만들어 내게로 가져다가 먹게 하여 나로 죽기 전에 내 마음껏 네게 축복하게 하라."

당시 이삭의 나이는 137세쯤 되었을 것이다. 요셉이 바로의 꿈을 해석해 준 때에 요셉의 나이는 30세였다(창 41:46). 130세가 된 야곱(47 :6)이 애굽에 내려왔을 당시에 그는 39세였다(7년 동안의 풍년과 2년의 기근, 45:6). 결과적으로 요셉은 그의 부친 야곱이 91세 되던 해에 낳았다. 이것은 라반의 수하에서 40년 간 봉사 기간의 끝이었기 때문에 야곱은 집을 떠났을 때 약 77세였으며, 이삭은 137세가 된다(60세에 에서와 야곱을 낳았기 때문, 25:26).[4]

에서가 결혼하여 자녀들을 낳은 여러 해 후까지, 즉 70세 이상이 될 때까지 야곱은 결혼하지 않고 홀로 살아왔다. 그가 이렇게 오랫동안 결혼하지 않고 살아온 것은 야곱에게 적절한 신부감(신앙의 여인)이

4) 오스왈드 알리스, 모세오경약해, 말씀사, 1988, 55쪽.

없었기 때문일 수도 있고, 한편으로는 이삭이 야곱의 결혼에 신경을 쓰지 않았기 때문일 수도 있다.

이 본문에서 우리는 하나님의 축복이 아버지의 축복을 통하여 아들에게 임하는 모습을 보게 된다. 하나님께서는 아버지의 축복을 인증하신다. 아버지의 축복의 중요성을 알았기에 두 아들은 축복을 받기 위해 모든 힘을 다 기울인다. 나중에 방성대곡하면서 아비의 축복을 요구한 에서의 모습을 보라. 지금도 아버지의 축복을 받으며 자라난 2세들은 큰 복을 받는다.

이삭이 에서만 불러서 그로 하여금 사냥하여 별미를 만들어 달라고 하고 그것을 먹고 에서에게 축복해 주겠다고 한 것은 좀 이상하다. 왜냐하면 둘을 함께 불러서 축복을 해주었어야 하기 때문이다. 그리고 자녀들을 잉태했을 때 하나님이 리브가에게 하신 말씀도 무시하고 있다. 여기에 이삭의 편애가 나타난다. 그리고 이삭과 리브가 사이에 결혼 초기의 사랑이 식었음을 엿볼 수 있다. 왜냐하면 이삭과 리브가는 서로를 속이려 하고 있기 때문이다. 여기서 이삭의 약점이 또다시 나타나는데, 자기에게 먹을 것을 사냥해 와서 요리를 해주면 그것을 먹고 아들에게 축복하겠다는 것이다. 족장들 가운데 먹을 것을 대접받고 축복하는 경우는 없다. 어쨌든 이삭과 리브가는 자녀들을 대함에 있어서 서로간에 경쟁적인 혹은 적대적인 위치에 서게 된다.

리브가는 자기가 사랑하는 아들 야곱이 장자의 축복을 받지 못하게 될 것을 걱정하여 같은 아들인 에서를 제외시키고 편애하는 둘째 아들이 축복을 받도록 해주려고 계획을 세운다. 그리고 야곱을 불러 자기가 요리를 해줄 테니 에서처럼 꾸미고 들어가서 에서가 받을 장자의 축복을 받으라고 권한다. 야곱의 거절이 11, 12절에 나타난다. "야곱이 그 모친 리브가에게 이르되 내 형 에서는 털 사람이요 나는 매끈매끈한 사람인즉 아버지께서 나를 만지실진대 내가 아버지께 속이는 자로 뵈일지라 복은 고사하고 저주를 받을까 하나이다." 야곱은 저주를 받을 것이 두려웠다. 그래서 부친을 속이는 것을 거절했다. 그러나 속이는 자가 발각되었을 경우에 내려질 저주를 리브가 자신에게 돌릴 것이라는 사실을 알고 용기를 얻은 야곱은 리브가의 뜻에 따라 행동하기로 결정한다.

리브가는 어쩌면 이삭의 축복을 얻어내기 위해서 쓸데없는 수고를 했는지도 모른다. 왜냐하면 리브가가 쌍태를 배었을 때, 하나님께서는 이미 에서를 버리고 야곱을 택하여 자기의 구속 역사를 이루어 가려고 한다는 의도를 나타내 보이셨기 때문이다. 그리고 야곱은 이미 에서에게서 장자권을 사서 가지고 있었다. 그러므로 이삭을 속여 가면서 야곱으로 하여금 이삭의 축복을 받아낼 필요는 없었다. 어쨌든 이러한 리브가의 속이는 행동으로 인하여 그녀는 20년 이상이나 자기의 사랑하는 아들과 떨어져 살아야 했다.

여기서 또다시 창세기 저자인 모세는 야곱을 비난하지 않는다. 에서는 이미 제멋대로 정한 여인들을 자기의 아내로 맞아들임으로써 부모를 거스르거나 혹은 하나님에게 불경한 행동을 했기 때문에, 그에 비하여 야곱은 훨씬 더 이성적이고 신앙적이었던 것이다. 어쨌든 이삭은 변장한 야곱에게서 음식을 받아먹고 그를 위하여 축복한다.

> 창 27:27, "그가 가까이 가서 그에게 입맞추니 아비가 그 옷의 향취를 맡고 그에게 축복하여 가로되 내 아들의 향취는 여호와의 복 주신 밭의 향취로다."
> 창 27:28, "하나님은 하늘의 이슬과 땅의 기름짐이며 풍성한 곡식과 포도주로 네게 주시기를 원하노라."

창 27:29, "만민이 너를 섬기고 열국이 네게 굴복하리니 네가 형제들의 주가 되고 네 어미의 아들들이 네게 굴복하며 네게 저주하는 자는 저주를 받고 네게 축복하는 자는 복을 받기를 원하노라."

27절은 에서의 옷 냄새가 들판을 상기시키는 풀잎의 향취였다고 말한다. 이삭의 마음은 에서에게 모두 기울어져 마음껏 축복하는데, 28절을 보면 먼저 "하늘의 이슬과 땅의 기름짐, 풍성한 곡식과 포도주"가 야곱에게 있으라는 축복을 한다. 이것은 가나안 땅의 농사가 주로 이슬에 의존하고 있었음을 나타낸다. 이슬은 농사에 중요한 역할을 했고, 이슬이 풍부함으로써 농사도 풍년이 되었다.

그 다음으로 영적인 축복을 덧붙인다. 이 축복(29절)은 하나님께서 아브라함에게 하신 축복을 생각나게 한다. ① 우선 열국의 굴복이다. ② 그 다음으로 그가 형제들의 주(主)가 된다는 축복이다. ③ 마지막으로 야곱이 타인의 축복의 표준이 된다는 것이다. 즉 야곱의 대적은 저주를 받고 야곱을 축복하는 자는 축복을 받는다는 것이다. 이러한 이삭의 축복 속에는 모든 복이 다 들어 있다.

뒤늦게 들에서 돌아온 에서가 서둘러서 요리를 하여 이삭에게 가져갔을 때는 야곱이 이삭의 축복을 모두 받고 난 다음이었다. 이삭의 놀라움은 대단히 컸다. 그는 이미 야곱에게 마음껏 축복을 다 했기 때문이다. 에서가 방성대곡하며 자기에게도 축복해 달라고 요청하자, 이삭은 야곱이 에서가 받을 복을 부당한 방식으로 가로챘을지라도 이미 주어진 복은 되돌릴 수 없다고 말한다(33절). 그것은 하나님이 계획하신 뜻이었다는 사실을 이삭은 뒤늦게 깨달았던 것이다. 자기에게 축복해 달라고 요청하는 에서에게 이삭은 다음과 같이 축복해 준다.

창 27:39, "그 아비 이삭이 그에게 대답하여 가로되 너의 주소는 땅의 기름짐

에서 뜨고 내리는 하늘 이슬에서 뜰 것이며."

창 27:40, "너는 칼을 믿고 생활하겠고 네 아우를 섬길 것이며 네가 매임을 벗을 때에는 그 멍에를 네 목에서 떨쳐 버리리라 하였더라."

39절을 직역하면 다음과 같다. "너의 거하는 곳은 땅의 기름짐(שמן)에서부터 (떨어져) 있을 것이며, 위로 하늘의 이슬(טלל)로부터 (떨어져) 있을 것이다." 그 결과로 40절의 생활을 할 것이다. 이슬로부터 떨어진다는 것은 농사를 해도 이슬이 풍부하지 못하여 농사가 풍성하지 못하므로 그 결과 칼로 전쟁을 하여 남의 것을 빼앗아 생활해 나간다는 것이다. 이삭은 열국이 야곱에게 굴복하고 그가 형제들의 주가 될 것임을 축복했었다. 여기서 이삭은 에서를 그 형제들의 부류에서 때때로 제외시킴으로써 에서에게 축복을 더해 준다. 에서는 야곱의 종으로서 생활할 것이지만, 때때로 야곱(이스라엘)으로부터 멍에(속박)를 벗게 될 것이다. 후기 역사 가운데서 에돔은 계속 이스라엘의 다스림을 받았다. 에돔 사람이 이스라엘을 다스리던 때는 헤롯 시절이었다. 그러나 헤롯은 에돔 사람이었으나 개인의 자격으로 이스라엘의 왕이 되었지, 에돔 국가가 이스라엘을 지배한 것은 아니었다.

3장

야곱 | 28-36장

1. 피신하는 야곱(28장)

이제 이삭과 리브가는 하나님께서 야곱에게 장자의 축복을 주기를 기뻐하신다는 사실에 대해서 마음의 일치를 보게 된다. 그리하여 야곱의 신변의 위협을 감지한 이삭과 리브가는 그를 에서의 손에서 보호하기 위하여 밧단아람의 라반에게 보내기로 결정한다. 그러한 결정을 실행하는 데 외관상의 이유를 만들어야 하는데, 그것은 야곱의 결혼이었다. 리브가는 일찍이 에서가 얻은 가나안 여인들로 인하여 살고 싶지 않을 정도로 그들을 싫어했다. 그래서 야곱으로 하여금 가나안 여인을 아내로 맞아들이지 말고 리브가의 외삼촌 라반의 딸들 가운데서 아내를 취하도록 부탁하여 보낸다.

이러한 부모의 권고를 간접적으로 들었던 에서는 가나안 여인들이 자기의 부모를 전혀 기쁘게 하지 못한 사실을 알고 이스마엘의 딸들 가운데서 또다시 첩을 택하여 결혼을 한다(28:8, 9). 에서는 이삭의 장자로서 부친으로부터 재산을 물려받아 결혼 지참금을 충분히 줄 수 있었기 때문에 축첩하는 것이 어렵지 않았다.

그러나 야곱은 장자의 축복은 받았지만 부모로부터 물질을 물려받지 못한 채 고향을 떠나야 했다. 하나님의 축복을 사모하여 그 축복을 받은 야곱은 먼저 가난을 경험해야 했다. 야곱은 가나안 땅 남단으로부터 출발하여 하란으로 간다. 그가 어떤 길을 택했는지는 확실하게 알 수 없으나, 후에 그가 가나안 땅으로 돌아온 길을 보면 요단강 중간 지점을 건너간 것으로 보인다. 아무런 재산도 가지지 않고 어느 정도의 먹을 것과 마실 것만 가지고 홀로 밧단아람 쪽으로 머나먼 여행을 할 때, 야곱의 심정은 어떠했을까?

고독하고 외로운 길을 걸어가던 중에 해가 졌다. 들판인지 아니면 굴 속인지, 또 그렇지 않으면 바위틈인지는 모르지만 야곱은 돌을 취하여 베개 하고 잠을 자게 되었다. 꿈에 야곱이 보는 앞에 땅으로부터 사닥다리(high way)가 세워지고 하나님의 사자(מַלְאֲכֵי אֱלֹהִים, the angels of God)가 그 위에서 오르락내리락했다. 그리고 하나님의 축복의 말씀이 야곱에게 들려온다. 창세기 28:13-15에 기록된 여호와의 사자의 말씀은 다음과 같다.

> 창 28:13, "나는 여호와니 너의 조부 아브라함의 하나님이요 이삭의 하나님이라 너 누운 땅을 내가 너와 네 자손에게 주리니"
> 창 28:14, "네 자손이 땅의 티끌같이 되어서 동서남북에 편만할지며 땅의 모든 족속이 너와 네 자손을 인하여 복을 얻으리라."
> 창 28:15, "내가 너와 함께 있어 네가 어디로 가든지 너를 지키며 너를 이끌어 이 땅으로 돌아오게 할지라 내가 네게 허락한 것을 다 이루기까지 너를 떠나지 아니하리라 하신지라."

비록 형을 속이고 아비의 축복을 가로챘기에 많은 물질은 그에게서 떠나가고 외로운 길을 걸어야 했지만, 그의 신앙을 따라, 그리고 하나님의 예정을 따라, 하나님은 그와 함께 하시고 그를 보호하시고 수많은 자손을 얻게 하시며 그를 본 고향으로 돌아오게 하실 것이었다. 야곱은 장자의 축복을 받아 약속의 후손이 되었으므로 하나님이 아브라함에게 주시기로 약속한 땅으로 돌아와야 했다.

요한복음 1:47-51은 야곱이 간접적으로 언급된 내용이다. 예수님은 사역 초기에 제자들을 소집하고 계셨다. 빌립이 먼저 예수를 만난 다음, 그는 나다나엘을 만나서 구약에 예언된 오실 그분을 만났다고 전해 주면서 그분이 나사렛 사람 예수라고 소개했다. 나다나엘은 "나사렛에서 무슨 선한 것이 날 수 있느냐?"라고 반문한다. 여러 변호를 하면서 설득하는 대신 빌립은 단순하게 "와 보라"고 권했고, 이러한 강력하고도 단호한 말에 설득당하여 나다나엘은 예수님에게 나오게 된다.

예수님은 나다나엘의 속을 이미 알고 계셨다. 그를 만나자마자 "이는 참 이스라엘 사람이라 그 속에 간사한 것이 없도다"라고 말씀하신다. 이러한 말을 의아하게 생각한 나다나엘은 "어떻게 나를 아시나이까?"라고 묻는다. 주님은 "빌립이 너를 부르기 전에 네가 무화과나무 아래 있을 때에 보았노라"고 말씀하셨다. 나다나엘은 그분의 통찰력에 대해서 놀라고 말았는데, 자신이 무화과나무 아래서 묵상하는 것을 예수께서 이미 알고 계셨기 때문이다. 그래서 그분의 초자연적 능력을 깨닫고 "랍비여 당신은 하나님의 아들이시요 당신은 이스라엘의 임금이로소이다"라고 고백한다. 이에 대해서 주님은 "내가 너를 무화과나무 아래서 보았다 하므로 믿느냐 이보다 더 큰 일을 보리라 또 가라사대 진실로 진실로 너희에게 이르노니 하늘이 열리고 하나님의 사자들이 인자 위에 오르락내리락하는 것을 보리라"고 말씀하신다.

이러한 대화 가운데서 '참 이스라엘 사람', '하늘이 열리고 하나님의 사자들이 인자 위에 오르락내리락하는 것' 등의 표현은 야곱과 관계된 내용이다. 야곱은 형을 속이고 장자의 명분을 팥죽 한 그릇에 샀으며, 부친(이삭)까지 속여서 장자의 축복을 가로채 받았다. 나다나엘이 볼 때 '어찌하여 자기 조상 야곱은 그러한 사기꾼인데도, 이스라엘의 조상이 되는 복을 받았는가?' 하며 의아해 하고 그러한 사건 배후에 숨어 있는 하나님의 뜻을 많이 생각했을 것이다. 그래서 예수께서는 나다나엘에게 너야말로 간사한 것이 없는 진정한 이스라엘 사람이라고 말씀하신 것이다. '이스라엘 사람'이란 야곱을 두고 한 말이다.

후에 나다나엘이 받을 축복이 야곱이 받은 것보다 더 큰 축복이 될 것이라는 사실을 "하늘이 열리고 하나님의 사자들이 인자 위에 오르락내리락하는 것을 보리라"는 말씀으로 예고하셨다. 옛날 야곱은 밧단아람으로 가는 도중에 꿈에 자신 위에 하늘이 열리고 사닥다리 위로 천사들이 오르락내리락하는 것을 보았었다. 그러나 진정 순수한 사람이었던 나다나엘은 인자 위에(예수 그리스도를 사닥다리로 하여) 하나님의 사자들이 오르락내리락하는 것을 볼 것이었다. 이것은 나다나엘이 받을 영적 축복을 말씀한 것이다. 야곱은 꿈에 사자들을 보았으나, 나다나엘은 직접 눈으로 목격할 것이다. 야곱은 사자들만 자기 위에 오르내리는 것을 보고 하나님의 음성만을 들었지만, 나다나엘은 하나님의 아들 예수를 사닥다리로 하여 하늘이 열리고 하나님의 사자들이 오르내리는 것을 친히 볼 것이다.[1]

여기서 예수님은 자기를 이스라엘(야곱)과 동일시하고 있다. 야곱

---

1) 요 1:51에 대한 구체적인 해설에 대해서는 L. Morris, *The Gospel according to John*(NICNT), Eerdmans, 1977, pp. 170f.를 보라.

과 이스라엘 전 백성과 이스라엘의 구속자 예수의 관계는 이사야 40장 이하에 더욱 분명하고도 자세하게 언급되어 있다. 그러므로 야곱은 예수 그리스도의 모형이었다. 그렇다면 우리는 족장들 모두가 예수 그리스도의 모형이라는 사실을 발견하는데, 아브라함, 이삭, 야곱이 모두 오실 예수 그리스도를 부분적으로 보여 주고 있는 인물들이다. 비록 야곱은 불안한 인격을 가지고 있지만 고난을 통하여 온전한 인격을 소유하게 된다. 야곱은 하나님과의 온전한 교제를 하지 못했지만, 예수 그리스도는 하나님 아버지와 온전한 교제를 누리신 분이다. "아버지 품 속에 있는 독생하신 하나님이 나타내셨느니라", "나와 아버지는 하나이니라", "나를 본 자는 아버지를 보았거늘" 등등.

28:13-15은 하나님께서 꿈에 나타나셔서 하신 축복(약속)의 말씀이다. "또 본즉 여호와께서 그 위에 서서 가라사대 나는 여호와니 너의 조부 아브라함의 하나님이요 이삭의 하나님이라 너 누운 땅을 내가 너와 네 자손에게 주리니 네 자손이 땅의 티끌같이 되어서 동서남북에 편만할지며 땅의 모든 족속이 너 와 네 자손을 인하여 복을 얻으리라 내가 너와 함께 있어 네가 어디로 가든지 너를 지키며 너를 이끌어 이 땅으로 돌아오게 할지라 내가 네게 허락한 것을 다 이루기까지 너를 떠나지 아니하리라 하신지라."

하나님은 아브라함에게 주셨던 약속을 야곱에게 주신다.

1) 이 땅을 주리라.

아브라함에게 약속하셨던 땅, 야곱은 지금 그 땅을 떠나가고 있는 것이다. 그는 언제 이 곳으로 돌아올지 확신하지 못한 채 그 곳을 떠나가고 있는 것이다.

2) 네 자손을 번성케 하리라.

그는 아직 결혼 전이었다. 그의 형 에서는 이미 결혼하여 슬하에 자녀들을 두고 있었다. 자손 번성은 히브리인들에게 있어서 큰 복이었다.

3) 야곱과 그의 후손들은 주변 세계, 민족들에게 복의 원인이 될 것이다.

즉 야곱과 그의 후손들 때문에 주변이 복을 받고, 하나님의 물질적, 영적 축복을 받는다는 것이다. 야곱의 후손들과 주변 민족들은 야곱의 축복을 공유할 것이다.

4) 하나님이 야곱과 함께 하시고 그를 지키실 것이다.

하나님의 함께 하심이 이삭에게서 야곱으로 연결된다. "내가 너와 함께 있어 네가 어디로 가든지 너를 지키며 너를 이끌어 이 땅으로 돌아오게 할지라 내가 네게 허락한 것을 다 이루기까지 너를 떠나지 아니하리라 하신지라." 현실적으로 야곱은 이 마지막 축복을 가장 중요한 것으로 생각하고 있었는지도 모른다.

그는 하나님을 편재하시고 언제 어디에나 존재하시는 하나님으로 이해하지 못한 것 같다. "야곱이 잠이 깨어 가로되 여호와께서 과연 여기 계시거늘 내가 알지 못하였도다 이에 두려워하여 가로되 두렵도다 이 곳이여 다른 것이 아니라 이는 하나님의 전이요 이는 하늘의 문이로다 하고." 야곱은 너무나 쓸쓸하고 외로운 상태에 있었으므로 마치 자기를 버림받은 사람으로 생각했는지도 모른다. 하나님마저도 그 쓸쓸한 장소에 안 계시는 줄 알았던 것이다. 때때로 사람은 아무도 자신을 돌아보지 않고, 자기가 고통 가운데 있어도 아무도 관심을 보여 주지 않을 때 하나님마저도 자기를 돌아보지 않고 있다는 착각 속에 빠질 수 있다. 그러나 우리가 무의식 가운데 있을지라도 하나님은 여전히 우리와 함께 하시며, 우리가 어디를 가든지 우리와 동행하신다.

요단강 서편 가나안 땅의 중앙 지점인 루스 땅은 지금의 벧엘이다. 야곱이 아침에 꿈을 꾸고 일어나 하나님이 그 곳에 임재하신다는 사실을 깨닫고 자기가 베었던 돌을 세우고 기름을 붓는다. 그는 하나님께서 진정으로 자기와 함께 하시기를 바라고 있다. 아무도 자기와 함께 하고 있지 않지만 하나님께서 자기와 함께 하시면 그는 두려움이 없을 것이고 반드시 역경을 이기고 소망의 땅 가나안으로 다시 돌아올 것이었다. 그러한 바람에서 그는 다음과 같이 서원한다. "야곱이 서원하여 가로되 하나님이 나와 함께 계시사 내가 가는 이 길에서 나를 지키시고 먹을 양식과 입을 옷을 주사 나로 평안히 아비 집으로 돌아가게 하시오면 여호와께서 나의 하나님이 되실 것이요 내가 기둥으로 세운 이 돌이 하나님의 전이 될 것이요 하나님께서 내게 주신 모든 것에서 십분 일을 내가 반드시 하나님께 드리겠나이다 하였더라"(28:20-22).

이러한 간절한 서원 기도 가운데는 하나님의 임재와 보호에 대한 간절한 요청이 담겨 있다. 그 요청대로 하나님은 분명히 야곱을 보호하시고 돌보실 것이다!

(1) 야곱에게 있어서 가장 중요한 일은 자기의 생명을 보존하는 것이다. 그는 지금 보호자인 이삭과 리브가 그리고 모든 가족들을 떠나서 홀로 미지의 세계를 향하여 가고 있다. 그 여행 길에 어떤 위험이

닥칠지 모른다. 그래서 야곱은 자기를 보호해 주실 것을 구하고 있다.

(2) 그 다음으로 그에게 중요한 것은 앞으로 어떻게 먹고 사는가 하는 문제다. 그는 지금 모든 재산을 포기하고 라반의 집으로 향하고 있다. 어쩌면 그는 평생을 구걸하면서 방랑 생활을 해야 할지도 모른다.

(3) 그 다음으로 야곱은 가나안 땅으로 돌아오는 것이 그의 최종 목적이다. 가나안 땅은 조부 아브라함과 부친 이삭에게 하나님께서 축복으로 주신 약속의 땅이었다. 야곱은 하나님의 약속의 땅으로 돌아와서 조상들의 축복을 이어받기를 간절히 바라고 있다.

야곱은 이상과 같은 소원을 이루어 주신다면 자신도 세 가지 사항으로 보답할 것을 서원한다.

① 여호와를 자기 하나님으로 삼고 그분을 끝까지 섬기겠다는 것이다. 하나님이 야곱을 보호하시고 야곱에게 필요를 공급하시고 가나안 땅으로 돌아오게 하신다면 그분이야말로 참 하나님이시고 살아 계신 하나님이시라는 증거가 된다. 그러므로 그 여호와를 하나님으로 섬기겠다는 것이다.

② 자기가 세운 돌이 하나님의 집이 될 것이라고 서원한다. 야곱이 잠을 자던 그 곳은 그에게 특별한 의미를 주었는데, 그 이유는 그가 하나님이 그 곳에까지 임재하시리라고는 전혀 상상하지 못했기 때문이다. 그분은 어디에나 존재하는 편재하시는 하나님이다. 그것을 증거하는 곳이 벧엘이었다. 야곱이 하나님을 편재하시는 분으로 인식해 왔을지라도, 그는 그 동안 아무도 자기와 함께 있지 않다고 생각했고, 그래서 하나님께서도 자기와 함께 하시지 않을 것이라는 생각을 가지고 있었다. 그러나 그 꿈을 통해서 그러한 생각이 사라졌을 뿐만 아니

라 그 험하고 아무도 없는 그 곳에서 하나님이 자기와 함께 하신다는 사실을 인식했다. 그래서 그는 그 곳을 신성시하여 그 곳에 하나님께 제사드리는 제단을 세울 계획을 세운 것이다.

③ 세 번째 서원은 십일조를 드리겠다는 것이다. 십일조는 모든 것이 하나님의 손으로부터 왔다는 하나님의 주권 사상으로부터 출발한 것이다. 우리는 이미 아브라함이 멜기세덱에게 십일조를 드린 사실을 살펴보았다(창 14:20). 아브라함은 "너의 대적을 네 손에 붙이신 지극히 높으신 하나님을 찬송할지로다"라는 멜기세덱의 축복의 말씀을 인정하여 제사장인 멜기세덱에게 십일조를 주었다. 그가 십일조를 멜기세덱에게 준 것은 멜기세덱의 축복의 말이 옳다는 뜻이었다. 하나님께서 아브라함으로 하여금 동방의 연합군을 대파시키게 하셨기 때문에 자기가 그 전쟁에서 이겼다는 사실을 인정한 것이다. 그래서 십일조를 드린 것이다.

야곱이 십일조를 드리겠다고 서원한 것은 자기가 안전하고 풍요롭게 살다가 본국으로 무사히 돌아오게 된다면, 그것은 전적으로 자기를 축복하시고 보호하시는 하나님의 은혜 때문이라는 것을 인정하고 모든 자기의 소유를 드리는 마음으로 십일조를 드리겠다는 뜻이다.

2. 정착하는 야곱(29장)

야곱은 라반이 거주하고 있던 밧단아람 지역으로 왔다. 우물은 여행자들에게는 쉼을 주고 갈한 목을 축여 줄 뿐만 아니라 사람들의 소식을 알아볼 수 있는 적절한 곳이므로 야곱은 그 우물로 가서 라반의 거처나 혹은 소식을 알아보려고 했다. 중동 지역에서 우물은 대단히 중요한 곳이었다. 물이 귀했을 뿐만 아니라, 특히 목축을 하는 사람들에게는 짐승이나 사람들에게 너무나 중요했다. 그래서 우물을 공동으로 관리했는데, 모든 양떼가 모이면 공동으로 물을 길어서 함께 양떼들에게 물을 먹이는 것이 관례였다. 그리고 평시에는 우물의 안전을 위하여 우물 아구를 큰 돌로 막아 놓는 것이 관례였다. 먼저 와 있던 목자들은 관례대로 모든 떼가 모이기를 기다리고 있었다.

야곱은 자기의 신분을 밝히고 그들을 통하여 라반의 가족 소식을 듣게 된다. 그리고 라헬을 만난 야곱은 그에게 자기의 신분을 밝히고 삼촌 라반의 집으로 가서 역시 그동안의 일을 자세히 알려 주었다. 라반이 모든 사실을 확인한 후에 그가 자기의 조카임을 확실히 인정하고, 그래서 야곱은 그 곳에서 함께 지내게 되었다. 우물가에서 야곱이 라헬을 만난 사실은 후에 모세가 십보라를 만난 사실, 예수께서 사마리아 여인을 만난 사실과 연관시켜 볼 수 있다.

약 한 달 간을 같이 지내고 나서(아마도 야곱이 라반의 가사 일과 목축업을 해주었을 것이다) 라반이 야곱에게 제안을 한다. "네가 비록 나의 생질이나 어찌 공으로 내 일만 하겠느냐 무엇이 네 보수겠느냐 내게 고하라." 야곱은 라반에게 "내가 외삼촌의 작은 딸 라헬을 위하여 외삼촌에게 칠 년을 봉사하리이다"라고 대답한다. 그리고 라반은 "그를 네게 주는 것이 타인에게 주는 것보다 나으니 나와 함께 있으라" 하고 동의한다.

야곱이 라헬을 택한 것은 그가 아름답고 그를 사랑했기 때문이라고 성경은 기록하고 있다. "라반이 두 딸이 있으니 형의 이름은 레아요 아우의 이름은 라헬이라 레아는 안력이 부족하고 라헬은 곱고 아리따우니 야곱이 라헬을 연애하므로", "야곱이 라헬을 위하여 7년 동안 라반을 봉사하였으나 그를 연애하는 까닭에 칠 년을 수일같이 여겼더라."

레아가 안력이 부족하다는 것은 눈이 초롱초롱하지 못하다는 것을 의미할 것이다. 즉 레아는 눈에 촉기가 없었다. 중동 지역에서 여성의 눈은 아름다움과 관련되어 있고, 눈에 촉기가 있다는 것은 지혜롭다는 것을 의미한다. 그래서 야곱은 오직 라헬을 사랑했는데, 그녀를 자기 신부로 맞아들이기 위해 신부값 대신 7년 간을 라반을 섬길 것을 건의한다. 웬함(Wenham)에 의하면 아내를 얻기 위해서 7년을 봉사하는 일은 고대 동양에서 널리 유행하던 관습이었다. 이렇게 함으로써 이혼을 쉽게 하지 못하도록 하는 한편 부부 관계를 보증하게 되기 때문이었다.

7년 간의 봉사는 신부값에 비하면 너무나 파격적인 것이다. 왜냐하면 보통 한 여성을 얻기 위하여 지불해야 할 신부값은 1, 2년의 봉사로 족하기 때문이다. 그렇다면 야곱이 라헬을 얻기 위하여 7년을 봉사하겠다는 것은 자기의 온 생명을 다 바쳐서 라헬을 사랑했다는 뜻이겠다.

이러한 야곱과의 거래로 라반은 커다란 이익을 얻었음에 틀림없다. 라반은 야곱이 이렇게 후하게 행동하자, 라헬을 이용하여 야곱의 노동력을 자기 것으로 이용하려고 계획했다. 그래서 라헬과의 결혼식에서 언니인 레아로 바꿈으로써 이러한 계획을 성공시켰다.

일반적으로 결혼식은 밤에 치러지고 라반이 야곱에게 술을 많이 취하도록 했을 것 같기도 하다. 그리고 라헬이 그 당시에 어디에 있었는지, 레아가 그러한 라반의 속임수에 동의했는지 등의 문제가 남아 있기는 하지만, 어쨌든 야곱은 아침에 일어나서 라헬이 아니라 레아임을 발견하고 소스라치게 놀랐으며, 한편으로 그 실망감이 여간 크지 않았을 것이다. 그러나 이미 지나간 일은 어찌할 수 없었다.

라반은 야곱에게 일주일 간 참으라고 제안하고 7일 후에 다시 라헬과 결혼식을 거행하되 또다시 7년 간을 더 봉사하라고 지시한다. 야곱이 라헬을 취하기 위하여 해야 할 다른 방법이 없었다. 라헬의 부친인 라반을 상대로 해서 소송을 할 수도 없었다. 할 수 없이 이에 동의하고 7일 후에 라헬과 결혼식을 치렀다. 그리고 라헬을 얻기 위하여 라반과 새로 약속한 그 7년을 무보수로 일해야 했다. 라헬을 사랑함으로 말미암아 치러야 할 대가가 너무나 컸던 것이다. 그러나 야곱은 라헬을 심히 사랑하므로 그 다음의 7년 간도 수일처럼 여겼다.

야곱의 성격은 끈기와 인내였다. 그것은 형의 장자의 명분을 산 점, 14년을 라헬을 위하여 일한 점, 라반에게 끝까지 인내하면서 종살이 한 점, 얍복 강에서 천사와 씨름을 한 점 등에서 나타난다.

29:31을 보면, "여호와께서 레아에게 총이 없음을 보시고 그의 태를 여셨으나 라헬은 무자하였더라"고 기록하고 있다. 이 구절은 앞의 30절과 대칭을 이루고 있다. 야곱은 라반의 두 딸과 결혼을 했으나 라헬을 레아보다 더 사랑했다. 여호와께서는 레아에게 총이 없음을 보셨다. 하나님은 구약성경에서 자주 약한 자와 압제받는 자를 돌보시는 분으로 나타난다.[2] 눈을 지으신 하나님은 보시는 분이시다. 개역성경의 총이 없다는 표현은 낡은 표현이고, 영어로는 unloved, 즉 '사랑을 받지 못했다' 혹은 '미움을 받았다'는 의미다.

שׂנא란 단어는 실제로 '미워하다'(to hate)를 의미한다. 그러나 이 단어는 구약에서 일반적으로 덜 사랑 받는 것을 의미한다(참고. 신

2) 참고. 6:5; 7:1; 18:21; 31:12; 출 2:25; 4:31.

21:15; 말 1:3).[3] 하나님께서는 레아를 불쌍히 여기셔서 그녀를 인간의 사랑을 받지 못함에 대해서 보상을 받게 해주시는데, 그녀의 태를 열어 주셨던 것이다. 구약 전체를 읽어 보면, 여인이 자녀를 낳아 어머니가 되는 일을 여인의 삶 가운데서 기쁨의 면류관 격으로 말하고 있다. 하나님의 은총을 입은 레아는 라헬이 아이를 낳지 못한 데 반하여 아들을 낳는 기쁨을 가지게 된다. 그러나 레아는 하나님의 은총을 받은 그것으로 만족하지 않는다. 남편의 사랑을 독차지하기를 바랐던 것이다. 하지만 그녀는 아들을 낳음으로써 자기 남편의 사랑을 얻을 것을 희망했으나, 남편의 사랑을 독차지하는 데는 실패한다.

레아는 아들을 낳고 르우벤이라고 이름을 짓는다. 르우벤이란 이름은 "보라, 아들이로다"(רְאוּ בֵן, 르우 벤)란 뜻이다. 그러나 레아의 고백은 실질적으로는 "여호와께서 나의 권고함(압제)을 돌아보셨다"(רָאָה יהוה בְעָנְיִי, 라아 야웨 베안니)이다. 라아 베안니란 단어를 모음에 상관없이 급히 읽으면 르우벤이라고 들린다. 여호와의 사자는 하갈에게 나타나셔서 "그녀에게 네가 잉태하였은즉 아들을 낳으리니 그 이름을 이스마엘이라 하라 이는 여호와께서 네 고통을 들으셨음이니라"(창 16:11)고 말씀하신 바 있다. 하나님께서는 라반에게 괴롭힘과 이용만을 당한 야곱의 고통을 보시고 결정적인 상황에서 라반에게 고통을 당하지 않도록 보호해 주셨다(창 31:42). 하나님은 압제받는 자를 돌아보시고 그의 괴로움을 위로하고 그 고통에서 벗어나게 해주기를 기뻐하시는 분이다. 남편의 사랑을 받지 못한 레아는 아들을 통하여 위로를 받았던 것이다.

레아가 다시 아들을 낳고 그 이름을 시므온이라고 짓는다. 성경은

---

3) Wenham, op. cit., p. 243.

레아가 "여호와께서 나의 총이 없음을 들으셨으므로"라고 말했다고 기록하고 있다. '들으셨다'는 단어는 샤마(שָׁמַע)이다. 샤마에서 시므온(שִׁמְעוֹן)이란 이름이 나타난 것은 다소 이상스럽다. 온(עוֹן)을 우가릿어에 나오는 온 신(神)으로 이해해야 하는가? 그것은 확실하지 않다.

레아의 세 번째 아들은 레위(לֵוִי)다. 일라웨 이쉬(יִלָּוֶה אִישִׁי, "나의 남편〈내 사람, 혹은 내 남자〉이 나와 연합하게 될 것이다")는 레아의 간절한 마음의 소원을 표현한 말이다. 그러나 야곱은 끝까지 라헬을 더 사랑했다. 레위라는 이름을 짓게 된 레아의 고백은 나중에 약간 변형되어 성취가 되었다고 볼 수 있겠는데, 레위 자손들은 이스라엘과 하나님 사이에 화목하게 하는 직분을 얻게 되었기 때문이다.

네 번째 아들 유다는 레아가 자기의 승리를 자축하는 의미를 띤 이름이라고 볼 수도 있겠다. 오데(אוֹדֶה, 찬송하리로다)와 유다(יְהוּדָה, 예후다)는 발음상의 차이가 있는 것으로 보이지만, 사실은 여호와를 찬송하라는 의미가 합성된 이름이다. 네 아들을 낳은 레아는 생산이 그쳤다.

〈 레아의 아들들 〉

① 르우벤 – 보라 아들이라　② 시므온 – 들으심
③ 레위 – 연합　④ 유다 – 찬송함

3. 번창하는 야곱(30장)

라헬은 야곱의 사랑을 받았으나 자식은 낳지 못했다. 라헬이 아들을 낳지 못한 점은 사라, 리브가와 평행을 이룬다. 그것은 우연이 아니었으며, 하나님의 섭리였다. 그렇지만 라헬은 그것을 깨달을 만큼 신앙이 성숙하지 못했다. 그래서 질투심에 불탄 라헬은 "나로 자식을 낳게 하라 그렇지 아니하면 내가 죽겠노라"고 야곱에게 극단적으로 처절하게 요구한다. 아마도 라헬과 야곱 사이에 부부 싸움이 크게 일어난 것 같다. 그러나 아들을 낳는 일은 야곱 자신이 어찌할 수 없는 일이었다.

결국 야곱과 라헬 사이에 있었던 이러한 큰 싸움 후에 라헬이 제시한 것은 대리모를 이용하자는 것이었다. 그녀는 자기 몸종에게서 낳은 아들을 자기의 아들로 삼고 싶었던 것이다. 그래서 "나의 여종 빌하에게로 들어가라 그가 아들을 낳아 내 무릎에 두리니 그러면 나도 그를 인하여 자식을 얻겠노라"고 제안한다. 야곱은 사랑하는 라헬을 위해서 다른 선택을 할 수가 없었다. 그는 그녀를 사랑해서 14년 간이나 라반의 일을 해주면서 종살이를 하고 있지 않은가? 그래서 야곱은 억지로 세 번째 아내(첩)를 두게 되었다.

〈 빌하의 소생 〉

⑤ 단 – 억울함을 푸심　　⑥ 납달리 – 경쟁함

레아 역시 라헬의 행실을 따라 자기의 여종 실바를 야곱에게 준다.

〈 실바의 소생 〉

⑦ 갓 – 복됨　　⑧ 아셀 – 기쁨

이제 두 부인(레아와 라헬) 사이에는 서로 질투와 경쟁심만 남아 있게 되었다. 구약성경에는 신앙의 인물들이 첩을 둔 경우가 가끔 나타난다. 그래서 어떤 사람은 구약 시대에 하나님께서 일부다처제를 허락하셨다고 생각한다. 그러나 사실상 하나님께서는 처음부터 일부다처주의를 뜻하지 않으셨다. 하나님께서 아담을 잠들게 하시고 한 여인 하와를 만드셨기 때문이다. 라멕이 두 아내를 둔 것은 비인도적이고도 야만적인 행위다. 아브라함이 하갈을 첩으로 둔 것은 아들을 낳지 못한 사라의 요구에 따른 것이었는데, 이 경우 사라와 아브라함 사이에 적지 않은 다툼과 고통이 있었다. 다윗이나 솔로몬이나 아내들을 많이 둠으로써 당한 고통과 괴로움은 성경에는 자세히 나타나 있지 않으나 상당한 고통이 가정 내에 있었던 것으로 보인다.

14절에는 특이한 사건이 기록되어 있다. 레아의 장남 르우벤이 들에서 합환채를 얻었다. 성인들이 그것을 귀히 여기고 있다는 사실을 알았을 르우벤이 그것을 구해서 자기의 어미인 레아에게 가져다 주었다. 그 사실을 알게 된 라헬은 그것을 자기에게 달라고 요구했다. '합환채'는 최음제로서 당근과 같은 뿌리에 큰 잎을 가진 풀인데 풍요를 가져다 주는 식물로 알려져 있다. 라헬은 자기가 그것을 먹음으로써 아들을 낳을 것이라고 믿은 것 같은데, 그것은 그녀에게 별 효과를 주지 못했다.

성경은 레아가 아들을 낳은 것은 하나님께서 그 태를 여셨기 때문이라고 분명하게 설명해 주고 있다. 자녀는 하나님의 선물이다. "자식은 여호와의 주신 기업이요 태의 열매는 그의 상급이로다 젊은 자의 자식은 장사의 수중의 화살 같으니 이것이 그 전통에 가득한 자는 복되도다 저희가 성문에서 그 원수와 말할 때에 수치를 당치 아니하리로다"(시 127:3-5). 하나님께서는 자기의 뜻을 따라 사람들에게 자녀를 주신다. 부모가 자녀를 자기들의 소유인 것으로 생각할 수 있으나, 모든 인간은 부모 이전에 하나님에게 속해 있음을 인정해야 한다.

〈 레아의 소생 〉

⑨ 잇사갈 – 샀다　　　⑩ 스불론 – 주다, 영화롭게 하다, 거하다
디나(딸)

〈 라헬의 소생 〉

⑪ 요셉 – 더함　　　⑫ 베냐민 – 오른 손의 아들

22-24절은 극적인 장면을 보여 준다. "하나님이 라헬을 생각하신지라 하나님이 그를 들으시고 그 태를 여신고로 그가 잉태하여 아들을 낳고 가로되 하나님이 나의 부끄러움을 씻으셨다 하고 그 이름을 요셉이라 하니 여호와는 다시 다른 아들을 내게 더하시기를 원하노라 함이었더라."

드디어 라헬이 아들을 낳게 되었다. 그녀가 아기를 가지게 된 것은 하녀를 통해서도 아니었고, 합환채를 통해서도 아니었다. 오직 하나님의 은혜를 통해서였다.[4] 22절은 하나님이 라헬을 생각하셨기 때문이었다고 기록하고 있다. 그리고 뒤이어 모세는 "하나님이 그를 들으시고"라고 기록함으로써 라헬이 아들을 낳게 해 달라고 하나님께 기도해 왔다는 사실을 언급하고 있다. 남녀가 혼인하고 자녀를 갖는 것은 저절로 이루어지는 것인가? 그렇지 않다. 하나님의 허락과 간섭이 있어야 한다. 세상의 모든 일이 하나님의 역사의 결과다.

라헬은 일찍이 야곱과 다투는 가운데서 라헬 자신이 아들을 잉태하

4) Wenham, op. cit., p. 248.

는 것은 하나님께서 하시는 일이라는 사실을 깨달았다(30:2을 보라). 그래서 그 날 이후로 계속하여 하나님께 아들을 낳게 해 달라고 기도했을 것이다. 라헬이 아들을 낳은 것은 이러한 기도의 결과였다. 그러나 실제로 아들을 잉태하게 한 것은 하나님의 주권 사역이었다.

라헬은 아들을 낳음으로써 자기의 수치가 물러갔다고 생각했다. 그녀에게서 아들을 낳지 못하는 수치가 물러가게 하신 분은 하나님이셨다. 그래서 라헬은 "하나님이 나의 부끄러움을 씻으셨다"고 노래한다. 그러고 나서 미래를 위하여 기도하는 마음으로 아들의 이름을 요오셉(יוֹסֵף)이라고 짓는다. 이러한 요셉이라는 이름 배후에는 "야웨께서 나에게 또 다른 아들을 더해 주시기를"(יֹסֵף יהוה לִי בֵּן אַחֵר, 요셉 야웨 리 벤 악헤르)이라는 소원이 들어 있다.

이와 같은 야곱의 아내들의 투기를 통한 자녀들의 많은 생산은 아브라함에게 하신 하나님의 약속을 성취하시기 위한 하나님의 언약의 실현이었다.

여기서 잠시 멈추어서 야곱이 아내를 얻는 과정을 전체적으로 살펴보자. 야곱은 아브라함의 손자로서 70세까지 가나안 땅에서 자라면서 여호와 하나님에 대한 신앙을 가지고 살았다. 그러나 라반과 그의 가족의 신앙은 범신론적 신앙 쪽으로 기울어져 있었다. 그래서 야곱은 여호와 하나님에 대한 호칭을 사용하지만 야곱의 아내들(레아와 라헬)은 하나님이란 호칭을 주로 사용한다. 특히 30장에서 하나님이라는 호칭이 자주 사용되었으나, 라헬이 요셉을 낳은 후에는 남편 야곱이 믿고 있는 하나님 여호와라는 호칭이 라헬의 입으로부터 발설된다(24절). 라헬은 요셉을 낳는 과정에서 여호와 하나님에 대한 신앙을 분명하게 가진 것으로 보인다. 레아는 이미 여호와 하나님에 대한 신앙을 가지고 있었던 것으로 보인다.

자기의 사랑하는 아내 라헬이 아들(요셉)을 낳게 되자(23, 24절) 이 때부터 야곱의 행동이 달라진다. 그는 이제 본국으로 가고 싶었다. 그동안 라반의 속임수에 너무나 신물이 났고, 이제는 약속의 땅에서 여호와 하나님을 섬기면서 보다 안정된 생활을 하고 싶었다. 야곱은 아내와 자녀들을 거느리고 있기는 했으나, 자기의 아내들과 자녀들을 자기의 수하에 둘 수가 없었다. 라반이 야곱을 종처럼 부리고 있었고, 한 부족의 족장으로서 라반은 야곱의 모든 가족들까지도 자기의 휘하에 거느리고 있었기 때문이다. 이제 야곱은 잃어버린 가장으로서의 권한을 찾고 싶었다. 그리고 수십 년 간 라반의 종살이를 하게 됨으로써 결국 자기가 라반의 완전한 종(소유)이 되어 버리지는 않을까 하는 우려도 있었다. 이제는 그의 수중에서 놓여나고 싶었다.

종에 대한 규례는 출애굽기 21:3-6에 요약되어 있다. 종은 7년을 섬겼으면 주인으로부터 놓여날 수 있었다. 그러나 주인의 수하에서 결혼했으면 단신으로 나와야 했다. 이 법이 야곱의 처지에 대한 해석이었는지는 확실하지 않다. 그러나 야곱은 엄밀한 의미에서 라반의 종은 아니었다. 다만 신부를 얻기 위하여 한시적으로 계약에 의하여 종살이를 한 것뿐이었다.

야곱은 라반에게 본국으로 돌아가도록 허락해 달라고 요청한다. "나를 보내어 내 고향 내 본토로 가게 하시되 내가 외삼촌에게서 일하고 얻은 처자를 내게 주어 나로 가게 하소서 내가 외삼촌께 한 일은 외삼촌이 아시나이다"(25-26절). 이에 라반은 다음과 같이 말한다. "여호와께서 너로 인하여 내게 복 주신 줄을 내가 깨달았노니 네가 나를 사랑스럽게 여기거든 유하라 네 품삯을 정하라 내가 그것을 주리라"(27-28절).

라반이 야곱을 잃는다면 그것은 가산에 큰 손실일 뿐 아니라 자기의 세력이 약해진다. 그러므로 그는 야곱을 자기 수중에 잡아 두고 싶었다. 그래서 라반은 야곱이 가나안 땅으로 가려 하자 허락하지 않은 것이다. 그는 언제까지나 야곱과 딸들을 잡아 두고 싶었다. 그러나 하나님은 이미 아브라함을 그 곳으로부터 떠나가라고 하지 않으셨던가? 야곱은 아브라함처럼 또다시 떠나가기 어려운 친척 아비 집을 떠나는 어려움에 봉착하여 신앙의 결단을 시험받아야 했다.

야곱은 다음과 같이 말한다. "내가 어떻게 외삼촌을 섬겼는지, 어떻게 외삼촌의 짐승을 쳤는지 외삼촌이 아시나이다 내가 오기 전에는 외삼촌의 소유가 적더니 번성하여 떼를 이루었나이다 나의 공력을 따라 여호와께서 외삼촌에게 복을 주셨나이다 그러나 나는 어느 때에나 내 집을 세우리이까?"(29-30절)

야곱은 삼촌의 집에서 여전히 빈털터리였고, 삼촌의 집에서 나가면 당장에 끼니를 걱정해야 하는 가난한 상태였다. 야곱이 라반의 양을 치는 동안 라반의 재산은 엄청나게 불어나 있었으므로 야곱은 이제 자기의 독립된 삶을 원했던 것이다.

라반이 "내가 무엇으로 네게 주랴"(31절 상)고 하자, 야곱은 "외삼촌께서 아무것도 내게 주실 것이 아니라 나를 위하여 이 일을 행하시면 내가 다시 외삼촌의 양떼를 먹이고 지키리이다 오늘 내가 외삼촌의 양떼로 두루 다니며 그 양 중에 아롱진 자와 점 있는 자와 검은 자를 가리어 내며 염소 중에 점 있는 자와 아롱진 자를 가리어 내리니 이 같은 것이 나면 나의 삯이 되리이다 후일에 외삼촌께서 오셔서 내 품삯을 조사하실 때에 나의 의가 나의 표징이 되리이다 내게 혹시

염소 중 아롱지지 아니한 자나 점이 없는 자나 양 중 검지 아니한 자가 있거든 다 도적질한 것으로 인정하소서"(31 하-33절)라고 하여 여전히 너그러운 제안을 한다.

이에 라반은 "내가 네 말대로 하리라"(34절)고 하며 속으로 쾌재를 불렀을 것이다. 야곱이 자기 수중에 있을 뿐만 아니라, 앞으로도 계속 거의 무보수로 야곱의 노동력을 이용하여 더욱 부자가 될 수 있을 것이라고 계산되었기 때문이다.

그리하여 라반과 야곱 사이에 약조가 이루어졌는데, 그날 라반은 또다시 야곱을 속이는 행동을 했다. 얼룩무늬 있는 것과 흰 바탕에 아롱진 것, 그리고 검은 것을 가려 내어 자기 아들에게 멀리 보낸 것이다. 라반의 악한 행동을 모세는 다음과 같이 기록하고 있다. "그 날에 그가 숫염소 중 얼룩무늬 있는 자와 점 있는 자를 가리고 암염소 중 흰 바탕에 아롱진 자와 점 있는 자를 가리고 양 중의 검은 자들을 가려 자기 아들들의 손에 붙이고 자기와 야곱의 사이를 사흘길이 뜨게 하였고 야곱은 라반의 남은 양떼를 치니라"(35-36절).

결국 이러한 라반과 야곱 사이에 품삯에 대한 약조가 이루어졌지만, 야곱은 빈손으로 출발해야 했다. 그러나 야곱의 머리도 보통이 아니었다. 그것은 하나님께서 주신 지혜였으리라. 어떻게 하면 양떼가 얼룩무늬가 생기고 검은 양들이 많이 생겨나는지를 잘 알고 있었는데, 그것은 물론 수십 년 간 양을 친 경험에서 나온 것이었다. 그는 얼룩무늬 새끼는 교배할 때의 환경과 그 짐승이 먹는 물에 의하여 좌우된다는 사실을 알았고, 또한 건강한 짐승일수록 많은 새끼와 건강한 새끼를 낳는다는 사실도 알았다. 이러한 기본 조건을 근거로 야곱은 많은 얼룩무늬를 생산하도록 유도해 낸다. 버드나무, 살구나무, 신풍나무가 어떤 식물인지 우리는 잘 모른다.

어찌 되었든 야곱의 얼룩무늬와 검은 양들은 수가 늘어 갔고, 얼마 안 가서 그는 거부가 되었다. 뿐만 아니라 대가족이 되었다. 하나님께서 족장들에게 약속하신 내용이 실현된 것이다. 특히 야곱이 이방 땅에 있을 때 가속이 크게 증가했고, 그 후 이스라엘 민족이 애굽에 있을 때 역시 민족이 크게 증가되었다. 야곱이 라반에게 크게 유익을 주었으므로 야곱을 종으로 삼아 가나안 땅으로 가지 못하도록 붙잡아 두었던 것처럼, 애굽 왕 바로도 후에 이스라엘 민족의 노동력이 애굽에 크게 도움이 되었으므로 이스라엘 백성으로 하여금 가나안 땅으로 가지 못하도록 붙잡아 두려고 하지 않았던가? 이러한 점에서 밧단아람에 있던 야곱과 애굽에 있던 이스라엘 민족을 비교해 볼 때 유사한 면이 많다.

31:1은 야곱으로 하여금 가나안으로 돌아오게 만드는 결정적인 역할을 한다. 라반의 아들들은 "야곱이 우리 아버지의 소유를 다 빼앗고 우리 아버지의 소유로 인하여 이같이 거부가 되었다"고 노골적으로 말했다. 어떤 면에서는 그들의 말이 옳았다. 야곱은 라반의 재산을 근거로 해서 자기의 재산을 늘려 나갔기 때문이다. 그러나 한편으로 라반은 약 20년 동안 줄곧 야곱의 노동력을 착취했다. 그리고 그러한 노동력의 착취를 통해서 라반은 거부가 되었다. 그렇다면 서로간에 상대방을 통해서 유익을 얻은 셈이다.

그러나 사람의 욕심은 끝이 없다. 모든 것을 다 독차지하려는 마음을 가지고 있는 것이 사람의 마음이다. 온 세상을 자기 혼자만의 세상으로 만들려고 하는 것이 타락한 사람의 마음이다. 즉 타락한 인간은 자기가 하나님이 되고자 하는 마음을 가지고 있다. 그러므로 자기가 가진 것에 대해서 만족할 수 있겠는가? 아무리 많이 가져도 인간은 영원히 만족하지 못하고 더 갖기를 원한다. 바울의 다음과 같은 말씀은 욕심으로 가득한 우리에게 중요한 교훈을 준다.

"그러나 지족하는 마음이 있으면 경건이 큰 이익이 되느니라 우리가 세상에 아무것도 가지고 온 것이 없으매 또한 아무것도 가지고 가지 못하리니 우리가 먹을 것과 입을 것이 있은즉 족한 줄로 알 것이니라 부하려 하는 자들은 시험과 올무와 여러 가지 어리석고 해로운 정욕에 떨어지나니 곧 사람으로 침륜과 멸망에 빠지게 하는 것이라 돈을 사랑함이 일만 악의 뿌리가 되나니 이것을 사모하는 자들이 미혹을 받아 믿음에서 떠나 많은 근심으로써 자기를 찔렀도다"(딤전 6:6-10).

야곱의 생각은 참담했다. 앞으로 라반으로부터 어떠한 불이익을 당할지 모를 일이었다. 그래서 야곱은 라반의 허락 없이 본국으로 돌아갈 것을 결심한다. 사실상 야곱이 거부가 된 것은 하나님께서 야곱과 함께 하셨기 때문이었다.

4. 돌아가는 야곱(31장)

라반과 그의 아들들의 곱지 않은 시선과 발언을 보고 들은 야곱이 가나안 땅으로 돌아가려는 결심을 했을 때, 아니 가나안 땅으로 돌아가지 않으면 안 될 상황이 되었을 때, 물론 그 상황은 하나님이 만드신 것이었지만 때마침 하나님께서 야곱에게 이렇게 말씀하신다. "네 조상의 땅 네 족속에게로 돌아가라 내가 너와 함께 있으리라"(3절). 하나님께서는 야곱이 그 도시에 살기를 바라지 않으셨다. 야곱은 하나님이 택하고 구별하신 하나님의 백성이 되어야 했다. 그러므로 하나님은 야곱으로 하여금 가나안 땅으로 돌아가도록 말씀하신 것이다.

이러한 하나님의 말씀을 들었을 때, 야곱은 자기가 가나안으로 돌아가는 것이 하나님의 뜻일 뿐만 아니라, 그 하나님의 부름 받은 사람으로서 자기는 반드시 그 곳으로 돌아가야 한다고 결심하게 되었다. 이러한 결심을 실행하기 위하여 그는 두 아내(레아와 라헬)를 자기 양떼가 있는 들로 불러서 자기의 계획을 말한다. 그가 이렇게 한 것은 자기의 출발을 극비에 시행하려고 했기 때문이다.

28:15을 보라. "내가 너와 함께 있어 네가 어디로 가든지 너를 지키며 너를 이끌어 이 땅으로 돌아오게 할지라 내가 네게 허락한 것을 다 이루기까지 너를 떠나지 아니하리라 하신지라." 하나님께서는 벧엘에서 야곱에게 자신이 야곱을 지켜 주시고 야곱과 언제나 함께 하시고 가나안 땅으로 돌아오게 해주실 것을 약속하셨다.

그는 그동안 라반으로부터 수차례 속임을 당했고, 수고와 고난을 당했다. 그러나 그러한 고난 가운데서도 주님은 약속대로 언제나 야곱과 함께 하셨다. 그래서 결국 그렇게 번성했던 것이다. 그리고 또다시 가나안으로 돌아가는 길에도 하나님께서 함께 하실 것을 약속하셨다. "내가 너와 함께 있으리라"(3절).

이어서 자기의 아내들에게 말하는 야곱의 말 가운데서도 하나님이 함께 하신 사실에 대해서 나타난다. "내가 그대들의 아버지의 안색을 본즉 내게 대하여 전과 같지 아니하도다 그러할지라도 내 아버지의 하나님은 나와 함께 계셨느니라"(5절), "그대들의 아버지가 나를 속여 품삯을 열 번이나 변역하였느니라 그러나 하나님이 그를 금하사 나를 해치 못하게 하셨으며"(7절), "하나님이 이같이 그대들의 아버지의 짐승을 빼앗아 내게 주셨느니라"(9절).

라헬과 레아는 야곱에게 다음과 같이 대답했다. "우리가 우리 아버지 집에서 무슨 분깃이나 유업이나 있으리요 아버지가 우리를 팔고 우리의 돈을 다 먹었으니 아버지가 우리를 외인으로 여기는 것이 아닌가 하나님이 우리 아버지에게서 취하신 재물은 우리와 우리 자식의 것이니 이제 하나님이 당신에게 이르신 일을 다 준행하라"(14-16절).

라반의 두 딸은 아버지 라반에게 대단히 불만이 많았다. 라반은 딸들을 야곱에게 시집보내면서 결혼 지참금을 전혀 주지 않았다. 그것은 곧 라반이 자기 딸들을 돈 받고 팔아먹은 비인륜적인 행위였다. 그러므로 그 딸들의 마음은 이미 부친 라반에게서 떠나 있었던 것이다. 그래서 그들은 기꺼이 야곱이 태어난 곳인 가나안으로 가기를 원했다. 31:1을 보면 라반의 아들들은 야곱이 자기 아버지의 소유를 다 빼앗았다(take away)고 말했다. 그러나 야곱의 두 아내들은 "하나님이 우리 아버지에게서 취하신(rescue) 재물"이라고 말한다. 하나님이 라반으로부터 재물을 구출하여 야곱과 그의 아내에게로 돌려주셨다는 것이다.

사실이 그러했다. 라반은 자기의 딸들이 시집갈 때 지참금도 주지 않았던 것이다. 지참금을 주지 않았다는 것은 자기 딸들을 팔아먹었다는 것이 된다. 라반은 자기 딸들을 딸답게 취급하지 않고 재물을 얻는 수단으로 생각했다는 것이다. 그래서 라반의 두 딸의 마음은 그에게서 떠났던 것이다.

야곱과 그의 가속은 라반이 양털을 깎으러 멀리 간 동안에 가나안을 향하여 떠났다. 야곱은 열흘쯤 걸려서 길르앗에 도착했고, 라반이 그들의 떠났다는 소식을 듣고 그들을 따라가서 만나는 데 7일이 걸렸다. 길르앗은 대략 하란의 남방 300마일 지점에 있으며, 그래서 야곱은 하루에 평균 대략 48km를 간 것이고, 라반은 하루에 69km를 간 것이다. 하루에 약 69km를 달려가는 속도는 라반과 그에게 속한 사람들이 급히 추격한 점으로 미루어 볼 때는 정상으로 보이지만, 하루에 48km는 자기의 양떼를 거느리고 가는 야곱에게는 지극히 힘든 일이었을 것이다.

아마도 그의 실질적인 도주가 있기 전에, 야곱은 자기의 양떼를 점차적으로 남방 쪽으로 멀리 데리고 나가 방목했던 것으로 보인다. 이러한 전략은 길르앗으로부터의 그들의 거리를 단축시켰을 것이다. 어쨌든 이스라엘이 애굽으로부터 나왔을 때처럼, 야곱은 많은 가속들과 재산을 거느리고 가나안으로 돌아가게 되었다.

라반은 야곱이 어느 방향으로 갔는지 생각해 내는 데 어렵지 않았음에 틀림없으며, 그는 야곱이 자주 여행을 다니는 무역 통로를 따라 남방 길르앗으로 갔을 것이라고 예상했다. 라반이 길르앗에 도착하기 전날 밤에 하나님께서 꿈에 나타나서 그에게 야곱의 계획을 간섭하지 말라고 말씀하셨다. 그래서 라반은 야곱을 따라잡았을 때 자기의 한계점을 받아들이고 야곱이 비밀리에 떠난 것에 대해서, 그리고 '칼로 잡은 자같이'(창 31:26) 자기 딸들을 끌고 간 것에 대해서 야곱을 호되게 꾸짖지 않았다. 라반의 문구의 선택은 족장 시대의 실상을 생각나게 한다.

라반은 자기가 떠날 계획을 들었더라면 자기가 야곱과 그의 가족을 '즐거움과 노래와 북과 수금으로'(창 31:27) 보냈을 것이라고 불평했다. 이러한 라반의 발언은 거짓이었다. 그는 야곱을 끝까지 붙들어 두어 종처럼 다루려고 했던 것이다. 야곱 자신이 두려워했던 바와 같이,

라반이 그들이 떠나가는 것을 허락하지 않았거나 혹은 야곱이 빈손으로 돌아가게 되었을 가능성이 컸다(창 31:31). 그러나 라반의 말들은 속마음을 감춘 지극히 간교한 것이었다. 라반은 야곱 일행을 좇아온 결정적인 이유를 밝힌다. 그것은 "어찌 내 신을 도적질하였느냐?"는 것이었다.

야곱은 자기가 라반의 신상들을 취했다는 주장에 대해서 큰 실수를 했는데, 라헬이 그것을 가졌다는 사실을 알지 못하고 그렇게 행한 사람을 죽일 것이라고 맹세했다. 야곱은 라반에게 신상들을 찾아보라고 허락했으나, 라반은 라헬이 자기가 앉았던 낙타의 안장 밑에 숨겼으므로 그것들을 찾아내지 못했다. 라헬이 드라빔을 도적질한 이유는 수년 간 상당한 주의를 끌어 왔다. 그 신상들이 그것들을 소유한 자에게 상속권을 부여했다는 사실을 논증하기 위하여 누지 본문을 사용했던 초창기 연구들은 호소력을 잃어버렸다. 최근의 어떤 설명은 라헬이 자기 아버지에게 버림을 당했다고 느꼈고, 라반이 신상들을 지키는 자로서 자기의 책임을 어겼다고 느껴서 그것들에 대한 그의 권한을 폐기했다는 것이다.

라반의 수색이 무위로 돌아갔다는 사실이 명백해졌을 때, 야곱은 화가 치밀어 올라서 그에게 자기가 가지고 있지도 않은 것을 발견했다면 보여 주라고 조소했다. 그러고 나서 야곱은 자기의 비통스런 이야기를 반복했다.

내가 이 이십 년에 외삼촌과 함께 하였거니와 외삼촌의 암양들이나 암염소들이 낙태하지 아니하였고 또 외삼촌의 양떼의 숫양을 내가 먹지 아니하였으며 물려 찢긴 것은 내가 외삼촌에게로 가져가지 아니하고 스스로 그것을 보충하였으며 낮에 도적을 맞았든지 밤에 도적을 맞았든지 내가 외삼촌에게 물어내었으며 내가 이와 같이 낮에는 더위를 무릅쓰고 밤에는 추위를 당하며 눈 붙일 겨를도 없이 지내었나이다(창 31:38-40).

야곱의 말들은 목가풍의 것으로서 성경의 목자의 생활을 바라보게 하는 어떤 경향을 알맞게 조절하고 있다. 함무라피 법전(The Code of Hammurapi; 지금은 그 철자법이 Hammurabi로 선호되고 있음)은 대략 1750년의 것인데, 본문에 반영되어 있는 것으로 보이는 하나의 법을 담고 있다.

> 만일 한 신의 진노가 양 우리 가운데서 일어나거나 혹은 한 사자가 양 한 마리를 죽였다면, 목자는 신 앞에서 자신의 무죄성을 증명해야 하겠지만 양 우리의 주인이 그 무리 중에서 상한 것을 그로부터 받아야 할 것이다.[5]

이 법에 의하면, 목자가 양을 지키지 못하거나 부정한 행위를 저질러서 양을 잃어버리지 않고 다만 짐승의 공격으로 인한 것이라는 사실을 신 앞에서 맹세했을 때, 그 양의 소유주는 그 잃어버린 것을 떠맡았다. 야곱은 라반이 이러한 법을 무시하고 짐승에게 찢긴 것까지 배상하도록 한 사실을 지적하고 있다. 야곱은 그야말로 정상적인 목동의 대접도 받지 못하면서도 라반의 양을 쳤던 것이다.

"우리 아버지의 하나님, 아브라함의 하나님 곧 이삭의 경외하는 이가 나와 함께 계시지 아니하셨더면 외삼촌께서 이제 나를 공수로 돌려 보내셨으리이다마는 하나님이 나의 고난과 내 손의 수고를 감찰하시고 어제 밤에 외삼촌을 책망하셨나이다"(창 31:42).

---

5) *ANE* 1:166; *ANET* 177.

야곱은 자기에게 닥친 축복들이 모두 아브라함과 이삭의 하나님께서 자기에게 주신 것으로 돌리고 있다. 사실이 그러했다. 그분께서는 한시도 야곱을 떠나지 않으시고, 괴로울 때나 슬플 때나 혹은 즐거울 때라 야곱과 함께 하시며 그에게 복을 내려 주셨다. 그리고 마지막 결정적인 순간에도 하나님은 라반으로부터 그를 보호해 주셨던 것이다. 시편 124편은 야곱의 상황과 너무나 잘 어울리는 시다.

"이스라엘은 이제 말하기를 여호와께서 우리 편에 계시지 아니하시고 사람들이 우리를 치러 일어날 때에 여호와께서 우리 편에 계시지 아니하셨더면 그 때에 저희의 노가 우리를 대하여 맹렬하여 우리를 산 채로 삼켰을 것이며 그 때에 물이 우리를 엄몰하며 시내가 우리 영혼을 잠갔을 것이며 그 때에 넘치는 물이 우리 영혼을 잠갔을 것이라 할 것이로다 우리를 저희 이에 주어 씹히지 않게 하신 여호와를 찬송할지로다 우리 혼이 새가 사냥군의 올무에서 벗어남같이 되었나니 올무가 끊어지므로 우리가 벗어났도다 우리의 도움은 천지를 지으신 여호와의 이름에 있도다."

야곱이 말을 끝냈을 때, 라반은 여전히 야곱이 가진 모든 것에 대한 소유권을 주장했으나 딸들과 손자들을 위하여 자기를 너그러운 사람으로 가장했다. 라반은 또한 야곱으로 하여금 딸들 이외의 아내들을 얻지 말도록 경고했는데, 이러한 금지 내용은 결혼 서약 가운데서 정규적으로 발견된다.

라반은 야곱에게 자신과 언약을 체결하자고 제안했으며, 그래서 두 사람은 하나의 기념비를 세우고 각기 악한 의도를 가지고 상대방에게 침범하지 못하도록 동의했다. 라반의 "우리 피차 떠나 있을 때에 여호와께서 너와 나 사이에 감찰하옵소서"(창 31:49)라는 진술은 가끔 축도로 그리고 사랑하는 사람들 사이의 축복으로 사용되고 있으나, 라반은 저주의 말로 사용한 것이다. 라반은 야곱이 자기의 안목에서 사라졌을 때 자기들의 언약 조항들을 깨뜨려서 저주 받기를 원하고 있었던 것이다. 이러한 엄중한 위협을 기원한 후에 라반은 자기의 딸들과 손자들에게 하직 인사를 하고 하란으로 돌아갔다.

처음에 야곱은 며칠만 밧단아람에 머무르려고 했다(27:44). 그러나 라반에게 갔을 때, 야곱은 라헬을 얻기 위하여 7년을 보내야 했다. 그리고 결혼을 한 그날 라반의 속임수로 인하여 다시 7년을 더 그 곳에서 보내야 했고, 요셉을 얻자 곧 떠나려고 했으나 다시 자신의 재산을 모으기 위하여 6년을 더 봉사해야 했다. 며칠의 계획이 20년으로 길어졌던 것이다. 그런데 야곱을 가나안으로 떠나도록 직접적으로 영향을 준 것은 라반과 그 아들들의 질투심이었다. 그리고 하나님의 명령이 결정적인 역할을 했다. 하나님께서는 가나안으로 돌아가는 야곱을 지금까지 보호해 주셨던 것처럼 앞으로도 계속하여 보호해 줄 것을 약속해 주신다. 주님의 명령대로 따르는 길을 막을 자가 누구이겠는가?

이스라엘의 하나님은 모든 사건들을 일으키시는 하나님이다. 그 하나님은 자기의 약속을 이루기 위하여 모든 사건들을 변화시키시는 분이다. 자기 백성이 위급한 상황에 처했을 때는 비상 섭리를 발동해서라도 자기 백성을 초자연적 능력으로 보호하시는 분이다.

5. 변화되는 야곱(32장)

1, 2절을 보라!

"야곱이 그 길을 진행하더니 하나님의 사자들이 그를 만난지라 야곱이 그들을 볼 때에 이르기를 이는 하나님의 군대라 하고 그 땅 이름을 마하나임이라 하였더라."

야곱은 지금 가나안으로 돌아가라는 하나님의 지시를 받고 가나안 땅을 향해서 가고 있다. 그는 이미 라반의 추격을 받았고, 그간 라반과 자기 사이에 있었던 모든 문제를 해결했다. 이제 가나안으로 돌아가는 것만이 남았다. 그러나 하나님은 자신의 약속대로 여전히 하나님의 사자를 통하여 그를 호위하고 그의 앞서 가고 계셨던 것이다. 야곱이 하나님의 사자를 어떤 방식으로 만났는지는 모른다. 또 그가 사람의 모습으로 나타났는지 환상을 통해서 그를 보았는지도 모른다. 어쨌든 하나님께서 사자를 보내셔서 그 앞서 가게 하셨던 것이다. 우리는 앞에서 야곱이 라반의 집에서 종살이한 것이 이스라엘(야곱) 자손이 애굽에서 종살이한 사실과 평행되는 사건임을 알아보았었다. 야곱 앞에서 하나님의 사자가 나아가셨던 것처럼, 후에 이스라엘 자손들이 애굽으로부터 나올 때 하나님의 사자가 그 앞서 나아가셨다.

출 14:19, "이스라엘 진 앞에 행하던 하나님의 사자가 옮겨 그 뒤로 행하매 구름 기둥도 앞에서 그 뒤로 옮겨."

출 23:20-23, "내가 사자를 네 앞서 보내어 길에서 너를 보호하여 너로 내가 예비한 곳에 이르게 하리니 너희는 삼가 그 목소리를 청종하고 그를 노엽게 하지 말라 그가 너희 허물을 사하지 아니할 것은 내 이름이 그에게 있음이니라 네가 그 목소리를 잘 청종하고 나의 모든 말대로 행하면 내가 네 원수에게 원수가 되고 네 대적에게 대적이 될지라 나의 사자가 네 앞서 가서 너를 아모리 사람과 헷 사람과 브리스 사람과 가나안 사람과 히위 사람과 여부스 사람에게로 인도하고 나는 그들을 끊으리니."

하나님의 사자가 이스라엘 백성들 앞에서 이끌어 가셨다. 그러나 새로운 구원 역사가 있을 때 또다시 하나님께서는 새 이스라엘 백성 앞에서 가시면서 자기 백성을 인도하실 것이다.

미 2:12, 13, "야곱아 내가 정녕히 너희 무리를 다 모으며 내가 정녕히 이스라엘의 남은 자를 모으고 그들을 한 처소에 두기를 보스라 양떼 같게 하며 초장의 양떼 같게 하리니 그들의 인수가 많으므로 소리가 크게 들릴 것이며 길을 여는 자가 그들의 앞서 올라가고 그들은 달려서 성문에 이르러서는 그리로 좇아 나갈 것이며 그들의 왕이 앞서 행하며 여호와께서 선두로 행하시리라."

예수께서는 친히 십자가를 지시고 앞서 가시면서 우리의 모든 죄 문제를 해결하시고 우리를 죄로부터 해방시켜 주셨다. 우리는 십자가를 붙들고 그분이 가신 길을 뒤따라간다.

야곱은 그 하나님의 사자를 하나님의 군대라고 하고 그분을 뵈온 땅의 이름을 마하나임이라고 했다. 마하나임이란 '두 진영'(two camps)이란 뜻이다. 이 곳은 아마도 얍복 강 약간 북쪽에 위치해 있을 것이다.[6] 야곱이 가나안 땅으로 돌아오는 길에는 수많은 해결되어야 할 문제들이 산적해 있었다. 그 중 커다란 복잡한 문제 하나가 해결되었다. 그리고 앞으로도 하나님의 사자가 그를 보호하고 인도하실 것이었다. 그러나 야곱은 너무나 빨리 그 사실을 잊고 인간적인 세력(에서)을 두려워했다. 사실상 에서의 힘을 두려워할 필요는 없었다. 그 이유는 밧단아람에 있을 때 이미 하나님께서 그를 안전히 지키어 가나안으로 돌아가게 해주실 것이라고 약속하셨기 때문이다(31:3).

에서와의 사이에 얽힌 문제를 먼저 해결하기 위하여 야곱은 사자들을 보내어 에서의 마음을 달래려고 했다. 4, 5절은 자기 사자들에게 한 야곱의 말이다. "너희는 이같이 내 주 에서에게 고하라 주의 종 야곱이 말하기를 내가 라반에게 붙여서 지금까지 있었사오며 내게 소와

6) Weham, op. cit., p. 281.

나귀와 양떼와 노비가 있사오므로 사람을 보내어 내 주께 고하고 내 주께 은혜 받기를 원하나이다 하더라 하라."

이 말에서 우리는 야곱의 겸손을 엿볼 수 있다. 그는 에서를 지칭하여 '내 주'라고 말한다. 그리고 자기를 가리켜 '주의 종'이라고 지칭한다. 그는 옛날 자신을 에서를 지배하는 자로 군림하기를 바랐다. 그러나 이제는 자기 자신을 스스로 종의 자리에 내려놓고 있다. 진정으로 중요한 것은 종이나 주인의 지위가 아니라는 사실을 인식했기 때문일 것이다. 그는 지배하려는 자세에서 섬기려는 자세로 돌아섰다. 이어서 그는 에서에게 줄 선물이 있음을 빼놓지 않고 있다.

그러나 사자들이 돌아와서 다음과 같이 보고했다. "우리가 주인의 형 에서에게 이른즉 그가 사백 인을 거느리고 주인을 만나려고 오더이다." 이러한 보고를 듣자 야곱은 대단히 두려워했다. 그런데 우리가 상기해야 할 사실이 하나 있는데, 우리 예수님께서도 십자가를 앞두고 심히 놀라고 고민하셨다는 사실이다. "베드로와 야고보와 요한을 데리고 가실새 심히 놀라시며 슬퍼하사 말씀하시되 내 마음이 심히 고민하여 죽게 되었으니 너희는 여기 머물러 깨어 있으라 하시고"(막 14:33, 34). 그러나 예수님의 놀라심은 야곱의 놀람의 차원을 넘어선다. 그것은 영원 전부터 가지셨던 아버지와의 교제의 단절(지옥)로 인한 두려움이었다.

야곱이 자신과 재산 그리고 가족을 보호하기 위하여 취한 조치는 크게 두 가지다.

1) 먼저는 인간적인 수단을 다 동원한 것이다.

"자기와 함께 한 종자와 양과 소와 약대를 두 떼로 나누고 가로되 에서가 와서 한 떼를 치면 남은 한 떼는 피하리라 하고."

그는 자기 방어를 위하여 소유를 두 떼로 나누었다. 그리고 한 떼를 쳤을 경우에 다른 한 떼는 피하리라는 계획을 세운다. 그러나 인간의 전략은 수포로 돌아갈 수 있다. 물론 야곱은 이러한 인간의 전략이 별 효과가 없음을 잘 알고 있었다.

2) 그래서 그 다음으로 그는 얼굴을 하나님에게로 향하여 간절히 기도한다.

창 32:9-12, "야곱이 또 가로되 나의 조부 아브라함의 하나님, 나의 아버지 이삭의 하나님 여호와여 주께서 전에 내게 명하시기를 네 고향, 네 족속에게로 돌아가라 내가 네게 은혜를 베풀리라 하셨나이다 나는 주께서 주의 종에게 베푸신 모든 은총과 모든 진리를 조금이라도 감당할 수 없사오나 내가 내 지팡이만 가지고 이 요단을 건넜더니 지금은 두 떼나 이루었나이다 내가 주께 간구하오니 내 형의 손에서 에서의 손에서 나를 건져내시옵소서 내가 그를 두려워하옴은 그가 와서 나와 내 처자들을 칠까 겁냄이니이다 주께서 말씀하시기를 내가 정녕 네게 은혜를 베풀어 네 씨로 바다의 셀 수 없는 모래와 같이 많게 하리라 하셨나이다."

우리가 두려울 때, 그 때는 기도해야 할 때이다.[7] 우리를 놀라게 하는 것들이 무엇이든지 간에 그러한 것들이 우리로 하여금 무릎을 꿇도록 만들어 주어야 한다. 그는 라헬이 가진 드라빔을 의지하지도 않았다. 그는 오직 하나님에게로 향하여 구했다. "여호와의 이름은 견고한 망대라 의인은 그리로 달려가서 안전함을 얻느니라."

이 기도의 결과로 그는 영광스러운 이름을 얻게 되는데, 곧 이스라

7) Matthew Henry, *Genesis*, p. 193.

엘이라는 이름이다! 이스라엘(יִשְׂרָאֵל)이란 '하나님과 더불어 싸우는 사람', '하나님께서 싸우신다'라는 의미를 가지고 있다. 야곱은 다음과 같은 내용으로 간절히 구한다.

(1) 과거에 하나님께서 하신 약속을 상기함

(2) 자신은 은혜를 너무나 많이 받았음을 고백함

(3) 자기의 위기를 모면하게 해주실 것을 구함

야곱은 하나님을 부르면서 자기 조상들의 하나님이라고 말하고 있다. 아브라함의 하나님, 이삭의 하나님은 야곱의 하나님도 되시는데, 그 이유는 야곱이 조상들의 아들로 태어났기 때문이다. 그 하나님은 초월해 계시면서 역사를 전혀 간섭하지 않으시는 분이 아니다. 그분은 야곱에게 말씀하신 분이셨고, 야곱을 늘 지켜 주시고, 필요로 할 때 계시의 말씀을 들려 주셨던 분이다. 특히 야곱은 기도 중에 자기에게 "네 족속에게로 돌아가라 내가 네게 은혜를 베풀리라"고 말씀하셨던 분이심을 하나님께 말하고 있다.

이러한 사실을 하나님께 상기시키면서 야곱은 자기를 에서의 손에서 구해 달라고 기도하고 있다. 그의 기도의 핵심은 여기에 있다. "내가 주께 간구하오니 내 형의 손에서 에서의 손에서 나를 건져내시옵소서 내가 그를 두려워하옴은 그가 와서 나와 내 처자들을 칠까 겁냄이니이다." 그리고 다시 주의 약속에 호소한다. "주께서 말씀하시기를 내가 정녕 네게 은혜를 베풀어 네 씨로 바다의 셀 수 없는 모래와 같이 많게 하리라 하셨나이다." 이러한 야곱의 마지막 탄원은 하나님의 신실성에 호소하는 기도다.

기도를 마친 야곱은 마하나임에서 밤을 보내면서 에서와 400명의 군사들을 맞을 대비를 한다. 우선 그는 암염소 200, 숫염소 20, 암양

200, 숫양 20, 젖나는 약대 30, 약대 새끼들, 암소 40, 황소 10, 암나귀 20, 그 새끼나귀 10마리를 따로 떼어 종들의 손에 맡겨서 에서에게 보낸다. 예물로 에서의 감정을 푼 후에 그를 만나면 용서할 것이라는 생각을 했다.

그러고 나서 자기 아내들과 자녀들을 얍복 나루를 건너게 하고, 야곱이 홀로 있다가 한 사람과 씨름을 하게 된다. 그 사람은 정체가 밝혀져 있지 않지만, 나중에 그는 자기를 하나님과 동일시한다. 28절에 보면 다음과 같은 하나님의 말씀이 기록되어 있다. "그 사람이 가로되 네 이름을 다시는 야곱이라 부를 것이 아니요 이스라엘이라 부를 것이니 이는 네가 하나님과 사람으로 더불어 겨루어 이기었음이니라."

이 구절이 의미하는 바는 야곱과 씨름한 사람은 여호와 하나님이시라는 것이다. 그 사자가 야곱과 씨름을 했으나, 그는 야곱을 이기지 못했다. 야곱은 지푸라기라도 붙잡아야 하는 절박한 심정이 되어 있다. 그는 누군가를 있는 힘을 다해서 붙잡지 않으면 안 되었다. 그래서 힘을 다해서 그 정체 모를 사람과 씨름을 한 것이다. 하나님이 야곱을 이길 수 없으시겠는가? 물론 이길 수 있다. 그러나 하나님의 사자는 야곱을 이길 수 없었다. 아니, 이길 수가 없었던 것이다. 하나님께서는 우리가 완전히 하나님에게 굴복할 때 우리를 대항하여 이기려 하지 않으신다. 그리고 하나님을 전적으로 의지할 때 하나님은 스스로 져 주신다.

그래서 그 사람은 야곱의 환도뼈를 쳐서 부러뜨린다. 그가 끝까지 절망적으로 누군가를 붙들고 이기려 하고 있는가? 그것을 알아보는 길은 힘을 전혀 쓸 수 없는 부분을 쳐보는 것이다. 그러나 환도뼈를 쳤음에도 불구하고 야곱은 끝까지 그 사람을 붙잡고 이기려고 몸부림

치고 있다. 이것이 무엇을 의미하는가? 그러한 야곱의 씨름과 몸부림은 인간의 간절한 소원을 토해 내는 행동이다. 그러므로 우리는 야곱의 씨름을 기도와 비교하는 것이다. 호세아 12:3, 4은 다음과 같이 기록하고 있다. "야곱은 태에서 그 형의 발뒤꿈치를 잡았고 또 장년에 하나님과 힘을 겨루되 천사와 힘을 겨루어 이기고 울며 그에게 간구하였으며 하나님은 벧엘에서 저를 만나셨고 거기서 우리에게 말씀하셨나니."

야곱의 생애는 겨루거나 투쟁하는 생애였다. 그는 태중에서는 에서를 이기기 위하여 에서의 발뒤꿈치를 잡았고, 그 후 계속하여 에서에게서 장자의 명분을 빼앗으려고 힘썼으며, 장년이 된 후에는 천사와 힘을 겨루었고, 거기서 그치지 않고 그는 울면서 그에게 자기를 축복하라고 간청했다. 누군가에겐가 축복을 받지 않고서는 그는 절망이었다. 그래서 애원한 것이다. 창세기 32:26에서는 둘 사이에 오가는 대화를 읽어 볼 수 있다. "그 사람이 가로되 날이 새려 하니 나로 가게 하라 야곱이 가로되 당신이 내게 축복하지 아니하면 가게 하지 아니하겠나이다." 하나님의 사자는 날이 새려 하자 야곱에게 요청한다. 이제 자신을 놓아 달라는 것이다. 가야 한다는 것이다. 그러나 야곱은 놓아 줄 수가 없었다. 그가 졌다고 굴복하고 축복해 주고 가기를 바란 것이다.

왜 하나님의 사자가 날이 새려 하자 놓아 달라고 했을까? 여기서 옛날 동화에 나오는 어떤 인간적인 요정이나 신령 이야기에 나오는 내용을 발견하려 해서는 안 될 것이다. 즉 그가 하나님으로 보냄을 받아 해뜰 때까지는 돌아와야 한다는 명령을 받았기 때문은 아니다. 다만 여호와의 사자 자신의 모습을 본 사람은 살 수가 없기 때문이다.

어두워서 야곱이 하나님의 사자의 모습을 볼 수 없었기에 그는 그 사자와 씨름을 하면서도 살 수가 있었다. 만일 날이 새어 그분의 영광을 보게 되면 야곱은 살아 남을 수 없다. 그래서 야곱을 살리기 위해서 하나님의 사자는 그를 떠나려고 한 것이다. 그분은 영광 가운데 계신 제2위 하나님이셨다!

그러나 야곱은 그것을 알 리 없다. 다시 말해서 야곱은 자기가 죽을 것이라는 사실도 알지 못한 채 죽어도 그를 보내지 않겠다고 말하며 축복해 달라고 그에게 요청한다. 결국 하나님의 사자의 판결은 "네가 이겼다!"는 것이었다. 그래서 야곱이 이겼다는 표시로서 그의 이름을 묻고 그의 이름을 바꾸어 주었다. "그 사람이 그에게 이르되 네 이름이 무엇이냐(מַה־שְּׁמֶךָ)[8] 그가 가로되 야곱이니이다 그 사람이 가로되 네 이름을 다시는 야곱이라 부를 것이 아니요 이스라엘이라 부를 것이니 이는 네가 하나님과 사람으로 더불어 겨루어 이기었음이니라."

이스라엘(יִשְׂרָאֵל)은 사라(שָׂרָה, 겨루다, 다투다)와 엘(אֵל, 하나님)의 합성어다. 그러므로 이스라엘은 '하나님과 겨루다'를 의미한다. 하나님께서는 야곱에게 영광스러운 이름을 지어 주셨다. 야곱은 변했다. 하나님의 사자가 야곱의 이름을 묻고 그에게 새로운 이름을 지어주자, 야곱은 그가 누구인지 궁금했다. 그래서 그의 이름(정체)을 물었다. "당신의 이름을 고하소서." 그는 자기에게 "하나님과 더불어 겨루어 이기었음이니라"고 말씀하시는 그의 말씀에 그의 정체를 알고 싶었던 것이다. 이름 모를 그 사람은 야곱을 알았지만, 야곱은 자기와

---

8) 여기서 하나님의 사자는 야곱의 이름을 몰라서 물어 본 것이 아니다. 물론 그의 이름을 알았을 것이다. 그의 이름은 야곱, 곧 간사한 자, 남의 발뒤꿈치를 잡은 자였다.

씨름한 그 사람이 하나님인 듯하여 그의 정체를 물어 본 것이다. "어찌하여 내 이름을 묻느냐?" 내 정체는 밝힐 수 없다는 투다. 그 대신 그는 야곱에게 축복하고 떠난다.

그러나 야곱은 비로소 그분이 하나님이심을 깨달았다. 그래서 그 곳 이름을 브니엘이라고 짓는다. 그는 해가 떠올랐을 때 홀로 자기 가족들과 소유가 있는 곳으로 걸어왔다. 그러나 절면서 걸어왔다. 그것은 영광스러운 흔적이었고, 인간적 사상이나 욕심, 그리고 인간적 능력이 사라진 모습이었다. 그 대신 하나님의 능력이 전적으로 그를 감싸고 있었다. 야곱은 이제 이전의 야곱이 아니었다. 극한 상황에서 절박한 마음으로 주께 매달려 하나님을 대면하여 보고 그와 씨름하고 축복을 받아 변화된 야곱이었다.

그러나 그에게는 아직도 받아야 할 괴로움과 어려움이 남아 있었다. 사람이 살아 있는 동안 고통은 그 사람의 곁을 떠나지 않는다. 그것을 인정하고 고난을 의식하면서 살아가는 사람이 값진 삶을 살 수 있을 것이다. 고난은 어쩌면 방자해지기 쉬운 인간의 굴레일 것이다.

6. 형과 화해하는 야곱(33장)

에서를 만나기에 앞서서 야곱이 취한 행동은 다시 한 번 그가 누구를 사랑했는가를 발견하게 한다. 야곱은 자기의 네 아내들에게 자녀들을 각각 맡기고, 그 가운데서 여종의 자식들은 가장 앞으로 내보냈다. 그리고 라헬과 요셉은 맨 뒤에 두고 야곱 자신은 라헬과 요셉 앞에서 나갔다. 대부분의 사람들은 야곱이 여전히 에서를 두려워하고 있었다고 생각하지만, 야곱이 두려워했다는 말이 본문에 나와 있지 않다. 야곱은 지난 밤 하나님의 사자와의 씨름에서 영광스러운 이름을 얻고, 이제는 죽음도 두렵지 않을 만큼 담대해졌을 것이다. 그가 절고 있었는데, 에서가 자기를 칠 경우에 처자들을 데리고 얼마나 멀리 도망할 수 있겠는가? 그는 하나님을 전적으로 의지하고 에서를 대면하고 있는 것으로 보인다.

야곱의 위치(무리의 가장 뒤쪽에 있음)와 에서의 위치(자기 무리의 앞에 있음)는 대조를 이루고 있다. 야곱의 위치가 에서의 위치보다 우수하다. 가장은 가족들과 더불어 앞으로 나아가되, 가족을 앞에 보내면서 뒤따라가는 것이 옳다.

에서는 야곱을 만나자 400명의 군사를 이끌고 오던 이전의 의도와는 반대로 야곱을 끌어안고 목을 어긋 맞추어 안았다. 유대인의 성경에는 에서가 야곱에게 입을 맞추었다는 사실을 표현하고 있는 단어의 글자들 위에 점을 찍고 있는데, 이는 에서의 이러한 행동을 의미심장하게 생각했기 때문이다. 즉 에서가 야곱에게 입을 맞춘 것이 외식이었다는 것이다.

어쨌든 하나님께서는 사람의 마음을 주관하시고 그 마음을 돌려놓으시는 분이 아닌가? 하나님께서 에서의 마음을 야곱에 대한 애정으로 돌려놓으셨다고 볼 수 있다. 그러므로 이웃과의 다툼이 있을 때와 어려운 점이 있을 때는 하나님께 기도하는 것이 가장 좋은 길이다. 하나님께서는 일순간에라도 원수를 친구로 만들어 놓으신다. 하나님은 사람의 마음을 주장하시고, 마음을 움직이시는 분이기 때문이다.

가족들을 보고 누구냐고 묻는 에서의 물음에 대한 야곱의 대답은 그가 하나님 중심의 사람임을 가르쳐 준다. "하나님이 주의 종에게 은혜로 주신 자식이니이다." 야곱은 하나님의 은혜로 그 많은 가족을 두게 되었다고 생각했다. 사실이 그러하다. 우리의 삶, 우리의 가족을 이룸, 이 모든 것들은 하나님께서 우리에게 베푸신 은혜다.

그러고 나서 야곱의 아내들과 자녀들이 차례로 나와서 에서에게 인사를 드린다. 그러자 에서는 자기에게 보낸 예물을 언급한다. "나의 만난 바 이 모든 떼는 무슨 까닭이냐?" 야곱은 "내 주께 은혜를 입으려 함이니이다"라고 대답한다. 에서는 받기를 사양하면서 "내 동생아 내게 있는 것이 족하니 네 소유는 네게 두라"고 하지만, 야곱은 "그렇지 아니하니이다 형님께 은혜를 얻었사오면 청컨대 내 손에서 이 예물을 받으소서 내가 형님의 얼굴을 뵈온즉 하나님의 얼굴을 본 것 같사오며 형님도 나를 기뻐하심이니이다 하나님이 내게 은혜를 베푸셨고 나의 소유도 족하오니 청컨대 내가 형님께 드리는 예물을 받으소서" 하고 그에게 강권했다. 결국 에서가 예물을 받았는데, 그것은 에서가 야곱을 받아들였다는 것과 과거의 껄끄러운 관계도 청산되었다는 것을 의미한다.

에서는 야곱에게 친절하게 말한다. "우리가 떠나가자 내가 너의 앞잡이가 되리라." 이렇게 말한 의도는 아마도 에서가 야곱의 재산을 보고 그와 그 일가족을 거느리고 그가 데려온 군사들의 힘으로 강제로 그들을 자기의 땅으로 몰아가서 그 모든 것을 소유하고 야곱과 그 가족들은 자기의 수하에 두려 했을 것이라고 생각할 수 있다. 이것이 유대인 해석가들의 생각이다. 이에 대해 야곱은 지혜롭게 대답함으로써 그 위기를 모면하게 된다. 야곱은 에서와 화해를 하기는 했으나 마음 한 구석에는 여전히 그에 대한 두려움이 남아 있었던 것이다. 에서가 세일 땅으로 되돌아가자, 야곱은 세일로 향하던 방향을 돌려서 숙곳으로 갔다가 세겜 땅으로 향했다.

18, 19절은 다음과 같이 기록하고 있다. "야곱이 밧단아람에서부터 평안히 가나안 땅 세겜 성에 이르러 성 앞에 그 장막을 치고 그 장막 친 밭을 세겜의 아비 하몰의 아들들의 손에서 은 일백 개로 사고."

세겜으로 온 야곱은 성 앞에 자기의 장막을 치고 기거했는데, 그는 하몰의 아들들로부터 은 100개를 주고 그가 거한 밭을 샀다. 신약성경을 보면 약간의 문제가 나타난다. 사도행전 7:16을 보면 "(야곱이) 세겜으로 옮기워서 아브라함이 세겜 하몰의 자손에게서 은으로 값 주고 산 무덤에 장사되니라"고 되어 있다. 세겜 하몰의 자손에게서 은 100개를 주고 산 사람은 아브라함이 아니라 야곱이다(창 33:19).

아브라함이 산 땅(막벨라 굴)은 헤브론과 헷 족속으로부터 헤브론 땅 근처에 묘지와 그 주변의 밭을 산 것으로 되어 있다. 그러면 스데반이 틀린 말을 했는가? 아니다. 히브리인들은 부모가 산 것이나 자식이 산 것이나 그 부친에게 돌리는데, 그 이유는 계대적 원리 때문이다. 그러므로 아브라함의 이름을 써도 그의 후손 야곱이 샀다면 아브라함이 산 것과 동일하다.

야곱은 그 곳에서 하나님에게 단을 쌓았다. 그리고 그 단 이름을 엘엘로헤이스라엘(하나님, 이스라엘의 하나님)이라고 했다.

7. 디나 사건(34장)

야곱이 세겜 성 앞에서 장막을 치고 살고 있을 때, 디나가 세겜 성으로 자기 여자 친구들을 만나러 갔다가 그 성의 추장 세겜에게 겁탈을 당했다. 그러고 나서 세겜이 디나를 사랑하여 결혼하게 해 달라고 야곱에게 요청을 해 왔다. 이러한 사실을 안 시므온과 레위는 자기들의 동복 누이동생 디나를 세겜 성의 추장 세겜이 강간한 데 앙심을 품고 그들을 몰살시킬 것을 의논하며, 세겜 성의 모든 사람들이 자기들처럼 할례를 행하면 혼인을 시켜 주겠노라고 거짓으로 허락했다. 세겜은 자기가 사랑하고 있는 여인을 얻고, 게다가 야곱의 가족들이 자기들과 사돈이 되었을 경우 그들의 재산까지도 소유할 것으로 생각하여 즐거운 마음으로 성읍 사람들을 설득하여 모든 남자들이 할례를 받도록 했다.

그들이 할례를 행한 지 3일 후 할례의 후유증으로 앓고 있을 때, 시므온과 레위는 칼(아마도 곡괭이)을 가지고 가서(아버지에게는 밭으로 가는 척하고)[9] 세겜 사람들을 살육했다. 그리고 자기들의 누이 디나를 세겜의 집에서 데려왔다. 이어서 야곱의 여러 아들들이 시체가 있는 세겜 성으로 가서 노략했다(27절). 야곱의 아들들은 세겜 성의 소유물들, 곧 양, 소, 나귀와 다른 물건들을 빼앗고, 그들의 자녀와 아내들을 사로잡아 노예로 끌어 왔다. 이러한 행위는 약탈 행위였다. 야곱의 아들들은 단순한 복수 이상의 행동을 한 것이다. 이것은 대단히 악한 행위였다.

시므온과 레위의 심히 과격한 행동으로 야곱은 그들을 책망하기를 "너희가 내게 화를 끼쳐 나로 이 땅 사람 곧 가나안 족속과 브리스 족속에게 냄새를 내게 하였도다 나는 수가 적은즉 그들이 모여 나를 치고 나를 죽이리니 그리하면 나와 내 집이 멸망하리라"(창 34:30)고 했다. 엄청난 위기 의식과 죄 의식에 사로잡힌 야곱의 모습을 보게 된다. 야곱은 여호와 하나님을 섬기는 사람으로서 자기들의 행실을 통하여 이방인들이 하나님에게 영광을 돌리기를 원했다. 그러나 시므온

9) 루폴드, 창세기 주석, 같은 장을 보라.

과 레위의 행위는 이방인들에게 냄새를 피우는 행위였다. 악한 아들들의 못된 행실은 경건한 부모의 근심과 부끄러움이다. 자녀들은 부모의 기쁨이 되어야 하지만, 악한 자녀들은 부모의 근심이 되고, 부모들로 하여금 슬픔 중에 다니게 한다.

잠 10:1, "지혜로운 아들은 아비로 기쁘게 하거니와 미련한 아들은 어미의 근심이니라."

잠 17:25, "미련한 아들은 그 아비의 근심이 되고 그 어미의 고통이 되느니라."

잠 19:13, "미련한 아들은 그 아비의 재앙이요 다투는 아내는 이어 떨어지는 물방울이니라."

이런 엄청난 범죄를 저지르고도 시므온과 레위는 야곱의 책망에 대하여 변명의 말을 늘어놓는다. "그가 우리 누이를 창녀같이 대우함이 가하니이까?"(31절) 그들은 자기들의 행위가 정당한 것이라고 말한 것이다. 그러나 살인은 그 어떤 동기에서든 정당화될 수 없다. 주님은 이웃의 마음을 아프게 하는 것, 욕하는 것, 이웃을 미워하는 것까지도 살인으로 규정하셨다(마 5:21-26). 용서와 사랑, 그것은 기독교인의 가장 고상한 덕목이다. 시므온과 레위는 보복을 당연한 것으로 생각하고 있었던 것이다.

8. 벧엘에 정착(35장)

야곱은 세겜 족속과 그 주변의 가나안 족속들의 보복이 두려워서 전전긍긍하는 가운데 세겜 성을 떠난다. 야곱의 아들들의 악행으로 인하여 더 이상 그 곳에 거주할 수가 없었던 것이다. 사실상, 야곱의 딸 디나가 강간을 당한 것도 야곱으로 하여금 세겜 족속을 떠나게 하시는 하나님의 허용적 역사였다. 야곱이 세겜을 떠나려 할 때, 하나님께서는 그에게 "일어나 벧엘로 올라가서 거기 거하며 네가 네 형 에서의 낯을 피하여 도망하던 때에 네게 나타났던 하나님께 거기서 단을 쌓으라"고 명하신다.

하나님께서는 야곱과 그의 가족들이 벧엘(하나님의 집)에 거하기를 원하셨다. 일찍이 야곱은 하나님께서 자기에게 양식을 주어 먹게 하시고 무사히 본국으로 돌아오게 하신다면, 하나님께서 야곱에게 나타나신 벧엘이 하나님의 집이 될 것이고 하나님에게 십일조를 반드시 드리겠다고 서원한 바가 있다(창 28:20-22). 인간 야곱은 20년 전의 서원을 잊었으나, 하나님은 그의 서원을 기억하시고 야곱에게 그 사실을 상기시켜 주셨다.

밧단아람을 떠날 때도 하나님께서는 "나는 벧엘 하나님이라 네가 거기서 기둥에 기름을 붓고 거기서 내게 서원하였으니 지금 일어나 이 곳을 떠나서 네 출생지로 돌아가라"(창 31:13)고 말씀하셨다. 그런데 그가 세겜 성 문 앞에 장막을 치고 단을 쌓고 그 곳의 이름을 '엘-엘로헤-이스라엘'(אֵל אֱלֹהֵי יִשְׂרָאֵל, 하나님 이스라엘의 하나님)이라고 지었음에도 불구하고(창 33:19, 20) 야곱은 벧엘을 생각하고 있지 않았다. 그래서 하나님께서는 친히 나타나셔서 벧엘의 서원을 이행하라고 명령하셨다.

> 전 5:4-6, "네가 하나님께 서원하였거든 갚기를 더디게 말라 하나님은 우매자를 기뻐하지 아니하시나니 서원한 것을 갚으라 서원하고 갚지 아니하는 것보다 서원하지 아니하는 것이 나으니 네 입으로 네 육체를 범죄케 말라 사자 앞에서 내가 서원한 것이 실수라고 말하지 말라 어찌 하나님으로 네 말 소리를 진노하사 네 손으로 한 것을 멸하시게 하랴."

인간은 하나님에게 아첨하는 말을 한다. 시편 기자는 이스라엘이 애굽에서 나와 광야를 가는 동안 하나님에게 아첨하는 삶을 살았다고 말하고 있다. "그러나 저희가 입으로 그에게 아첨하며 자기 혀로 그에게 거짓을 말하였으니 이는 하나님께 향하는 저희 마음이 정함이 없으며 그의 언약에 성실치 아니하였음이로다"(시 78:37, 38). 인간은 자주 곤경에 처했을 때 그 곤경에서 벗어나기 위하여 하나님께 구하면서 아첨하는 서원을 한다. 그러나 그 곤경에서 벗어나면 그는 곧 자기의 서원을 잊어버린다. 이것이 신실하지 못한 인간의 실상이다. 그러나 하나님께서는 인간의 입에서 나온 모든 말을 언제나 기억하고 계신다. 그리고 인간을 자기에게로 가까이 오게 하여 자기와 교제케 하신다. 이것이 하나님의 붙드심(성도의 견인)이다.

벧엘(בֵּית־אֵל, 하나님의 집)은 하나님이 임재하시는 곳이다. 그 곳은 주의 백성이 항상 거주해야 할 장소의 상징이다. 성도는 벧엘(하나님의 임재의 처소)에 거주하면서 살아가야 한다. 그 곳을 여관으로 생각하고 이따금씩 그 곳을 방문하는 것으로는 충분하지 않다.

벧엘은 오늘날 우리에게 무엇을 의미하는가? 구약 시대에는 하나님의 임재의 장소가 특정한 곳에, 혹은 외적인 장소에 한정되어 있는 것처럼 묘사되었다. 그러나 신약 시대에는 우리 예수님께서 계시는 곳이 거룩한 장소, 곧 벧엘이다. 주님이 승천하시고 성령이 신자들에게 오신 후부터는 성령께서 내주하시는 성도 개개인이 성전(하나님의 임재의 장소, 곧 벧엘)이 된다. 또한 두세 사람이라도 성도들이 주님의 이름으로 함께 모일 때 그 곳이 하나님의 성전이 된다. 하나님이 친히 임재하신 장소(벧엘)가 천국이다. 그러나 하나님께서는 그의 성령께서 지상의 주의 백성들 가운데 거하심으로써 그 곳을 벧엘이 되게 하신다. 따라서 벧엘은 천국을 가리키면서 동시에 성도들 가운데 임하신 교회(지상 거처)다.

신약 시대부터는 장소의 거룩은 중요하지 않게 되었다. 하나님의 임재 자체가 그 장소를 거룩하게 하는 것이요, 어떤 곳이 거룩하다면 그 곳이 처음부터 거룩한 장소이기 때문이 아니라 하나님께서 임재하시기 때문에 그 곳이 거룩한 곳이 되는 것이다. 우리는 벧엘에 항상 거주해야 한다. 우리는 우리의 가정을 기도와 성경 봉독과 찬양과 사랑의 교제를 통하여 성령께서 임재하시는 장소로 만들고, 하나님의 임재 의식을 가짐으로써 벧엘의 삶을 살 수 있다.

곤고한 일을 당하고 곤란에 처했을 때 하나님의 이 말씀은 야곱으로 하여금 정신이 들게 만들어 주었다. 어떠한 곤란한 일들이 나를 괴롭힐 때, 그 일이 우리를 그리스도에게로 이끌어 준다! 그러므로 참 그리스도인에게 고난이나 고통은 그리스도에게로 이끌어 주고 그리스도를 닮도록 만들어 주는 축복의 도구가 되는 것이다.

야곱은 비로소 자기가 서원했던 내용을 상기하고 벧엘로 올라가려고 결심한다. 그러나 야곱이 벧엘로 올라가는 데 가장 큰 장애물은 다름 아닌 이방 신상이었다. 그래서 야곱은 "너희 중의 이방 신상을 버리고 자신을 정결케 하고 의복을 바꾸라 우리가 일어나 벧엘로 올라가자 나의 환난 날에 내게 응답하시며 나의 가는 길에서 나와 함께 하신 하나님께 내가 거기서 단을 쌓으려 하노라"(창 35:2, 3)고 명한다.

벧엘로 올라가기 전에 준비가 있어야 했다. 왜냐하면 만일 야곱의 수중이나 마음에 하나님이 보시기에 가증한 것이 있다면, 그는 하나님의 참 임재를 경험하지 못하기 때문이다. 하나님이 임재하시는 곳에 부정한 것을 제거하지 않고, 다시 말해서 회개하지 않고 과거의 못된 행실을 버리지 않고 하나님의 존전에 나아간다면, 하나님은 우리를 만나 주시지 않으며 하나님으로부터 어떤 축복도 받지 못할 뿐만 아니라, 오히려 하나님께서는 부정한 우리를 충돌하실 것이다.

위로부터 내리는 신령한 은혜를 받으려면(신령한 은혜 후에 물리적 축복이 우리에게 온다) 먼저 제거해야 할 것을 제거해야 한다. "너희는 스스로 씻으며 스스로 깨끗케 하여 내 목전에서 너희 악업을 버리며 악행을 그치고 선행을 배우며 공의를 구하며 학대받는 자를 도와주며 고아를 위하여 신원하며 과부를 위하여 변호하라 하셨느니라"(사 1:16, 17).

벧엘로 올라가려는 사람은 자신을 정결케 하고 의복을 바꾸어야 한다. 벧엘로 올라가려는 사람은 우상을 버리는 것만으로는 부족하다. 그분의 임재 앞에서 그분과 교제하려면 정결해야 한다. 이것은 물론 겉을 깨끗하게 하는 행위를 가리킬 것이지만, 죄악된 행실을 그치는 것을 의미한다.

더 나아가서 의복을 바꾼다는 것은 마음가짐을 경건하게 가지는 것을 의미한다. 인간은 하나님 앞에 나아갈 때 마음가짐을 경건하게 가져야 한다. 의복은 그 사람의 행실을 좌우한다. 예를 들어, 예비군복을 입어 보라! 작업복을 입어 보라! 행실이 달라진다. 그러나 양복을 입어 보라. 보다 신사다워질 것이다. 이같이 의복은 우리 마음가짐을 경건하게 한다. 난잡한 의복은 속된 마음을 갖게 한다.

가장들은 가정에서 자기의 가장으로서의 권위를 행사해야 한다. 가정에서 부정한 것들을 치워 버리도록 주도권을 잡고 명하고 행동해야 한다. 가정에 부정한 것들이 있을 때 그것을 치우는 일에 있어서 가장

이 앞장서지 않는다면, 그 가정은 여러 환난을 통해서 하나님에 의하여 강제로 정화되는 고통을 치러야 한다.

4절을 보면 식구들이 우상과 귀고리들을 빼어 야곱에게 건네주었다. 야곱의 가정에는 이방 신상들이 있었다. 야곱은 유일하신 하나님을 믿고 섬기고 있었으나, 부인들과 아들들은 이방 신상을 섬기고 있었다. 오랫동안 밧단아람에 가 있는 동안 그 지방의 우상들을 가정에 용인하게 된 것이다. 혼합 종교가 야곱의 가정 내에 있었다.

나아가서 귀고리들이 있었는데, 그것은 자기를 치장하기 위한 도구였다. 귀고리들은 두 가지 의미를 가지고 있다. 하나는 부적으로서의 의미를 가지고 있고, 동시에 그것들은 몸의 치장물이기도 하다. 하나님을 의존하기보다 부적을 몸에 지니고 액운이 물러가게 하는 것은 또 하나의 우상숭배다. 또한 하나님 앞에서 인간 자신을 치장하는 것은 하나님과의 교제에 치명적인 손상을 준다! 자기가 좋은 것이라고 생각한 그것이 진정으로 좋은 것은 아니다. 게다가 특히 레위와 시므온은 수많은 피를 흘렸다. 그것들이 정화되어야 했다.

야곱은 우상과 장식물들을 상수리나무 아래에 묻고 벧엘로 올라간다. 하나님을 섬기려고 올라가는 사람은 우상과 장식물들을 제거해야 한다. 순수한 인간의 모습으로 돌아가야 하는 것이다. 이렇게 하고 벧엘로 올라가는 그들을 누가 감히 막으며 그들을 해칠 것인가?

> 창 35:9, "그들이 발행하였으나 하나님이 그 사면 고을들로 크게 두려워하게 하신고로 야곱의 아들들을 추격하는 자가 없었더라."

비록 야곱의 아들들이 만행을 저질렀으나, 하나님께서 저들을 보호하시려고 그 사면 고을들로 크게 두려워하게 하셨다. 백성들이 야곱의 아들들을 두려워한 것도 하나님의 역사하심 때문이었다. 그러므로 저들은 자기 동료 부족들이 크게 도륙을 당해서 보복을 가하려고 했으나 감히 야곱의 자손들에게 대항할 생각을 못했던 것이다. 하나님이 원하시는 일을 하려 할 때 그것을 막을 자(세력)가 없다. 하나님이 우리를 위하시면 누가 우리를 대적하리요? 우리가 우리 스스로를 성결케 하고 주께서 원하시는 일을 한다면 우리를 대적할 자는 없을 것이다. 출애굽기 34:24에는 다음과 같은 약속이 기록되어 있다. "내가 열방을 네 앞에서 쫓아내고 네 지경을 넓히리니 네가 매년 세 번씩 여호와 너의 하나님께 보이러 올 때에 아무 사람도 네 땅을 탐내어 엿보지 못하리라."

야곱은 루스 땅 곧 벧엘에 도착하여 하나님께서 꿈에 나타나셨던 그 곳에서 단을 쌓고 하나님에게 제사를 드렸다. 그리고 그 곳 이름을 '엘 벧엘'(אֵל בֵּית־אֵל, '벧엘의 하나님')이라 했다. 그가 그 땅 이름을 '엘 벧엘'이라고 지은 것은 하나님께서 그 곳에 나타나셨기 때문이다. 야곱은 벧엘에 거하면서 헤브론에 거주하고 있던 아버지 이삭을 찾아가서 뵈었던 것으로 보인다. 그러는 동안 야곱의 어머니 리브가의 유모인 드보라가 죽었다. 그는 어머니의 유모인 드보라의 시신을 벧엘로 모시고 와서 그 곳에 장사지냈다. 어쩌면 자기 아내들의 고향 사람인 드보라를 살아 있는 동안 벧엘로 모셔와서 같이 살도록 했을 수도 있다.[10)]

어쨌든 사랑하는 이를 벧엘에 있는 상수리나무 아래에 묻고 그 상수리나무의 이름을 알론바굿(곡함의 상수리)이라고 이름 붙였다. 야곱은 드보라의 죽음을 크게 애도했던 것으로 보인다. 상실의 아픔은

10) Matthew Henry's *Commentary*, p. 206.

어느 곳에나 있는데, 그 이유는 죄가 세상에 들어온 후부터 이 세상에는 죽음이 존재하게 되었기 때문이다. 비록 살아서 승천한 사람들(에녹, 엘리야)이 있었을지라도 그들이 이 세상에서 영원히 살아 있게 된 것은 아니었다. 이 세상에 사는 동안 사랑하는 이를 떠나보내야 하는 아픔은 언제나 있을 것이다. 비록 그 곳이 하나님이 나타나시고 임재하시는 곳이라 할지라도….

창 35:9-15, "야곱이 밧단아람에서 돌아오매 하나님이 다시 야곱에게 나타나사 그에게 복을 주시고 그에게 이르시되 네 이름이 야곱이다마는 네 이름을 다시는 야곱이라 부르지 않겠고 이스라엘이 네 이름이 되리라 하시고 그가 그의 이름을 이스라엘이라 부르시고 그에게 이르시되 나는 전능한 하나님이니라 생육하며 번성하라 국민과 많은 국민이 네게서 나고 왕들이 네 허리에서 나오리라 내가 아브라함과 이삭에게 준 땅을 네게 주고 내가 네 후손에게도 그 땅을 주리라 하시고 하나님이 그와 말씀하시던 곳에서 그를 떠나 올라 가시는지라 야곱이 하나님의 자기와 말씀하시던 곳에 기둥 곧 돌기둥을 세우고 그 위에 전제물을 붓고 또 그 위에 기름을 붓고 하나님이 자기와 말씀하시던 곳의 이름을 벧엘이라 불렀더라."

이러한 내용은 야곱이 벧엘에서 하나님에게 단을 쌓은 결과로 하나님께서 야곱에게 나타나셔서 과거에 야곱에게 말씀해 주신 내용을 재확인해 주는 말씀이다.

(1) 여기서 하나님은 나타나시는 하나님으로 묘사되어 있다. 하나님은 초월해 계시는 하나님이 아니라 이 세상 가운데 나타나시는 하나님이다. 우리는 지금 여기서도 주님을 만날 수 있다.

(2) 하나님은 복 주시는 하나님이다. 인간들마다 복을 받기 원하고 자기들 나름대로 신을 만들어 섬기면서 그 신이야말로 복 주는 신이라고 말한다. 그러나 인간들에게 참으로 복을 주실 수 있는 신은 세상을 창조하신 여호와 하나님뿐이다. 하나님께서는 아브라함과 이삭에

이어 야곱에게 복을 주셨다. 하나님에게 복받은 사람은 성공적인 사람이다.

(3) 하나님은 말씀하시는 하나님이다. 인간은 하나님과 대화하기를 원하여 초절적 명상을 통하여 신의 세계에 입신하고 접신을 하려는 경향을 가지고 있다. 아담이 하나님과 같이 되려고 선악과를 따먹었던 것처럼, 인간은 그러한 방식으로 신의 세계에 들어가려고 한다. 그러나 하나님은 그러한 접신 혹은 초혼을 이용하여 하나님과 합일하려는 방식을 가증히 여기신다(신 18:9-13). 하나님 앞에 나아가려는 사람은 먼저 죄사함이 있어야 한다. 그러나 죄인인 인간이 그 모습 그대로 신과 접촉을 시도한다면, 그는 참 하나님을 만나 뵐 수 없고 귀신의 영과 접촉하게 된다. 그러므로 접신은 하나님에게 가증한 것이다. 그러한 방법 대신 하나님께서는 인간이 알아듣도록 인간의 언어로 혹은 인간의 마음을 감동하여 말씀을 하신다. 하나님의 말씀을 받은 사람은 가장 복된 사람이다.

(4) 하나님은 자신을 전능한 하나님으로 소개하신다. '전능한 하나님'이라고 번역된 '엘 샤다이'(אֵל שַׁדַּי)는 해석이 다양하다. 이 칭호는 주로 오경에만 출현(6회)하고 에스겔 10:5에 한 번 출현한다. 보스(G. Vos)는 이를 두 가지로 설명한다. ① 대명사 '그'(who, which, that)를 의미하는 샤(שַׁ)와 '충분한'(sufficient)을 의미하는 다이(דַּי)로 구성되어 있다는 것이다. 그래서 '충분하신 하나님'으로 이해한다. ② '이기다', '진멸하다'를 의미하는 샤다드(שָׁדַד)에서 파생되었다는 설명이다. 그렇다면 그 뜻은 '승리자', '전능자'를 의미한다.[11]

보스의 의견에 동의한 카이저(W. Kaiser)는 "엘샤다이는 하나님의

11) G. 보스, 성경신학, 이승구 역, 기독교문서선교회, 100쪽.

은혜의 초자연적 사역을 강조했다. 그분께서 자연을 복종시키고 구원 계획을 힘있게 이루어 가시는 바와 같이, 엘 샤다이는 자연을 다스리시는 하나님의 능력을 암시했다. 그래서 그 칭호는 하나님의 창조의 사역과 역사 가운데서 자기의 계획을 성취하게 하는 그의 능하신 사역과 관계되어 있다"고 말한다.[12]

한편 페인(Payne)은 샤다이가 아카드어 사두(*shadu*, 산)로부터 나온 것으로 생각한다. 아카드에서는 신들이 주로 산에 서 있는 것으로 생각했기 때문이다. 그것이 당시의 '전능한 하나님'으로 생각되었다는 것이다.[13] 칼빈(J. Calvin)은 엘 샤다이가 전능하신 분으로 번역되는 것이 옳다고 말한다.[14] 카쑤토(Cassuto)에 의하면 이 이름은 본래 풍요와 관련된 이름이었다. 창세기 17장(226쪽)에서 살펴본 바와 같이, 엘 샤다이는 '전능하신 하나님'으로 이해하는 것이 가장 좋을 것 같다.

(5) 하나님은 이름을 고쳐 주시는 하나님이다. 야곱의 이름을 이스라엘로 고쳐 주셨다는 것은 그의 성품을 고쳐 주셨다는 의미일 것이다. 야곱의 이름을 고쳐 주셨다는 것은 그의 육신적 성품을 하나님의 인품을 닮은 성품으로 만들어 주셨다는 뜻이겠다. 주님은 당신의 백성들의 성품을 하늘의 성품으로 변화시켜 주시는 분이다.

(6) 하나님은 야곱으로부터 국민과 왕들이 나올 것이라고 말씀하신다. 하나님이 택하시고 참으로 주님을 잘 섬기고 그분의 형상으로 변화된 사람에게서는 수많은 위대한 인물들이 나오게 되어 있다. 그것이 의인에게 주시는 하나님의 축복이다. 이러한 의인들에게 주시는

12) W. Kaiser, *Toward An Old Testament Theology*, Zondervan, 1978, p. 98.
13) J. B. Payne, *The Theology of the Older Testament*, Zondervan, 1962, p. 146.
14) 칼빈 주석, 창세기 17:1 참고.

하나님의 큰 축복이 사랑하는 성도들에게 있기를!

그 후 야곱은 벧엘을 떠났다(35:16). 어떤 이유에서 그 곳을 떠났는지는 모르겠다. 아마도 그 곳에 장막을 치고 많은 양떼를 먹일 풀이 넉넉하지 못했던 것으로 보인다. 어쨌든 그 곳을 떠나 남방 에브라다(베들레헴)로 내려오는 길에 라헬이 산고를 겪기 시작했다. '심히 신고하더니'란 해산의 고통을 심하게 겪었다는 뜻이다. 라헬의 이 같은 고통은 죄의 결과였다(창 3:16). 그러나 이번에 겪는 라헬의 고통은 특별히 더 심했다.

인간은 슬픔과 함께 시작하며, 기쁨의 장미꽃들은 가시덤불에 둘러싸여 있다.[15] 산파가 라헬에게 그녀가 지금 낳으려 하는 아이는 사내아이라고 위로의 말을 해주었으나, 거의 죽어 가는 마당에 아들은 라헬 자신에게 아무런 의미를 가져다 주지 못했다.

그래서 라헬은 쓰라림과 슬픔뿐인 인생을 비로소 깨닫고 아들의 이름을 '베노니'(나의 슬픔의 아들)라고 불렀다. 그러나 임산부의 아픔에 동참하지 못한 야곱은 그 아이를 '베냐민'(오른손의 아들)이라고 이름짓는다. 어쩌면 야곱은 라헬이 지은 그 이름(베노니 = '슬픔의 아들')을 부를 때마다 사랑하는 라헬이 떠올라서 그의 가슴을 찢어놓을 것을 생각하여 그녀를 잊으려고 '베냐민'이라고 이름지었을 수도 있다.

그리고 라헬은 죽어 베들레헴(에브랏, 혹은 에브라다)에 장사되었다. 야곱은 사랑하는 아내를 잊을 수 없었다. 그래서 그녀가 묻힌 그 곳에 묘비를 세웠다. 그 묘비는 슬픔의 묘비였다. 야곱은 일찍이 벧엘에서 기둥을 세우고 그 위에 전제물을 붓고 기름을 부었었다. 그것은

---

15) Matthew Hanry, *Genesis*, p. 207.

하나님을 만난 기쁨과 감사와 즐거움의 돌기둥이었다. 그 기둥은 야곱에게 영광스러운 기둥이었다. 그러나 이제 야곱은 또다시 슬픔의 돌기둥을 세운다. 우리의 인생 여정 가운데는 영광의 돌기둥들과 슬픔의 돌기둥들이 곳곳에 산재해 있다.

라헬은 일찍이 "나로 자식을 낳게 해 달라 그렇지 아니하면 내가 죽겠노라"(창 30:1)고 말했었다. 그러나 이제 실제로 자기의 생명과 맞바꾸겠다던 그 아들을 낳게 되었을 때, 그녀는 자기의 생명을 내놓아야 했다. 모세는 라헬의 죽음을 '그 혼이 떠나려 할(יָצָא, '출애굽'을 의미함) 때에'로 표현하고 있다. 죽음은 영혼이 영의 세계로 떠나는 것이다.[16]

그 곳을 떠난 야곱은 에델 망대를 지나서 다시 장막을 쳤다. 여전히 그는 약속의 땅 가나안에서 한 사람의 나그네로서 생활을 하고 있는 것이다. 그런데 야곱은 그의 장남 르우벤이 서모인 야곱의 첩 빌하와 통간했다는 말을 듣는다. 아마도 야곱이 출타 중에 이런 일이 있었던 것 같다. 어쩌면 이러한 아름답지 못한 일에 빌하의 죄가 더 컸을 것으로 생각되지만, 야곱에게는 그것이 커다란 충격이었고 수치였으며 분노를 일으킬 만한 일이었다. 이 일로 인하여 야곱은 아마도 빌하를 멀리했을 것으로 보인다. 그리고 야곱은 이 일을 잊을 수가 없어서 그의 임종시에 르우벤을 장자의 축복에서 제외시켰다. 육신의 정욕으로 인하여, 르우벤은 자기의 가장 고귀한 자격(장자의 축복을 받을 권리)을 박탈당한다.

바울은 고린도 교회에 보낸 편지에서 다음과 같이 말한다. "너희 중에 심지어 음행이 있다 함을 들으니 이런 음행은 이방인 중에라도

---

16) Ibid.

없는 것이라 누가 그 아비의 아내를 취하였다 하는도다 그리하고도 너희가 오히려 교만하여져서 어찌하여 통한히 여기지 아니하고 그 일 행한 자를 너희 중에서 물리치지 아니하였느냐?"(고전 5:1-2). 하나님의 선민인 야곱의 가족 가운데 이러한 비윤리적인 일이 있었던 것처럼, 타락한 고린도 교회 회중 가운데도 이러한 이방인 중에도 없는 일이 있었던 것이다. 참된 신앙의 공동체에서 타락한 믿음을 가진 사람은 우상을 숭배하는 자들 가운데서도 저지르지 않는 죄를 저지른다. 타락한 신앙을 소유하면, 그는 도저히 구원받을 수 없는 악한 사람이 된다는 것을 보여 주는 사건이다.

르우벤은 스스로 악행을 저지름으로써 부모와의 단절을 초래했다. 그리고 하나님의 축복으로부터도 제외되었다.

9. 에서의 후예와 에돔 땅의 상황(36장)

에서는 아브라함의 후손으로서 아브라함의 언약에 속해 있었으나 스스로 가나안 여인들과 결혼하여 아브라함이나 이삭의 전통을 무시했다. 그렇게 함으로써 그는 스스로 아브라함과 이삭의 언약으로부터 떨어져 나갔다. 더구나 에서의 아내들인 가나안 여인들은 그 부모에게 근심이 되었고, 리브가는 이들 두 가나안 여인들로 인하여 살고 싶지 않을 정도까지 되었다. 에서는 이렇게 하여 스스로 하나님의 언약 자손이 되는 것을 포기했다. 그러나 본 장에서 모세는 에서의 후손들에 대해서 하늘의 별들처럼 많게 하시리라는 언약이 성취되었음을 보여 주기 위하여, 그리고 신앙적인 면에서는 저들이 복을 받지 못했음에도 불구하고 현세적인 면에서는 복을 받았음을 보여 주기 위하여 에서의 후손들의 가계를 기록해 놓고 있다.

모세는 자기가 일반적으로 기록해 온 습관과 같이 불택자들인 에서의 후손들을 먼저 간략하게 기록하고 있다. 그리고 나중에 야곱의 후손들은 장황하게 기록하고 있다. 이렇게 함으로써 하나님께서 야곱의 후손들을 통하여 인류의 구원 사역을 이루어 가고 계심을 보여 주려고 시도하고 있는 것이다.

36:6-8은 에서가 약속의 땅을 어떻게 떠나갔는지를 간략하게 기록하고 있다. "에서가 자기 아내들과 자기 자녀들과 자기 집의 모든 사람과 자기의 가축과 자기 모든 짐승과 자기가 가나안 땅에서 얻은 모든 재물을 이끌고 그 동생 야곱을 떠나 타처로 갔으니 두 사람의 소유가 풍부하여 함께 거할 수 없음이러라 그들의 우거한 땅이 그들의 가축으로 인하여 그들을 용납할 수 없었더라 이에 에서 곧 에돔이 세일 산에 거하니라."

에서는 분명히 조부 아브라함과 아버지 이삭을 통하여 가나안 땅이 약속의 땅임을 들어 알고 있었을 것이다. 그러나 에서는 그러한 약속을 소홀히 생각했다. 에서에게 약속의 땅은 그렇게 중요하지 않았고, 다만 자기의 소유가 너무나 많아서 보다 넓은 곳으로 이주해 가서 살아야겠다는 생각만이 지배했다. 그리하여 에서는 자기의 소유를 이끌고 세일 산이 있는 곳으로 갔다. 과거에 롯이 보다 넓고 자기가 거느린 짐승들이 풀을 보다 잘 뜯어먹도록 하기 위하여 사해쪽으로 갔던 것처럼 에서도 역시 사해 남쪽으로 떠나간 것이다. 언뜻 보기에 에서는 자기의 소유를 이끌고 스스로의 계산과 생각에 의해서 그 곳으로 간 것 같지만, 사실상 에서가 그 곳으로 옮겨가게 된 데는 하나님의 역사하심이 있었다. 하나님께서는 에서를 야곱과 함께 유업을 얻게 하지 않으시고, 그를 자기의 약속의 기업으로부터 떼어내신 것이다.

이스마엘(25:12-18)의 후손과 에서의 후손은 거의 같은 곳에 거주하게 되었다. 저들은 같은 장소에 머물게 되지만, 나중에 에서의 땅의 일부분은 다윗 왕국에 속하게 된다. 그리고 에돔과 이스라엘은 평화로운 관계를 맺기도 했었다. 다른 한편으로 이스라엘의 역사상 이스라엘과 에돔 사이에는 간간이 전쟁이 있었다(삼하 8:13-13; 왕상 11:15-16; 왕하 14:7; 암 1:11-12). 말라기는 이스라엘과 에돔(에서) 족속의 관계를 이렇게 표현했다. "여호와께서 가라사대 내가 너희를 사랑하였노라 하나 너희는 이르기를 주께서 어떻게 우리를 사랑하셨나이까 하는도다 나 여호와가 말하노라 에서는 야곱의 형이 아니냐 그러나 내가 야곱을 사랑하였고 에서는 미워하였으며 그의 산들을 황무케 하였고 그의 산업을 광야의 시랑에게 붙였느니라"(말 1:2-3).

바울은 하나님의 무조건적 선택에 대해서 야곱과 에서를 들어 설명했다. "이뿐 아니라 또한 리브가가 우리 조상 이삭 한 사람으로 말미암아 잉태하였는데 그 자식들이 아직 나지도 아니하고 무슨 선이나 악을 행하지 아니한 때에 택하심을 따라 되는 하나님의 뜻이 행위로 말미암지 않고 오직 부르시는 이에게로 말미암아 서게 하려 하사 리브가에게 이르시되 큰 자가 어린 자를 섬기리라 하셨나니 기록된 바 내가 야곱은 사랑하고 에서는 미워하였다 하심과 같으니라"(롬 9:10-12).

바울은 복음을 오랫동안 거절해 온 자들 곧 에서의 후손 가운데서도 하나님의 이름을 부를 자들이 있을 것을 내다보고 있다. "형제들아 너희가 스스로 지혜 있다 함을 면키 위하여 이 비밀을 너희가 모르기를 내가 원치 아니하노니 이 비밀은 이방인의 충만한 수가 들어오기까지 이스라엘의 더러는 완악하게 된 것이라 그리하여 온 이스라엘이 구원을 얻으리라 기록된 바 구원자가 시온에서 오사 야곱에게서 경건치 않은 것을 돌이키시겠고 내가 저희 죄를 없이 할 때에 저희에게 이루어질 내 언약이 이것이라 함과 같으니라 복음으로 하면 저희가 너희를 인하여 원수 된 자요 택하심으로 하면 조상들을 인하여 사랑을 입은 자라 하나님의 은사와 부르심에는 후회하심이 없느니라 너희가 전에 하나님께 순종치 아니하더니 이스라엘에 순종치 아니함으로 이제 긍휼을 입었는지라. 이와 같이 이 사람들이 순종치 아니하니 이는 너희에게 베푸시는 긍휼로 이제 저희도 긍휼을 얻게 하려 하심이니라 하나님이 모든 사람을 순종치 아니하는 가운데 가두어 두심은 모든 사람에게 긍휼을 베풀려 하심이로다"(롬 11:25-32).

에돔은 장차 온 인류 가운데서 구원받게 될 인류의 남은 자의 예표가 되었다. 야고보는 예루살렘 제1차 공의회 가운데서 '에돔의 남은 자'(암 9:12)에 관한 예언을 인용하면서 그것을 '인류의 남은 자'에게 적용시켰다.[17]

이러한 온 인류 가운데서 자기의 택하실 자를 부르시는 것이 그분의 궁극적인 계획이었다. 그리하여 결국에는 다음과 같은 복된 상태가 이루어질 것이다. "이 일 후에 내가 보니 각 나라와 족속과 백성과 방언에서 아무라도 능히 셀 수 없는 큰 무리가 흰옷을 입고 손에 종려 가지를 들고 보좌 앞과 어린양 앞에 서서 큰 소리로 외쳐 가로되 구원하심이 보좌에 앉으신 우리 하나님과 어린양에게 있도다"(계 7:9, 10).

17) 세일헤머, 모세오경(상), 385쪽.

4장

요셉 | 37-50장

야곱은 아버지(이삭)가 우거하던 곳 헤브론으로 와서 함께 살았다. 그리고 그들은 같은 곳에서 오랫동안 살았다. 그러다가 이삭은 180세 되던 해에 죽어 열조에게로 돌아갔고, 야곱과 에서가 함께 장사지냈다(창 35:27-29). 이제 야곱의 삶은 새로운 전기를 맞게 된다. 야곱의 나이가 점점 들어가고, 기록의 초점은 그 아들들에게로 옮겨 간다. 인간은 자신이 이 세상의 주인공인 것처럼 살아가지만, 세월이 흐르면 서서히 역사의 무대에서 사라지고, 그 후손들이 역사의 무대를 차지하게 된다.

야곱의 아들들 가운데서 가장 두드러진 아들이 있다면 그는 요셉이다. 그리고 요셉은 구약성경 전체에서 가장 아름다운 사람 가운데 한 사람이다. 하나님께서는 이제 요셉을 통하여 자기의 구속의 역사를 이루어 가실 것이다. 그러나 그러한 하나님의 구속의 역사를 이루어 가기에 앞서 요셉은 먼저 수많은 역경과 고난을 겪어야 했다.

1. 팔려 가는 요셉(37장, 비교. 눅 20:9-18의 악한 종 비유)

히브리서 11:9-10은 다음과 같이 족장들의 생활 스타일을 묘사하고 있다. "믿음으로 **저(아브라함)**가 외방에 있는 것같이 약속하신 땅에 우거하여 동일한 약속을 유업으로 함께 받은 **이삭**과 **야곱**으로 더불어 장막에 거하였으니 이는 하나님의 경영하시고 지으실 터가 있는 성을 바랐음이니라."

아브라함이 그러했던 것처럼, 이삭과 야곱은 여전히 가나안 땅에서 장막에 거하면서 나그네 생활을 하고 있었다. 세 사람의 족장들 모두에게 가나안 땅이 약속의 땅이었지만, 그 곳에서 그들은 나그네처럼 장막에 거주하면서 살아갔다. 그들은 그 곳이 약속의 땅이었음에도 불구하고 그 곳을 영원한 처소로 생각하지 않았던 것이다. 당시에 벽돌이 발명되어 있어서 일반 주택이 벽돌로 지어진 영구 건물 형태였지만, 그들은 언제라도 쉽게 옮겨 갈 수 있는 장막에 거하였던 것이다. 이러한 족장들의 삶의 모습은 우리가 이 세상에서 어떤 마음가짐으로 살아가야 할지를 보여 준다. 우리가 지금 거처를 정하고 살아가고 있는 집은 우리의 영원한 처소가 아니다. 얼마 후면 우리는 이 곳을 떠나가야 하기 때문이다.

야곱의 열한 번째 아들 요셉은 동복 동생 베냐민을 제외하고 자기 형들에 비하여 가장 어린 아들이었다. 그는 나이가 어림에도 불구하고 형들과 함께 양을 쳤다. 그들의 주 업종이 목축업이었기 때문이다. 요셉은 야곱에게는 가장 사랑스런 아들이었는데, 그 이유는 그가 곧 야곱이 가장 사랑했던 라헬의 아들이었기 때문이다. 그러나 요셉은 아버지 야곱의 사랑을 독차지하고 있는 아들이었음에도 불구하고 게

으르지 않고 열심히 일을 했다. 요셉은 성공할 수밖에 없는 성품이었는데, 곧 그는 얼마든지 편하게 살 수 있었음에도 불구하고 게으르지 않고 부지런히 일했던 것이다.

요셉이 17세 될 무렵이었다. 그는 첩들의 아들들과 함께 양을 치고 있었는데, 형들의 비행이 눈에 들어와서 그것을 아비 야곱에게 알렸다. 그리하여 형들은 요셉을 미워했다. 이러한 형들의 미움을 더욱 부채질한 것은 야곱의 행동이었다. "이스라엘이 여러 아들보다 그를 깊이 사랑하여 위하여 채색 옷을 지었더니"(3절). 채색 옷은 가정에서 지도권을 상징했다.[1] 그 옷은 다른 아들들과의 차별을 나타내 주었다. 그래서 아들들은 질투심으로 요셉을 더욱 미워했다. 아무리 요셉이 사랑스러워도 야곱이 그에게 채색 옷을 지어 입혀 줌으로써 다른 아들들과의 차별을 눈에 띄게 드러낸다는 것은 지혜롭지 못한 행위였다. 아들들끼리의 알력과 갈등은 부모에게 괴로움을 가져다 준다. 자녀들의 성격이 비뚤어지지 않고 건실하게 자라도록 하는 것은 부모의 균등한 사랑에서 비롯된다. 자기가 사랑을 받지 못하고 있다고 생각되는 순간, 자녀들은 빗나가고 성격이 비뚤어진다.

이러한 형들의 불만을 또다시 자극한 것은 요셉의 꿈이었다. 하나님께서는 요셉을 통하여 이스라엘의 아들들을 애굽으로 내려보냈다가 그 후에 한 국가로 성장시켜서 가나안 땅으로 돌아오게 하고, 그 땅을 영원히 이스라엘의 자손들에게 주실 것이었다. 그러한 계획을 이루시기 위하여 하나님은 요셉으로 하여금 꿈을 꾸게 하셨는데, 그는 그 꿈을 형들에게 이야기해 주었다. 첫 번째 꿈은 곡식 단을 묶는 일과 관련된 꿈이었다. 꿈에 보니, 요셉이 묶은 단은 일어서고 형들이

1) Sforno; cf. A. Cohen, *Soncino Chumash*(I), p. 230.

묶은 단들은 요셉의 단 주위에 둘러서서 절을 했다. 두 번째 꿈은 해와 달과 열한 별이 요셉에게 절을 하는 꿈이었다. 이 꿈은 분명했다. 요셉이 형들 위에 뛰어나리라는 것이고, 부모들도 요셉을 공경하게 되리라는 것이었다.

그러나 그 꿈에 요셉이 팔려 갈 일, 고생할 일, 감옥에 갇힐 일이 나타나 있지 않았다. 그래서 사람들은 좋은 일만을 기대하며 살아간다. 하지만 영광의 자리에 올라가기에 앞서서 우리는 극심한 고생과 고난을 거쳐야 한다. 우리는 요셉의 모습에서 장차 오실 메시아의 모습을 발견하게 된다. 형들은 "네가 참으로 우리의 왕이 되겠느냐 참으로 우리를 다스리게 되겠느냐?"(8절)고 요셉에게 묻는다. 그들은 그 꿈을 정확하게 해몽했다. 그러나 요셉이 자기들의 동생이요, 또 미워하고 있었으므로 그렇게 되리라는 꿈을 믿지도 않았을 뿐만 아니라 오히려 그를 더욱 미워하여 그 꿈을 깨뜨리기 위하여 죽일 계획을 세운다.

제사장들과 바리새인들도 예수를 멸시했다. 예수께서 자신이 메시아이심과 하나님의 아들이심을 말씀하셨을 때, 그리고 백성들이 모두 예수를 좇고 있을 때, 제사장들과 종교 지도자들은 그를 나무에 달려 죽게 하여 저가 저주의 죽음을 죽었으므로 더 이상 메시아가 아니라는 사실을 드러내려고 십자가에서 그를 죽이도록 충동질했다. 주께서 십자가에 달리실 때는 '자칭 유대인의 왕'이라고 써서 붙이라고 요구했다. 그러나 요셉을 감옥으로부터 끌어내어 높이 올리셨던 하나님께서 예수 그리스도를 죽음에서 일으키어 주와 그리스도가 되게 하셨다.

11절을 보면 "그 아비는 그 말을 마음에 두었더라"고 되어 있다. 야곱은 요셉을 꾸짖기는 했으나 그 꿈이 보통 꿈이 아님을 깨닫고 마음속에 간직했다. 야곱의 행동은 마리아의 행동과 평행을 이룬다. "그 모친은 이 모든 말을 마음에 두니라"(눅 2:52).

형들이 세겜에 가서 아비의 양떼를 칠 때, 야곱은 요셉을 보내어 그들이 잘 있는지를 알아보도록 했다. 요셉은 사랑 받는 아들이었음에도 불구하고 아버지의 말에 적극적으로 순종했다. 모든 사랑 받는 아들들은 부모의 말에 순종함으로써 더욱 큰 사랑을 받으며, 그 순종의 대가를 받는다. 요셉은 즐거운 마음으로 형들을 찾아간다. 요셉은 그들을 찾기까지 찾아간다. 이 모습은 마치 하나님 아버지의 말씀을 받고 세상에 자기 백성들을 찾으러 오신 예수님의 모습과 같다. 예수께서도 저들을 찾기까지 찾아가실 것이다.

> 창 37:19, "서로 이르되 꿈꾸는 자가 오도다 자, 그를 죽여 한 구덩이에 던지고 우리가 말하기를…."

"꿈꾸는 자가 오도다." 요셉은 꿈꾸는 자다. 현실을 초월하여 사는 사람이다. 따라서 세속에 물들지 않은 사람이다. 현실의 죄악성에 물들지 않은 사람이다. 그러므로 세상적인 사람들은 그러한 사람에 대해서 적대감을 가질 수밖에 없다. 고고한 자세로 세상을 살아가기 때문이다. 참 그리스도인들은 바로 이러한 사람들이다. 이 세상 사람들은 기독교인들을 이 세상의 수준으로 끌어내리려고 힘을 쓴다. 너도 우리처럼 살아라. 우리와 행동을 같이하자. 그러나 그가 끝까지 동조하기를 거절할 때, 그를 자기들의 공동체 가운데서 끊어 버리려고 계획을 세우는 것이다.

하지만 악한 자들이 세운 악한 계획들은 실현될 수가 없다. 다만 하나님의 계획만이 확실하게 성취된다. "어찌하여 열방이 분노하며 민족들이 허사를 경영하는고 세상의 군왕들이 나서며 관원들이 서로 꾀하여 여호와와 그 기름 받은 자를 대적하며 우리가 그 맨 것을 끊고 그 결박을 벗어 버리자 하도다 하늘에 계신 자가 웃으심이여 주께서 저희를 비웃으시리로다 그 때에 분을 발하며 진노하사 저희를 놀래어 이르시기를 내가 나의 왕을 내 거룩한 산 시온에 세웠다 하시리로다"(시 2:1-6).

형들은 자기들을 위하여 보냄 받은 요셉을 미워하여 그를 죽일 구체적인 계획을 세운다. 예수께서 율법을 해석해 주신 바와 같이 미움은 살인이다. "그 형제를 미워하는 자마다 살인하는 자니 살인하는 자마다 영생이 그 속에 거하지 아니하는 것을 너희가 아는 바라"(요일 3:15). 요셉을 죽이기로 모의한 사실은 그가 예수님의 예표임을 보여준다. "농부들이 그를 보고 서로 의논하여 가로되 이는 상속자니 죽이고 그 유업을 우리의 것으로 만들자"(눅 20:14).

형들이 요셉을 미워한 점은 바리새인, 장로들, 제사장들이 예수님을 미워한 점과 유사하다. 예수님의 가르침은 그들보다 뛰어났고, 주님은 그들의 행사가 악하다고 지적했기 때문이며, 모든 민중이 그를 하나님의 아들로 혹은 선지자로 믿고 따르고 있었기 때문이다. 뿐만 아니라 요셉은 모든 참 그리스도인들의 모범이란 점에서 예수님과 유사하다. 오늘날도 진실한 그리스도인들은 요셉처럼 고난과 미움을 받는다. 그러나 그 고난 중에서도 하나님은 항상 그를 보살피셨듯이 성도들을 보살피신다. 그리고 그들과 함께 하셔서 그 주위에 복을 내리신다.

하나님의 뜻을 따라 바르게 살다가 당하는 고난은 일시적으로는 내려가는 것 같지만 조금 후에는 하나님이 높여 주심으로써 지극히 높이 올라간다. 그러므로 성도는 그 고난을 묵묵히 견디고 주를 따라가야 한다. 왜냐하면 그것이 하나님의 영광을 위한 길이요 자신도 영광받을 자리로 올라가는 길이기 때문이다.

르우벤은 장자의 책임을 가지고 있는 자다. 그리고 제법 도덕적인 성품을 가진 자다. 겉으로 보기에는 선한 사람인 것처럼 보이고, 미움의 감정을 죽이고 인간의 도리와 책임을 다하려는 사람처럼 보인다. 그러나 이런 사람이 하나님 앞에서는 더 죄악된 인간이니, 이는 인간성이 그를 하나님으로부터 멀리 떠나게 하는 것이다. 어떤 면에서 그는 도덕적인 것 같으나, 어떤 면에서는 방탕한 사람이다. 그러한 사람은 육신의 정욕을 만족시키는 일은 인간의 본성상 어쩔 수 없는 일이요, 그리 큰 죄악이 아니라고 스스로 에누리를 하려 한다. 그러나 이 성적인 문제야말로 우리 도덕성의 가장 큰 시금석이다. 사회에서 제법 높은 지위를 가진 사람, 곧 정상적인 사회인으로 보이는 사람이 결정적인 문제에서는 가장 타락한 면을 가지고 있다. 사회에서의 사람의 위치를 보고서 '구원에 가깝다' 혹은 '멀다'고 말할 수는 없다.

마른 구덩이에 들어간 요셉은 유다의 제안에 의하여 지나가는 이스마엘 사람들에게 팔리게 된다. 사실상 유다는 요셉을 죽일 생각이 없었을 것이다. 어떻게든 자기의 동생이므로 그를 살리려고 생각하고 있었다. 그래서 유다는 요셉을 살리기 위하여 그를 이스마엘 사람에게 팔자고 제안했던 것이다. 예수께서 가룟 유다에 의해 은 30에 팔렸던 것처럼, 요셉도 은 20에 팔려 갔다.

2. 유다의 가정(38장)

왜 요셉의 기사가 기록되다가 여기서 갑자기 유다의 가정사에 대한 기록이 나타나는지 의문스럽다. 그러나 유다의 가정사는 구속 역사상 중요한 의미를 가졌다. 유다는 야곱의 넷째 아들로서 장차 메시아의 조상이 될 인물이다. 신약 시대에 속한 사람들은 메시아의 족보에서 유다의 위치를 잘 알겠지만, 구약 시대에 살고 있었던 성경의 저자(모세)가 구속사에서 그의 중요성을 알았겠는가? 모세가 이 시점에서 유다의 가정사를 기록하게 된 것은 성령의 감동에 의해서일 것이라고 확신하는 바이다. 성령의 감동이 아니고서는 야곱의 열두 아들들 가운데 유다만을 택하여 그의 세밀한 가정사를 기록하지 못했을 것이다. 유다의 가정사를 기록한 데는 메시아 계보를 밝혀 주려는 성령의 역사가 있었던 것이다.

전체적인 면에서 볼 때, 유다는 그의 형들에 비하여 월등하게 덕이 있는 인물로 나타난다. 요셉의 기사에서 유다는 요셉을 살리려 하는 인물로, 아비 유다와 베냐민을 위하여 자기의 아들과 자기 몸을 담보로 내어놓는 일을 함으로써 구세주의 모습을 보여 주고 있다. 그는 형들의 불의로 인하여 장자의 축복을 받음으로써 장자로 이어지는 구속주의 조상이 되는 영광을 얻는다.

여기 창세기 38장을 보면 유다의 잘못된 행실들이 나타나 있다.

1) 그는 가나안 사람과 교제를 했다.

그는 자기 가족을 떠나가서 아둘람 사람 히라와 친분을 갖는다. 가나안 족속들은 이스라엘이 출애굽할 당시에는 훨씬 더 타락한 족속들이었으나, 족장들이 가나안 땅에 거주할 때도 역시 그들의 행위는 하나님 보시기에 심히 악한 상태에 있었다. 유다는 그러한 가나안 족속의 사람과 친분을 갖고 교제했다.

2) 그는 하나님 앞에 큰 죄인인 가나안 여인과 결혼을 했다.

모세는 유다가 결혼한 그 여인의 이름을 밝히지 않고 "가나안 사람 수아라 하는 자의 딸"이라고만 설명하고 있다. 유다가 가나안 여인과 동침했다는 표현은 정식 결혼에 의한 것인지의 여부를 모호하게 하고 있다. 아마도 유다는 자기 부친 야곱에 비하여 조혼을 한 것 같다. 지나치게 어린 나이에 결혼하는 일은 바람직하지 못하다.

3) 유다가 가나안 여인을 통하여 낳은 아들들은 악했다.

수아의 딸이 여호와 하나님에 대한 신앙을 고백했는지는 알 수 없다. 그러나 그녀가 낳은 자녀들을 볼 때 진정한 신앙인의 가정이 못되었던 것을 발견하게 된다. 첫째 아들 '엘'은 '다말'이라는 여인과 혼인을 했다. 그러나 엘은 여호와께서 그를 죽이실 정도로 '여호와의 목전'에 악했다. 그는 사람들 앞에서, 세상의 안목으로 볼 때는 악해 보이지 않았을지라도 여호와의 목전(目前)에서 악했다. 여호와의 목전에 악한 그에게 어떤 일이 일어났는가? 하나님은 그를 즉시 죽이셨다. 하나님께서는 악인을 참아 기다리기도 하시지만, 악인이 악한 생활만을 거듭해 갈 때 그를 즉시 처단하기도 하신다. "지나치게 악인이 되지 말며 우매자도 되지 말라 어찌하여 기한 전에 죽으려느냐"(전 7:17).

유다의 장자인 엘과 다말 사이에는 자녀가 없었다. 고대 이스라엘에서는 장남을 통하여 가문을 이어가는 전통을 가지고 있었다. 그래서 장남이 자녀가 없이 죽었을 때 그의 동생이 형의 아내와 혼인하여 자녀를 낳고 그 자녀는 형의 이름으로 일컬음을 받게 된다. 그렇게 함으로써 형의 이름이 후대에 전해지게 된다. 비록 장자 '엘'이 악했지만, 그의 이름을 남기는 것은 하나님의 뜻이었다. 그 후손을 남기는 것은 거룩한 행위였다. 그런데 둘째 아들 '오난'은 그 혼인에 동의를 했으나, 자기의 씨가 형의 이름으로 전해지는 것을 거절하고 잠자리에서 다른 곳에 설정을 한다.[2] 이러한 일이 하나님 보시기에 악하여 그도 죽임을 당한다. 후에 모세는 이러한 하나님의 뜻을 간파하고 성령의 감동을 통하여 수혼법(嫂婚法)을 제정한다(신 25:5-10).

유다의 큰 며느리인 다말이 어느 족속이었는지는 밝혀져 있지 않다. 그녀는 적어도 유다 가문에 들어와서 유다와 엘로 이어지는 가문의 대를 이어 주어야 할 책임을 지고 있다고 생각했다. 그러나 유다의 세 번째 아들인 셀라가 장성했음에도 불구하고 유다가 자기에게 자손을 잇도록 하려 하지 않자, 다말은 비정상적인 방법을 사용하려고 계획했다. 한편 유다는 셀라가 장성했음에도 불구하고 다말과 혼인시키기를 주저했는데, 셀라도 형들처럼 죽을까 염려했기 때문이다.

그 동안에 유다의 아내(수아의 딸)가 죽었다. 얼마 후에 그는 또다시 아둘람 사람 히라와 함께 딤나로 가서 자기 양들의 털을 깎는 것을 감독하고 있었다. 다말은 혐오스러운 행동을 했는데, 스스로 창기의 복장을 하고 딤나 길곁 에나임 문에 앉아 유다를 기다리고 있었던 것이다. 그 결과로 유다와 자부 사이에 아름답지 못한 관계가 이루어졌다. 다말은 아비도 없는 자식을 잉태했을 때 마땅히 죽임을 당해야 했지만, 이 때를 위하여 유다로부터 도장과 끈과 지팡이를 받아 두었

2) 오난의 이러한 혐오스러운 행실로부터 onanism이라는 단어가 나왔다.

고, 이를 알아본 유다는 다말을 죽이지 못했다. 다말이 쌍둥이를 낳게 되었을 때, 동생과 형의 순서가 뒤바뀌는 특이한 일이 일어났다.

하나님은 장남을 통하여 가문을 이어가도록 계획하셨다. 그러나 중요한 시기마다 장남이 받아야 할 장자의 축복이 차남에게 넘어가는 것을 보게 된다. 이것은 하나님의 축복이 자연적인 혈연관계를 통하여 이어져 가는 것이 아니라, 하나님의 은혜에 의하여 이어져 가는 것임을 보여 주기 위한 것이다.

아브라함의 아들들 가운데서 하나님은 이스마엘을 택하지 않고 이삭을 택하셨다. 이 사건의 신학적 의미에 대해서는 바울 사도가 갈라디아서 4장에서 잘 드러내 주었다. 이삭의 쌍둥이 아들들인 에서와 야곱 중에서 하나님께서는 저들이 낳기 전에 이미 동생 야곱을 택하셨다. 야곱은 자기의 열두 아들 가운데서 르우벤이 아니라 유다에게 장자의 축복을 해주었다. 유다의 두 아들 가운데서도 역시 세라가 아니고 베레스가 장자의 권리를 획득했다. 후에 요셉의 두 아들 므낫세와 에브라임도 장자의 축복의 순서가 바뀌게 된다.

이러한 장자권과 관련된 족장들 사이에서 일어난 현상은 구원과 신령한 축복이 인간의 어떤 장점(merit)이 아닌 전적인 하나님의 은혜와 주권에 의해서 주어진다는 사실을 가르쳐 주고 있다. 하나님의 나라는 은혜로 이루어지고 또 그 곳은 은혜가 지배하는 곳이다. 은혜를 입은 자는 입을 크게 열어 자신을 나타내거나 자랑할 수 없다. 오직 찬양과 감사로 보답할 뿐.

유다가 자기의 며느리를 창기로 알고 그에게로 들어간 일은 성경의 기록에서 가장 혐오스러운 행동 가운데 하나일 것이다. 유다는 자기도 모르는 가운데 간음을 행했다. 고대 이스라엘 내에서는 간음죄에 있어서 남자와 여자 사이에 날카롭게 구별되어 있었다. 해럴슨(Harrelson)이 묘사한 바와 같이, "약혼하거나 결혼한 여인이 자기 남편이나 혹은 결혼하기로 약혼한 남자 이외의 다른 남자와 성관계를 갖게 되면 간음죄를 범한 것이다. 남자는 그가 다른 남자의 아내나 혹은 다른 남자와 약혼한 여자와 관계를 했을 때 간음죄를 범한 것이다. 그러므로 창기에게 들어간 남자는 간음죄를 지은 것이 아닐 것이다"(*Ten Commandments*, 123). 이것이 고대 이스라엘 백성들의 사고방식이었다.

그러나 바울 사도는 창기와의 성관계가 그 파트너의 의사에 관계없이 일종의 결혼관계를 이루는 것이라는 자신의 논증으로써 이러한 상황으로부터 떠나서 그 의미를 들추어 나가고 있다(고전 6:15-20). 오늘날 많은 사람이 이 법이 시대에 뒤떨어졌다고 주장함에도 불구하고, 해럴슨은 다음과 같이 잘 설명하고 있다.

> 이 금지법은, 그들이 결혼 파트너로서 정한 결혼관계와 성관계에 들어가도록 부름을 받은 바 하나의 단일체를 유지하고 보존하기 위하여 결혼생활 가운데서 상대자들에 대한 위탁을 표현하는 것으로서 모든 결혼에 지침이 될 수 있다. 그리고 만일 성관계가 사실상 실현될 수 있었던 것보다 또는 실제로 실현되는 것보다 더 깊은 방식으로 사람들 서로간에 관계를 맺는 것이라면, 결혼한 사람에게 있어서 지혜로운 일은 자기들의 배우자 이외의 다른 사람과는 언제까지나 성관계를 갖지 않는 것이다(*Ten Commandments*, 131).[3]

어쨌든 유다는 자신이 결혼 관계에 있지 않았고 또 상대방이 창기라고 할지라도 결혼하지 않은 여인과 관계를 맺어서는 안 되었던 것

3) Recited from D. Christensen, *Deuteronomy 1:1-21:9*(WBC), Nelson, 2001, p. 127, 28.

이다. 유다의 죄악된 행위는 봄(looking)으로부터 시작된다(15절). 눈은 마음과 연결되어 있어서 본 다음에는 마음으로부터 못된 생각이 일어나게 된다. "음심이 가득한 눈을 가지고 범죄하기를 쉬지 아니하고"(벧후 2:14). 그러므로 마음에 영향을 주는 눈앞에 비루한 것(벨리알의 일, 쓸모 없는 것)을 두지 않아야 한다.

시편 101편은 눈과 관련된 다윗의 시다. "내가 인자와 공의를 찬송하겠나이다 여호와여 내가 주께 찬양하리이다 내가 완전한 길에 주의하오리니 주께서 언제나 내게 임하시겠나이까 내가 완전한 마음으로 내 집안에서 행하리이다 나는 비루한 것을 내 **눈앞에** 두지 아니할 것이요 배도자들의 행위를 미워하니 이것이 내게 붙접지 아니하리이다 사특한 마음이 내게서 떠날 것이니 악한 일을 내가 알지 아니하리로다 그 이웃을 그윽히 허는 자를 내가 멸할 것이요 눈이 높고 마음이 교만한 자를 내가 용납지 아니하리로다 내 눈이 이 땅의 충성된 자를 살펴 나와 함께 거하게 하리니 완전한 길에 행하는 자가 나를 수종하리로다 거짓 행하는 자가 내 집 안에 거하지 못하며 거짓말하는 자가 내 목전에 서지 못하리로다 아침마다 내가 이 땅의 모든 악인을 멸하리니 죄악 행하는 자는 여호와의 성에서 다 끊어지리로다."

3. 보디발의 집에서의 요셉(39장)

1) 보디발의 집에서 종으로 섬김(39:1-6)

이 세상에서 가장 귀한 재산은 여호와 하나님을 향한 믿음(신뢰)이다. 그리고 그 믿음에서 나오는 **신앙 인격**이 가장 좋은 재산이다. 이것을 가진 사람은 지금 고난을 당하지만 이미 성공해 놓은 삶을 사는 사람이다. 신앙을 가진 사람에게는 실패가 더 이상 실패가 아니다. 그는 반드시 결국에는 성공하게 되어 있다. 하나님은 믿음을 가진 사람을 통하여, 그 믿음의 사람과 더불어 자기의 구속 사역을 이루어 가신다.

형들은 요셉의 옷을 벗겼다(37:23). 그러나 그가 가진 지혜, 은총, 신앙 인격은 벗겨 내지 못했다. 이것들은 그 어느 누구도 벗길 수 없을 것이었다. 이러한 인격이 하나님의 축복을 이끌어 냈다. 그러나 이런 현상은 조건적인 것 같지만, 사실은 무조건적이요 하나님의 은혜다. 하나님께서는 처음부터 야곱의 사랑 받는 이 아들을 통하여 자기의 구속의 뜻을 이루려고 계획하셨다. 그리하여 보이지는 않지만 하나님께서는 자기의 영을 요셉에게 부으시고 그의 영으로 요셉과 늘 함께 하셨다.

마음속에 주의 영이 있는 사람은 살아 계신 하나님에 대한 믿음을 가지게 된다. 그리고 하나님이 주신 믿음과 성령은 인간 속에 최고의 인격을 건설하려고 애쓴다. 요셉은 이러한 성령의 역사에 잘 순응함으로써 그러한 인격을 소유하게 되었고, 그래서 순종하는 자가 받는 축복을 받게 되었다. 형들은 요셉에게서 모든 것을 박탈해 갔다. 세상 사람들은 우리에게서 무엇인가를 빼앗아 가려고 한다. 요셉은 친구, 친척, 부모를 박탈당했다. 그러나 그에게서 하나님의 임재마저 박탈하지는 못했다.

팔려 간 요셉은 보디발의 집에서 억지로 종살이를 하지 않았던 것으로 보인다. 그는 자유인이 되려고 노력하지도 않았다. 다만 주어진 환경에 순응하여 적극적으로 일했다. 요셉은 적극적으로 일했을 뿐만 아니라, 하나님이 요셉과 함께 하시므로 보디발의 온 집이 복을 받았다. 보디발은 하나님이 요셉과 함께 하시는 것을 보았다. 불신자들은 흔히 하나님이 함께 하시는 표를 '모든 일이 잘 되어 가는 것'으로만 생각하고 그렇게 판단한다. 그러나 그 표를 보면서도 하나님에 대한 신앙은 가지지 않는다. 하지만 주인은 그를 믿는다.

39:2, 3, 21, 23은 창세기 저자가 밝히고자 한 내용이다.

> 창 39:2, "여호와께서 요셉과 함께 하시므로 그가 형통한 자가 되어 그 주인 애굽 사람의 집에 있으니"
>
> 창 39:3, "그 주인이 여호와께서 그와 함께 하심을 보며 또 여호와께서 그의 범사에 형통케 하심을 보았더라."
>
> 창 39:21, "여호와께서 요셉과 함께 하시고 그에게 인자를 더하사 전옥에게 은혜를 받게 하시매."
>
> 창 39:23, "전옥은 그의 손에 맡긴 것을 무엇이든지 돌아보지 아니하였으니 이는 여호와께서 요셉과 함께 하심이라 여호와께서 그의 범사에 형통케 하셨더라."

하나님의 함께 하심이 아브라함, 이삭, 야곱에게서 요셉에게로 연결된다. 본문을 주의 깊게 살펴보면, 하나님이 함께 하심과 형통이 연결되어 있음을 발견하게 된다. 하나님이 함께 하심은 하나님의 임재를 가리킨다. 그리고 형통(מַצְלִיחַ, 마츨리악흐)은 본래 찰락흐(צלח, 번영하다, 성취하다, 성공하다)란 단어에서 파생된 분사형이다. 그러므로 '번영하는, 성공적인'이란 뜻이다. 요셉이 하는 일이 잘 되어 갔다는 것이다. 요셉 자신이 충성스럽게 일을 하기도 했지만, 하나님께서 요셉이 하는 일이 잘 되도록 만들어 주셨다는 것이다. 심지어 요셉이 손을 대지 않았음에도 불구하고 좋은 일들이 보디발의 집에 줄곧 일어나도록 만들어 주셨던 것이다. 번영하려면 하나님이 함께 하셔야 한다. 그리고 하나님이 함께 하셔서 번영했으면, "하나님이 그렇게 해

주셨다"고 하며 주님을 찬양해야 한다.

요셉의 삶의 방식 가운데 종들(오늘날의 사환들 혹은 회사의 직원들)에게 주는 교훈이 있다. 요셉은 당시에 돈으로 팔려 온 사람이었다. 그러나 요즈음 취직하여 월급을 받으며 일하는 사람은 모두 요셉과 같은 종의 신분을 가졌다고 볼 수 있다. 주인이라고 위대한 것이 아니고 지위가 높은 것이 아니다. 참 지위는 그 사람의 보이지 않은 영향력이라고 할 수 있다.

월급을 받으며 자기의 시간과 힘과 재능을 고용주에게 주어서 그가 시키는 대로 일하는 사람이 월급쟁이다. 그러나 비관하지 말 것은 요셉과 같이 억지로 종이 된 것이 아니라 돈을 얻기 위하여 자진하여 취직한 것이기 때문이다. 그리고 요셉은 도저히 스스로 빠져 나올 힘이 없었지만, 오늘날의 샐러리맨들은 그것이 언제나 가능한 것이다. 요셉이 종살이하다가 국무총리가 되었다면, 오늘날의 사환들은 성공할 기회가 더욱 많은 것이다.

예수 그리스도께서는 절대적 자유자이시지만 종의 모습으로 이 땅에 오셨다. 마태복음 20:28; 빌립보서 2:6-8; 이사야 42:1을 보라. 그리하여 모든 종 된 자들을 해방시켜 주셨다.

> 고전 7:22, 23, "주 안에서 부르심을 받은 자는 종이라도 주께 속한 자유자요 또 이와 같이 자유자로 있을 때에 부르심을 받은 자는 그리스도의 종이니라. 너희는 값으로 사신 것이니 사람들의 종이 되지 말라."

우리가 종으로 있을 때에(월급쟁이로 있을 때에) 예수를 믿고 은혜를 받고 새 사람이 되면 갑자기 온 세계가 달라진 것처럼 생각된다. 그래서 '종의 멍에를 벗어 버리고 개인 사업을 하면 하나님이 축복해 주실 것이니 새로 사업을 시작하자!'고 생각하는 사람이 있다. 그러나 성경은 우리에게 명하고 있다. “각 사람이 부르심을 받은 그 부르심 그대로 지내라”(고전 7:20).

고전 7:21, “네가 종으로 있을 때에 부르심을 받았느냐? 염려하지 말라 그러나 자유할 수 있거든 차라리 사용하라”(자유할 수 있어도 그대로 지내라). NIV 성경은 다음과 같이 번역한다: Were you a slave when you were called? Don't let it trouble you - although if you can gain your freedom, do so.

신약 시대 당시에는 로마 황제에 의해서 자유민이 되는 사람이 자주 있었다. 그러나 그러한 자유가 주어져도 여전히 주인을 잘 섬기고 과거에 하던 그 일을 계속하라는 것이다. 그렇게 함으로써 그는 주인과 주변 사람들에게 감동을 주고 그들을 변화시키는 것이다. 그리스도께서는 지금도 여전히 우리를 도우시고 섬기고 계심을 아는가? 종(사환)들은 주인을 섬길 때 그리스도를 섬긴다는 생각을 가지고 그 주인을 잘 섬겨야 하는 것이다.

불신자 고용주나 그리스도인 고용주는 신실한 그리스도인을 고용한 결과로 자신이 축복 받고 있다는 사실을 알아야 한다. 천국에 가면 우리가 전혀 알지 못한 신실한 사람들이 우리와 함께 있어서 우리를 위해 하나님께 기도하여 우리가 큰 축복을 받으며 살아왔다는 사실을 뒤늦게 깨달을 것이다. 자기 지붕 아래 신실한 성도가 있기 때문에 자기가 축복을 받았지 자기가 잘나서 축복 받은 것이 아님을 알아야 한다. 수많은 소돔이 소수의 기독교인으로 인하여 복을 받는다. 우리나라에 소수의 기독교인들이 있다는 사실은 원자폭탄을 가지고 유지되는 평화보다 더 중요한 역할을 한다.[4]

4) D. Barnhouse, *Genesis*(2), p. 168.

2) 시험(유혹)과 고난(39:7-23)

요셉은 보디발의 집에서 종살이를 하면서도 주인의 호의를 입어 가정 총무를 하게 되었고, 따라서 그 곳에서 어느 정도 편한 삶을 살 수 있었다. 요셉이 유혹을 받았을 때는 어느 정도 번영의 때였다(39:2, 3).

시위대장 보디발의 아내가 요셉의 준수함을 보고 유혹을 했다. 이 과정에서 유혹은 먼저 '눈짓'(보는 것)을 통하여 왔다. 죄는 언제나 먼저 봄(looking)을 통하여 유혹해 온다. 그리고 유혹은 날마다 닥쳤다(10절). 한 번이나 간혹 유혹이 닥친다 해도 이겨내기 어려운 것이 유혹이다. 그런데 날마다 닥치는 유혹은 더욱 물리치기 어려운 것이다.

어떤 이는 죄가 가끔은 필요하다고 말한다. 경험을 통해서 인간사를 앎으로 성공적인 삶을 살 수 있다고 한다. 그러나 이것은 마귀적인 생각인데, 이는 인생이란 연습이 아니기 때문이다. 하나님은 죄를 알지 못하는 순수한 사람을 통하여 역사하시고, 깨끗한 사람을 들어 사용하신다.

보디발의 아내가 요구한 것은 간음 행위였다. 성경은 그것이 분명히 죄요 악이라고 단정하고 있지만, 악행한 남자나 여자는 "내가 악을 행치 않았다"(잠 30:20)고 말한다. 잠언 14:9은 다음과 같이 말씀하고 있다. "미련한 자는 죄를 심상히 여겨도 정직한 자 중에는 은혜가 있느니라." 미련한 사람은 죄가 분명히 자기의 장래를 망칠 텐데, 그 죄를 심상히(심각하게 여기지 않음, 가볍게 여김) 여긴다. 간음의 편만으로 하나님은 이 세상을 심판하실 것이니, 그것이 노아 때의 사람들의 죄요 소돔의 죄였기 때문이다.

요셉은 자기의 소유의 한계를 분명하게 설정하고 또 그것을 늘 인식하고 있었다. 하나님이 허락하신 부분과 허락하지 않으신 부분에 대해 분명한 선을 그었고 그 선 밖으로 넘어가지 않았다. 이 세상에 존재하는 모든 존재들은 살아가야 할 선과 테두리가 있다. 한 아내와 한 남편은 하나님께서 짝지어 주신 것이다. 그 선(하나님의 주권)을 무시하고 넘어가는 행위는 하나님의 주권을 침해하는 중대한 범죄다.

시 131:1-3, "여호와여 내 마음이 교만치 아니하고 내 눈이 높지 아니하오며 내가 큰 일과 미치지 못할 기이한 일을 힘쓰지 아니하나이다 실로 내가 내 심령으로 고요하고 평온케 하기를 젖뗀 아이가 그 어미 품에 있음 같게 하였나니 내 중심이 젖뗀 아이와 같도다 이스라엘아 지금부터 영원까지 여호와를 바랄지어다."

시 16:6, "내게 줄로 재어 준 구역은 아름다운 곳에 있음이여 나의 기업이 실로 아름답도다."

시 74:17, "주께서…땅의 경계를 정하시며."

시 104:9, "주께서 물의 경계를 정하여 넘치지 못하게 하시며 다시 돌아와 땅을 덮지 못하게 하셨나이다."

가장 중요한 윤리 원리는 "하나님이 정하신 경계를 지키는 것"이다. 내 것과 남의 것 사이의 소유의 한계를 분명하게 정해야 한다. 게다가 자기 주인 보디발은 가산의 모든 것을 다 요셉에게 맡겼으나, 자기의 아내만은 맡기지 않았다. 그러므로 요셉은 죄를 하나님 편에서와 인간 편에서 본 것이다. 그렇지만 요셉은 인간 사이에 범한 죄가 하나님을 향해서는 심각한 중죄임을 인식하고 있었다. 그리고 그 하나님을 향한 죄가 자기의 장래의 운명에 결정적인 영향을 미친다는 사실을 인식하고 있었다. 인간에게 가장 심각한 병은 "여호와께서는 복도 내리지 아니하시며 화도 내리지 아니하시리라"(습 1:12)고 생각하는 것이다.

죄의 심각성을 알고 있었던 요셉은 보디발의 아내에게 "그런즉 내가 어찌 이 큰 악을 행하여 하나님께 득죄하리이까?"라고 응수했다. 요셉은 범죄가 인간에게보다 하나님에게 더욱 악한 것임을 잘 알고 있었다. 그리고 보디발의 아내의 말을 듣지 않았다(10절). 하와는 사탄의 말에 귀를 기울여 들었고, 곧 이어 하나님이 금하신 열매를 따먹었다. 죄에 귀를 기울이지 않는 것은 중요하다. 죄는 마음으로부터 멀리해야 한다.

요셉은 그 죄에 빠지지 않기 위하여 유혹을 거절했을 뿐만 아니라 함께 있지도 않았다. 우리는 자발적으로 시험에 들 자리에 들어가 놓고 우리를 악에서 지켜 달라고 요구할 자격이 없다. 그러나 어쩔 수 없는 삶의 환경 가운데서라면 우리는 시험에 들지 않기를 기도해야 하며, 그때 하나님은 우리를 지켜 주실 것이다. 또한 요셉처럼, 예수님처럼 성령에 이끌려 유혹 받는 광야에 들어간다면 우리는 천사들의 섬김을 받는 영광과 즐거움을 기대할 수 있을 것이다.

그런데 아무리 순전한 요셉이라고 할지라도 유혹을 물리치기가 심히 어려운 상황이 그에게 닥쳤다. 그날 그 집에는 아무도 없었고, 요셉과 보디발의 아내만이 있었다. 보디발의 아내는 완강하게 그를 붙잡고 늘어졌다. 요셉은 여기서 두 길 가운데 하나를 택해야 했다. 그 순간이 요셉에게는 결정적인 순간인 것도 알고 있었다. 그의 앞에는 전혀 상반된 두 길이 기다리고 있었다. 그리고 보디발의 아내는 그 중 한 길을 택하라고 강요하고 있었다.

그는 겉옷을 아까워하지 않고 벗어 던졌다. 시험에서 피하여 나오는 것이 값진 겉옷을 잃어버리는 것보다 훨씬 값졌던 것이다. 사람들은 자주 값진 겉옷을 잃지 않으려다가 그보다 더 값진 결정적인 것을 잃어버린다. 어느 것이 값진 것인지를 빨리 파악해야 한다. 신앙과 관련된 것은 영원한 가치가 있는 것이다. 그는 하나님 앞에 순수하기를 원했다. 그래서 보디발의 아내의 요구를 거절하고 겉옷을 벗어 던진 채 도망쳐 나왔던 것이다. 그것은 쉽지 않은 길이었다. 그러나 그는 그 길을 택했다. 그래서 그는 하나님 앞에서 순수성을 유지할 수 있었다. 육신의 순결은 하나님 앞에서의 순결과 직결되어 있다!

요셉에게서 우리는 순결의 비결을 배우게 된다. 그 비결은 ① 하나님 존전 의식이었고, ② 정확한 죄관이었으며, ③ 순결하고자 하는 단호함이었고, ④ 성령을 좇아 행하는 것(갈 5:16-24)이었다.

그런데 여기서 다윗을 잠시 살펴볼 필요가 있다. 다윗은 종살이를 하고 있었던 것이 아니고 왕이 되어 나라를 다스리고 있을 때, 그리고 주위에 처첩들과 궁녀들이 있었음에도 불구하고 우리야의 아내를 취하여 간음했고, 그것을 감추기 위하여 우리야를 죽게까지 했다. 이 두 사람이 차이가 있는 것은 분명하다. 한 사람은 이스라엘보다 훨씬 더 넓고 강한 나라인 애굽의 총리로서 사역을 했다. 다른 한 사람은 이스라엘 국가라는 신정국가의 왕으로서 사역을 했다. 한 사람은 순수성을 지켰고, 한 사람은 범죄했다. 그러고 나서는 철저히 회개를 했다. 다윗의 회개는 곧 수많은 참회 시를 낳게 했고, 그 시들은 많은 사람들에게 커다란 영향을 미쳤다. 그러나 요셉과 다윗 중 누가 하나님 앞에서 큰 인물인지는 아무도 모른다.

자기의 마음의 원대로 따르지 않은 종에게 그 여주인이 갖는 모멸감은 참을 수 없을 정도였다. 요셉이 절대로 자기의 요구를 들어줄 사람이 아님을 알았을 때, 그녀는 그를 없애 버릴 계획을 세웠다. 그녀는 요셉이 벗어 놓고 나간 옷을 증거물로 삼았다. 그리고 남편을 통하여 요셉을 강간 미수죄로 고발했다. 남편이 자기 아내의 말을 믿었으리라고는 생각되지 않는다. 보디발이 자기 아내의 말을 믿었더라면 그는 요셉을 때려서 죽여 버렸을 것이다. 그 대신 보디발은 모든 일을 조용하고도 이성적인 방법으로 해결하는 일은 요셉을 감옥에 가두어 넣는 것으로 생각했을 것이다. 그래서 요셉은 감옥으로 들어가야 했다.

우리가 감옥으로 들어갈지라도 죄를 저지르지 않고자 하는 마음으로 자기의 순결을 지킬 때, 하나님은 더욱 그를 지키시고 그에게 복을 더하신다. 하나님은 공의로우신 분이다. 따라서 그분께서 다스리시는 이 세상도 공의로운 세상이다. 이 세상에 부정과 부패가 가득하다고 생각하고 제멋대로 살아도 된다고 생각하는 것은 어리석은 생각이다.

요셉의 기사에서 우리가 다시 눈여겨보아야 할 특이한 점은 "여호와께서 요셉과 함께 하시므로"(2, 3, 21, 23절)라는 표현이다. 그 다음에 나타나는 표현이 "그의 범사에 형통케 하셨더라"(3, 23절)다. 하나님이 함께 하신 결과가 풍요와 형통으로 나타난다. 이러한 사상은 오경 전체에 나타나는 사상이다. 순결한 사람이 하나님께서 함께 하시는 자가 되며 그 앞에서 형통한 자가 된다. 요셉이 보디발의 아내의 요구를 거절하고 감옥에 갇혔을지라도 공의로우신 하나님께서는 그를 형통하게 하셨다.

4. 감옥에서(40장)

본 장은 애굽 왕의 술 맡은 관원장과 떡 맡은 관원장과 요셉 사이에 이루어진 일들을 기록하고 있다. 이 이야기는 요셉의 승진과 관련되어 있다. 따라서 이 세상의 모든 일들은 하나님의 백성과 관련되어 있는 일들임을 본문을 통하여 깨닫게 된다. 이 세상의 모든 일들은 하나님의 백성, 곧 교회를 위하여 일어나는 것이다.[5)]

이 두 관원장은 애굽 왕 바로에게 죄를 짓고 시위대장의 감옥에 갇히게 되었다(1절). 그들이 고관이라고 해서 그 높은 지위에 영구히 머물러 있으리라는 보장은 없다. 그 높은 직위는 미끄러운 장소다.[6)] 그들이 요셉이 갇혀 있는 시위대장의 감옥으로 온 것은 하나님의 섭리였다. 우리 주변에는 다양한 기회들이 존재하고 있다. 따라서 우리는 하나님의 종으로서 우리 주변의 사람들을 사랑으로 대하고 그들을 섬겨야 한다.

보디발은 아마도 요셉을 미워하는 마음이 없었던 것으로 보인다. 왜냐하면 시위대장이 요셉으로 하여금 그들을 시중들도록 명했기 때문이다(4절). 이러한 배려는 보디발이 요셉을 믿고 있었기 때문에 베푼 것이다. 그럼에도 불구하고 요셉은 감옥에 갇혀 있어야 했는데, 그 이유는 보디발이 자기 아내를 화나게 만들고 싶지 않았기 때문일 것이다. 세례자 요한이 헤로디아로 인하여 목베임을 당한 사실은 요셉의 경우와 유사하다. 보디발의 아내와 헤로디아는 둘 다 육신의 정욕으로 가득한 여인들이었고, 그것으로 인하여 의인을 고난 혹은 죽음으로 몰아넣었기 때문이다. "또 이와 같이 여자들도 아담한 옷을 입으며 염치와 정절로 자기를 단장하고 땋은 머리와 금이나 진주나 값진 옷으로 하지 말고 오직 선행으로 하기를 원하라 이것이 하나님을 공경한다 하는 자들에게 마땅한 것이니라"(딤전 2:9, 10).

---

5) Matthew Henry's *Comm.*(vol 1), p. 224.
6) Ibid.

그러던 중 어느 날 한날에 두 관원장이 각기 다른 꿈을 꾸었는데, 그것은 하나님께서 그들의 영혼 속에 넣어 준 환상과 같은 것이었다. 하나님께서는 인간의 영혼 속으로 직접 나아가신다. 하나님은 자기의 기뻐하는 일을 하실 때 먼저 인간의 영혼을 움직이신다. 그러므로 인간은 의식을 못하지만 무엇인가를 하고자 하는 마음이 생겨날 때, 그것은 하나님의 기뻐하시는 일이 될 수 있는 것이다. 그러나 그러한 인간의 마음은 하나님의 기록된 말씀에 일치될 때 진정한 하나님의 뜻이 된다. 고대에는 하나님께서 그분의 백성들에게 꿈으로 자주 말씀하셨고, 이방인들에게도 가끔은 꿈을 통하여 장래사를 알게 하셨다(욥 33:15).

두 관원장은 꿈으로 인하여 근심하게 되었다. 그들이 밖에 있었더라면 자기들이 꾼 꿈을 가지고 해몽가나 박수들을 찾아갔을 것이다. 그러나 그들은 감옥에 있으므로 그렇게 할 수 없었다(8절). 이러한 근심의 빛은 얼굴에 드러났는데, 그들을 수종들고 있던 요셉이 그들의 얼굴에 나타난 근심의 빛을 곧 발견하고 "당신들이 오늘 어찌하여 근심 빛이 있나이까?"라고 묻는다.

요셉의 아름다운 마음이 여기에 나타나 있다. 그는 감옥에 갇혀 있었음에도 불구하고 같이 옥에 갇혀 있는 그들을 돌보고, 그들의 근심을 같이 걱정해 주며, 할 수 있다면 그것을 해결해 주고자 하는 마음을 가졌던 것이다. 고통을 당할수록 자기 자신만을 편안하게 하려고 힘쓰는 것이 우리의 일반적인 생각이지만, 요셉은 열악한 환경 중에도 이웃의 아픔과 걱정을 덜어 주려는 섬김의 마음을 가지고 있었다.

요셉의 신앙은 "해석은 하나님께 있지 아니하니이까 청컨대 내게 고하소서"(8절)라는 말 가운데 나타난다. 그는 스스로 전능하시고 만물을 주관하시는 하나님을 믿는 사람으로 고백하고 있다. 그러므로 자기에게 말해 주면 그 꿈을 해석해 드릴 수 있다는 것이다. 술 맡은 관원장의 꿈은 좋은 꿈이었다. 그것은 3일 후에 그의 죄가 사해지고 그의 직위가 회복될 것이라는 사실을 드러내 주는 꿈이었다. 요셉은 꿈을 해석해 주고 나서 그 해석이 분명하므로 그 직위가 회복되면 자기를 기억해서 구해 달라고 요청했다. "당신이 득의하거든 나를 생각하고 내게 은혜를 베풀어서 내 사정을 바로에게 고하여 이 집에서 나를 건져내소서 나는 히브리 땅에서 끌려 온 자요 여기서도 옥에 갇힐 일은 행치 아니하였나이다"(14, 15절).

요셉은 자기의 죄 없음에 대해서 "나는 히브리 땅에서 끌려 온 자요 여기서도 옥에 갇힐 일은 행치 아니하였나이다"라고 변호한다. 사실상 히브리 땅(강 건너 땅, 곧 가나안 땅)으로부터 애굽으로 온 것은 죄를 짓고 도망쳐 온 것도 아니었고, 죄를 지어 노예가 되어서 온 것도 아니었다. 그는 유괴당한(stolen) 것과 같이 죄 없이 팔려 온 사람이었고 애굽에서도 누명을 쓰고 감옥으로 들어왔던 것이다. 사람이 죄가 없어도 주변 환경으로 인하여 감옥에까지 들어올 수 있다. 지금도 감옥에는 그러한 사람들이 있을 것이다.

"나를 생각하소서"라는 말은 예수님의 왼편에 달린 강도의 말과 같다. 그 강도는 주님으로부터 약속을 받았다. 술 맡은 관원장도 그러겠노라고 대답했을 것이다. 그러나 그는 지위가 회복된 다음에 요셉의 요청을 잊었다. 한편, 떡 맡은 관원장의 꿈은 좋지 않은 꿈이었다. 그 꿈은 3일 후에 그 관원장이 나무에 달려 저주의 죽음을 죽을 것이라는 사실을 보여 주는 꿈이었다. 이 두 사람의 꿈은 곧 실현되었다.

술 맡은 관원장이 잊었다는 사실 가운데 우리가 받아야 할 교훈이 있다.

(1) 사 2:22, "너희는 인생을 의지하지 말라 그의 호흡은 코에 있나니 수에 칠 가치가 어디 있느뇨?"

하나님은 사람을 통하여 역사하신다. 그래서 하나님은 인생들에게 나타내시기 위하여 그의 독생자 예수님을 사람으로 보내 주셨다. 사람이신 예수님은 하나님의 사랑의 증거요 실체였다. 그러나 그럴지라도 예수님 이외의 인생을 의지해서는 안 된다. 인생은 모두 술 맡은 관원장과 같기 때문이다.

(2) 인간의 연약성, 불신실성으로부터 돌이켜 하나님의 신실성을 의지하라.

"인간을 의지하고 육신을 무기로 삼으며 마음이 여호와에게서 떠난 사람은 저주를 받을 것이다"(렘 17:5).

인간은 혹 잊을지라도 하나님은 잊지 않으신다. "여인이 어찌 그 젖먹는 자식을…." 그러므로 영원히 변치 않으시고 우리의 형편을 아시고 우리를 구원하기를 기뻐하시는 하나님을 끝까지 의지해야 하는 것이다.

(3) 하나님의 역사하심을 기다리라.

성급함이 실수를 저지르게 한다. 모든 좋은 것은 기다릴 줄 아는 사람에게 온다. 여호와를 기다리는 사람, 즉 앙망하는 사람은 땅을 기업으로 받을 것이다. 어떤 사람은 "왜 하나님은 성경에 기록되어 있는 것처럼 확실하고도 이적적으로 역사하시지 않는가?" 하고 의아해할 것이다. 그러나 성경의 기록은 오랜 기간의 역사를 간단히 몇 줄에 기록하고 있다는 것을 잊어서는 안 된다. 과거의 하나님은 지금도 똑같이 역사하신다. 그러나 천천히 역사하신다.

요셉은 한 번도 이적을 행하지도 경험하지도 않았음을 유의하라. 어떤 이는 하나님이 너무나 오랫동안 역사하시지 않으므로 자기의 꿈이 좌절되어 가고 있다고 생각할 것이다. 오랜 기다림 후에 하나님은 역사하시고, 그때 우리는 하나님의 높이심과 축복 부으심을 경험하게 될 것이다.

5. 총리가 된 요셉(41장)

술 맡은 관원장이 요셉의 꿈 해석대로 자기의 지위를 회복하고 감옥에서 나간 지 만 2년이 되었다(1절). 그 동안 요셉은 매일 감옥 안에서 힘들고 어려운 생활을 해야 했다. 인간의 삶은 고통의 연속이며, 이러한 상황 가운데서 인간은 인내하면서 살아가야 한다. 하나님의 백성의 구원의 때는 비록 더딜지라도 올 것이다. 그리고 그 시기는 가장 적기에 올 것이다. 그러므로 참고 성결을 유지하면서 그 때까지 기다려야 한다. 우리는 그 때를 기다리다가 지칠 수가 있다. 그러나 하루하루를 충실하게 살아가면 되는 것이다.

우리 인간은 간혹 어리석은 꿈을 꾸고 그것을 영감으로 생각할 수도 있다. 그러한 속된 꿈에 우리의 운명을 걸어서는 안 될 것이다. 그러나 어떤 꿈은 영감의 꿈일 수도 있다. 야곱, 요셉, 바로, 다윗, 다니엘, 느부갓네살, 솔로몬의 꿈이 그러하다. 이러한 꿈에 대한 해석은 오직 하나님의 성령에 충만한 사람, 곧 하나님의 지혜를 가진 자만이 해석할 수 있다. 술 맡은 관원장이 그 지위가 회복되어 나간 지 만 2년 후에, 하나님께서 바로의 마음속에 미래에 될 일을 상징으로 미리 보여 주셨다. 그것은 하나님의 계시였고, 어리석은 인간은 그 하나님의 계시를 깨달을 수가 없었다. 그 꿈이 범상한 꿈이 아니었기에 바로는 그 꿈을 꾸고 번민했다.

첫 번째 꿈은 아름답고 살진 일곱 암소가 하수(나일 강)에서 올라와서 갈밭(목초지)에서 풀을 뜯어먹고 있는 것이었다. 그런데 그 다음에 흉악하고 파리한 일곱 암소가 역시 하수로부터 올라와서 하숫가에 서 있었는데, 흉악하고 파리한 암소 일곱이 아름답고 살진 암소 일곱을 잡아먹었다. 그러나 그 소들은 여전히 흉악하고 파리한 상태였다(참고. 21절). 그 꿈을 꾸고 바로는 잠에서 깨었다가 다시 잠들었는데, 또다시 꿈을 꾸었다. 이번에는 한 이삭 줄기에 무성하고 충실한 일곱 이삭이 나오고, 그 다음에 세약한 일곱 이삭이 나왔는데, 나중에 나온 세약한 일곱 이삭이 앞의 충실한 일곱 이삭을 삼켰다.

그러고 나서 바로는 꿈에서 깼고 그 꿈이 범상한 꿈이 아님을 알고 박사들을 불러 그 꿈을 해석하라고 요구했다. 그러나 아무도 그 꿈을 해석하는 자가 없었다. 때로는 하나님의 계시적인 꿈을 꾸고서도 그것을 능히 해석할 사람이 없어서 하나님의 계시적 사건이 영영히 알려지지 못한 상태로 묻힐 수 있다. 이러한 어리석은 시대에는 하나님의 계시적 영감을 받은 사람이 꼭 필요하다. 느부갓네살의 꿈과 바로의 꿈은 둘 다 하나님의 계시의 정신을 가진 지혜로운 사람(다니엘과 요셉)이 필요했다는 점에서 유사성을 가진다.

이때 술 맡은 관원장이 문득 2년 전에 있었던 일을 생각해 내게 되었다. 그는 곧 바로에게 자기가 과거에 감옥에서 꿈을 꾸었고, 그것을 요셉이라는 청년이 해석해 주었으며, 그 꿈 해석대로 자신이 복직되었노라고 말했다. 이어서 그는 요셉이라는 히브리 청년을 불러 꿈의 의미를 물으면 해석할 수 있을 것이라고 조언했다. 바로는 감옥에 있는 요셉을 불러내어 그와 접견한다. 그리고 서론적으로 자기가 알고 있는 요셉이 어떤 사람이며 무엇 때문에 그를 불렀는지를 말한다. 그러한 과정을 모세는 극적으로 기록하고 있다. "이에 바로가 보내어 요셉을 부르매 그들이 급히 그를 옥에서 낸지라 요셉이 곧 수염을 깎고 그 옷을 갈아입고 바로에게 들어오니 바로가 요셉에게 이르되 내가 한 꿈을 꾸었으나 그것을 해석하는 자가 없더니 들은즉 너는 꿈을 들으면 능히 푼다더라 요셉이 바로에게 대답하여 가로되 이는 내게 있는 것이 아니라 하나님이 바로에게 평안한 대답을 하시리이다"(14-16절).

요셉은 2년 이상을 목욕도 하지 못하고 이발은 물론 수염도 깍지 못한 채 죄수복을 입고 어두운 감옥에서 살아가고 있었다. 어느 날 갑자기 감옥 문이 열리고 감옥을 지키는 간수가 요셉의 이름을 부른다. 그래서 그는 신속하게 목욕과 이발을 하고, 수염을 자르고, 얼굴과 머리에 기름을 바르고, 아름다운 옷으로 차려입고는 가장 호화로운 바로의 궁궐로 호출되어 나간다. 그것은 순식간이었고, 마치 꿈을 꾸는 것과 같았을 것이다. 베드로 역시 감옥에서 천사의 인도를 받아 감옥으로부터 풀려났을 때 환상인 줄로 생각했다(행 12:9). "여호와께서 시온의 포로를 돌리실 때에 우리가 꿈꾸는 것 같았도다"(시 126:1).

꿈에서나 생각될 수 있는 요셉의 석방은 현실이었다. 그러한 정신없는 상황 가운데서도 요셉은 여전히 침착성을 잃지 않는다. 바로가 요셉에게 "내가 한 꿈을 꾸었으나 그것을 해석하는 자가 없더니 들은즉 너는 꿈을 들으면 능히 푼다더라"고 말했을 때, 요셉은 자기의 꿈 해석은 하나님의 영감을 받은 것임을 간접적으로 말한다. "이는 내게 있는 것이 아니라 하나님이 바로에게 평안한 대답을 하시리이다." 사실이 그러했다. 요셉이 꿈을 해석하는 것은 하나님의 지도를 받아 한 것이었다.

이어서 바로는 자기가 꾼 꿈을 설명했다. 여기서 하수는 나일 강을 의미한다. 애굽인들은 자기들의 모든 삶을 나일 강에 의존했는데, 나일은 정기적으로 범람했고 어느 때나 물이 풍부했으므로 나일 강과 함께 애굽은 아무런 부족함이 없이 살아오고 있었다. 적어도 그 땅에는 흉년이라는 것이 없었다. 요셉이 바로에게 해석해 준 꿈의 내용은 앞으로 7년 간 그 땅에 엄청난 풍년이 들 것이고, 그 후에는 7년 간 지독한 흉년이 들어서 온 나라가 큰 재난을 당할 것이라는 내용이었다.

이러한 해석과 함께 요셉은 바로에게 지혜로운 조언을 해준다. "바로께서 꿈을 두 번 겹쳐 꾸신 것은 하나님이 이 일을 정하셨음이라 속히 행하시리니 이제 바로께서는 명철하고 지혜 있는 사람을 택하여 애굽 땅을 치리하게 하시고 바로께서는 또 이같이 행하사 국중에 여러 관리를 두어 그 일곱 해 풍년에 애굽 땅의 오분의 일을 거두되 그 관리로 장차 올 풍년의 모든 곡물을 거두고 그 곡물을 바로의 손에 돌려 양식을 위하여 각 성에 적치하게 하소서 이와 같이 그 곡물을 이 땅에 저장하여 애굽 땅에 임할 일곱 해 흉년을 예비하시면 땅이 이 흉년을 인하여 멸망치 아니하리이다"(32-36절). 이러한 조언은 아주 지혜로운 조언이었다.

우리의 생애도 애굽의 7년 풍년과 7년 흉년이 겹쳐서 닥친 사실과 유사하다. 우리의 삶은 때로는 풍요롭다가도 때로는 궁핍하게 된다. 풍요가 지나가고 궁핍이 오면 이전의 풍요는 잊혀지고 궁핍과 괴로움만이 기억에 남는다. 다른 한편, 궁핍이 지나가고 풍요가 오면 역시 옛날의 궁핍과 괴로움도 잊혀진다.

지혜로운 자는 물질이 풍부할 때 그것을 흥청망청 다 소비해 버리지 않고 잘 저장해 놓는다. 우리 인생에는 때가 있다.

> 전 3:1-11, "천하에 범사가 기한이 있고 모든 목적이 이룰 때가 있나니 날 때가 있고 죽을 때가 있으며 심을 때가 있고 심은 것을 뽑을 때가 있으며 죽일 때가 있고 치료시킬 때가 있으며 헐 때가 있고 세울 때가 있으며 울 때가 있고 웃을 때가 있으며 슬퍼할 때가 있고 춤출 때가 있으며 돌을 던져 버릴 때가 있고 돌을 거둘 때가 있으며 안을 때가 있고 안는 일을 멀리 할 때가 있으며 찾을 때가 있고 잃을 때가 있으며 지킬 때가 있고 버릴 때가 있으며 찢을 때가 있고 꿰맬 때가 있으며 잠잠할 때가 있고 말할 때가 있으며 사랑할 때가 있고 미워할 때가 있으며 전쟁할 때가 있고 평화할 때가 있느니라 일하는 자가 그 수고로 말미암아 무슨 이익이 있으랴 하나님이 인생들에게 노고를 주사 애쓰게 하신 것을 내가 보았노라 하나님이 모든 것을 지으시되 때를 따라 아름답게 하셨고 또 사람에게 영원을 사모하는 마음을 주셨느니라 그러나 하나님의 하시는 일의 시종을 사람으로 측량할 수 없게 하셨도다."

사람은 미래를 알 수가 없다. 그러므로 지혜로운 사람은 미래를 위하여 준비한다. 미래를 위한 준비는 사활적으로 중요하다. 미련한 다섯 처녀는 미래를 준비하지 않았다(마 25장). 미래를 대비하는 행동이 지혜였다. 천국은 미련한 자의 것이 아니라, 지혜로운 자의 것이다. 완성된 천국에 미련한 자가 한 사람이라도 있을까?

지금까지 요셉의 삶은 고난의 연속이었다. 그러나 하나님께서는 가장 적절한 시기에 바로에게 꿈을 꾸게 하시고 요셉을 등용하도록 역사하셨다. 만일 2년 전에 그 감옥에서 풀려났다면, 그는 한 사람의 자유민이 되어 가나안 땅으로 돌아갔을는지도 모른다. 그러나 2년 후에 바로의 부름을 받음으로써 그는 총리로 등용되었으니, 그것이 요셉을 향한 하나님의 섭리적 역사였다. 그러한 하나님의 섭리적 역사는 오늘날도 계속된다.

바로와 모든 신하들은 이러한 요셉의 지혜로운 말을 좋게 여겼다(37절). 바로는 요셉이야말로 그러한 책임을 맡기에 적임자라고 생각했다. "바로가 그 신하들에게 이르되 이와 같이 하나님의 신이 감동한 사람을 우리가 어찌 얻을 수 있으리요 하고 요셉에게 이르되 하나님이 이 모든 것을 네게 보이셨으니 너와 같이 명철하고 지혜 있는 자가 없도다 너는 내 집을 치리하라 내 백성이 다 네 명을 복종하리니 나는 너보다 높음이 보좌뿐이니라 바로가 또 요셉에게 이르되 내가 너로 애굽 온 땅을 총리하게 하노라 하고 자기의 인장 반지를 빼어 요셉의 손에 끼우고 그에게 세마포 옷을 입히고 금사슬을 목에 걸고 자기에게 있는 버금 수레에 그를 태우매 무리가 그 앞에서 소리 지르기를 엎드리라 하더라"(38-43절).

바로는 요셉을 하나님의 영으로 감동한 사람으로 인정했다. "이와 같이 하나님의 신이 감동한 사람을 우리가 어찌 얻을 수 있으리요?" 하나님의 영으로 충만한 사람은 지극히 값진 존재다. 그러한 사람은 쉽게 구할 수가 없다. 그런데 바로 그 값진 사람이 바로 자신 앞에서 있다. 속히 그를 등용해야 한다! 바로의 명령에 따라 그는 옛날 보디발의 집을 관리하던 직위에서 한 나라를 관리하는 직위로 올라갔다. 온 나라가 그에게 복종할 것이다. 한 사람의 성령에 감동한 사람이 있다면, 온 나라가 그의 말에 복종할 것이다!

요셉의 인격을 간단히 정리해 보자. 그는 하나님 중심의 사람이었고, 믿음의 사람이었다. 그는 모든 삶 가운데 하나님의 주권을 인정했다. 그리고 거룩하신 하나님 앞에서 순결하려고 온 힘을 기울였다. 그 결과 하나님의 성령이 더욱 충만해졌고, 그 어떤 다른 사람보다도 지혜로운 사람이 되었다. 거룩하신 하나님의 영은 순결한 사람에게 충만히 거하시고 감동하신다. 따라서 하나님은 언제나 요셉과 함께 하셔서 형통케 하셨다. 순결한 요셉은 고난 가운데서도 하나님의 임재를 누리며 행복했을 것이다!

본문에서 역시 눈여겨볼 사항은 요셉의 고백이다. 그는 매사에 '하나님이'라는 말을 덧붙이고 있다(40:8; 41:16, 25, 28, 32, 51, 52). 요셉이 생각할 때 자신의 주변에서 일어나는 모든 일은 모두가 하나님이 일으키시는 일이며, 모든 일은 하나님의 계획에 따라 일어나는 것이었다. 그 하나님은 모든 일을 주관하실 뿐만 아니라 이 세상에서 일어나는 모든 일을 다 아시고 복과 저주를 내려 주시는 분이었다. 하나님은 꿈을 통해 계시하시기도 하며, 그 계시를 이해할 수 있도록 지식도 전달해 주시는 분이었다. 이러한 신관이 요셉으로 하여금 하나님 주권 사상을 가지게 했고, 그러한 신관을 가진 요셉은 순결하기 위하여 목숨을 걸었던 것이다.

"요셉이 애굽 왕 바로 앞에 설 때에 삼십 세라"(창 41:46). 그가 가나안 땅에서 형들에게 팔려 왔을 때의 나이가 17세였다(창 37:2). 그동안 요셉은 13년이라는 긴 세월 동안을 종살이(노예)와 감옥 생활로 보냈다.

그가 애굽의 총리가 된 당시의 애굽은 제2중간 시대, 즉 13-17왕조(주전 1800-1570/1550년) 시대였으리라고 생각된다. 이 때는 '외국인들'이라는 의미를 가진 힉소스 왕조가 다스리던 시기였다. 애굽 역사가들은 이 힉소스 시대를 치욕의 시대로 생각하고 자기들의 역사에서 이 제2중간 시대를 삭제하고 12왕조에서 18왕조로 넘어가 버린다. 애굽인들이 외국인 통치자(힉소스)들의 시기를 그만큼 치욕으로 생각했다는 뜻이겠다.

요셉은 온(On, 히에라폴리스)이란 땅의 제사장인 보디베라의 딸 아스낫을 자기 아내로 맞이한다. 그리고 요셉의 이름은 사브낫바네아라고 불려지게 된다. 사브낫-바네아라는 이름이 무엇을 의미하는지는 이해하기 어려우나, 매튜 헨리(Matthew Henry)에 의하면 '은밀한 일을 드러내는 자(a revealer of secrets)라는 의미를 가졌다고 한다.[7] 애굽의 제사장은 귀족 계급에 속하고 왕궁에서 상당한 권세를 가지고 있었으므로 요셉이 제사장의 딸과 결혼하는 것은 당연한 일이었다고 생각된다. 그가 언약의 하나님 여호와에 대한 신앙을 가진 사실과 온 제사장의 딸과 결혼한 사실을 어떻게 이해해야 할지는 쉽지 않다.

결혼하여 아들을 낳은 요셉은 자기 아들의 이름을 므낫세(잊음)라고 이름짓는다. 이렇게 이름을 짓게 된 데는 두 가지 이유가 있다.

(1) 사람들은 요셉에게 온갖 고난을 주었으나 하나님이 그 고난을 잊게 할 정도로 회복시키셨다(51절). 고통을 당할수록 고향과 두고 온 부모가 간절히 생각나는 법이다.

(2) 그리고 그가 얼마나 고향 땅에 있는 자기의 부모와 형제들을 잊지 못하고 살아왔는지를 그의 아들의 이름을 므낫세라고 지은 사실에서 엿볼 수 있다. 비록 그의 지위가 총리의 자리였기는 했을지라도, 아직도 그는 가나안 땅(약속의 땅)과 부모 형제들을 잊을 수 없었고, 그들에 대한 그리움이 그의 고통이었다. 둘째 아들의 이름은 에브라임(창성)이라고 지었다.

요셉의 지도력과 지혜는 그가 애굽의 총리가 되었을 때 즉시 나타나기 시작했다. 계속되는 일곱 해 동안의 풍년으로 인하여 곡식의 양

---

7) M. Henry, *Gen.*, p. 230.

은 셀 수 없을 정도였다. 그러한 엄청난 곡물을 사들이고 저장하기 위하여 바로의 궁에서는 수많은 재정을 투자했을 것이고, 지은 창고 역시 상상을 초월할 정도였으리라고 생각된다. 지금은 그 창고의 흔적들이 사라졌지만, 곳곳에 지어진 창고와 피라미드들은 애굽의 풍요를 보여 주는 하나의 증거물이었을 것이다. 지금도 피라미드의 지하에서 곡물이 수집되는 것은 이 당시에 저장했던 곡물로 인한 것임에 틀림없다.

아침이 오면 밤도 온다(사 21:12). 풍요가 오면 기근도 온다. 7년의 풍년이 지나가고 7년의 흉년이 닥치기 시작했을 때 온 세계는 애굽을 바라보지 않을 수 없었고, 그 가운데서도 총리 요셉은 온 세상의 관심과 부러움과 경외의 대상이 되었다. 흉년은 애굽에만 닥친 것이 아니었기 때문이다. 곡식을 구하러 중동 지역의 모든 사람들은 애굽으로 가지 않을 수 없었고, 거기서 요셉의 허락을 받아야 했다.

"애굽 온 땅이 주리매 백성이 바로에게 부르짖어 양식을 구하는지라 바로가 애굽 모든 백성에게 이르되 요셉에게 가서 그가 너희에게 이르는 대로 하라 하니라"(창 41:55). 이 구절은 의미심장하다. 바로는 전적으로 요셉을 신뢰하고 모든 것을 그에게 일임했다. 모든 실질적인 업무를 요셉이 담당하고 있다. 요셉을 만나서 그가 시키는 대로 해야 자기의 목숨을 건질 수 있다. 여기 이 요셉의 모습에서 우리는 예수 그리스도의 모습을 발견하게 된다. 죄와 사망으로부터 구원받기를 원하는가? 예수 그리스도에게로 가라고 만왕의 왕이신 하나님께서는 말씀하신다. 그에게로 가면 영혼의 양식은 물론 육신의 음식도 기다리고 있다!

요셉은 곡식을 가지고 매점매석을 하는 자는 아니었다. 온 백성에게 누구에게나 곡식을 팔았다(56절). “곡식을 내지 아니하는 자는 백성에게 저주를 받을 것이나 파는 자는 그 머리에 복이 임하리라”(잠 11:26). 곡식을 가진 자는 나누어 주어야 한다. 모든 인류는 형제자매들이기 때문이다. 그러나 기근이 너무나 심하고 오랫동안 지속되었으므로 백성들은 논밭을 팔아야 했다. 세계의 모든 돈은 애굽으로 들어오고 있었다.

6. 가족 상봉(42-45장)

1) 1차 상봉(42장)

무대가 가나안 땅으로 옮겨졌다. 그리고 곡식으로 인하여 그들은 만나지 않을 수 없는 상황에 처한다. 야곱이 살고 있는 땅이 약속의 땅이기는 했으나, 그 곳은 기근을 피할 수 없는 곳이었다. 이 세상에서는 기근을 피할 수 있는 곳이 없다. 일찍이 아브라함이 기근을 당하여 애굽으로 내려간 적이 있었고, 이삭도 역시 기근을 당하여 애굽으로 가려 하다가 하나님의 지시로 가나안 땅에 머물렀었다. 야곱 역시 기근을 당하여 애굽에 의존해야 했다. 족장들은 모두 약속의 땅에서 기근을 당했다.

이러한 사실에서 우리는 두 가지를 배우게 되는데, 첫째는 하나님께서 기근을 통하여 전적으로 하나님을 신뢰하는 법을 가르치려 하셨다는 것이며, 둘째로 이 세상에서는 언제나 풍요로운 삶을 기대하기가 어려우며, 세상에는 필연적으로 기근이라는 고통이 있으므로 바라볼 곳은 보이지 않는 하늘나라임을 가르치려 하셨다는 것이다.

야곱은 자녀들에게 애굽에 가서 곡식을 사오라고 명령한다. “너희는 어찌하여 서로 관망만 하느냐?"(1절) 야곱의 말은 간략하면서도 하나의 질책에 가까운 말이다. 라마 티트라우(לָמָּה תִּתְרָאוּ)란 직역하면 "너희는 어찌하여 서로의 얼굴만을 바라보느냐?"는 말이다. 어려운 일과 위험한 일이 닥쳤을 때 아무 일도 하지 않고 '상대방이 해결하겠지!' 하고 생각하며 서로의 얼굴만 쳐다보고 있는 것은 어리석은 일이다. 일을 놓고 논쟁만 하는 것도 지혜롭지 못한 일이다. 오늘 할 수 있는 일을 내일 하자는 것도 옳지 못한 일이다. 야곱은 아들들에게 애굽으로 가서 곡식을 사 오라고 재촉했다. 가장(家長)은 가족을 위하여 매일 기도해야 하지만, 동시에 가족의 필요를 공급하기 위하여 실제로 나가서 일해야 한다.

그들이 곡식을 구하려면 애굽으로 내려가야 했다. 온 세상 어디에서도 양식을 풍부하게 구할 길이 없었기 때문이다. 야곱은 아들들에게 양식을 구하기 위하여 애굽으로 내려가라고 명한다. 우리가 여기서 잠시 멈추어 생각하고 지나가야 할 사항이 있다. 하나님께서는 요셉에 대한 형들의 미움과 그를 팔아먹은 일을 선으로 바꾸어 놓으셨다는 것이다. 형들이 요셉을 팔아먹지 않았다면, 지금의 이 양식은 어떻게 구할 수 있었을까? "우리가 알거니와 하나님을 사랑하는 자 곧 그 뜻대로 부르심을 입은 자들에게는 모든 것이 합력하여 선을 이루느니라"(롬 8:28). 모든 일을 선으로 바꾸어 놓는 것은 하나님이 자기의 부르심 받은 종들을 위하여 행하시는 일이지만, 악행은 옳지 않다. 따라서 하나님은 악행을 보응하신다.

야곱은 양식을 사러 가는 일행에서 베냐민을 제외시켰는데, 그 이유는 자기가 사랑하는 라헬에게서 얻은 아들이 이 아들뿐이었기 때문이다. 야곱은 요셉을 잃고 나서 베냐민에게 자기의 애정을 다 쏟은 것으로 보인다. 아내가 사랑스러우면 자식들도 사랑스러운 법이다! 야곱은 아직도 죽은 아내를 마음으로 사랑하고 있었다.

야곱의 열 아들이 요셉에게 가서 그 앞에 엎드렸을 때, 요셉은 자기가 꾸었던 꿈을 생각했다. 그 꿈대로 이루어졌다는 사실을 생생하게 깨달은 것이다. 그는 형들을 알지만 모른 체하고 엄한 소리로 그들을 정탐들이라고 몰아붙였다. 요셉의 형들은 그를 전혀 알아보지 못했다. 요셉이 30세에 총리가 되어 7년 간 풍년을 맞아 너무나 바쁜 시간들을 보냈으므로, 3, 4일도 걸리지 않는 가나안 땅으로 가 볼 기회가 없었던 것으로 보인다. 17세에 형들을 떠나 20년 간을 헤어져서 살았으므로 거의 중년에 가까운 사람의 얼굴로 변한 것을 알아볼 리가 없었다.

'독실한'(כנים, 케님, 11절)이란 단어는 '진실한, 정직한'이란 의미를 가지고 있다. 형들이 자기들의 무죄성을 변호했으나, 요셉은 전혀 받아들이지 않고 정탐이라고 몰아붙였다. 그리하여 저들은 자기들의 가족 상황을 자세하게 설명했고, 요셉은 한 아들이 없어진 점과 막내아들이 그들과 함께 동행하지 않은 점을 들어 그들을 의심하고 있다는 사실을 말했다. 금번에는 곡식을 팔겠지만 다음에는 막내 동생(베냐민)을 동행하여 그들의 무죄성을 증명하라고 강력하게 말했다. 그리고 그들을 3일 간 감옥에 가두었다. 3일 후에 요셉은 그들을 감옥에서 이끌어 내고 다른 형제들은 곡식을 가지고 돌아가서 온 식구들과 함께 생활하고 식량이 떨어지면 다시 돌아와서 곡식을 사되, 그 동안 한 사람이 옥에 갇혀 있으라고 말했다.

일이 이렇게 위급한 상태로 접어들자, 형들은 자기들끼리 다음과 같이 말한다. "우리가 아우의 일로 인하여 범죄하였도다 그가 우리에게 애걸할 때에 그 마음의 괴로움을 보고도 듣지 아니하였으므로 이 괴로움이 우리에게 임하도다"(21절). 여기서 과거의 잘못에 대해 르우벤이 자기 동생들에게 책망의 말을 한다. "내가 너희더러 그 아이에게 득죄하지 말라고 하지 아니하였느냐 그래도 너희가 듣지 아니하였느니라 그러므로 그의 피 값을 내게 되었도다"(22절).

이러한 대화들은 형들이 지금까지 요셉을 팔아 넘긴 일에 대해서 약간의 양심의 가책을 가지고 있었음을 암시해 준다. 그들은 요셉을 팔아 넘겼고 태연하게 행동했으나 마음속에는 아픔이 있었고, 가책이 있었다. 그것이 20년이 지난 지금도 남아 있어서 그들의 마음을 괴롭히고 있었고, 이러한 위급한 일이 생기자 그들은 자기들의 과거의 악행으로 인하여 이러한 일이 일어났음을 말하고 있는 것이다.

이러한 저들끼리의 말을 요셉이 알아듣지 못할 리 없었다. 이러한 형들의 후회로 가득한 대화는 요셉의 마음을 흔들어 놓았다. 요셉은 형들이 서로 나누는 말을 들으며 과거가 생각나서, 그리고 형들의 마음 상태를 깨닫고는 다른 곳으로 가서 울고 다시 와서 그들과 대화를 하다가 시므온을 옥에 가두고 나머지 형들은 본국으로 돌려보냈다. 형들을 돌려보내면서 요셉은 다음에 올 때는 반드시 베냐민을 데려와야 할 것이라고 말했다(20절). 요셉이 시므온을 옥에 가둔 것은 그가 아마도 요셉을 해치려고 한 형들 가운데서 가장 심하게 행동했던 사람이었기 때문일 가능성이 있다.

집으로 돌아오는 중에 자기들의 자루를 열어 본 형들은 두려워서 어찌할 줄을 몰랐다(28절). 나중에 야곱 자신도 자루에 돈이 그대로 넣어져 있는 것을 보고 두려워했다(35절). 때때로 사람들은 하나님께서 베푸신 은혜를 경험하고 두려워서 놀란다. 야곱의 아들들은 자기들이 애굽에 다녀온 과정에서 있었던 일을 아버지 야곱에게 자세히 설명해 주었고, 다음에는 베냐민을 데리고 가야 한다는 말까지 덧붙였다.

야곱은 심한 괴로움을 느꼈다. 사랑하는 요셉이 20여 년 전에 없어졌다. 그리고 이번에는 시므온도 없어졌다. 그런데 다음번에는 베냐민도 애굽으로 데려가야 한다고 아들들이 말하고 있다. 야곱은 절망감에서 헤어나지 못했다. "그 아비 야곱이 그들에게 이르되 너희가 나로 나의 자식들을 잃게 하도다 요셉도 없어졌고 시므온도 없어졌거늘 베냐민을 또 빼앗아 가고자 하니 이는 다 나를 해롭게 함이로다"(36절).

그리고 곧 이어 베냐민만은 절대로 애굽으로 데려갈 수 없음을 못박아 말한다. "야곱이 가로되 내 아들은 너희와 함께 내려가지 못하리니 그의 형은 죽고 그만 남았음이라 만일 너희 행하는 길에서 재난이 그 몸에 미치면 너희가 나의 흰 머리로 슬피 음부로 내려가게 함이 되리라"(38절). 우리는 하루 후에 될 일도 점칠 수 없는 세상에서 살아가고 있다. 우리는 최악의 사태가 벌어진다고 하더라도 그것들을 묵묵히 견디고 이길 수 있는 마음의 준비를 하고 있어야 한다. 塞翁之馬!

2) 2차 상봉(43장)

그러나 어찌하랴! 애굽으로부터 사 온 식량이 다 떨어졌다! 베냐민을 잃지 않기 위하여 온 식구가 굶어 죽을 수도 없었다. 야곱은 온 식구가 굶어 죽을 위기에 처해 있음에도 불구하고 여전히 베냐민을 그들과 함께 보내려 하지 않는다. 야곱은 자기의 사랑하는 아들 베냐민의 신변에 위험이 닥칠 것을 두려워하고 있었던 것이다. 야곱의 베냐민을 향한 사랑의 감정이 그의 판단력을 흐리게 했다. 때로는 자녀에 대한 극진한 사랑이 부모의 판단력을 흐리게 할 수 있으며, 부모의 자녀에 대한 기대가 지나치게 큼으로써 자녀들을 오도하여 온 가족을 망하게 하는 방향으로 이끌어 갈 수도 있다. 그러므로 자녀에 대한 감정과 현실 파악은 분별해 가면서 결정해야 한다.

이러한 야곱의 잘못된 생각을 일깨우기 위하여 유다가 앞으로 나섰다. 그는 온 가족이 살기 위해서는 지금 애굽으로 내려가야 한다는 것과, 또 반드시 베냐민을 데리고 애굽으로 가야 한다는 것, 그리고 자기의 두 아들을 야곱에게 담보하고 베냐민을 데리고 가서 보이고, 반드시 다시 데리고 올 것을 약속한다. 그리고 서둘러야 할 것도 아울러 말한다.

야곱은 어쩔 수 없이 승낙하면서 그 애굽의 두려운 통치자(요셉)의 마음을 사기 위하여 온갖 좋은 특산물을 구입하여 선물로 보낸다. 그 선물들은 유향(고급 향료), 꿀(나무에서 나는 단 시럽 종류, 예를 들면 포도 시럽), 향품과 몰약(이 둘은 시체 방부제 혹은 의약품이었을 것임), 비자(pistachio nuts, 이것은 일종의 기름으로서 이 기름은 등화용, 식용, 살충제 등으로 다양하게 사용된다), 파단행(아몬드, 기호식품) 등이다. 이것들은 물론 가나안 지역에서도 값비싼 것들이지만, 애굽에서는 특히 귀한 것들이었다. 그리고 자루에 있었던 돈을 다시 보낸다. 뇌물은 옳지 못하나, 선물은 사람의 마음을 부드럽게 한다. "선물은 그 사람의 길을 너그럽게 하며 또 존귀한 자의 앞으로 그를 인도하느니라"(잠 18:16; 참고. 잠 19:6; 21:14).

베냐민을 데려가라고 말하면서 야곱은 다음과 같이 말한다. "전능하신 하나님께서 그 사람 앞에서 너희에게 은혜를 베푸사 그 사람으로 너희 다른 형제와 베냐민을 돌려보내게 하시기를 원하노라 내가 자식을 잃게 되면 잃으리로다"(14절). 야곱의 신앙이 여기에 나타나 있다. 야곱은 하나님께서 베냐민을 다시 되돌려 보내 주시기를 원한다는 기도를 하고 있다. 사람의 마음은 하나님이 다스리시므로 이와 같은 야곱의 고백은 전적으로 하나님을 신뢰하는 말이다. 그는 이어서 "내가 자식을 잃게 되면 잃으리로다"라고 고백하는데, 하나님이 어떻게 행하시든 그 현실을 받아들이겠다는 각오다. 모든 것은 하나님의 손에 의하여 일어나는 것이기 때문이다.

형들이 베냐민을 데리고 애굽으로 와서 요셉 앞에 다시 엎드렸을 때, 요셉은 단번에 베냐민을 알아보았다. 그리고 저들과 함께 오찬을 같이 하기 위하여 종들에게 준비를 하라고 명했다. 애굽의 총리와 함께 식사를 하는 일은 영광스럽고도 즐거운 일이겠으나, 그것이 형들을 더욱 두렵게 만들었다. 저들은 자기들이 이 총리의 관저로 초대를 받은 것은 어쩌면 전에 자기들의 자루에 돈이 들어 있던 것으로 인한 것이라고 생각하고 총리의 청지기(비서관)에게 이 사실을 미리 알림으로써 자기들의 결백을 알리려고 시도했다. "내 주여 우리가 전일에 내려와서 양식을 사 가지고 객점에 이르러 자루를 풀어본즉 각인의 돈이 본 수대로 자루 아구에 있기로 우리가 도로 가져왔고 양식 살 다른 돈도 우리가 가지고 내려왔나이다 우리의 돈을 우리 자루에 넣은 자는 누구인지 우리가 알지 못하나이다"(20-22절). 그러나 청지기는 자기가 이미 돈을 다 받았음을 말하고 안심하도록 했다. 하지만 그들은 여전히 두려움과 의아심을 떨쳐버릴 수 없었다.

요셉은 자기의 오전 공식 집무를 마치고 오찬을 하기 위하여 집으로 들어왔다. 형들과 베냐민 모두 요셉 앞에 엎드려 절한다. "요셉이 집으로 오매 그들이 그 집으로 들어가서 그 예물을 그에게 드리고 땅에 엎드리어 절하니"(26절)! 또다시 꿈이 이루어진 사실을 확인할 수 있다. 개인 시간을 갖게 되자 요셉은 형들에게 무엇보다도 아버지의 안부가 궁금했다. 사랑하는 아버지! 그는 아들들 가운데서 가장 사랑받는 아들이었다! 특히 아버지에게 사랑 받고 아버지를 사랑하는 아들은 사회성이 발달하고, 그래서 성공하는 인물이 될 가능성이 크다. 요셉은 그 다음에 그의 얼굴을 베냐민에게로 향했다. "너희가 내게 말하던 너희 작은 동생이 이냐 그가 또 가로되 소자여 하나님이 네게 은혜 베푸시기를 원하노라"(29절).

요셉이 아우 베냐민을 보고 대화를 하는 동안 요셉의 마음은 감격이 극에 도달하여 '마음이 타는 듯'했다. 그는 "급히 울 곳을 찾아 안방으로 들어가서 울고 얼굴을 씻고 나와서 그 정을 억제하고 음식을 차리라"고 명했다. 그들이 식탁에 앉는 차서도 형들의 마음에 의아심을 갖게 했다. "그들이 요셉에게 따로 하고 그 형제들에게 따로 하고 배식하는 애굽 사람에게도 따로 하니 애굽 사람은 히브리 사람과 같이 먹으면 부정을 입음이었더라 그들이 요셉의 앞에 앉되 그 장유의 차서 대로 앉히운 바 되니 그들이 서로 이상히 여겼더라 요셉이 자기 식물로 그들에게 주되 베냐민에게는 다른 사람보다 오 배나 주매 그들이 마시며 요셉과 함께 즐거워하였더라"(32-34절).

3) 요셉의 계략(44장)

요셉은 사랑하는 동복 동생 베냐민을 자기 곁에 잡아 두고 싶었다. 그래서 계략을 꾸미기로 했다. 이번에도 각 사람의 자루에 돈을 모두

다시 넣게 하고, 베냐민의 자루에는 요셉이 늘 사용하는 잔을 넣어 두도록 했다. 그리고 그들이 가나안 땅을 향하여 출발하자, 자기 종들을 보내어 그들을 잡아 오도록 명령했다. "그들이 성에서 나가 멀리 가기 전에 요셉이 청지기에게 이르되 일어나 그 사람들의 뒤를 따라 미칠 때에 그들에게 이르기를 너희가 어찌하여 악으로 선을 갚느냐 이것은 내 주인이 가지고 마시며 늘 점치는 데 쓰는 것이 아니냐 너희가 이같이 하니 악하도다 하라"(4-5절).

그들을 따라 미친 요셉의 청지기는 그들을 중지시키고 그들의 죄목을 고한다. 그들은 완강하게 죄 없음을 변호했으나, 결국 자루를 끌러 보도록 확인하는 작업에 들어갔고, 요셉의 은잔은 베냐민의 자루에서 나왔다. 애굽에서 남의 물건을 훔친 자는 종(노예)이 된다. 요셉의 형제들은 자기들이 예견했던 최악의 사태가 일어나자 옷을 찢고 모두 애굽으로 돌아갔다(14절).

애굽으로 다시 돌아온 그들은 또다시 요셉 앞에 꿇어 엎드렸다(14절). 요셉이 그 은잔으로 점을 쳤다는 표현(5, 14절)은 애굽의 주술과 점술 관습을 보여 주는 말이다. 그렇지만 요셉이 실제로 그러한 일을 했으리라고는 생각되지 않는다.

이 극적인 부분에서 야곱의 넷째 아들 유다가 가장 전면에 부각된다(14, 16, 18절을 보라). 유다는 비록 야곱의 넷째 아들이었으나 위기의 순간에 특유의 대표자다운 지도력을 발휘하여 사태를 해결해 나갔다. 유다의 말은 시사하는 바가 많다. "유다가 가로되 우리가 내 주께 무슨 말을 하오리이까 무슨 설명을 하오리이까 어떻게 우리의 정직을 나타내리이까 하나님이 종들의 죄악을 적발하셨으니 우리와 이 잔이 발견된 자가 다 내 주의 종이 되겠나이다." 유다는 하나님의 의로우심을 인정했다. 그는 이전에 자기들이 요셉에게 행한 일에 대해서 이러한 사건을 통하여 국문하시고 있는 것으로 인정한 것 같다. 과거의 일은 현재 일어나는 일과 관계가 깊다. 과거와 현재는 깊이 연결되어 있다. 의로우신 하나님께서는 인간의 죄악을 언젠가는 반드시 찾아내신다.

유다는 "우리와 이 잔이 발견된 자가 다 내 주의 종이 되겠나이다"라고 고백함으로써 요셉의 처분에 맡긴다. 요셉의 꿈이 완전히 실현되는 순간이 온 것이다! 그들은 요셉이 꿈을 꾸고 꿈 이야기를 했을 때 "네가 참으로 우리의 왕이 되겠느냐 참으로 우리를 다스리게 되겠느냐?"라고 비웃는 말을 했었다. 그러나 이제 그들은 요셉의 처분권 안에 들어와 있다. 저들은 달리 어떤 방법을 택할 권한이 없다. 요셉은 잔을 훔친 그 사람만 요셉의 종이 되어야 할 것이라고 말한다. 이때 베냐민을 가나안 땅으로 다시 데려올 것을 맹세했던 유다가 나서서 베냐민은 부친 야곱의 생명과 결탁된 아들이니 자기가 대신 종이 될 것이니 베냐민을 놓아 달라고 간곡하게 요청한다.

4) 자신의 정체를 밝힘(45장)

이러한 사정을 들은 요셉은 참을 수 없는 감정이 북받쳐 올라와서 좌우의 시종들을 물리치고 자기가 요셉임을 형들에게 밝혔다. "요셉이 시종하는 자들 앞에서 그 정을 억제하지 못하여 소리질러 모든 사람을 자기에게서 물러가라 하고 그 형제에게 자기를 알리니 때에 그와 함께 한 자가 없었더라 요셉이 방성대곡하니 애굽 사람에게 들리며 바로의 궁중에 들리더라 요셉이 그 형들에게 이르되 나는 요셉이라 내 아버지께서 아직 살아 계시니이까 형들이 그 앞에서 놀라서 능히 대답하지 못하는지라 요셉이 형들에게 이르되 내게로 가까이 오소서 그들이 가까이 가니 가로되 나는 당신들의 아우 요셉이니 당신들이 애굽에 판 자라 당신들이 나를 이 곳에 팔았으므로 근심하지 마소서 한탄하지 마소서 하나님이 생명을 구원하시려고 나를 당신들 앞서 보내셨나이다 이 땅에 이 년 동안 흉년이 들었으나 아직 오 년은 기경도 못하고 추수도 못할지라 하나님이 큰 구원으로 당신들의 생명을 보존하고 당신들의 후손을 세상에 두시려고 나를 당신들 앞서 보내셨나니 그런즉 나를 이리로 보낸 자는 당신들이 아니요 하나님이시라 하나님이 나로 바로의 아비를 삼으시며 그 온 집의 주를 삼으시며 애굽 온 땅의 치리자를 삼으셨나이다"(45:1-8).

요셉은 좌우의 시종들을 물리쳤는데, 시종들은 공식적인 접견에는 필요했으나 개인적인 대면을 하기 위해서는 불필요한 자들이었기 때문이다. 그러고 나서 요셉은 형들에게 자기에게 가까이 오라고 말했다. 지금까지 그는 애굽 총리 사브낫 바네아로 알려져 있었는데, 이제 자기를 "나는 요셉이라"고 밝히고 있다. 형들은 어리둥절했다. 그리고 그가 요셉임을 알았을 때, 그들의 두려움은 더욱 커졌다. 그들은 거의 숨을 쉴 수 없을 정도까지 되었다. 그러나 그 다음 순간에 요셉의 말이 들려온다. "당신들이 나를 이 곳에 팔았으므로 근심하지 마소서 한탄하지 마소서 하나님이 생명을 구원하시려고 나를 당신들 앞서 보내셨나이다."

요셉은 장차 오실 인류의 구원자 예수의 모형이다. 그는 자기 가족들 앞에서 종으로 팔려 가서 온갖 고생을 하고 높이 올라간 후에 가족들을 애굽으로 초청했다. 예수께서는 어린 아기로 오셔서 헤롯을 피하여 애굽으로 내려가셨다(마 2장). 그리고 나사렛 땅으로 가서 사셨다. 요셉이 애굽으로 내려가서 지하의 감옥에 갇혔다가 총리로 높이 올려졌던 것처럼, 예수께서는 하늘 보좌를 버리시고 온 인류를 구원하기 위하여 십자가에 죽으시고 무덤에 장사지낸 바 되셨다가 부활하셨다. 그리고 주님은 두려워하는 제자들에게 나타나셔서 "너희에게 평강이 있을지어다"(요 20:19)라고 말씀하시고 자기의 손과 발 그리고 옆구리를 보여 주시며 자기의 정체를 밝히셨다. 주님은 역시 바울에게도 나타나셔서 "나는 네가 핍박하는 예수라"(행 9:5)고 밝히셨다. 그리고 그분은 다른 백성들에게도 자기를 나타내시고 자기가 이루신 구원으로 초대해 들이신다.

하나님께서는 야곱의 온 식구를 살리기 위하여 요셉으로 하여금 형들의 손에 의하여 애굽으로 팔려 가게 하셨고, 그를 애굽의 총리로 만들어서 야곱의 식구들이 애굽으로 내려올 수 있도록 미리 준비하셨다. 요셉은 형들에게 자기를 밝히고 부친과 온 가족을 애굽으로 초청한다(9-13절). 그제서야 형들은 요셉을 알아보았고, 요셉은 베냐민과 안고 울며 형들과도 붙잡고 울었다. 그럼에도 불구하고 요셉의 형들은 그 어색한 분위기 가운데서 어찌할 바를 몰랐다. 15절의 분위기가 그것을 말해 준다. "요셉이 또 형들과 입맞추며 안고 우니 형들이 그제야 요셉과 말하니라."

창세기 45:1-8에서 요셉이 한 말은 요셉의 역사관을 보여 준다. 요셉의 주위에서 일어난 사건들은 모두 하나님에 의하여 그 형제들을 구원하기 위하여 일어난 일들이었다는 것이다. 이것은 역사에 대한 구약성경의 관점이며 저자 모세의 관점이다. 이 세상의 역사는 하나님의 뜻이 나타나는 현장이다. 하나님께서는 역사 가운데 적극적으로 개입하시고 역사 가운데서 일어나는 크고 작은 일들을 친히 일으키시는 분이다. 세상의 모든 사소한 일들까지도 하나님이 일으키시는 일이다. 그러므로 성경에서 history(역사)는 His story(하나님의 역사)다. 악행한 사람이 나에게 해악을 끼친 것은 하나님께서 그 악행한 사람으로 하여금 나에게 해악을 행하도록 명하셨기 때문이다. 어떤 이웃이 나에게 선대하는 것은 하나님께서 그에게 그렇게 하도록 명하셨기 때문이다.

하나님이 이렇게 역사하시는 것은 자신이 택하신 사람과 그 주변 사람을 구원하시기 위한 것이다. 구원이란 단순한 거듭남만을 가리키지 않는다. "두렵고 떨림으로 너희 구원을 이루라"(빌 2:12)는 말씀이 시사하는 바와 같이, 우리의 구원은 단회적 구원과 점진적 구원으로 나누어진다. 이러한 구원을 위하여 하나님께서는 이 세상에서 크고 작은 일들을 일으키시는 것이다. 과거에 당신의 백성들을 구원으로 이끌기 위하여 그렇게 일하셨던 하나님께서는, 지금도 당신의 백성들을 구원하기 위하여 크고 작은 일들과 좋고 나쁜 일들을 우리 주변에서 일어나게 하신다. 그리하여 택함을 받은 모든 사람이 구원에 이르게 될 것이다!

요셉이 형들을 용서할 수 있었던 것은 하나님 주권 사상, 즉 하나님께서 인간의 역사에 개입하셔서 모든 사소한 사건들까지도 주관하신다는 생각 때문에 가능했다. 그러므로 하나님이 모든 일을 일으키셨다고 생각한 요셉에게는 원수가 있을 수 없었다. 오히려 자기에게 해악을 끼치는 사람들은 하나님의 구원을 이루도록 보조하는 역할을 하는 사람들이었으므로, 그들을 미워할 수 없을 뿐만 아니라 오히려 감사해야 할 사람들이었다. 이러한 생각을 가진 요셉에게 미워하는 일이나 원수 갚는 일은 있을 수가 없었다.

이렇게 생각한다면, 예수께서 "또 네 이웃을 사랑하고 네 원수를 미워하라 하였다는 것을 너희가 들었으나 나는 너희에게 이르노니 너희 원수를 사랑하며 너희를 핍박하는 자를 위하여 기도하라"(마 5:43, 44)고 하신 말씀은 전혀 순종할 수 없는 말씀이 아니다. 이러한 역사관(하나님께서 모든 세상사를 주관하신다는 생각)을 가짐으로써 우리는 주님의 "원수를 사랑하라"는 가르침에 순종할 수 있는 것이다.

나아가서 우리는 요셉이 사랑의 은사를 부여받은 사람이었음을 알게 된다. 그러한 사랑의 은사는 하나님의 사랑과 부친의 극진한 사랑을 받음으로써 얻어진 것이었다. 사랑은 사랑 받은 사람만이 할 수 있는 것이다. 미움과 증오는 냉대와 증오를 받으면서 그 속에서 살아온 사람이 하는 법이다. 사랑하는 사람에게 이웃의 허물은 아무것도 아니다. 사랑하는 사람은 인간의 인격을 만들어져 가는 과정으로 생각한다. 사람이 온전한 인간이 되는 순간은 죽는 때이다. 그러므로 사랑의 사람에게는 지금의 이웃의 약점으로 인하여 이웃을 미워하거나 흉볼 수 없는 것이다. 사랑은 허다한 죄를 덮는다(벧전 4:8).

하나님은 가끔 반대자들을 통해서도 역사하신다. 형들은 요셉을 가족으로부터 제거함으로써 요셉은 물론 그들의 부모가 곤경에 처하도록 만들었으나, 하나님께서는 오히려 그러한 형들의 악행을 통하여 야곱의 가족을 살리는 일을 하셨기 때문이다.

요셉의 형들이 애굽에 왔다는 소문이 애굽 궁궐에 퍼져 나갔을 때, 애굽 궁궐의 분위기가 갑자기 더 밝아졌다(창 45:16-20). "요셉의 형들이 왔다는 소문이 바로의 궁에 들리매 바로와 그 신복이 기뻐하고 바로는 요셉에게 이르되 네 형들에게 명하기를 너희는 이렇게 하여 너희 양식을 싣고 가서 가나안 땅에 이르거든 너희 아비와 너희 가속을 이끌고 내게로 오라 내가 너희에게 애굽 땅 아름다운 것을 주리니 너희가 나라의 기름진 것을 먹으리라 이제 명을 받았으니 이렇게 하라 너희는 애굽 땅에서 수레를 가져다가 너희 자녀와 아내를 태우고 너희 아비를 데려오라 또 너희의 기구를 아끼지 말라 온 애굽 땅의 좋은 것이 너희 것임이니라 하라."

요셉은 애굽에서 바로와 그의 신하들에게 신임과 사랑을 받고 있었음에 틀림없다. 그들이 요셉의 형들이 왔다는 소식을 들었을 때 매우 기뻐했기 때문이다. 우리는 어느 기관에서 일을 하든 상관들과 부하직원들에게 신임과 사랑을 받아야 한다. 바로는 요셉에게 후한 명령을 내린다. 바로가 이렇게 한 이유는 애굽이 7년 간의 흉년을 통과하고 있는 지금 요셉이 하고 있는 일들을 통하여 바로의 위세가 하늘 높았고, 애굽의 모든 토지와 돈이 궁궐로 들어오고 있었기 때문이다. 바로와 애굽은 요셉으로 인하여 최대의 풍요를 누리고 있는 것이다. 바로가 이렇게 국·내외적으로 물질적인 면에서와 정치적, 경제적인 면에서 세력을 얻게 된 것은 요셉의 도움으로 인한 것이었다.

자주 지혜롭고 하나님의 은혜를 입은 신자들로 인해서 한 회사나 사회나 나라가 부강해진다. 바로는 이러한 사실을 충분히 알고 있었다. 그래서 요셉의 가족들에게 호의를 베풀려고 한 것이다. 바로는 요셉에게 명하여 모든 가족들을 이 곳으로 모셔 오도록 했다. 바로는 이어서 저들이 긴 여행을 할 것을 대비하여 수레를 포함한 모든 편의시설을 이용하도록 명령한다. 이러한 호의는 요셉에 대한 바로의 최대의 배려였다.

이에 더하여 요셉은 가나안의 자기 집으로 보낼 물품을 실어 보내는데, 수레는 물론 양식과 의복과 돈 그리고 애굽의 귀한 산물들을 짐승에 실어 보낸다. 그는 베냐민에 대한 배려를 잊지 않는다. 베냐민에게는 은 300을 포함한 의복 다섯 벌을 주면서 형제들에게 노중에서 싸우지 말라는 부탁을 한다. 아마도 요셉을 판 사실에 대해서 서로간에 책임전가를 하는 가운데 싸울 것을 걱정하여 그렇게 한 것 같다.

25-28절은 아들들이 야곱에게 가서 요셉이 살아 있다는 보고를 한 내용이다. 형들은 야곱에게 요셉이 살아 있고 애굽의 총리가 되어 있더라고 보고한다. 야곱은 믿어지지 않았고, 옛날의 슬픔이 되살아났으며, 의아심을 가졌다. 그러나 야곱은 "자기를 태우려고 보낸 수레를 보고야 기운이 소생했다." 야곱은 이렇게 말한다. "족하도다 내 아들 요셉이 지금까지 살았으니 내가 죽기 전에 가서 그를 보리라." 그는 "내가 가서 그와 함께 살아야 하겠다"고 말하지 않는다. 꿈에도 잊을 수 없었던 요셉을 보고 싶다는 말이다. 그는 자기가 얼마 살지 못할 것이라는 사실을 알고 있었다. 그는 단지 살아 있는 동안 속히 가서 사랑하는 아들의 모습을 보고 싶었다.

7. 애굽으로 내려가는 야곱(46장)

하나님은 아브라함에게 그의 후손들이 애굽에 내려가서 400년 동안 압제를 받은 후에 그 곳으로부터 나올 것을 예고하셨으나 이삭 때는 애굽에 내려갈 시기가 아니었다. 그래서 하나님은 이삭에게 그 곳으로 내려가지 말 것을 명하셨었다. 이삭 당시에 애굽에 내려갔다면, 아마도 애굽은 이스라엘 민족의 제2의 고향이 되었을 것이다. 그러한 선례가 있었기에 야곱은 가나안 땅을 떠나는 것을 주저했다. 가나안 땅이 아브라함과 그의 후손들에게 주신 약속의 땅이었기 때문이다.

만일 야곱 자신이 애굽으로 내려간다면, 자기는 살아서 돌아오지 못할 것이라고 생각했다. 그리고 앞일이 어떻게 진행될 것인지를 알지 못하여 불안했다.

애굽까지 내려가는 것은 결코 쉽지 않은 여행이었다. 그는 사랑하는 아들 요셉을 보고 싶었다. 그러나 옛날 라헬이 여행하다가 베냐민을 낳던 중에 죽지 않았던가? 여행은 실로 어려운 일이었다. 게다가 자기의 아들들이 애굽에서 사는 중에 애굽의 우상숭배에 빠지지는 않을까 하는 두려움도 들었을 것이다. 또한 애굽에는 곡식이 풍성했으므로 자녀들이 풍요로운 애굽의 생활 가운데서 약속의 땅을 잊을 수도 있었다. 더 나아가서 야곱은 자기의 할아버지 아브라함에게 하신 약속, 곧 아브라함의 후손이 "이방에서 객이 되어 그들을 섬기겠고 그들은 사백 년 동안 네 자손을 괴롭게 하리니 그 섬기는 나라를 내가 징치할지며 그 후에 네 자손이 큰 재물을 이끌고 나오리라"는 말씀을 기억했는지도 모른다.

어쨌든 그는 애굽으로 가는 것이 불안했다. 그래서 그는 브엘세바(가나안 최남단)까지 내려가서 거기서 하나님에게 제사를 드렸다. 그 때 하나님께서 야곱에게 나타나서 말씀하신다. "나는 하나님이라 네 아비의 하나님이니 애굽으로 내려가기를 두려워 말라 내가 거기서 너로 큰 민족을 이루게 하리라 내가 너와 함께 애굽으로 내려가겠고 정녕 너를 인도하여 다시 올라올 것이며 요셉이 그 손으로 네 눈을 감기리라 하셨더라."

애굽으로 내려가는 야곱에게 그 곳으로 내려가는 것을 두려워 말라고 말씀하시면서 하나님께서는 네 가지 중대한 약속을 하신다.

첫째로, 내가 너로 번성하게 하리라는 것이다. 야곱의 후손들은 애굽에서 크게 번성할 것이다. 그 곳은 기후도 좋고 풍요롭다. 또 땅도 넓다. 그 곳에서 야곱의 후손들은 큰 민족으로 성장할 것이다.

둘째로, 내가 너와 함께 애굽으로 내려가겠다는 것이다. 하나님이 어디로 보내시든지 하나님께서 보내신다면, 하나님께서 그 사람과 함께 하신다. 뿐만 아니라 하나님께서는 자기가 택하신 자들과 늘 함께 하신다. 그러므로 안전하게 어디든 갈 수 있는 것이다. 하나님이 함께 하는 사람을 해칠 자가 없고, 막을 자가 없다.

셋째로, 정녕 너를 인도하여 다시 올라오게 하리라는 것이다. 이 약속은 이루어지지 않은 것처럼 보인다. 왜냐하면 야곱이 애굽에서 죽었기 때문이다. 그러나 사실상 이 예언의 말씀은 이루어졌는데, 그 이유는 ① 야곱의 시신이 가나안 땅에 묻혔기 때문이다. ② 야곱의 자손이 애굽에서 나왔기 때문이다. 계대적 원리에 의하여 그의 후손 전체가 애굽에서 나온 것은 곧 이스라엘(야곱) 자신이 애굽에서 나온 것이다.

넷째로, 요셉이 그 손으로 네 눈을 감기리라는 것이다. 야곱은 요셉을 만나보는 것이 평생 소원일 정도로 그를 사랑했는데, 그 사랑하는 아들이 자기의 임종을 지켜 보고 그의 장례를 치러 줄 것이다.

그리하여 야곱은 하나님의 지시에 따라 브엘세바에서 출발하여 애굽으로 내려간다. 8-27절에 애굽으로 내려간 사람들의 명단이 나타나 있다. 그러나 그 명단에는 야곱의 딸 디나를 제외하고 여자들의 이름은 없다(15절은 “그 딸 디나를 합하여 남자와 여자가 33명이며”라고 되어 있으나, 실제 명단을 보면 모두 아들들임을 알 수 있다). 야곱의 처첩들(레아, 빌하, 실바)도 제외되어 있으나 17절에서 임나의 누이 세라가 예외적으로 첨가되어 있다. 26절에서 “야곱의 자부 외에 66명이니"라고 했으므로 아마 여자들을 합하면 거의 100여 명은 되었을 것이다. 또한 애굽으로 내려간 사람이 66명이고 애굽에 있는 사람과 합하면 70명이라고 했으나(27절), 사실상 요셉과 그 아내와 그의 두 아들을 합하면 3명이 되므로 70명이 된다. 어쨌든 창세기 저자는 개략 수를 사용한 것 같다.

야곱 →
(레아)
르우벤 → 하녹, 발루, 헤스론, 갈미
시므온 → 여무엘, 야민, 오핫, 야긴, 스할, 사울(가나안 여인의 소생)
레 위 → 게르손, 그핫, 므라리
유 다 → (엘, 오난 – 가나안에서 죽음), 셀라, 베레스(→ 헤스론, 하물), 세라
잇사갈 → 돌라, 부아, 욥, 시므론
스불론 → 세렛, 엘론, 얄르엘
디 나 ----------- 33명(레아를 포함하여)
(실바)
갓 → 시뵨, 학기, 수니, 에스본, 에리, 아로디, 아렐리
아 셀 → 임나, 이스와, 이스위, 브리아(→헤벨, 말기엘), 세라(누이) ----------- 16명(실바가 빠짐)
(라헬)
요 셉 → 므낫세, 에브라임
베냐민 →벨라, 베겔, 아스벨, 게라, 나아만, 에히, 로스, 뭅빔, 훕빔, 아릇 ------------ 14명
(빌하)
단 → 후심
납달리 →야스엘, 구니, 예셀, 실렘 ----------- 7명(빌하가 빠짐)

실바와 빌하(레아와 라헬의 여종들)는 총 수에서 빠졌고, 딸, 자부

들, 손자와 손녀들도 빠졌다. 그리고 야곱의 종들도 모두 빠졌다. 이 애굽으로 내려간 사람들의 명단은 레아의 아들들이 애굽으로 내려가지 않았다고 주장하는 노트(M. Noth) 및 역사 비평학자들의 주장의 허구성을 드러내고 있다. 나중에 살펴보겠지만, 야곱의 가족들의 숫자는 남자들만을 대략적으로 기술하고 유아와 여자들, 그리고 그의 종들은 기록하지 않았으므로 거의 200명 가까운 사람들이었을 것이다. 이들이 400년 혹은 250년 만에 남자만 60만 명으로 숫자가 늘었다는 것은 그리 놀라운 일이 아니다.

애굽에서 요셉과 야곱의 해후는 극적이다. "야곱이 유다를 요셉에게 미리 보내어 자기를 고센으로 인도하게 하고 다 고센 땅에 이르니 요셉이 수레를 갖추고 고센으로 올라가서 아비 이스라엘을 맞으며 그에게 보이고 그 목을 어긋맞겨 안고 얼마 동안 울매 이스라엘이 요셉에게 이르되 네가 지금까지 살아 있고 내가 네 얼굴을 보았으니 지금 죽어도 가하도다 요셉이 그 형들과 아비의 권속에게 이르되 내가 올라가서 바로에게 고하여 이르기를 가나안 땅에 있던 내 형들과 내 아비의 권속이 내게로 왔는데 그들은 목자라 목축으로 업을 삼으므로 그 양과 소와 모든 소유를 이끌고 왔나이다 하리니 바로가 당신들을 불러서 너희의 업이 무엇이냐 묻거든 당신들은 고하기를 주의 종들은 어렸을 때부터 지금까지 목축하는 자이온데 우리와 우리 선조가 다 그러하니이다 하소서 애굽 사람은 다 목축을 가증히 여기나니 당신들이 고센 땅에 거하게 되리이다"(창 46:28-34).

야곱은 유다를 자기 앞서 미리 요셉에게 보낸다(28절). 요셉은 대단히 바쁜 일정 가운데 있었을 테지만, 자기 아버지를 모시기 위하여 고센으로 올라왔다. 비록 세월은 흘러갔어도 두 사람 사이의 애정은 전혀 시들지 않았다. 그들은 서로간에 안고 한참을 울었다. 눈물은 그들의 사랑이 얼마나 컸는가를 증거해 준다. 이 세상에는 상실의 아픔과 슬픔과 눈물이 있고, 헤어졌던 사람들이 만났을 때는 그 동안 그리워했던 사람을 만났다는 감정에서 또다시 눈물이 흐른다. 이 세상은 눈물이 있는 곳이다. 그러나 하늘나라에는 눈물이 없다. "이는 보좌 가운데 계신 어린양이 저희의 목자가 되사 생명수 샘으로 인도하시고 하나님께서 저희 눈에서 모든 눈물을 씻어 주실 것임이러라"(계 7:17). "모든 눈물을 그 눈에서 씻기시매 다시 사망이 없고 애통하는 것이나 곡하는 것이나 아픈 것이 다시 있지 아니하리니 처음 것들이 다 지나갔음이러라"(계 21:4).

야곱은 만족했다. 더 이상 허전한 감정이 없었다. 이제 모든 것이 다 정상으로 돌아왔다. 아무런 걱정도 없었다. 이제는 평안 가운데서 살다가 죽는 것만이 남았다. 야곱은 수많은 시련을 통하여 신앙 인격이 성숙해지고 하나님의 성품을 닮은 사람이 되었다. 그러한 사람에게 하나님은 평안을 주신다.

고센 땅은 애굽 나일 강의 하류, 즉 삼각주 지역이다. 이 지역은 물이 풍부하고 습지가 많아 땅은 비옥하나 농사하기에는 맞지 않았고, 반면에 목축하기에는 대단히 좋은 곳이었다. 요셉은 그 곳을 이스라엘 족속의 거주처로 생각하고 있었다. 그 곳은 요셉이 시무하는 궁궐로부터 가까웠으므로 가족을 자주 대면하기에도 좋은 곳이었다. 그래서 그 곳을 임시 거주처로 정하고 바로에게 그 곳을 요청하기로 계획을 세웠다.

8. 바로와 야곱의 대면(47장)

요셉은 가족들 가운데 다섯 명을 택하여 바로를 대면하도록 인도한다. 요셉은 바로에게 자기 가족들이 고센 땅을 임시 거주처로 정하고 그 곳에 있노라고 보고했다. 그리고 형들을 바로 앞으로 인도했다. 바로는 그들의 생업을 물어 보고, 형들은 자기들이 목축을 하는 자들이라고 보고했다. 그러고 나서 자기들이 살던 가나안 땅에 흉년이 들어서 목축을 할 수가 없어 애굽으로 내려왔노라고 말하며 고센 땅에 거주할 수 있도록 허락해 달라고 요구했다. 농사를 하는 애굽 사람들의 자존심은 대단했다. 애굽인들은 목축을 하는 사람들을 천히 여겼으므로, 바로는 그들로 하여금 습지 지역인 고센 땅에 거하도록 허락하고 아울러 왕실의 말(馬)을 같이 돌보아 줄 것을 부탁했다.

그러고 나서 요셉은 아버지 야곱을 바로 앞으로 인도했다. 바로는 늙은 야곱을 보자 "네 연세가 얼마뇨?" 하고 물었다. 야곱은 "내 나그네 길의 세월이 일백삼십 년이니이다 나의 연세가 얼마 못되니 우리 조상의 나그네 길의 세월에 미치지 못하나 험악한 세월을 보내었나이다"라고 대답한다. 이러한 대답은 그 동안의 야곱의 생애를 한마디로 요약한 것이다. 그(130세)는 비록 자기 조상 아브라함(175세, 25:7)과 이삭(180세, 35:28)만큼은 오래 살지 못했을지라도, 조상들에 못지 않은 고생을 하면서 살아왔던 것이다.

그는 오래도록 종살이와 나그네 생활, 쫓기는 생활, 속임당하는 생활, 알력과 갈등, 상실의 아픔 등 수많은 고통을 받으면서 살아왔다. 특히 사랑하는 아내 라헬을 잃은 슬픔은 가장 큰 고통이요 슬픔이었을 것이다. 게다가 가장 사랑하는 아들 요셉을 잃은 아픔은 그 어느 것보다도 더 컸을 것이다. 인생은 때때로 즐거움이 있으나 결국에는 고생의 세월이었다고 말할 만큼 힘든 삶이다. 따라서 그의 외모는 나이에 비해서 훨씬 더 늙어 보였던 것이다. 게다가 애굽 사람들은 가나안 사람들보다 장수하지 못한다. 그래서 바로가 야곱을 만났을 때 그의 나이를 물어 보았던 것이다.

1) '우리 조상의 나그네 길'이란 야곱의 언급을 주시할 필요가 있다.

하나님의 부름을 받은 사람들은 이 세상에서 나그네의 삶을 산다. 이 세상은 잠시 머물다 가는 여관이요, 안식처(home)가 아니다. 이에 대해서 히브리서 저자는 "또 땅에서는 외국인과 나그네로라 증거(고백)하였으니"(히 11:13)라고 기록하고 있다. 이 히브리서 저자의 기록은 야곱이 바로에게 말한 대답을 인용한 것이다. 야곱이 애굽에 와 있기 때문에 자기가 나그네 생활을 해 왔다고 소개한 것이 아니다. 그는 지금도 나그네로서 애굽에 와 있지만 과거에 가나안 땅에 있었을 때도, 그리고 밧단아람에 있었을 때도 나그네로서 살아왔던 것이다. 그래서 야곱은 자기의 모든 인생살이를 나그네 길로 규정하고 있는 것이다. 이 세상이 아무리 편안하고 즐거운 일이 많다고 해도 이 세상은 성도의 영원한 안식처가 아니다.

2) 더 나아가서 야곱은 "나의 연세가 얼마 못되니"라고 말한다.

연세는 '날들'이란 뜻이다. 자기의 날들이 얼마 못된다는 것이다. 우리가 볼 때 야곱은 오래 살았던 사람이다. 그러나 야곱 자신이 자기의 살아온 생애를 되돌아볼 때, 그것은 얼마 안 되는 날들이었다.

시 39:4-7, "여호와여 나의 종말과 연한의 어떠함을 알게 하사 나로 나의 연약함을 알게 하소서 주께서 나의 날을 손 넓이만큼 되게 하시매 나의 일생이 주의 앞에는 없는 것 같사오니 사람마다 그 든든히 선 때도 진실로 허사뿐이니이다(셀라) 진실로 각 사람은 그림자같이 다니고 헛된 일에 분요하며 재물을 쌓으나 누가 취할는지 알지 못하나이다 주여 내가 무엇을 바라리요 나의 소망은 주께 있나이다."

시 90:9-12, "우리의 모든 날이 주의 분노 중에 지나가며 우리의 평생이 일식간에 다하였나이다 우리의 년수가 칠십이요 강건하면 팔십이라도 그 년수의 자랑은 수고와 슬픔 뿐이요 신속히 가니 우리가 날아가나이다 누가 주의 노의 능력을 알며 누가 주를 두려워하여야 할 대로 주의 진노를 알리이까 우리에게 우리 날 계수함을(자역하면, '우리 날들을 셀 수 있도록') 가르치사 지혜의 마음을 얻게 하소서."

우리가 천 년을 산다 해도 영원하신 하나님, 영원한 날들과 비교해 볼 때, 그것은 얼마 안 되는 기간이다. 우리가 스스로 살아온 날을 되돌아볼 때도 우리의 지나온 날들은 엊그제 일어난 일과 같다.

3) 야곱은 자기가 살아온 날들이 험악한 날들이었다고 고백한다.

욥도 같은 고백을 했다. "여인에게서 난 사람은 사는 날이 적고 괴로움이 가득하며"(욥 14:1). 그의 날들이 험악한 날들이었으므로, 그의 날수가 얼마 안 되었던 것이다.[8] 젊은이들이 자기의 아름다움과 건강을 자랑하지 말아야 하듯, 나이든 사람들은 자기의 나이를 자랑하지 말아야 하며, 다른 사람이 존경할지라도 자기의 백발의 영광을 자랑하지 말아야 한다.[9] 그 백발은 의의 길에서 얻어질 때만 영광의 면류관이 되는 것이다. "백발은 영화의 면류관이라 의로운 길에서 얻으리라"(잠 16:31).

---

8) Matthew Henry, *Genesis*, p. 252.

9) Ibid.

야곱은 7절에서 바로를 축복하고, 다시 10절에서 축복하고 나온다. 그러한 축복의 행위는 정중하고 예의바른 행위였을 뿐만 아니라 그의 경건의 행위였다. 바로가 한 나라의 왕이었다면, 그 역시 한 부족의 족장이었다. 게다가 그는 하나님에 대한 신앙을 가지고 있는 하나님의 사람이었다. 그는 다른 사람에게 축복을 할 권한이 있었고, 그의 축복은 하나님의 재가와 함께 효력을 발휘할 것이다. 그는 비록 애굽의 바로보다는 세상적 권위가 못했을 수도 있지만, 실상 그의 권위가 더 컸다. 그는 아브라함, 이삭과 함께 하나님의 기름부음을 받은 사람이었기 때문이다(시 105:15).

> 창 47:11-12, "요셉이 바로의 명대로 그 아비와 형들에게 거할 곳을 주되 애굽의 좋은 땅 라암세스를 그들에게 주어 기업을 삼게 하고 또 그 아비와 형들과 아비의 온 집에 그 식구를 따라 식물을 주어 공궤하였더라."

라암세스는 고센 땅과 같은 지역으로서 애굽의 북부, 즉 나일 강의 삼각주 지역 동부에 위치해 있다. 이스라엘 자손들이 심히 번성하게 된 배경이 여기에 기록되어 있다. 그들에게는 양식이 핍절되지 않았다. 그 이유는 곡식을 무한정으로 소유하고 있는 실권자인 요셉이 이스라엘의 자손들을 돌보아 주고 있었기 때문이다. 여기서 야곱의 후손은 하나의 부족에서 하나의 국가로 성장, 발전할 것이었다.

한편, 지중해 연안 남동쪽 지역의 모든 돈은 바로의 궁으로 들어갔다. 사회가 아무리 발전해도 먹을 양식은 필요하다. 근처의 모든 지역이 기근에 휩싸였고, 그래서 죽지 않기 위해서는 모든 돈을 애굽으로 가져가야 했다. 사람의 생명에 비교하면 돈은 무가치하기 때문이다. 그래서 셀 수 없이 많은 돈이 바로의 궁에 쌓여 갔다.

15절은 애굽 사람들이 요셉에게 와서 한 말이다. "돈이 진하였사오니 우리에게 식물을 주소서 어찌 주 앞에서 죽으리이까?" 사람은 하늘에서 비를 내려 주시지 않으면 죽을 수밖에 없는 존재들이다. 인생은 하늘의 은총을 바라보며 살아가는 존재들이다. 돈이 아무리 많다고 해도 먹을 양식이 없다면 죽어야 한다. 기근 때 돈은 아무런 힘을 발휘하지 못한다. 그러므로 인생은 양식을 주신 그분의 은총에 감사하며 살아야 할 것이다.

애굽 본국의 백성들도 굶을 지경에 이르고, 게다가 논밭까지 모두 팔아야 하는 상황에서도 이스라엘 족속들은 먹을 걱정을 전혀 할 필요가 없었으니, 이는 모든 양식을 출납하는 권세가 요셉에게 있었기 때문이다. 하나님께서는 이방 백성들이 굶주리는 지경에 처할지라도 자기 백성은 풍부한 것으로 먹이신다.

애굽의 궁에는 돈만 쌓인 것이 아니었다. 먹을 것이 없을 때는 짐승을 키우는 것도 힘겹다. 그 짐승들이 먹는 양식도 적지 않기 때문이다. 그래서 그들은 자기들의 짐승을 요셉에게 가져오고, 그 대신 양식을 가져갔다. 더 나아가서 짐승들마저 없어지고 자기들이 가진 논밭이 더 이상 곡식을 산출하지 못했을 때, 애굽 사람들은 곡식을 얻기 위하여 자기들의 전지의 문서들을 가져와서 곡식으로 바꾸어 갔다. 또다시 전지도 없고 먹을 것도 없이 되었을 때, 애굽인들은 스스로 바로의 소작농 혹은 종이 되기를 원했다.

이렇게 하여 바로는 애굽의 모든 경제권을 손에 쥐게 되었고, 대대적인 농지 개혁을 하게 되었다. 중앙 집권적 정치 체제가 이루어지고 아울러 바로로부터 월급을 받지 않고 살았던 종교적 세력(제사장 계급)이 강한 정치적 세력으로 떠올랐다. 그 결과로 나중에 바로와 종교 세력 간의 갈등이 일어나기도 했다. 어쨌든 이 흉년으로 인하여 바로는 모든 정치권과 경제권을 손에 쥐게 되었다.

하나님께서 바로에게 이렇게 은총을 부어 주신 것은 자기 백성 이스라엘을 흥왕케 하기 위해서였다. 나중에 하나님께서는 자기 백성을 약속의 땅으로 인도하시기 위하여 애굽의 세력과 싸우셨다. 요셉 당시에 애굽에 풍성한 은총을 베푸시고, 그 후 출애굽 때 그들을 대적하여 치신 것은 자기 백성들을 애굽에서 하나의 국가로 성장하게 하시고 그들을 약속의 땅 가나안으로 이끌어들이시기 위함이었다. 하나님께서는 자기 백성들을 키우시고, 그들을 이끌어 내기 위하여 때로는 세상 나라에 재물을 부어 주시기도 하고, 때로는 세상 나라를 치시기도 한다.

27절은 이러한 사실을 간략하게 묘사하고 있다. "이스라엘 족속이 애굽 고센 땅에 거하며 거기서 산업을 얻고 생육하며 번성하였더라." 바로 이것이다! 이것을 위하여 하나님께서는 요셉을 팔려 가게 하시고, 애굽에 흉년이 들게 하시며, 그 가족들을 애굽으로 오게 하신 것이다. 게다가 애굽인들은 농사를 하는 자들이었으므로 거의 400년 가까운 오랜 기간에도 목축을 하는 이스라엘 후손들과 섞이지 않고 살 수 있었다. 하나님께서 이스라엘 자손들의 순수한 피와 신앙을 보존하시려는 비밀이 여기에 있었다.

야곱은 애굽에서 17년 간을 살았다. 이제 그의 나이 147세가 되었다. 야곱이 '죽을 기한이 가까우매' 자기의 사랑하는 아들 요셉을 불렀다. 사람은 하나님이 정하신 기간을 살고 나면 죽어야 한다. 그것은 인간의 죄로 인한 것이다. 그러나 죽음이 있음으로써 그는 하나님을 두려워하게 되고, 그래서 바르게 살려고 힘쓴다. 죽음이 있음으로써 인간은 자신이 피조물임을 인식하게 된다. 죽음이 있기에 인간은 겸

비해진다. 죽음이 있기 때문에 사람은 안 죽기 위하여 발버둥치며 살려고 애쓴다. 죽음은 삶에 대한 강력한 욕구를 가져다 준다. 죽음은 우리를 하나님 앞으로 인도한다. 그러나 믿지 않는 자에게 죽음은 영원한 형벌을 의미한다. 그러므로 인간은 죽음을 두려워한다. 하나님의 보호 속에서 때로는 천사와 씨름하면서도 이겼던 야곱이 이제는 기운이 점점 진해져 가고 있다. 야곱은 이제 삶을 정리해야 한다. 그래서 유언을 하기 위하여 요셉을 부른 것이다.

> 창 47:29하-30상, "이제 내가 네게 은혜를 입었거든 청하노니 네 손을 내 환도뼈 아래 넣어서 나를 인애와 성심으로 대접하여 애굽에 장사하지 않기를 맹세하고 내가 조상들과 함께 눕거든 너는 나를 애굽에서 메어다가 선영에 장사하라."

그는 요셉으로 하여금 환도뼈(허벅지) 아래 손을 넣으라고 명한다. 거짓 없는 맹세를 얻어내기 위한 것이었다. 야곱(이스라엘)은 자기를 '인애와 성심'(חסד ואמת, 헤쎄드 웨에메트)으로 대접하라고 요셉에게 부탁한다. 이를 쉽게 표현하면 '사랑과 진실'로 대접해 주라는 것이다. 야곱을 그렇게 대우해 드리는 것은 곧 자기 시신을 애굽에 장사하지 않는 것이었다. 이스라엘에게 가나안 땅은 하나님께서 주시리라고 한 약속의 땅이었다. 그 곳은 하나님이 그에게 주실 하늘나라를 상징했다. 야곱은 자기의 몸이 그 곳에 묻히기를 원했다. 다시 말해서 이스라엘은 하나님이 약속하신 땅, 멀리는 하늘나라에 있기를 원했던 것이다. 가나안 땅은 그 하늘나라의 지상의 상징 장소였다. 이러한 약속의 땅을 야곱이 어찌 잊겠으며, 아무리 애굽이 물질이 풍부한 곳이라고 해도 어찌 그 애굽이 좋겠는가? 지금 야곱은 어찌할 수 없어서 애굽에 와서 살고 있지만, 그의 마음은 언제나 가나안 땅에 가 있었다.

환도뼈에 손을 넣은 요셉이 "내가 아버지의 말씀대로 행하리이다"

하고 대답했다. 야곱이 다시 “내게 맹세하라”고 명하고 요셉이 맹세하니 이스라엘(야곱)이 “침상 머리에서 경배하니라”고 기록되어 있다. 야곱은 자기에게 베풀어 주신 하나님의 은혜에 감사하면서 하나님에게 경배를 드린 것이다.

9. 에브라임과 므낫세 축복(48장)

야곱은 노쇠했고 게다가 병이 들었다. 요셉은 부친 이스라엘을 살피기 위하여 그리고 자기의 두 아들에게 축복을 해주기를 바라는 마음으로 자기의 두 아들과 함께 이스라엘에게 왔다. 그는 일어나 앉는 것도 힘이 들었다. 요셉이 왔다는 말을 듣고 야곱은 힘을 내어 일어나 앉았다. 그리고 요셉의 두 아들 에브라임과 므낫세를 축복한다. 그는 이미 가나안 땅에서 요셉의 두 아들을 자기 아들로 끌어 올려 주기로 생각하고 있었다.

이스라엘의 이러한 생각은 자신과 요셉 사이의 관계를 엿보게 한다. 이스라엘은 요셉을 자신의 분신 이상으로, 즉 자신과 동일한 존재로 생각한 것이다. 그리고 자기의 축복에서 요셉의 아들(손자)들 둘을 자기 아들들과 동일하게 몫을 나누어 줌으로써, 자기 아들들 가운데서 요셉으로 하여금 두 몫을 차지하도록 하려고 생각했었다. 그래서 요셉의 두 아들인 에브라임과 므낫세를 자기의 아들로 올린다.

7절에서 이스라엘은 갑자기 자기의 사랑하는 아내, 곧 요셉의 모친인 라헬에 대하여 말한다. 죽음에 임박하여 그는 또다시 사랑하는 아내 라헬을 생각한다. 그녀를 너무나 사랑했으므로 그는 자기가 먼저 떠나 보낸 아내를 생각하고, 또 그녀가 묻혀 있는 곳을 생각하고 있다. 사랑이 클수록 그 사랑하는 자를 잃은 상실감과 고통이 큰 법이다. 이스라엘에게 라헬의 죽음은 너무나 큰 고통이었다.

이스라엘은 요셉의 아들들을 축복하기 위하여 그 손자들을 자기에게 가까이 오게 한다. 요셉은 그의 의도를 알고 오른편에는 에브라임을, 그리고 왼편에는 므낫세를 안고 이스라엘 앞으로 나간다. 이스라엘이 손을 펴기만 하면 자연히 오른손이 므낫세 편을 향하도록 하기 위해서다. 그러나 이스라엘은 팔을 어긋맞겨 축복했다.

"내 조부 아브라함과 아버지 이삭의 섬기던 하나님, 나의 남으로부터 지금까지 나를 기르신 하나님, 나를 모든 환난에서 건지신 사자께서 이 아이에게 복을 주시오며 이들로 내 이름과 내 조부 아브라함과 아버지 이삭의 이름으로 칭하게 하시오며 이들로 세상에서 번식되게 하시기를 원하나이다."

이스라엘은 하나님을 여러 방식으로 수식하고 있다. 그리고 그 하나님께서 이 아들들에게 복을 주시고 번식하게 하시기를 구하고 있다. 당시 하나의 부족에 지나지 않는 아브라함과 이삭 그리고 야곱으로 이어지는 가문에게 자손 번식은 대단히 귀중한 의미를 지니고 있었다. 온 세상에 복의 근원이 되실 자는 이 가문을 통하여 오실 것이다. 그들 가운데서 수많은 왕들이 나올 것이다. 그리고 이들이 여호와의 복된 백성으로서 온 세상에 복이 전달될 것이다. 자손의 번성은 하나의 큰 복이었다. 그래서 이러한 축복을 요셉의 아들들에게 해주고 있는 것이다. 이렇게 축복하는 가운데 작은 아들인 에브라임에게 오른손을 얹음으로써 이스라엘은 에브라임에게 장자의 축복을 하고 있는 것이다. 요셉이 손을 잘못 얹었음을 말하자, 야곱은 그것을 거절했다.

그리고 마지막으로 야곱은 "나는 죽으나 하나님이 너희와 함께 계시사 너희를 인도하여 너희 조상의 땅으로 돌아가게 하시려니와 내가 네게 네 형제보다 일부분을 더 주었나니 이는 내가 내 칼과 활로 아모리 족속의 손에서 빼앗은 것이니라"(21-22절)고 말한다. 여기서 야곱은 다시 한 번 더 자기의 후손들이 애굽으로부터 나와서 가나안 땅을 유업으로 받을 것임을 예고한다. 가나안 땅을 점령하고 땅을 분배할 때 요셉은 두 몫을 받을 것이다. 에브라임과 므낫세가 각기 한 지파가 되어 땅을 분배받을 것이기 때문이다.

"이는 내가 내 칼과 활로 아모리 족속의 손에서 빼앗은 것이니라"는 말은 예언적 과거로 이해하는 것이 가장 좋을 것이다. 이스라엘 자손들이 아모리 족속으로부터 빼앗은 땅은 이스라엘(야곱) 자신이 빼앗은 것과 같다. 이스라엘은 지금 장차 가나안 땅을 아모리인들로부터 빼앗을 것을 너무나 확실하게 바라보면서 이 말을 하고 있는 것이다.

10. 야곱의 축복(유언)(49장)

야곱은 그 아들들을 불러서 그 아들들이 '각기 후일에 당할 일'을 말해 준다(1절). 이 창세기 49장의 내용은 야곱의 예언이라고 말할 수 있다. 즉 야곱이 남긴 마지막 유언이다. 이 유언은 각각의 아들들의 성격을 드러내어 그들의 실체를 밝히고 저들이 앞으로 어떻게 될 것이며, 어떻게 행동해야 할 일을 말하는 내용이다. 이러한 예언(유언)을 모든 아들들이 듣는 가운데 하는 것은 서로에게 교훈이 되도록 하기 위해서다.

1) 르우벤(3, 4절)

> "르우벤아 너는 내 장자요 나의 능력이요 나의 기력의 시작이라 위광이 초등하고 권능이 탁월하도다마는 물의 끓음 같았은즉 너는 탁월치 못하리니 네가 아비의 침상에 올라 더럽혔음이로다 그가 내 침상에 올랐었도다."

르우벤이 실질적인 장자이므로 이스라엘은 르우벤으로부터 예언을 시작한다. 르우벤은 장자였다. 장자는 부친의 힘이 된다. 그래서 사람마다 장자를 의지한다. 그리고 장자는 기력의 시작이다. 가장 기력이 왕성할 때 얻은 아들이 장자다. 따라서 르우벤은 이스라엘에게서 받을 수 있는 모든 것을 받을 수 있었고, 또 다른 아들들보다 두 배는 받아 누릴 자격과 권리를 가지고 있었다. 특히 그는 "위광이 초등하고 권능이 탁월했다." 이 말은 직역하면 "위엄과 능력이 뛰어났다"는 뜻이다. 그는 위엄이 있었고 능력이 있었다. 그러나 르우벤은 아비에게는 결코 용납될 수 없는 행동을 취했다. 그가 아비의 침상에 올랐던 것이다.

야곱은 르우벤의 음란한 행위를 가리켜서 '물의 끓음 같았은즉'(פַּחַז כַּמַּיִם, 팍하즈 카마임)이라고 표현한다. 팍하즈(פַּחַז)는 '음란하게 되다, 교만하게 되다'란 의미를 가진 어근으로부터 나온 것으로 자신을 절제하지 못하는 상태를 표현한 단어다. '끓음'이란 단어는 히브리 본문에 나와 있지 않다. 히브리 본문은 단순히 '물과 같이 제멋대로'라고만 언급하고 있다. 물은 정함이 없다. 제멋대로 흔들리고 흘러간다. 사람 속에 죄악된 요소가 있어서 마음으로부터 어떤 충동이 일어날 때 그것을 절제하는 마음이 필요하다. 절제를 못할 때, 그 사람은 방종한 인간이 되는 것이다. 르우벤은 마음의 정욕을 주체하지 못하고 제멋대로 행동함으로써 근친상간과 동시에 인륜을 저버린 행위를 하여 불효를 범했다.

그것은 지울 수 없는 범죄였다. 야곱은 르우벤의 죄를 입 밖에 발설하지 않았으나, 죽음이 임박해서야 그의 죄를 밝히고 그에게서 축복을 제거해 버린다. 그러므로 그는 인간적인 면에서 탁월한 재능과 인격(르우벤이 요셉을 구원하려 한 사실을 보라, 37:22)을 가지고 있었으나 가장 치명적인 잘못을 저지름으로써 모든 축복에서 제외되었다. 야곱은 르우벤이 탁월치 못할 것이라고 예언한다. 르우벤은 본래 '위엄과 능력이 뛰어났건만' 그러한 행위로 말미암아 뛰어나지 못하게 될 것이라는 것이다.

이스라엘의 이러한 예고로 말미암아 르우벤의 후손 가운데서 그 어느 사사나 선지자나 왕도 태어나지 못했다. 성경에 다만 다단과 아비람이란 사람들만 르우벤의 후손으로 언급되어 있는데, 이들은 당을 지어 모세를 대항했다가 저주의 죽음을 당한 사람들이다. 르우벤의 후손들은 자기들의 조상 르우벤을 닮아서 자기의 위치를 지키지 못하고 주제넘은 행동을 했다.

2) 시므온과 레위(5-7절)

> "시므온과 레위는 형제요 그들의 칼은 잔해하는 기계로다 내 혼아 그들의 모의에 상관하지 말지어다 내 영광아 그들의 집회에 참예하지 말지어다 그들이 그 분노대로 사람을 죽이고 그 혈기대로 소의 발목 힘줄을 끊었음이로다 그 노염이 혹독하니 저주를 받을 것이요 분기가 맹렬하니 저주를 받을 것이라 내가 그들을 야곱 중에서 나누며 이스라엘 중에서 흩으리로다."

"시므온과 레위는 형제요." '형제'란 둘 다 레아의 소생, 즉 같은 배의 소생이란 뜻이다. 그리고 '기질이 같은 자들'이란 뜻이다. 이들은 디나 사건에서 서로 의논하고 옳지 못한 일에 협력했다. 야곱은 이미 창세기 34:30에서 이 두 아들을 호되게 책망했었다. 그러나 이들의 옳지 못한 기질은 아직도 꺾이지 않고 있었다. 그래서 그들은 축복이 아닌 저주 형태의 예언을 받은 것이다.

"그들의 칼은 잔해하는 기계로다" '그들의 칼'(מְכֵרֹתֵיהֶם, 메케로테헴)은 쿠르(כּוּר, "파다, 찌르다")에서 파생된 단어다. 그렇다면 저들이 세겜에서 사람들을 칠 때 사용한 도구(מְכֵרָה, 메케라)가 땅을 파는 농기구(철연장), 즉 곡괭이였을 가능성이 있다. 시므온과 레위는 세겜을 치려고 할 때 검이 없었고, 또한 부모의 눈을 속이기 위해서 곡괭이를 손에 들고 가서 세겜 사람들을 친 것으로 되어 있다.

그런데 창세기 34:25, 26을 보면 그들이 칼(חֶרֶב, 헤레브)을 가지고 가서 쳤다고 되어 있다. 헤레브(חֶרֶב)는 '칼, 날카로운 기계, 돌을 쪼개는 데 사용되는 기계'[10]를 의미한다. 그렇다면 아마도 그들은 부모 앞에서는 농기구를 가지고 밭을 갈러 가는 척하고 나갔으나 칼을 구해 준비해 놓았다가 그것으로 쳤을 수도 있다.

"내 영혼아 그들의 모의에 상관하지 말지어다." 그들은 사전에 충분한 논의를 하면서 계획한 후에 실행했다. 그러므로 그들의 잔인한 행동은 그들의 모의에서 시작된 것이다. 야곱은 이러한 행위를 심히 혐오했다. 그래서 "내 영혼아"라고 부름으로써 자신이 그러한 잔인한 일을 전혀 원하지도 않을 뿐만 아니라 혐오하고 있음을 밝히고 있다.

사람의 혼은 그 사람의 영광스러운 부분이다. 야곱은 그 잔인한 행동과 모의를 혐오한다는 사실을 묘사하기 위하여 '내 혼'을 다른 표현을 빌려 "내 영광아 그들의 집회에 참여하지 말지어다"라고 말한다.

10) BDB, חֶרֶב 항목을 보라.

평행절인 이 부분은 강조적인 의미를 가지고 있다.

야곱은 이 사건이 일어났을 때 이미 변화되어 있었다. 본 예언을 할 때는 더욱 그러했다. 참 의인은 폭력을 철저히 배격한다. 선한 동기가 살인을 불러일으킬 수 없다.

"그들이 그 분노대로 사람을 죽이고 그 혈기대로…." 그들은 분노(אַף, 아프)를 따라서, 그리고 혈기(רָצוֹן, 라촌; '뜻, 좋아함')를 따라서 행동했으므로 살인을 한 것이다. '분노'로 번역된 아프(אַף)의 원형은 아나프(אָנַף)로서 '코를 통하여 숨을 쉬다. 화가 나다'란 의미를 가지고 있다. 화가 났을 때 씩씩대는 모습과 코를 통하여 그 열기가 나오는 모습을 그림처럼 묘사하고 있는 단어다. 분노는 큰 범죄의 원인이며 또한 근원이다. 분노하는 자는 하나님의 저주를 받고 심판을 받게 된다. "나는 너희에게 이르노니 형제에게 노하는 자마다 심판을 받게 되고…"(마 5:22).

한편 '혈기'로 번역된 라촌(רָצוֹן)의 원형은 라차(רָצָה)로서 '기뻐하다'란 의미이며, 명사형 라촌(רָצוֹן)은 '기쁨(pleasure), 만족, 받아들임, 의지, 뜻(will, goodwill)'[11]을 의미한다. 그들은 복수를 하는 기쁨을 갖기 원했다. "모든 것이 가하나 모든 것이 유익한 것이 아니요 모든 것이 가하나 모든 것이 덕을 세우는 것이 아니니"(고전 10:23; 참고. 고전 6:12). 타락한 사람이나 악한 사람은 복수를 하고 기뻐하고 속시원해 하는 사람이다. 시므온과 레위는 그러한 종류의 사람들이었다. 성경은 고살자는 도피성이 없다고 말씀하고 있다.

"그 노염이 혹독하니 저주를 받을 것이요 분기가 맹렬하니 저주를 받을 것이라"(אָרוּר אַפָּם כִּי עָז וְעֶבְרָתָם כִּי קָשָׁתָה, 아루르 아팜 키 아

11) *BDB*, p. 953.

즈 웨에브라탐 키 콰솨타). 그들의 분노가 혹독하니(עָז[아즈], 원형은 עָזַז[아자즈], "강하게 되다. 점점 강해지다"), 그리고 분기(עֶבְרָתָם[에브라탐], 원형은 עָבַר[아바르], "지나가다", 명사형은 עֵבֶר[에베르], "지나감, 통과, 건너편")가 맹렬하니(קָשָׁתָה[아솨타], 원형은 קָשָׁה[콰솨], "거칠다, 잔인하다, 굳어지다") 저주를 받을 것이라.

그들은 분노를 절제하지 못하고 점점 키워 나갔고, 머리끝까지 치밀어 오르는 성격을 다스리지 못하고 그 성격을 따라 결정했다. 그러므로 그들의 분노와 분기가 저주를 받게 되었다. 그 아들들인 시므온과 레위가 저주를 받았다기보다도 그들의 분노와 절제하지 못하는 분기가 저주를 받았다. 그러므로 만일 그들이 분노와 분기를 절제하고 그것들을 버린다면 그들은 잘될 수 있는 것이다.

"내가 그들을 야곱 중에서 나누며 이스라엘 중에서 흩으리로다." 저들이 계속하여 함께 붙어 있다면 저들의 분노와 분기는 더 치솟아 오르고 그것을 절제할 자가 없게 될 것이다. 그러나 저들의 분노에 저주를 내리고 이스라엘 중에 흩어지게 한다면 저들의 분노는 사라지고 다스려지게 될 것이다. 그래서 저들 둘은 서로 협력할 수 없게 될 것이라는 것이다. 더 나아가서 저들의 후손들은 한 족속으로 함께 있지 못하고 지파들 사이에 흩어져서 거할 것이라는 의미이기도 하다.

시므온 지파는 이 예언대로 흩어지게 된다. 처음에 시므온 지파는 급속도로 증가했다. 출애굽 후 얼마 가지 않아서 저들은 59,300명으로 늘어났다(민 1:22, 23). 그러나 가나안 정복 직전에 시행된 두 번째 인구 조사에서는 22,200명으로 감소되었다(민 26:12-14). 여호수아 19:1-9을 보면 수가 작았던 시므온 지파는 독립된 지파로서 땅을 할당받지 못하고 유다 지파 중에서 거주지를 얻게 되었다. 유다 지파의 땅이 인구에 비례하여 너무나 넓었기 때문이다.

한편, 모세는 그의 마지막 축복에서 시므온을 제외시켜 버렸다(참고. 신 33장). 그리고 왕국 시대의 말기에는 단일 지파로서 명맥을 유지하지 못하고 사라져 버렸다. 그러나 일단(一團)의 시므온 사람들은 자기들의 정체성을 유지하기 위하여 세일 산으로 쳐들어가서 그곳에 있는 세일 자손을 축출하고 거기에 기거하게 되었다(대상 4:38-43). 이들로 인하여 잠언 30:1, 31:1에 나타난 '맛사'의 정체가 밝혀진다. 시므온 지파가 유다에 흡수되거나 각 지파에 흩어진 것은 저들에게 오히려 유익이 되었으니 이는 그들의 분기가 절제를 당하기 때문이었다. 만일 저들이 하나의 지파로서 남아 있었다면 그보다 훨씬 더 악화된 상황이 되었을 것이다.

레위 지파도 다른 지파 가운데 흩어질 것이었다. 그러나 광야에서 이스라엘이 금송아지 우상 숭배에 빠졌을 때 레위 지파가 하나님의 편에 서서 온 우상 숭배자들을 도륙함으로써(출 32:25-30) 저들은 좋은 누룩이 되어 흩어지게 되었다. 그 후에 비느하스의 분노는 그의 후손들로 하여금 평화의 언약의 도구로 사용되게 하는 역할을 했다. 예레미야 33장은 다윗 언약의 영원성을 재강조하고 있으며 동시에 레위 제사장의 영원성도 강조되고 있다(18-22장).

3) 유다(8-12절)

"유다야 너는 네 형제의 찬송이 될지라 네 손이 네 원수의 목을 잡을 것이요 네 아비의 아들들이 네 앞에 절하리로다 유다는 사자 새끼로다 내 아들아 너는 움킨 것을 찢고 올라갔도다 그의 엎드리고 웅크림이 수사자 같고 암사자 같으니 누가 그를 범할 수 있으랴 홀이 유다를 떠나지 아니하며 치리자의 지팡이가 그

발 사이에서 떠나지 아니하시기를 실로가 오시기까지 미치리니 그에게 모든 백성이 복종하리로다 그의 나귀를 포도나무에 매며 그 암나귀 새끼를 아름다운 포도나무에 맬 것이며 또 그 옷을 포도주에 빨며 그 복장을 포도즙에 빨리로다 그 눈은 포도주로 인하여 붉겠고 그 이는 우유로 인하여 희리로다."

유다는 가장 큰 축복을 받는다.

'유다'(יְהוּדָה, 예후다)는 본래 "내가 여호와를 찬송하리로다"(창 29:35)라는 말에서 유래된 것이다. 오데(אוֹדֶה, 찬송)와 야웨(יהוה)가 합해진 이름이다. 그런데 야곱은 유다의 이름 그대로 그에게 복을 줌으로써 그를 형제 가운데서 뛰어난 인물로 만들고 있다. 그를 통하여 나타날 후손으로 말미암아 하나님은 찬송(ידה, 야다)을 받으실 것이다. 따라서 유다는 그의 형제들의 찬송이 될 것이다.

"네 손이 네 원수의 목을 잡을 것이요 네 아비의 아들들이 네 앞에 절하리로다." 유다의 "손이 원수들의 목을 잡을 것이다"라는 말은 유다가 승리하는 자가 된다는 것을 의미한다. 이 예언은 다윗에게 와서 성취되었다(시 18:40). 뿐만 아니라 그는 형제 지파들보다 뛰어날 것이며, 그들보다 번성할 것이다. 후에 유다는 광야 길을 가는 동안 선두에서 행진하고 가나안 정복 전쟁에서도 선두가 된다(삿 1:2). 르우벤이 잃어버린 위엄과 능력의 특권이 유다에게 수여되는 순간이다. 이스라엘의 축복은 이어진다.

"유다는 사자 새끼로다." 사자는 동물의 왕이며, 그가 부르짖을 때 숲속의 모든 동물들은 두려움에 떤다. 그는 다른 지파들을 이끄는 지파가 될 것이며, 결국 그에게서 홀을 가지고 다스릴 왕이 나타날 것이다. 그에게서 감히 빼앗을 자가 없고, 그를 능가할 자가 없을 것이다. 그러므로 대적들이 그를 흔들거나 도전하거나 괴롭히지 못할 것이다.

"홀이 유다를 떠나지 아니하며 치리자의 지팡이가 그 발 사이에서 떠나지 아니하시기를 실로가 오시기까지 미치리니 그에게 모든 백성이 복종하리로다." 홀이 유다를 떠나지 않는다는 것은 왕권이 유다 지파에게 영원히 속할 것이라는 것이다. 이 예언은 다윗에게서 실현되었다. 다윗 이후로 왕권은 다른 지파에게로 넘어가지 않았다. 이스라엘의 왕권은 남북 왕조가 갈라진 후에도 계속하여 다윗의 후손들에게 주어졌다. 이스라엘은 그 왕권이 실로가 오시기까지 유다 족속에게 계속 주어질 것이라고 말하고 있다.

'실로'는 해석하기가 어려운 단어다. 이 단어에 대해서는 주로 세 가지 해석법이 있다.

(1) 어떤 사람은 "실로가 오시기까지"(until Shiloh comes)로 번역한다(Konig, Keil, Hengstenberg). 이렇게 해석하는 사람들은 실로의 어근이 샬람/샬라(שָׁלָה/שלם)라고 생각한 것이다. '샬람/샬라'는 '평화를 주는 자/안식의 사람'을 의미한다. 유다는 그 안식의 사람이 올 때까지 다스린다는 뜻이다. 이렇게 해석한다면 실로는 메시아를 의미하고, 그래서 본문은 메시아 예언 구절이 된다.

(2) 또 다른 사람은 "그가 실로로 오시기까지"(until he comes to Shiloh)로 번역한다. 그렇다면 그 다스리는 자가 성소가 있는 "실로로 오시기까지"를 의미하게 된다(참고. 삼상 1:3).

(3) 그리고 또 다른 사람들은 "그가 마땅히 권력을 가질 자"(until he comes whose right it is; LXX)로 번역한다. 70인경(LXX)이 그렇게 번역했는데, 70인경은 실로를 쉘로(שֶׁלּוֹ)로 보았다.

아마도 실로를 '안식의 사람 혹은 평화를 주는 자'로 번역한 첫 번째 해석이 옳을 것이다. 안식의 사람(실로)이 오면 그때 유다의 자손인 그분(실로)에게 모든 백성이 복종할 것이다(to whom they belong).

"그 나귀를 포도나무에 매며…." 유다와 포도나무가 연결되어 있다. 유다는 풍성함을 누릴 것이고, 그 풍요를 통하여 더욱 강해져 갈 것임을 보여 주고 있다.

4) 스불론(13절)

> "스불론은 해변에 거하리니 그 곳은 배 매는 해변이라 그 지경이 시돈까지리로다."

이스라엘은 스불론의 위치를 미리 예견한다. 그는 스불론이 해변에 거할 것이라고 말한다. 그러나 사실 스불론은 갈릴리 호수와 인접해 있는 지역에 거주했고, 지중해와의 사이에는 아셀 지파가 끼어 있다. 그들은 시돈과 인접한 지역에 거주할 것이다.

5) 잇사갈(14, 15절)

> "잇사갈은 양의 우리 사이에 꿇어 앉은 건장한 나귀로다 그는 쉴 곳을 보고 좋게 여기며 토지를 보고 아름답게 여기고 어깨를 내려 짐을 메고 압제 아래서 섬기리로다."

이스라엘은 잇사갈을 건장한 나귀로 본다. 그리고 그를 열심히 수고하고 일하는 자로 본다. 그는 열심히 섬기며 일하는 자가 될 것이다.

6) 단(16, 17절)

> "단은 이스라엘의 한 지파같이 그 백성을 심판하리로다 단은 길의 뱀이요 첩경

의 독사리로다 말굽을 물어서 그 탄 자로 뒤로 떨어지게 하리로다."

단은 심판하는 일을 할 것이다. 야곱이 이렇게 말한 것은 단이란 이름으로 '심판하다'란 의미를 가진 딘(דִּין)과 어희를 하고 있기 때문이다. 단은 첩(빌하)의 아들이다. 그러나 단에게 이러한 특권을 부여한 것은 이스라엘 국가 안에서 종이나 자유자가 차별이 없을 것이라는 사실을 예고한 것이다. 삼손은 단 지파 출신의 사사로 일했다. 그러나 단 지파는 뱀(독사)처럼 말의 뒷꿈치를 물어 떨어뜨리는 위험스런 존재가 될 것이다. 이것은 사사기 18장에 나타난 사실을 암시한 것인지도 모른다.

7) 갓, 아셀, 납달리(18-21절)

"여호와여 나는 주의 구원을 기다리나이다 갓은 군대의 박격을 받으나 도리어 그 뒤를 추격하리로다 아셀에게서 나는 식물은 기름진 것이라 그가 왕의 진수를 공궤하리로다 납달리는 놓인 암사슴이라 아름다운 소리를 발하는도다."

이스라엘은 아들들의 장래를 예견해 가다가 갑자기 중단하고 자신의 소망을 말하고 있다. "여호와여 나는 주의 구원을 기다리나이다." 이것은 야곱이 자기의 구원이 이러한 인간들이나 자녀들을 통하여 얻어지지 않고, 여호와께서 친히 주시는 구원을 기다린다는 신앙고백이다. 히브리인들은 자손(아들)을 통하여 영생을 얻는다고 생각했다. 그러나 이스라엘은 그러한 자손들을 통한 영생을 원한 것이 아니라 하나님께서 친히 선사하시는 구원을 맛보기를 원했다. 이것은 죽음을 앞둔 야곱에게는 간절한 것이었다.

갓은 원수의 추격을 받아도 오히려 원수를 추격하게 될 것이다. 야곱이 이렇게 말한 것은 '갓'(גָּד)의 어근은 나다드(נדד, 움직이다, 좇아가다)이며 '추격하다'란 동사의 원형은 누드(נוד)이기 때문이다. 어근이 같으므로 여기서도 야곱은 어희를 하고 있다.

아셀은 '복 있는 자' 혹은 '기쁜 자'란 뜻이다. 이러한 이름을 가진 아셀에게 풍부한 축복을 해주는데, 그들은 가나안 땅에서 갈멜 산 북쪽 연안에 위치하여 가장 비옥한 곳을 물려받는다. 그리하여 왕의 진수를 공궤하는 데 주역을 담당한다.

납달리에게는 자유로운 암사슴이라는 별명을 붙여 준다.

8) 요셉에 대한 축복(22-26절)

> "요셉은 무성한 가지 곧 샘 곁의 무성한 가지라 그 가지가 담을 넘었도다 활 쏘는 자가 그를 학대하며 그를 쏘며 그를 군박했으나 요셉의 활이 도리어 견강하며 그의 팔이 힘이 있으니 야곱의 전능자의 손을 힘입음이라 그로부터 이스라엘의 반석인 목자가 나도다 네 아비의 하나님께로 말미암나니 그가 너를 도우실 것이요 전능자로 말미암나니 그가 네게 복을 주실 것이라 위로 하늘의 복과 아래로 원천의 복과 젖먹이는 복과 태의 복이리로다 네 아비의 축복이 내 부여조의 축복보다 나아서 영원한 산이 한없음같이 이 축복이 요셉의 머리로 돌아오며 그 형제 중 뛰어난 자의 정수리로 돌아오리로다."

요셉은 샘 곁의 나무로 비유된다. 샘 곁의 나뭇가지는 무성하여 다른 사람의 담을 넘어간다. 이것은 다른 사람들에게까지 영향을 주는 사람으로 번성했다는 것을 의미한다. 요셉은 대적하는 자들로부터 여러 험난한 일들을 당했으나, 그의 활이 여전히 강하며 그의 손과 팔이 여전히 민첩하여 그것들을 이겨냈다.

24절의 "요셉의 활이 도리어 견강하며 그의 팔이 힘이 있으니 야곱의 전능자의 손을 힘입음이라 그로부터 이스라엘의 반석인 목자가 나도다"란 말이 무엇을 의미하는지는 묘연하다. '그로부터'가 누구를 의미하는가? 대명사 '그'를 요셉으로 생각한다면, 요셉에 대한 예언은 실현되지 않았다. 그러므로 우리는 '그로부터'를 '요셉으로부터'로 이해해서는 안 된다.

대명사 '그'는 바로 직전에 언급한 '야곱의 전능자'를 가리킨다. 야곱의 전능자로부터 이스라엘의 반석인 목자가 나타난다는 뜻이다. 그런데 어찌하여 요셉을 언급하면서 이러한 말을 했는지 의문스럽다. 이러한 의문점을 해결하기 위하여 다음의 몇 가지 해석 방법이 제시되어 왔다.

(1) 하반절을 맛소라 사본 그대로 직역한다면 '이스라엘의 반석이신 목자의 계신 곳에서부터'란 뜻이다. 그렇다면 이 문구는 25절 상반절("네 아비의 하나님께로 말미암나니 그가 너를 도우실 것이요 전능자로 말미암나니 그가 네게 복을 주실 것이라")과 평행을 이루는 구절이다. 이 구절에서 언급한 목자가 누구를 가리키는지는 알기가 어렵다. 그(요셉)가 이스라엘 온 가속들의 지도자와 보호자가 되었던 것처럼 여호수아가 그의 후손 가운데서 나올 것을 의미하는지…? 여호수아는 예수의 예표다. 요셉 역시 예수의 예표적 인물이다.

(2) 유대인 학자 라쉬(Rashi)는 요셉이 이스라엘의 반석(백성)의 목자가 되었다고 해석한다.[12)]

(3) 그러나 다르게 생각하여 이 구절 전체를 "이스라엘의 목자 곧 이스라엘의 반석의 이름으로 말미암는 야곱의 전능자의 손을 힘입음이라"로 이해해도 틀리지 않는다. 그렇다면 요셉이 그렇게도 험한 고난을 이겨냈던 것은 야곱이 돌에 기름붓고 목자가 되어 달라고 요구

12) A. Cohen, *Soncino Chumash*(I), p. 308.

했던 그 전능자께서 요셉의 힘이 되어 주셨다는 뜻이다. 그렇다면 24절의 "그로부터 이스라엘의 반석인 목자가 나도다"란 구절은 메시아 예언이 아니고 과거에 요셉을 도와주셔서 고난을 통과하게 하시고 요셉을 총리로 만들어 주신 분이 곧 야곱이 돌에 기름을 붓고 보호해 달라고 요청했던 그 하나님이셨다는 사실을 강조하고 있는 내용이 될 것이다. 아마도 이 해석이 옳은 것 같다. 이 구절 가운데 메시아 예언의 기미는 들어 있지 않은 것 같다.

요셉은 장자의 축복을 받았다(대상 5:1을 보라). 유다는 치리자의 축복을 받음으로써 지도자는 유다에게서 나올 것이다. 그러나 요셉은 장자가 받아야 할 물질적인 축복을 받았는데, 고대 근동에서 장자는 본래 다른 아들들보다 두 배를 더 상속받는 법이다. 그는 이스라엘 열두 지파에서 두 지파가 된다. 그리고 남북 왕국으로 갈라질 때 요셉의 차자로서 장자의 축복을 받은 에브라임은 북 이스라엘의 대표 지파가 된다. 지도에서 므낫세와 에브라임의 지역들을 찾아보라. 저들은 이스라엘 나라 안에서 가장 광활한 땅을 소유했다. 원래 장자는 다른 아들들보다 두 배를 받지 않는가? 이어지는 축복에서 이스라엘은 요셉 지파에게 풍성한 복이 임할 것임을 예고한다. 과연 훗날의 그들(에브라임과 므낫세)은 대단히 번성했고, 풍요를 누리는 지파가 되었다.

9) 베냐민(29절)

> "베냐민은 물어뜯는 이리라 아침에는 빼앗은 것을 먹고 저녁에는 움킨 것을 나누리로다."

베냐민은 비록 야곱이 사랑하는 라헬의 아들이었지만, 속에 사나운 기질을 가지고 있는 아들이었다. 이 묘사에 사나운 기질을 절제하라는 암시가 들어 있는 것 같기도 하다. 베냐민 지파의 출신들 가운데는 사사 에훗, 사울, 요나단 등이 있다. 사사 시대에는 베냐민 지파의 비류들의 악행으로 말미암아 베냐민 지파 전체가 결단날 뻔하기도 했다(삿 19-21장).

르우벤의 비극의 원인은 그의 참지 못하는 정욕에 있었다. 정욕을 절제하지 못하는 사람은 아무리 큰 인물로 태어났을지라도 하나님이 그를 지극히 작은 자로 만든다. 그러므로 육신의 절제는 인생의 성공과 실패를 좌우한다. 옛말에 주색잡기(酒色雜技)는 패가망신의 원인이라고 하지 않았던가?

레위, 시므온의 비극의 원인은 그들의 참지 못하는 분노였다. 그 분노가 구체화되고 분노에 의해서 살인을 했을 때, 하나님은 그에게 주어질 축복을 거두시고 그 힘을 약화시키셨다. 이들을 통해서도 절제가 얼마나 중요한지를 배우게 된다.

결국 유다와 요셉은 각각 넷째 아들과 열한째 아들로 태어났을지라도 장자의 축복을 받고 탁월한 인물이 되었다.

야곱은 마지막 유언을 한다(29-32절). "그가 그들에게 명하여 가로되 내가 내 열조에게로 돌아가리니 나를 헷 사람 에브론의 밭에 있는 굴에 우리 부여조와 함께 장사하라 이 굴은 가나안 땅 마므레 앞 막벨라 밭에 있는 것이라 아브라함이 헷 사람 에브론에게서 밭과 함께 사서 그 소유 매장지를 삼았으므로 아브라함과 그 아내 사라가 거기 장사되었고 이삭과 그 아내 리브가도 거기 장사되었으며 나도 레아를 그 곳에 장사하였노라 이 밭과 거기 있는 굴은 헷 사람에게서 산 것이니라." 이러한 유언을 하고 난 야곱은 "아들에게 명하기를 마치고 그 발을 침상에 거두고 기운이 진하여 그 열조에게로 돌아갔더라"(33절)고 했다.

본문에 헤브론에 대한 야곱의 언급이 나타난다. 헤브론은 최초로 이스라엘 백성의 소유지가 된 땅으로서 아브라함이 헷 사람 에브론에게서 돈을 주고 산 땅이다. 이 땅은 이스라엘이 가나안 땅을 소유함에 있어서 첫 열매에 해당하는 곳이다. 이 곳에 그들의 조상 아브라함, 사라, 이삭, 리브가, 레아가 묻혀 있다. 그러므로 그 곳은 이스라엘의 모든 조상들이 대대로 묻혀 온 곳이다. 야곱 자신도 그 곳에 묻히기를 원했다. 결국 창세기 50:1-14을 보면 야곱도 그 곳에 매장된다.

그런데 특이한 사실은 야곱이 그렇게도 아꼈던 라헬이 그 곳에 묻히지 못하고 그의 첫 아내인 레아가 묻혔다는 점이다. 레아는 야곱의 사랑을 받지 못했음에도 불구하고 그의 본처가 된다. 레아는 유다를 낳음으로써 메시아의 조상의 명단에 들어간다. 메시아는 장자의 축복을 통하여 그 씨(후손)가 이어져 내려가는 가계를 통하여 오실 것이다.

수많은 고생의 세월을 보낸 야곱도 자기의 조상들에게로 돌아갔다. 사람은 이 세상에 태어나는 순간부터 죽음을 향하여 나아간다. 그렇게 살아가는 동안 인간은 이 세상에서 수많은 고통과 즐거움, 행복과 슬픔 등을 맛본다. 그러나 결국 인생의 기억에 즐거움과 행복보다는 고통과 슬픔이 많았던 것처럼 느껴지는 것은 무엇 때문일까? 우리는 이 세상에서 행복을 추구하면서 살아간다. 이 세상을 살아가는 동안 순간순간 일시적인 행복은 맛볼지라도 완전한 행복은 여전히 미래의 것으로 남는다. 우리가 바라는 지고의 행복은 우리가 이 고난 많은 세상을 떠날 때 우리의 수고의 보답으로 하나님이 우리에게 주실 것이다. 우리 신자들은 이러한 소망 가운데서 살아간다.

11. 야곱의 장례와 요셉의 죽음(50장)

요셉은 부친 이스라엘의 시신을 지극히 존귀하게 취급하여 바로 왕이 죽었을 때 하는 것처럼 미라를 만들고 70일 간을 애곡한다(1-3절). 이스라엘의 시신을 가나안 땅에 안치하기 위하여 온 가족은 물론 애굽의 장로들, 바로의 모든 신하들이 이 장례 행렬에 동참한다. 그것은 바로의 장례에 필적할 만큼 거대한 장례 행렬이었다.

"그들이 요단강 건너편 아닷 타작마당에 이르러 거기서 크게 호곡하고 애통하며 요셉이 아비를 위하여 칠 일 동안 애곡하였더니 그 땅 거민 가나안 백성들이 아닷 마당의 애통을 보고 가로되 이는 애굽 사람의 큰 애통이라 하였으므로 그 땅 이름을 아벨미스라임(애굽의 곡함)이라 하였으니 곧 요단강 건너편이더라"(10, 11절).

누구보다도 요셉의 상실감은 더욱 컸을 것이다. 그는 아버지 이스라엘을 사랑했으므로 그의 상실감도 더욱 컸다. 요셉은 장례 의식의 대표자로서 모든 호상객들을 거느리고 가나안 땅까지 인도해 갔다. 가나안 땅 아닷 타작마당에서 7일 간이나 애곡했다. 그러한 거대한 애곡 의식의 모습을 본 가나안 사람들은 그 곳 이름을 '아벨미스라임'(애굽의 곡함)이라고 이름 붙이기까지 했다.

요셉의 일행은 오랜 장례 의식을 마치고 애굽으로 돌아왔다. 국사를 돌보는 요셉의 일정은 눈코 뜰 사이 없이 바빴을 것이다. 그 동안 밀린 업무가 요셉을 거의 쉴 새 없이 만들었을 것이다.

그러나 형들은 속으로 걱정했다. 아버지가 살아 있을 때는 아버지의 그늘 아래서 걱정 없이 살아갔다. 그러나 이제 아버지가 죽은 이때, 요셉이 과거의 자기들의 행실에 대해서 복수를 하지나 않을까 하는 걱정으로 마음이 늘 불안했던 것이다. 아무래도 걱정이 된 그들은 함께 의논하고 요셉에게 사람을 보내어 말을 전했다. "당신의 아버지가 돌아가시기 전에 명하여 이르시기를 너희는 이같이 요셉에게 이르라 네 형들이 네게 악을 행하였을지라도 이제 바라건대 그 허물과 죄를 용서하라 하셨다 하라 하셨나니 당신의 아버지의 하나님의 종들의 죄를 이제 용서하소서."

이웃에게 악행하면 우리도 이들처럼 불안한 마음과 괴로운 마음을 가지고 살아갈 것이다. 그들은 자기들을 '당신의 아버지의 하나님의 종들'이라고 말한다. 그들은 요셉과 함께 하나님을 섬기는 자들임을 요셉에게 인식시켜 주기를 원했던 것이다. 형들의 말과 같이 그들은 한 아버지를 모시고 있었고, 지금도 같은 하나님을 섬기고 있었다.

이러한 형들의 말을 듣고 요셉은 울었다. 아버지가 죄를 용서해 주라고 유언을 통해 말씀을 하지 않아도 요셉은 이미 용서했다. 그래서 요셉은 형들의 사과를 받을 마음도 없었다. 형들이 지금까지 자기들의 죄를 용서해 달라고 한 번도 사과하지 않았고, 용서를 빌지도 않았다. 그런데 정식으로 자기들의 죄를 시인하고 잘못과 악행을 용서해 달라고 요청했을 때, 형들은 직접 와서 사죄를 구하지 않고 사람을 보내서 간접적으로 용서해 달라고 하고 있다. 형들은 자기만큼 친밀하게 생각하고 있지 않았다는 사실을 알게 된 것이다. 그래서 요셉은 형들이 자기를 두려워하고 있다는 사실 때문에 울 수밖에 없었던 것이다.

이런 일이 있은 후에 이번에는 형들이 직접 요셉을 찾아왔다. 그리고 이렇게 말한다. "우리는 당신의 종이니이다." 형들이 이런 말을 한 것은 요셉이 두려워서였다. 그러나 성경은 "사랑엔 두려움이 없나니…"라고 기록하고 있다. 따라서 두려워하고 있던 형들은 아직도 요셉을 진정으로 사랑하고 있지 않다는 사실을 드러내 주는 것이다.

그러나 요셉은 가슴으로부터 진정으로 형들을 사랑하고 있었다. 그래서 요셉이 오히려 형들을 달래고 위로하면서 저들을 보호하고 저들의 자녀들을 기르겠다고 약속했다. 19-21절은 다음과 같이 기록하고 있다. "두려워 마소서 내가 하나님을 대신하리이까 당신들은 나를 해하려 하였으나 하나님은 그것을 선으로 바꾸사 오늘과 같이 만민의 생명을 구원하게 하시려 하셨나니 당신들은 두려워 마소서 내가 당신들과 당신들의 자녀를 기르리이다 하고 그들을 간곡한 말로 위로하였더라." 이 말 가운데서 요셉의 차원 높은 인간성을 발견할 수 있다.

1) 요셉은 이 세상에서의 하나님의 역사 방법을 알고 있었다.

(1) 무엇보다도 그는 세상의 모든 일들이 하나님의 손에 의하여 일어난다는 사실을 잘 알고 있었다. 그는 자기의 삶까지도 자기가 주장하지 못하고 하나님의 손에 의해서 이루어져 간다고 생각했다. 그러므로 그의 삶은 전적으로 하나님에게 의지하는 삶이었다.

(2) 또한 요셉은 아무리 인간들이 악행한다고 할지라도 하나님께서 악인들의 그 악행까지도 선으로 바꾸신다는 사실을 알고 있었다. 악행하는 사람들은 자기가 모든 사건들을 일으키고 해결하는 것처럼 생각할 수 있다. 그러나 그 악한 생각과 행동까지도 하나님의 허락에 의하여 나온다. 그리고 나중에 그 악행한 자는 멸하시고, 하나님을 의지하는 사람은 승리하게 하시는 것이다. 형들은 요셉을 팔기 전에 의

논했었다. "그 꿈이 어떻게 되는 것을 우리가 볼 것이니라." 그러나 형들은 요셉이 꾼 꿈을 깨버리거나 좌절시킬 수가 없었다. 하나님께서는 요셉의 꿈을 좌절시키기 위하여 행한 그 행동을 통하여 요셉의 꿈이 이루어지게 하셨다. 하나님의 역사는 기묘하다. 하나님은 악을 선으로 바꾸신다. 로마서 8:28을 보자. "우리가 알거니와 하나님을 사랑하는 자 곧 그 뜻대로 부르심을 입은 자들에게는 모든 것이 합력하여 선을 이루느니라."

2) 요셉은 사랑이 무엇인지를 알았던 사람이다.

일반적으로 사랑은 받은 대로 대접해 주는 것 정도로 알고 있는 경향이 있다. 받았으니 주는 것은 다른 말로 표현하면 보복이라는 말과도 같다. 이런 경우는 엄밀한 의미에서 사랑이라는 단어를 붙일 수 없다.

사랑은 무조건적이다. 그리고 사랑이란 다른 사람이 나를 미워하고 나에게 해를 끼쳐도 여전히 상대방을 배려해 주고, 돌보아 주고, 감싸 주고, 도와주는 것이다. 예수님의 십자가에서의 기도는 주님의 사랑을 나타낸 것이었다. "이에 예수께서 가라사대 아버지여 저희를 사하여 주옵소서 자기의 하는 것을 알지 못함이니이다"(눅 23:34).

3) 요셉은 죄 용서를 하나님만이 하실 수 있는 것으로 분명하게 알고 있었다.

"두려워 마소서 내가 하나님을 대신하리이까?" "난 너를 절대로 용서할 수 없어! 죽어도 용서 안 할거야!"라고 말하는 사람은 자기가 하나님이 되겠다는 사람이다. 요셉은 자신이 형들의 죄를 용서할 권한

이 없다는 사실을 분명하게 인식하고 있었다.

24-26절을 보자. "요셉이 그 형제에게 이르되 나는 죽으나 하나님이 너희를 권고하시고 너희를 이 땅에서 인도하여 내사 아브라함과 이삭과 야곱에게 맹세하신 땅에 이르게 하시리라 하고 요셉이 또 이스라엘 자손에게 맹세시켜 이르기를 하나님이 정녕 너희를 권고하시리니 너희는 여기서 내 해골을 메고 올라가겠다 하라 하였더라 요셉이 일백 십세에 죽으매 그들이 그의 몸에 향 재료를 넣고 애굽에서 입관하였더라."

본문 가운데서 요셉의 확신과 소망을 엿볼 수 있다. 그러므로 종합해서 볼 때, 요셉은 믿음, 소망, 사랑을 소유한 인물이었다. 요셉이 애굽 땅을 자신의 영원한 거주지가 아니라고 생각하고 살았다는 사실을 본문(24, 25절)을 통해서 알 수 있다. 그는 이스라엘 자손들이 하나님의 약속의 땅을 얻게 될 것을 철저하게 믿은 사람이었다.

요셉은 110세를 살면서 증손자까지 보았다. 그리고 위대한 생애를 살았던 요셉도 세상을 떠났다. 그의 시신은 애굽에 묻혔다. 모든 사람은 반드시 죽는다. 그리고 그 다음에는 심판이 있다(히 9:27).

요셉의 인물됨은 그리스도와 비교가 된다. 둘 다 아버지의 사랑을 받았다는 사실이다. 요셉은 아버지 야곱의 지극한 사랑을 받았고, 예수께서는 하나님의 사랑 받는 아들이셨다(골 1:13). 둘 다 형제들로부터 미움을 받았다. 요셉은 형들로부터, 그리고 예수님은 자기의 형제 된 백성들에게 미움을 받았다(요 1:11). 그래서 결국 자기 형들로부터 끊어지는 고통을 당했다. 그리고 둘 다 팔려 갔다. 요셉은 은 20에(창 37:28), 그리고 예수님은 은 30에 팔렸다(마 26:15). 요셉은 형들이 죽이려고 했고, 예수님은 죽임을 당했다.

요셉은 본격적인 사역을 하기에 앞서서 30년이라는 준비 기간이 있었다. 그는 17세에 애굽으로 팔려 가서(창 37:2), 13년 간을 종살이와 옥살이를 했다. 그래서 그가 애굽의 총리가 되었을 때 그의 나이는 30세였다(창 41:46). 예수께서는 30년 간 부모와 가족을 섬기거나 혹은 돌보면서 사셨다(눅 3:23). 요셉의 사역은 자기 가족과 주변의 세계를 살리고 유익을 주었다. 예수님의 사역은 인류와 이방인들을 포함한 온 인류를 살리는 구원 사역이었다.

족장들의 생애를 요약하면 다음과 같다.

> 아브라함의 생애가 신앙의 개척의 생애였다면,
> 이삭의 생애는 신앙의 전수의 생애였으며,
> 야곱의 생애는 신앙의 연단의 생애였고,
> 요셉의 생애는 환란 중에서 신앙의 인내와 승리의 생애였다.

결 론

창세기의 관점은 우주로부터 지상으로 그리고 아담으로부터 온 인류로, 그러고 나서 아브라함이라는 한 인물로 좁아져 가서 다시 야곱에게 와서 한 부족으로 성장해 가는 과정에 모아져 있다. 다시 말하면, 창세기는 우주가 어떻게 시작되었는지에서부터 출발하여 지구가 어떻게 창조되었는지, 인간이 어떻게 창조되었으며 어떻게 타락했는지, 하나님께서 인간을 어떻게 구속하셨는지, 하나님께서 다시 온 인류를 구속하기 위하여 어떻게 아브라함을 택하시고 그를 보호하시며 인도하셨는지 그리고 아브라함, 이삭, 야곱으로 이어지는 가계가 어떻게 하나의 부족으로 성장하게 되었는지를 보여 주고 있다.

이러한 한 부족의 성장의 역사에서 주도권을 쥐고 역사하신 분이 창조주 여호와 하나님이심을 보여 주고 있다. 모든 인간의 역사가 하나님의 계획을 따라 하나님의 손에 의하여 이루어져 간다는 사실을 분명하게 보여 주고 있다. 창세기에서 암시적으로 교훈하고 있는 것을 한마디로 말한다면, 창세기는 이 하나님의 계획에 대한 순응(순종)의 중요성을 가르치고 있다는 것이다.

부 록

히브리인들의 날 개념

I. יוֹם의 언어학적 고찰

1. 악카디아어에서의 날

2. 애굽어에서의 날

3. 히브리어에서의 날

II. יוֹם에 대한 신학적 고찰

1. 물리학적 시간 개념으로서의 날

2. 심리학적 시간 개념으로서의 날

I. יום의 언어학적 고찰

(이 글은 필자가 제출한 학위논문 "여호와의 날"에서 1장을 발췌한 것이다.)

1. 악카디아어에서의 날

셈어의 보통명사 *yaum*은 어떤 동사의 어근으로부터도 파생되지 않은 단어로서 악카디아어에서는 *umu(m)*로 나타나며 고대 악카디아에서는 *yumum*으로 나타난다. 복수형은 일반적으로 *umu*이고 여성형은 *umatu(m)*이다. 파생어들은 *umtum/undu*(특별한 날), *uma(m)*(오늘), *umakkal*(한 날), *umis*(밝은 날처럼), *umisam(ma)*과 *umussu*(매일), *umsu(m)*(오늘날까지) 등이다.

*umu*는 수메르어에서 빌려온 말이다. 수메르어에서 *u(d)*는 날을 의미하기도 하며 폭풍우를 의미하기도 한다.[1] 이것은 다른 셈어에서와 인도 유러피안어(Indo-European language)에서처럼 '밤과 대조되는 것'으로, 그리고 '낮 시간과 밤 시간을 모두 포함하는 것'으로 이해되었다. 낮 시간과 밤 시간은 각기 두 개의 6기간으로 나누어진다. 그리고 그것의 길이는 계절에 의하여 결정된다. 날의 기본적인 구성은 아침, 낮, 저녁[2]으로 되어 있다. 제의 종파(cult)에서는 밤과 대조되는 날이 길한 날이나 불길한 날들로 결정되는 데 사용된다. 날은 보다 자주 모든 종류의 문서들 가운데서 시간의 한 단위(a unit of time)가

---

1) von Soden, יום, TDOT-VI, pp. 7f.

2) בקר, צהרים, ערב

된다. 또한 셈어에서 *umu*는 날씨의 의미로도 사용되었다.3)

2. 애굽어에서의 날

애굽어의 낱말 중에서 날이란 단어 *hrw*는 가장 중요한 단어다. 언어학적으로 *hrw*(만족하게 된, 조용한, 행복한)라는 단어에서 *hrw*란 명사는 한정된 징조로서 태양을 의미한다. 이 단어는 밝은 날을 가리키며 태양이 빛나고 있는 기간을 가리킨다. 그러나 애굽어 *hrw*는 역시 낮과 밤 모두를 가리킬 수 있다. 날은 아침이나 동이 튼 후에 시작된다. 그리고 밤은 다른 기간, 즉 하나의 태양이 있는 날과 그 다음날의 태양이 있는 날 그 사이 또는 어제와 오늘 사이를 나타내기도 한다. 애굽인들에게 기본적인 것은 두 때라고 불리는 낮과 밤의 리듬이었다.

3. 히브리어에서의 날

יום이 어떤 단어에서 파생되었느냐는 것은 셈어에서 발견되지 않는다. 즉 불분명하다는 것이다.4) Nöldeke 같은 신학자들은 두 글자로 된 어근 ים이라고 생각했고, 대다수의 사람들은 세 글자로 된 יום이라고 생각했다. 만약 יום이 옳다면 복수형인 יָמִים은 단수 יום과 형태가 다르게 되는데, 이런 문제에 대하여 이들은 יָמִים과 שָׁנִים을 비교하여 설명한다.5) 그러므로 יום의 어근은 יום이라는 것이 일반적으로 받아들

3) 초기에는 복수로 후기에는 단수로 쓰임. 예를 들면 *umu danu*, '날씨가 나쁘다' 등. Soden, Ibid., pp. 8-10.

4) Sæbφ, יום, TDOT -VI, pp. 12-13; BDB, p. 398.

여지고 있는 견해다.

이 יום은 (1) 밤과 대조되는 낮으로 사용되기도 하며,[6] (2) 시간의 구분으로서의 날을 의미하기도 하고,[7] (3) 사람이나 인격체와 함께 쓰일 경우에는 그 사람의 활동 기간 또는 생애, 왕일 경우에는 그의 통치 기간을 가리키기도 하며,[8] (4) 시기 또는 때로서의 날을 의미하기도 한다.[9] יום은 평범한 날을 의미하지만 특별한 날을 의미할 수도 있다.[10]

יום이 יהוה와 함께 쓰일 때 그 날은 두 가지 의미로 사용되는데, 첫째로 넓은 의미에서 그 날은 평범한 날들을 포함한 역사상의 모든 날들을 다 가리킬 수 있다. 왜냐하면 그 날은 여호와께서 만드신 날이기 때문이며, 또한 우리의 천 년이 여호와께는 한 날과 같기 때문이다(시 90:4). 둘째로 좁은 의미에서 여호와의 날은 여호와의 임재의 날, 즉 여호와께서 세상을 심판하시기 위하여 오시는 특별한 날이다. 왜냐하면 구약이나 신약에서 여호와의 날 혹은 주의 날은 모두 그의 심판의 날을 가리키고 있기 때문이다. 이 심판의 날이 의인에게는 축복이 되는 날이기도 하다.[11]

---

5) שָׁנִים은 שׁנה의 복수형으로 year와 같은 뜻이다. שׁנה가 복수형 어미 ים. 이 붙으면서 ה가 떨어져 나갔다. 이와 비슷하게 יום의 복수형은 יָמִים이 되어야 하지만 히브리 문법에서 울티마가 복수형으로 변하면서 음절이 길어지면 첫 음절은 짧아지게 된다. 이는 울티마가 길어짐으로써 악센트가 새 음절로 이동하여 앞의 발음을 빨리 하고 악센트가 있는 곳으로 옮겨 가려는 경향 때문이다. 그래서 יָמִים이 된다는 것이다. J. Weingreen, *A Practical Grammar for Classical Hebrew*, Oxford, 1975, p. 36; Sæbφ, Ibid., p. 13.

6) 창 7:4, 12; 8:22; 31:39, 40 등.

7) 출 16:26, 30; 20:9, 10; 23:12 등.

8) 창 6:3; 신 22:19, 20; 23:7; 수 24:31 등.

9) 잠 25:13; 창 30:14; 수 3:15; 민 13:20 등. *BDB.*, pp. 398-401.

10) G. Braumann, ʽ*ημερα*, DNTT-II, p. 887. 참고. 창 4:14; 욥 3:1.

II. יום에 대한 신학적 고찰

1. 물리학적 시간 개념으로서의 날

히브리인들은 시간이나 날을 그리스인들처럼 태양과 달, 별들을 이용하여 규정했으나(참고. 창 1:14) 그 방법은 그들과 전혀 달랐다. 그리스인들은 천체들, 특히 태양이 하늘에 있었던 곳을 관찰했다. 인도게르만인들 모두가 그러했듯이 그들은 태양의 운행을 연구했다. 그런데 이스라엘에서는 그러한 흔적을 찾아볼 수가 없다. 그들은 달과 그 변하는 모양을 보고 시기들을 결정했다.[12)]

예를 들면 사라진 달이 처음으로 나타난 때를 월삭(new moon)으로 정하고 그 날에 축하연을 베풂으로써 새로운 달이 시작되었음을 알렸다. 사무엘상 20:24-29을 보면 그 흔적을 엿볼 수 있는데, 사울왕은 월삭 때에 새로운 달을 축하하여 모든 신하들과 함께 식사를 했다고 기록한 것을 읽어 볼 수 있다. 월삭을 지켰다는 증거는 성경 여

11) *BDB.*, p. 399. 여호와의 날을 묘사하고 있는 구절들은 다음과 같다. 암 5:18, 20; 사 2:12; 13:6,9; 습 1:7(5:8 참고); 렘 46:10; 겔 13:5; 30:3(참고. 겔 36:33; 39:8, 11, 13); 옵 15; 슥 14:1; 말 3:23(참고. 슥 14:7); 말 3:2, 17, 19, 21); 욜 1:15; 2:1, 11; 3:4; 4:14; 여호와의 날은 그 날, 진노의 날, 보수의 날 등으로 묘사되기도 한다.

12) Thorleif Bomann, *Das Hebraische Denken im Vergleich mit dem Griechschen*, 히브리적 사유와 그리스적 사유의 비교, 허혁 역, 분도 출판사, 1989, 155쪽.

러 곳에 나타난다.[13] 이렇게 달을 보면서 물리적 시간을 측정했으나, '일 일', '일 주일' 등 날의 변동이 있을 때는 태양과 달의 주기에 의하여 결정했다. 태양과 달은 물체로 불리기보다는 빛을 지닌 물체들[14] 또는 빛들[15]로 일컬어졌다. 태양이 주도적인 빛과 열의 제공자일 때의 시간은 낮이고, 달이 주도적인 빛이고 별들과 함께 빛날 때의 시간은 밤이다(창 1:16).

보다 구체적으로 말하자면 빛은 표준적이고 결정적인 것이기 때문에 날이라 불렸고, 하늘의 빛들을 창조하기 이전과 같은 암흑은 밤이라고 불렸다.[16] 여기서 히브리인들의 יום 개념이 발전하는데, יום은 빛이 있는 부분이다.[17] 그리고 히브리인들에게 흑암 부분인 밤은 날이 바뀌어 가는 과정 또는 날의 나머지 부분으로 보였다. "저녁이 되며 아침이 되니…"라는 문구에서 어두움이 깃들이면서 빛이 자취를

---

13) 민 10:10; 28:11,14; 29:6; 삼상 20:5; 시 81:3; 사 1:13,14; 47:13; 66:23; 겔 45:17; 46:1, 3, 6; 호 2:11(히. 13); 암 8:5.

14) מְאֹרֹת, 창 1:14.

15) אוֹרִים, 시 136:7.

16) 창 1:5. 본문의 빛(אוֹר)의 실체가 무엇이냐 하는 문제에 대해서는 의견이 분분하다. 어떤 사람은 본질상 물질적이 아닌 영적인 것으로 생각했다. Augustine, *De Genesi ad Literam*, lib.i.c. 3. quoted from Thomas Whitelaw, *Genesis* (Pulpit Comm.), Eerdmans, p. 10. 그리고 어떤 이는 이 빛이 존재하기는 했으나 보이지는 않았다고 한다. 또 어떤 이는 넷째 날 태양이 만들어진 후에야 빛이 비추었다고 한다. 그러나 이런 모든 견해는 옳다고 볼 수 없다. 빛은 물리적인 빛 이외에 다른 의미를 갖지 않는다. 그 이유는 이 빛에 의해서 낮과 밤이 생겼기 때문이다. 그리고 태양과 달, 별들은 처음부터 창조되어 있었으나 다만 그것들이 빛을 발하는 발광체들로서 역할을 하지 못하고 있었다가 넷째 날에 가서야 빛을 지닌 물체가 되었다. J. Calvin, *Harmony of Pentateuch*(I), Eerdmans, 1963, p. 52; H. C. Leupold, *Exposition of Genesis*(I), Baker, 1978, pp. 52f.; K & D., *Genesis*(I), Eerdmans, p. 49.

17) H. C. Leupold, op. cit., p. 56.

감출 때 저녁이 되었으며, 이 저녁이 옴으로써 하루의 일과가 끝났다는 것을 알 수 있다. 그리고 다시 빛이 나타나면서, 즉 그 다음날 아침이 되면서 완전한 하루가 되었음을 인식할 수 있다. 그러므로 하루는 아침부터 그 다음날 아침까지가 되는 것이다.[18] 그러므로 "저녁이 되며 아침이 되니…"란 표현은 히브리인들에게 자연스러운 표현이다.

그러나 행위적인 면에서 볼 때, 하나님의 사역은 실질적으로 저녁이 되면서 마쳐졌다고 보아야 한다. 그러므로 히브리인들은 하루의 시작을 그 전날 저녁으로 보고 하루의 끝도 역시 그 날의 해가 기울어졌을 때(저녁)로 보게 된 것이다. 그래서 하루가 실제로 끝나는 그 날 저녁은 사실상 그 다음날에 소속되어 이스라엘 백성들이 절기를 지킬 때는 그 전날 저녁부터 시작하여 그 날 해질 때까지 지키는 것이다.[19] 그들이 하루라는 시간 단위를 생각할 때는 낮과 밤의 주기가 지났음을 의미했다. 그래서 저녁-아침-저녁의 하나의 순환이 이루어졌을 때 완전한 하루가 이루어 진 것으로 생각했다.

히브리인들에게 낮과 밤의 시간은 약한 빛-강한 빛-약한 빛, 즉 저녁-아침-저녁으로 순환해 나아간다.[20] 그러므로 그들에게 24시간이란 시간의 양은 전혀 관심 밖임을 알 수 있다. 그들의 관심은 '빛-어두움'의 주기가 돌아갔느냐는 것이다.

때와 관련된 시간 개념에서도 내용을 중심으로 하는 질적 시간 개념은 변동이 없다. 시간을 가리키는 히브리어 단어는 עֵת이다. 시간

---

18) E. J. Young, *Studies on Genesis One*, 이정남 역, 성광문화사, 1982, p. 130; cf. K & D., *Genesis*, p. 51.

19) 다음 구절을 참고하라 : "정월에 그 달 십사 일 저녁부터 이십일 일 저녁까지 너희는 무교병을 먹을 것이요"(출 12:18).

20) 창 1:5, 8, 13, 19, 23, 31. T. Bomann, ibid., 160.

(때)이란 단어 עֵת가 사용된 실례들을 살펴보면 다음과 같다.

창세기 8:11에서는 저녁 때(עֵת עֶרֶב), 사사기 10:14에서는 환난의 때(עֵת צָרָה), 스가랴 10:1에서는 봄비 때(עֵת מַלְקוֹם), 예레미야 8:12에서는 벌할 때(עֵת פְּקֻדָּה), 예레미야 18:23에서는 노하시는 때(עֵת אַפְּךָ), 에스겔 16:8에서는 사랑스러운 때(עֵת דֹּדִים) 등이 나타난다. 그리고 종말론적인 때에 관해서는 이사야 13:22, 예레미야 27:7, 다니엘 8: 17, 11:35, 40:4, 9, 에스겔 7:7, 12, 21:30, 34, 35:15 등에 나타난다.[21]

이상의 예들을 보면 한결같이 시간이 양적인 개념을 가지지 않고 내용을 중심으로 한 질적 개념을 가지고 있음을 알 수 있다. 다시 말해서 히브리인들에게 시간은 내용에 의해서 결정된다는 것이다. 여기서 히브리인들의 시간 개념과 서구식 또는 현대적 시간 개념 사이에 차이가 있음을 발견하게 된다. 서구식 사고에 있어서 시간은 양의 질서다. 사건들은 동일하게 큰 차별이 없는 사례들로 계속되는 시간들, 예를 들면 날들, 월들, 연들로 배열된다. 이 경우에 시간은 양적인 것으로서 수학적으로 계산할 수 있는 것이다.

그러나 히브리인들에게는 다르다. 물론 수학적으로 계산할 수 있는 시간 개념이 있기는 하나 그 사례는 많지 못하다. 그들의 시간 개념은 비유적인 의미에서만 시간으로 불릴 수 있는 질적 시간 개념이다. 그들에게 시간은 내용에 의해서 결정된다.

1) 내용을 중심으로 한 질적 시간 개념의 실례들은 다음과 같다.

(1) 창조 시에 날이 바뀌어짐을 묘사할 때 질적 시간 개념을 사용

21) K & D., p. 746.

했다. 창세기 1장에서 독특한 방식으로 반복되어 나타나는 문구가 "저녁이 되며 아침이 되니 이는 ○○째 날이니라"는 문구다. 여기서 날이 한 시대를 의미할 수 없다는 것은 너무나 분명하다. 상기한 바와 같이 창세기 1장에서 יוֹם은 낮과 밤이라는 내용이 한 주기를 이루어 한 날을 이룬 것을 의미한다. 창세기 1장의 יוֹם이 얼마의 길이를 뜻하느냐는 문제 자체가 히브리적 시간 개념과 상충된다. יוֹם이란 시간의 길이를 의미하는 것이 아니라 낮과 밤이라는 사건이 일어났던 때로서의 첫째 날 혹은 둘째 날…을 의미하는 것이다. 따라서 יוֹם이 24시간 하루냐, 아니면 한 세대냐는 논란은 히브리적 사고에서는 그리 중요한 것이 못된다.[22)]

---

22) 이러한 결론에도 불구하고 "서구적 또는 현대적인 날 개념으로 יוֹם이 얼마의 기간을 의미할 수 있는가?"라는 질문이 나타난다면 그 답변은 24시간일 것이라는 의견이 보다 옳은 답변이 될 것이다. 왜냐하면 빛이 있는 낮이 있다가 밤이 되어 한 주기가 지나 하루가 되었기 때문이다. 창세기의 날에 대한 현대적 이해는 크게 두 가지 방향으로 나누어진다. 그것들은 장기 연대론과 문자적 일일설이다.

(1) 장기 연대론 : 이 이론은 다시 지질학적 일일설, 갭을 가진 문자적 일일설, 계시적 일일설, 중조설로 나뉜다. 이 설을 주장하는 이유는 ① יוֹם이란 개념이 단수로서 장기간의 날들을 가리키는 실례가 성경에 있다는 것이다(창 2:4; 슥 2:11; 14:6, 7). ② 또한 주의 날과 관련지어 볼 때, "주께는 하루가 천 년 같고 천 년이 하루 같다"(벧후 3:8)는 것이다. ③ 제7일의 안식일은 끝났다는 표현이 없으므로 창세기 1장의 날이 24시간을 가리킨다는 것은 속단할 수 없다는 것이다. ④ 지질학적 증거가 장기의 날들을 증거하고 있다. ⑤ 태양이 넷째 날에 창조되었고, 따라서 전3일은 태양일로 단정할 수 없다는 것이다.

(2) 문자적 일일설 : 그러나 위의 주장들은 곧 반박될 수 있는데 יוֹם이 시대를 의미하여 사용된 예가 구약에서는 발견되지 않는다는 것이다. 창 2:4; 사 11:16에서 혹 시대를 의미하는 것으로 사용되었다고 볼 수도 있다. 그러나 그곳에서도 시대라는 의미보다는 질적 개념으로서의 때를 의미하고 있다. "하루가 천년 같다"는 것은 하나님의 시간을 말하는 것이지 인간 세계사 내에서의 시간을 말하는 것이 아니다. 참고. Leupold, *Gen.*, p. 57; John Skinner, *Genesis* (ICC), p. 21. E. J. Young, op. cit., pp. 69ff.

(2) 창세기 8:22의 “땅이 있는 동안에는 심음과 거둠과 추위와 더위와 여름과 겨울과 낮(יום)과 밤’이 쉬지 아니하리라”는 말씀에서는 땅이 있는 동안에 그 땅 위에서 어떤 내용의 일들이 진행될 것인가를 말씀하고 있다. 땅이 존재하고 있는 동안에는 심음, 거둠, 추위, 더위, 여름, 겨울, 낮, 밤이 반복적으로 있을 것이라는 것이다. 따라서 날(יום)은 12시간을 의미하기보다는 태양이 떠올라 땅을 비취는 내용 자체를 의미한다.[23)]

(3) ‘삼일 삼야’, 혹은 ‘밤낮 삼일’[욘 1:7(히. 2:1); 에 4:16] 같은 표현은 히브리인들에게는 익숙한 표현이다. 그들은 낮과 밤이 순환하여 1주기가 되는 하루를 יום이라 하기도 하고, 또한 빛이 있는 기간만을 יום이라 하기도 하므로 완전한 3일을 묘사하기 위하여 이러한 표현을 한 것이다. 그러므로 여기서도 역시 יום은 12시간을 의미하기보다는 빛이 지배하고 있는 기간을 의미하는 것이다.[24)]

2) 길이를 나타내는 양적 시간 개념의 실례들은 다음과 같다.

앞에서 살펴본 것은 질적 시간 개념의 실례들이었거니와 히브리인들은 특히 구약성경에서 시간을 순전히 질적 개념으로만 파악하지 않고 있음도 알 수 있다.

(1) 사람의 수명을 표기함에 있어서 구약성경은 양적 시간 개념을 사용한다. 창세기 저자는 아담의 수명을 다음과 같이 기록한다. “아담이 셋을 낳은 후 800년을 지내며 자녀를 낳았으며 그가 930세를 향수

23) 참고. 렘 33:25; 왕상 8:21; 사 27:3.
24) 참조. 창 39:10; 출 16:5; 시 61:9; 잠 8:30; 렘 7:35; 느 8:18; 대하 30:21; 24:11; 삼상 18:10 등.

하고 죽었더라."[25] 본문의 יְמֵי־אָדָם(the days of Adam)은 질적 시간 개념을 가졌다기보다도 양적 시간 개념을 가지고 있다. 모세는 아담이 얼마나 오랜 기간을 살았는가 하는 것을 묘사하기 위하여 '아담의 날들'이란 표현을 사용한 것이다. 이와 같이 인간의 연령은 양적 시간 개념을 가진다.

(2) 열왕기서와 역대기서 저자들은 왕들의 통치 기간과 수명을 기록할 때 역시 양적 시간 개념을 채용한다. 열왕기상 2:11에서 "다윗이 이스라엘 왕이 된 지 40년이라 헤브론에서 7년을 치리하였고 예루살렘에서 33년을 치리하였더라"고 한 것은 양적 시간 개념으로 말한 것이다.[26]

그러나 양적 시간 개념을 지닌 표현이라고 해서 히브리인들이 시간의 양을 24시간으로 환산하여 그 길이를 계산하고 1년을 365일로 하

25) 창 5:4, 5. 창 5:4상 – '...וַיִּהְיוּ יְמֵי־אָדָם', 창 5:5상 – 'וַיִּהְיוּ כָּל־יְמֵי אָדָם'. 창 5:4-5에 대한 KJV는 다음과 같다 : And the days of Adam after he had begotten Seth were eight hundred years : and he begat sons daughters: And all the days that Adam lived were nine hundred and thirty years: and he died.

26) 아담부터 노아에 이르는 나이가 양적 시간 개념을 나타내고 있다면 창조 때부터 노아 때까지 그리고 그 이후의 족보상의 나이를 모두 계산하여 인류의 역사를 계산할 수 있지 않을까 하는 질문이 나올 수 있다. 그런데 사실상 일찍이 이러한 양적 시간 개념들을 가지고 계산하여 창조 연대와 인류 역사를 계산해 보려는 시도가 있었다. 16세기의 Usher가 바로 그 사람이다. 그러나 그가 계산해 낸 주전 4004년(창조 연대)은 오늘날 일반적으로 받아들여지지 않는 골동품적인 학설이다. William Henry Green은 그 이유를 다음과 같이 지적하였다 : ① 성경의 족보들은 결정적으로 연대기적 족보가 아니다. ② '낳았다'는 말 자체가 구약성경에서 흔히 광범위한 의미로 사용되었다. ③ 구약성경은 연대를 밝히려는 하나의 역사서가 아니다. ④ 족보들은 계열상의 모든 이름들을 다 기록하지 않았다. W. H. Green, 'Primeval Chronology', *Classical Evangelical Essays in Old Testament Interpretation*, ed. by W. C. Kaiser, Baker, 1973, pp. 13-28.

여 해를 계산했다는 뜻은 아니다. 그들은 양적 시간 개념을 지닌 표현을 했어도 시간 계산 방법은 질적 시간 계산법을 따랐다. 그래서 시간의 양을 나타내는 구절들 속에도 질적 시간 개념이 들어 있다. 따라서 여호와의 날은 양적 시간 개념으로는 규명할 수가 없다. 그것은 질적인 것이다.

2. 심리학적 시간 개념으로서의 날

물리학적 시간은 내용을 중심으로 계산된 것이든 양을 중심으로 계산된 것이든 규칙적으로 진행하는 움직임이다. 히브리인들은 이러한 물리학적 시간 개념과 대조적으로 심리학적 시간 개념도 가지고 있다. 심리학적 시간은 내용, 즉 경험된 사건들의 승계적 서열을 가지고 있다.[27] 물리학적 시간은 시계의 시침에 의해서 규정할 수 있지만 심리학적 시간은 그것이 불가능하다.

1) 의식의 통일성

우리에게 공간이라는 것은 모든 사물을 보존하고 정돈하여 그것들을 함께 모아 두는 큰 그릇이다. 또한 공간은 우리가 살고 숨쉬고 자유롭게 활동하고 발전할 수 있는 장소이기도 하다. 히브리인들에게는 시간이 이와 비슷한 역할을 한다. 그들의 의식은 아주 어린 시절부터 시작하여 그들의 전 생애와 그들이 체험했거나 들어서 아는 사실들을 보관하고 있는 큰 그릇들과 같은 것이다. 시간은 흘러가고 모든 사물이나 상황은 변했을지라도 인간의 자아는 여전히 같은 자아다. 그의

27) T. Bomann, Ibid., p. 168.

외모가 시간에 따라 좀더 성숙했을 때의 경험도 역시 자기의 것이다. 따라서 시점이나 시차는 그에게 지극히 부차적인 역할을 하게 된다. 육체와 외모는 변하고 생의 경험들은 증가되지만 인간 자체, 즉 그의 의식 자체는 여전히 동일하게 머문다. 내적으로 보면 그의 경험들은 통일성, 즉 한 세계를 이룬다. 따라서 시차는 그 인생에게 별다른 의미가 없다.

이런 통일성을 가진 시간들은 공간처럼 나누어 가질 수는 없다. 시차에서 일어난 사건들도 서로 연관성이 있는 전체다. 예를 들면 음악이 들려졌을 때 이미 들려진 가락은 사라져 버린 후다. 그리고 그 다음에 또 다른 음들이 뒤를 이어 나온다. 그러나 그 모든 것들이 합하여 통일된 음악을 이루는 것이다. 이와 같이 히브리인들은 통일된 시간 개념을 의식 속에 가지고 있었다.[28] 심리학적 시간 개념이란 바로 이런 의미다. 이것을 공간적 시간 개념이라고 말할 수도 있을 것이다.

민족의 삶은 수백 년, 수천 년 동안 지속된다. 그러나 그것은 그 민족이 그의 전 역사를 통해 스스로 동일하게 남아 있으므로 하나의 삶이다. 그 민족의 의식은 족장의 이념으로 한 통일체, 한 개체로 표현된다. 그들은 시차적으로는 역사상의 다른 시기에 속했을지라도 그들 각 구성원은 개인이면서도 동시에 단체인 것이다.[29]

2) 시간의 내용

시간적인 것에 그들의 실존을 가지고 있는 히브리인들에게 시간의 내용은 그리스인들에게 공간의 내용이 갖는 것과 같은 역할을 한다.

---

28) T. Bomann, pp. 163, 4.

29) Ibid.

그리스인들이 사물의 특수성을 주목하는 것과 같이 히브리인들은 사건들의 특수성에 주의를 기울인다. 그들에게 시간은 그 내용과 동일하다. 시간은 사건의 개념이다. 다시 말해서 시간은 사건들의 흐름인 것이다.[30] 이 점에서 히브리 시간 개념과 역사 개념은 깊이 연결되어 있다.

30) Ibid., p. 165.

창세기 해설 (개정판)

2012년 8월 30일 1쇄 발행

지은이 정일오
펴낸이 박영호
펴낸곳 도서출판 솔로몬

등록번호 제 16-24호
등록일 1990년 7월 31일

주소 : 서울시 동작구 사당3동 207-3 신주빌딩 1층
TEL : 599-1482 FAX : 592-2104
직영서점 : 596-5225

ISBN : 978-89-8255-494-0 (03230)